国家自然科学基金管理学部面上项目"创新生态系统演化和企业竞争优势形成机制研究——基于生态租金的视角"（批准号71672184）

国家自然科学基金管理学部重点项目"高新技术产业突破性创新的形成机制与模式研究"（批准号71932009）

中国城市创新生态系统竞争力评价报告

2022

柳卸林　吉晓慧◎著

知识产权出版社

全国百佳图书出版单位

—北京—

图书在版编目（CIP）数据

中国城市创新生态系统竞争力评价报告.2022/柳卸林，吉晓慧著.—北京：知识产权出版社，
2023.8

ISBN 978-7-5130-8816-9

Ⅰ.①中⋯　Ⅱ.①柳⋯②吉⋯　Ⅲ.①城市经济—国家创新系统—竞争力—系统评价—中国—
2022　Ⅳ.①F299.22

中国国家版本馆 CIP 数据核字（2023）第 121593 号

内容提要

运行良好的创新生态系统是城市持续竞争力的重要来源，城市创新生态系统的准确评价，对于引导创新生态培育和健康发展具有重要意义。本书以创新生态系统理论研究体系为指导，通过对城市创新生态系统内涵的深入剖析，建立了包含城市创新主体、城市内部创新生态建构、城市间创新生态嵌入三个层级的立体化评价指标体系，并对中国城市创新生态系统竞争力现状进行评价分析。

本书可供区域创新领域的科研工作者阅读，并为高校师生、科研院所研究人员、政府有关部门政策制定者开展相关工作提供借鉴。

责任编辑：李　潇　韩　冰	责任校对：潘凤越
封面设计：邵建文　马倬麟	责任印制：孙婷婷

中国城市创新生态系统竞争力评价报告 2022

柳卸林　吉晓慧　著

出版发行：知识产权出版社有限责任公司	网　　址：http://www.ipph.cn
社　　址：北京市海淀区气象路 50 号院	邮　　编：100081
责编电话：010-82000860 转 8126	责编邮箱：hanbing@cnipr.com
发行电话：010-82000860 转 8101/8102	发行传真：010-82000893/82005070/82000270
印　　刷：北京建宏印刷有限公司	经　　销：新华书店、各大网上书店及相关专业书店
开　　本：787mm×1092mm　1/16	印　　张：23.25
版　　次：2023 年 8 月第 1 版	印　　次：2023 年 8 月第 1 次印刷
字　　数：510 千字	定　　价：168.00 元

ISBN 978-7-5130-8816-9

前　言

　　城市日益成为国家和地区参与国际竞争的重要地域单元，提升城市竞争力和创新能力已上升到战略高度。2021年3月，《中华人民共和国国民经济和社会发展第十四个五年规划和2035年远景目标纲要》中充分强调了城市作为科技创新策源的重要功能，并就科技创新赋能城市建设进行了具体部署。同年5月，在中国科学院第二十次院士大会、中国工程院第十五次院士大会和中国科学技术协会第十次全国代表大会上，习近平总书记强调要"构建开放创新生态，参与全球科技治理"，这一重要指示为我国城市创新驱动发展以及城市竞争力提升指明了方向。同时，我国各级政府近年来也非常关注优化营商环境，这也是构建城市创新生态系统的重要组成部分。因此，城市创新生态系统构建的水平如何，是城市层面实现创新驱动发展水平的重要衡量标准，也是城市经济可持续发展能力的度量指标。为此，基于创新生态系统的理论和中国城市的特定条件，我们构建了一个完善的衡量城市创新生态系统竞争力的指标体系。这一指标体系将学术性、应用性和可操作性进行了统一，是一个非常有中国特色的创新生态系统竞争力评价指标体系，它包含了城市创新主体、城市内部创新生态建构、城市间创新生态嵌入三个层级的立体化评价指标体系，可以说是国际上首个面向城市创新生态系统竞争力的评价指标体系。在方法上，我们利用"逐级等权法"确定各指标权重，并对100个样本城市的创新生态系统发展现状进行评价分析，以期利用评价结果的反馈调节作用，引导城市创新生态系统按照预定的方向和目标发展。

　　本书的贡献之处在于：①基于创新生态系统的开放性以及城市创新活动的空间关联性，本书在对城市创新生态系统评价中，不仅考虑了城市内部的创新生态建构，而且重点强调了城市间的创新生态嵌入，这是对现有研究的进一步深化。②创新主体是城市创新活动的核心参与者，在构建城市创新生态系统评价指标体系中，本书重点考虑了创新主体的动力、能力和活力对城市创新生态系统的影响作用，这是对现有研究的进一步细化。③本书以城市创新生态系统的结构层级为切入点，按照"城市创新主体—城市内部创新生态建构—城市间创新生态嵌入"的逻辑框架，构建了一个三层评价指标体系，能够实现对城市创新生态系统的立体化评估。

本书的评价结果显示：①总体上，不同城市的创新生态系统发展水平存在较大差距，其中，北京市、上海市、广州市和深圳市的创新生态系统发展水平名列前茅；②城市创新生态系统建构及演化的内驱力来自创新主体，主体的动力、能力和活力能够显著影响创新生态系统的发展水平；③后发追赶型城市可以通过嵌入优势地区的创新生态系统，利用溢出效应和外部性，实现自身创新生态系统的培育和发展；④各城市的创新生态系统存在各维度发展不均衡现象，具有明显的短板和发展偏向性。本书的研究结果为实现城市高质量发展、提升城市竞争力提供了理论支撑。

在评价过程中，我们发现，在新时期践行创新生态系统理念，推动城市创新生态系统培育与发展已经成为各城市创新驱动发展的战略重点，并基于各城市自身独特的资源禀赋，形成了各具特色的发展格局。例如，成都市和重庆市以打造全国高质量创新发展中心为目标，构建"成渝地区双城经济圈"，坚持协同创新发展路径，推动科技、人文以及生态的有机统一。西安市充分利用科教资源以及军工资源优势，为建设科技创新生态系统提供基础保障。合肥市致力于财政与金融等政策协同发展战略，通过社会资本和金融资本联动，充分发挥财政资金放大作用，大力支撑创新创业企业发展，进而发挥其在创新生态系统建设中的积极作用。苏州市深入落实"聚力创新、聚焦富民，高水平全面建成小康社会"发展战略，通过培育更多更强创新型企业、抢占先导产业创新制高点、深化科技金融有机融合、全面厚植创新创业人才优势等措施，进一步营造和健全全市创新生态，力争成为全国有影响力的创新高地。尽管如此，我国部分城市的创新生态系统建设尚处于创新要素堆砌阶段，创新主体间的协调互动性较差，城市的协同发展水平较低，导致创新"碎片化"和"孤岛化"问题严重，创新生态系统的整体效能低下。在此背景下，如何客观且全面地评价创新生态系统的发展现状，成为研判城市创新发展面临的难点和痛点，也是发挥创新驱动效应、提升城市核心竞争力的关键现实问题。

由于我们仅选择了100个城市作为样本，因此，本书会缺少对一些省份以及城市的分析。需要说明的是，由于资料的限制，本书没有涉及我国台湾地区、香港和澳门特别行政区的分析。

本书的创意来自我们对创新生态系统的研究。我们从企业创新生态系统出发，认为可以将对创新生态系统的研究扩展到对我国城市层面的评价。希望本书能为中国城市创新驱动发展提供有建设性和实践性的指导意见。

在成书过程中，许多人员都做出了巨大贡献。尤其要感谢中国社会科学院数量经济与技术经济研究所助理研究员杨博旭博士和中国科学院大学经济与管理学院科研助理肖楠，他们在本书的统稿过程中提供了巨大帮助。

同时，我们还要特别感谢国家自然科学基金委员会的大力支持和资助。

由于本书完成时间紧迫，经验有限，虽数易其稿，但仍有许多不尽如人意之处，欢迎各界批评指正。

2023 年 6 月 30 日

目 录

CONTENTS

◢ 第1章
城市创新生态系统概述

1.1 城市创新生态系统的内涵

城市创新生态系统是由诸多异质性创新主体构成、具有特定结构特征和功能的开放系统，系统内部多样化的创新主体同时与系统内部和外部的创新要素进行协同互动，以促进结构化知识的创造和系统应用。

首先，城市创新生态系统是由众多推动并支持创新活动的异质性创新主体以及创新环境所构成的复杂系统。创新主体之间的交互作用，创新主体与创新环境的良性循环互动关系是系统演化的驱动力。创新主体主要包括以企业为代表的技术型创新主体，以高等院校和科研院所为代表的知识型创新主体，以及以中介机构、金融机构等为代表的支撑型创新主体。知识型创新主体为技术型创新主体开展创新活动提供新知识和新思想，技术型创新主体能够将新知识和新思想转化为新技术、新产品和新工艺，支撑型创新主体则为创新活动提供必要的资源保障。

创新环境也是创新生态系统的重要组成部分，它是指创新主体所处的地域环境，包括文化环境、政策法规、市场规模等软环境，以及基础设施等硬环境。良好的创新环境能够吸引优质的创新要素在此集聚，是创新主体开展创新活动的基础和保障。例如，东部沿海地区是我国改革开放的前沿阵地，为创新活动的开展提供了良好的政策环境。一方面，创新环境取决于政府的作用，政府能够对创新环境发挥一定的塑造作用，为创新活动的开展提供资源，以吸引创新主体在此集聚。另一方面，创新环境也取决于当地的地理、历史和文化积淀，如沿海地区就会有更好的贸易氛围。

其次，政府在城市创新生态系统中发挥重要作用。政府的战略、政策和制度构建，决定了创新主体的功能、主体间联系的性质，并对创新主体具有激励作用。政府和市场的关系性质会决定资源配置的方式，也会决定一个城市创新生态系统的结构和特色。

除此之外，创新活动根植于本地环境，每个城市都是一个独特的创新生态系统，并表现出特定的功能形态。城市创新生态系统的培育高度依赖本地创新资源以及创新环境，各城市在创新要素、社会经济基础、产业结构层次等方面的显著差异直接导致创新生态系统的异质性。例如，北京市拥有我国数量最多的高等院校和科研院所，是知识创造的源泉，属于高等院校和科研院所主导型的创新生态系统；深圳市拥有众多上市公司总部以及跨国公司研发机构，企业在创新活动中发挥重要作用，属于企业主导型的创新生态系统。

最后，新经济地理学认为，任何事物在空间上都存在关联性。因此，城市创新生态系统并不是孤立存在的，系统开放性使得不同城市的创新生态系统之间能够通过创新主体和创新要素的流入和流出，建立起有机联系。一方面，当创新无法在系统内部独立完成时，系统内部的创新主体会转而搜寻、获取并最大化利用周围生态系统的资源，以促进本地创新生态系统的演化发展。另一方面，创新生态系统基于共同的价值主张编排生态成员，通过不断吸纳新的成员加入，提升生态系统的一致性以及整体创新能力，促进生态系统的高阶演化。

1.2 城市创新生态系统评价回顾

现有关于创新生态系统评价的研究主要包括以下3个方面。

其一，现有研究主要聚焦于创新生态系统的某一具体特征评价，例如，适宜度、共生性、协同度、健康度等。周青和陈畴镛构建了包括创新群体、创新资源、经济环境、技术环境4个维度在内的评估指标体系，对国内部分省域的生态位适宜程度进行评估。解学梅和刘晓杰基于生态位理论，建立了包含创新群落、资源生态位、生境生态位、技术生态位4个生态要素在内的评价指标体系，对中国30个省市2009—2018年的生态位适宜度变化趋势进行评估和分析。李晓娣和张小燕认为创新系统是一个由共生单元、共生基质、共生平台、共生网络和共生环境构成的共生体，并构建了包含这5个维度在内的评价指标体系，据此探究创新生态系统的共生度对科技创新的影响机制。

其二，一部分学者将研究视角聚焦于某个特定地区的创新生态系统评价。例如，姚艳虹等将研究视角聚焦于湖南省制造业集群，从生产率、适应度和多样性3个维度评估集群创新生态的健康度。何向武和周文泳以我国31个省市高新技术产业创新生态系统为研究对象，构建区域高技术产业创新生态系统协同性的分类评价体系。欧光军等从创新主体、创新环境和创新产出3个维度评价国家高新区创新生态系统。陈向东和刘志春从创新投入、创新产出以及创新要素流动3个维度构建评价体系，对国家级高新区的创新生态综合水平进行评估。

其三，一些学者关注创新生态系统的整体效能、运行效率、可持续发展能力以及竞争力评价等。例如，刘志春和陈向东从科技园区的创新投入、创新产出以及创新活动的动态变化3个维度构建指标体系，评价创新生态系统的整体效能。唐开翼等基于模糊集定性比较分析方法研究区域创新生态系统对创新绩效的驱动作用，并探究生态系统中创新要素间的协同互动机制。张卓和曾刚利用障碍度模型对制约我国东部、中部、东北部和西部四大区域的创新生态系统可持续发展的因素进行深入剖析。柯燕青从创新投入、创新过程和创新效果 3 个维度评价广东省创新生态系统的整体运行效率。

综上所述，现有研究为本书奠定了基础，但是仍存在以下不足。

（1）现有研究聚焦于城市创新生态系统内部的协同机制研究，忽略了生态系统的开放性以及城市创新活动的空间关联性。基于此，本书将"城市间创新生态嵌入"作为一个重要维度，纳入评价指标体系构建中。

（2）创新生态系统是一种协同创新机制，学者们重点关注创新生态系统内部创新主体间的协同互动关系。创新主体作为系统中最重要的组成部分，其自身的动力、能力和活力对城市创新生态系统的构建同样至关重要，但是相关研究却较少。基于此，本书将"城市创新主体"作为一个重要的维度，并从"动力、能力、活力" 3 个维度评价其对城市创新生态系统的影响。

（3）在评价体系构建中，现有研究主要聚焦于创新生态系统某一具体的结构特征、某一特定地区的创新生态系统构建，以及从创新投入与产出视角评价创新生态系统的整体效能，难以体现城市创新生态系统的立体化层次结构。基于此，本书以城市创新生态系统由内向外的层次结构"城市创新主体—城市内部创新生态建构—城市间创新生态嵌入"为基础，构建评价指标体系。

第2章

城市创新生态系统竞争力评价指标体系

2.1 评价体系

基于现有关于创新生态系统内涵的诸多论述以及城市创新生态系统的评价研究，本书认为，城市创新生态系统包括3个层次：城市创新主体、城市内部创新生态建构以及城市间创新生态嵌入（见图2-1）。首先，创新主体是创新生态系统的基本构成单元，参与城市创新活动的全过程。创新主体的动力、能力和活力是创新生态系统建构的基础条件。其次，城市内部异质性创新要素的协同互动关系是创新生态系统建构的核心内容。最后，系统的开放性以及创新活动的空间关联性，使得不同城市创新生态系统间存在生态嵌入关系，为创新生态系统的高阶演化提供了发展机遇。因此，本书认为，全面评价一个城市的创新生态系统，需要建立一个能够反映城市创新生态系统层次结构的立体化评价体系。

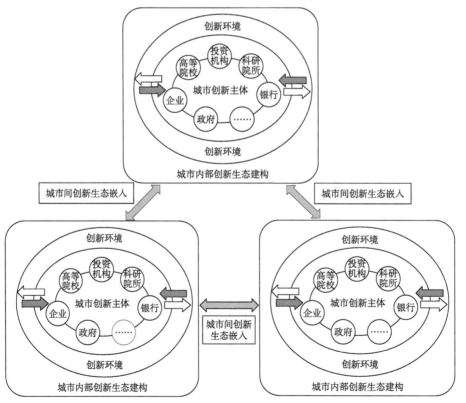

图 2-1　城市创新生态系统立体框架

2.1.1　城市创新主体的评价

一个城市的创新动力由两部分构成。一是市场的力量。它是激发创新主体开展探索性创新活动的关键力量，能够促进创新生态系统不断更迭以快速适应外部环境变化并保持持久创造力。创新的最终目的是使新产品和新服务能够面向市场，受到市场欢迎。因此，市场对主体的创新活动具有显著的促进作用。二是政府的力量。政府在分析和捕捉创新发展趋势方面的前瞻性以及优势地位，使其能够及时调整政策规划，并制定有针对性的产业政策和规划等行动方针以引导创新主体，保障创新活动的有序开展。

创新能力是指创新主体将知识转化为新产品、新技术以及新工艺的能力，进而影响创新生态系统整体的创新能力以及竞争力。创新不是空中楼阁，需要建立在一定的知识基础之上，因此，创新能力也由两方面构成：一是产业科技基础，它是产业技术和产业知识的综合体，能够影响企业的创新绩效；二是知识技术基础，它由高等院校和科研院所提供，既能够保障高等院校和科研院所直接开展创新活动，又能够为其他创新主体的创新活动提供知识基础。

创新活力是指创新主体的活跃程度，反映创新主体的创造力和积极性。有活力的创新主体是保障城市创新生态系统可持续发展的关键。创新活力由两方面构成。一是创新企业成长性。高成长活力的创新主体能够在一次次成长中实现自我超越，并推动系统整体从低级向高级、从幼稚向成熟演化。二是新创企业不断涌现。富有活力和创造力的创业企业是促进创新生态系统可持续发展的新生力量。这些新兴的创业企业在一次次试错中摸索成功的技术路线和商业模式，能够有效促进新兴产业的诞生和发展。创业企业对市场需求和技术创新有较强的洞察力，能够摆脱传统产业的模式以及规则束缚，建立起符合需求变化和创新规律的新的商业模式，具有实现行业颠覆性变革的巨大潜力。

因此，创新主体的动力、能力、活力中任何一个短板都可能影响创新生态系统的构建。增强创新动力能够激发创新主体的创新意愿，释放创新活力能够调动创新主体的创新积极性，提升创新能力能够保障创新主体的创新成功率。创新主体的动力、能力、活力之间还存在协同促进作用。创新主体的创新能力越强，越能够有效规避创新风险，调动更多的创新资源开展创新活动，表现出强大的创新动力和创新活力。创新主体的创新能力也能够在创新实践中得到进一步提升。

2.1.2　城市内部创新生态建构的评价

城市创新生态系统是由创新主体要素（企业、高等院校、科研院所等）、创新支撑要素（金融机构、中介机构、创新平台等）以及创新环境要素所构成的复杂系统。城市内部创新生态建构的核心内容是通过对多样化创新要素的合理编排以及优化整合，形成一套面向系统整体创新目标的解决方案，进而实现系统成员的共同获益和创新的持续涌现。

多样性是创新要素的主要特征之一，其所带来的资源和知识异质性是协同互动关系形成的重要前提。一方面，创新产生于新知识的利用或者现有知识的重新组合。系统内异质性的创新资源和知识越多，越能够增大知识重组概率，提高创新活动的成功率。另一方面，多样化的创新要素也丰富了创新生态系统的资源库，使系统在应对创新环境的变化时，具有连续的适应能力以及多样化的适应方式，提高创新生态系统的稳定性。

创新要素间的协同互动关系是促进创新涌现、推动创新生态系统演化发展的驱动力。在城市创新生态系统中，由于各创新主体的属性特征不同，产生了创新要素的需求和供给，创新主体间通过建立深度融合、互利互惠的协作关系，实现对互补性知识、技术和信息等创新资源的有效获取。例如，企业是知识要素的需求方，高等院校和科研院所是知识要素的提供方，产学研协同关系实现了知识要素在不同创新主体间的循环流动和有效整合，促进了新知识的产生和发展。另外，随着创新活动的复杂性不断提高，单个创新主体无法满足全部创新需求，需要与其他主体建立协同创新关系，才能真正创造出有价值且满足市场需求的产品和服务，实现创新生态系统的可持续发展。

创新平台是指能够为行业和地区科技创新提供基础设施和条件保障的重大公共科技创新平台，是城市创新生态系统中的支撑要素。一方面，创新平台的建设能够吸纳、集聚各类创新资源，实现创新需求和创新供给的有效联结。例如，孵化器是创新要素联系的关键节点，能够有效联结企业、高等院校、科研院所、中介机构、政府等主体，实现各主体间知识、信息、技术等创新要素的有机联系以及协同作用。另一方面，创新平台为创新活动的顺利开展提供了优惠的政策条件以及场地、资金等配套设施。例如，国家高新技术产业开发区所享受的特殊优惠政策能够吸引高新技术企业进驻，同时园区内完备的配套基础设施能够支持创新活动的顺利开展。

创新环境是创新生态系统中各组成部分赖以生存的外部条件，为创新活动提供必要的物质、信息和技术支持。根据现有研究，影响城市创新的环境因素主要包括自然环境、生活环境、文化环境等。其中，生活环境是最基本的影响因素。周建中和施云燕在科研人员跨国流动的影响因素研究中发现，空气质量、房价、医疗资源等自然环境和生活环境是阻碍我国引进国际一流人才的关键因素。除此之外，创新活动也需要与之相适应的创新文化环境作为支撑条件，活跃的创新文化环境能够吸引人才、资金等创新要素集聚，提高创新要素的供给质量和效率，促进创新生态系统的演化发展。

2.1.3 城市间创新生态嵌入的评价

城市创新生态系统是一个开放性的系统，系统内部的创新主体在本地根植性不断强化的同时，还需要在更大范围、更高层次上嵌入到外部创新生态系统，从而促使本地创新生态系统朝着更高级、更复杂的方向演化。

开放性是城市创新生态系统的关键结构特征，是生态嵌入关系形成的重要前提条件。一方面，系统开放性使得系统内外部创新主体能够建立起深度融合、互利互惠的协作关系，实现跨层次资源互补和信息交流，为创新生态系统演化发展注入强大的生命力。另一方面，系统的开放性也为外部创新要素流入提供了基本条件，使得创新要素在优胜劣汰的竞争格局中，促进创新生态系统的高阶演化。

外部可达性能够有效压缩城市间的空间距离，有利于创新主体在更大的空间范围内建立生态嵌入关系。交通基础设施是外部可达性最直接的反映。从创新要素流动视角看，发达的交通基础设施能够有效降低创新要素流动的时间和经济成本，实现要素跨区域、高密度、多频次的配置与流动，强化地区间创新合作关系。从知识传播视角看，隐性知识是创新的基础和源泉之一，获取隐性知识是合作创新的主要目的。发达的交通基础设施能够缩短城市间的时空距离，减少人员流动障碍，有效促进以人才为载体的隐性知识的传播和扩散，提高对生态系统外部资源的可得性。

生态嵌入的概念来自社会网络，包含关系嵌入和结构嵌入两个维度，关系嵌入深度和结构嵌入位置反映了创新主体对网络中信息、知识以及资源的获取、整合和利用能力，这种能力的大小将直接影响创新主体能否在更高层级上建立生态嵌入关系。其中，关系嵌入反映了主体间的信任关系以及联系强度。一方面，高水平的关系嵌入能够培养主体间的信任关系，提高隐性知识分享意愿，实现创新主体对新知识的获取。关系嵌入程度越高，主体之间的信息交流越充分，对新知识的吸收能力也就越高。另一方面，与具有较高创新能力的主体建立嵌入关系可以获得更多的溢出效应以及前沿知识，降低"低端锁定"风险，为系统的高阶演化提供机遇。结构嵌入是指创新主体的网络位置，不同网络位置代表不同的资源获取机会。社会网络分析技术越来越发达，为衡量创新主体的网络位置提供了便利，中介中心性、接近中心性以及特征向量中心性是常用的结构嵌入测度指标。在网络关系中，创新主体之间会通过中介点传递和获取知识，占据中介位置的创新主体通过缩短主体间知识传递的最短路径，保障创新主体间的协调性。接近中心性是指不依赖其他主体而实现知识传递的特性，接近中心性越高，表明主体对其他成员的依赖程度越低，受其他主体制约的可能性就越小。特征向量中心性是指一个主体的重要程度受与之相关联的其他主体的重要程度的影响。对一个主体而言，如果与之联系的主体的重要性很高，那该主体自身也具有较高的重要性。

2.1.4　城市创新生态系统评价指标体系

在对城市创新生态系统的内涵进行深入剖析，以及充分借鉴中国区域创新能力评价报告、全球创新指数报告、全球初创企业生态系统报告等国内外知名报告的基础上，本书建立了一个三层级立体评价指标体系。

第一层级是关于城市创新主体的评价指标，包括创新主体的动力、创新主体的能力和创新主体的活力3个维度。创新主体的动力主要强调市场和政府的作用，包括市场驱动力和政府引导力2个子指标。创新主体的能力强调主体的产业基础和科学基础，包括产业科技基础和知识技术基础2个子指标。创新主体的活力主要强调主体的成长性和创业能力，包括成长活力和创业活力2个子指标（见表2-1）。

表 2-1 城市创新生态系统评价指标体系——第一层级

一级指标	二级指标	三级指标	测度指标	数据来源
1 城市创新主体（A1）	1.1 创新主体的动力（B1）	1.1.1 市场驱动力（C1）	商业信用环境	中国城市商业信用环境指数
			市场多样性①	中国城市统计年鉴
			市场潜力②	中国城市统计年鉴
		1.1.2 政府引导力（C2）	科学技术支出占比/%③	中国城市统计年鉴
			教育支出占比/%④	中国城市统计年鉴
			财政分权⑤	中国城市统计年鉴
	1.2 创新主体的能力（B2）	1.2.1 产业科技基础（C3）	规模以上工业企业R&D人员/人	中国城市统计年鉴
			国家高新区R&D人员/人	中国火炬统计年鉴
			国家高新区R&D经费内部支出/千元	中国火炬统计年鉴
			产业结构高级化指数	计算得到，中国城市统计年鉴
			规模以上工业企业新产品销售收入/万元	中国城市统计年鉴
		1.2.2 知识技术基础（C4）	国家科学技术奖数/个	国家科学技术奖励工作办公室
			科研、技术服务和地质勘查业从业人员/万人	中国城市统计年鉴
			创新积累⑥	计算得到，incoPat数据库
			百万人均发明专利申请量/（件/百万人）	incoPat数据库
			高被引专利数/件	国泰安数据库
			高被引学者数/人	爱思唯尔（Elsevier）官网
			普通高等学校专任教师数/人	中国城市统计年鉴

续表

一级指标	二级指标	三级指标	测度指标	数据来源
1　城市创新主体（A1）	1.3　创新主体的活力（B3）	1.3.1　成长活力（C5）	独角兽企业数/个⑦	恒大研究院，长城战略咨询
			中国500强企业数/个	中国企业联合会
			A股上市公司高新技术企业数（上市公司本身）/个	国泰安数据库
			新兴产业发明专利申请量/件	incoPat数据库
		1.3.2　创业活力（C6）	当年新增企业数/个⑧	通过爱企查数据整理得到
			当年新增科技型中小企业数/个	通过企查查数据整理得到
			数字普惠金融指数	北京大学数字普惠金融指数

注：① 根据内资企业数、港澳台投资企业数和外商投资企业数计算赫芬达尔指数。
② 通过"社会消费品零售总额"进行测度。
③ 科学技术支出占地方一般公共预算支出的比重。
④ 教育支出占地方一般公共预算支出的比重。
⑤ 地方一般公共预算支出占中央一般公共预算支出的比重。
⑥ 发明专利授权累积量（以1985年为基期），年折旧率为0.15。
⑦ 基于数据的可得性，在2015年的评价结果计算中，未包含"独角兽企业数/个"这一指标。
⑧ 信息传输、软件和信息技术服务业、金融业、科学研究和技术服务业的新增企业数。

　　第二层级是城市内部创新生态建构的评价指标，包括创新要素的多样性、创新要素的协同性、创新平台的发展水平、创新环境的适宜性4个维度。其中，创新要素的多样性强调知识、技术以及信息的异质性，包括国家高新区外籍常驻人员、国家高新区留学归国人员，以及外商、港澳台商投资企业占比3个子指标。创新要素的协同性强调本地的企业、科研院所和高等院校间的协作水平，包括产业合作发明专利数、学研合作发明专利数和产学研合作发明专利数3个子指标。创新平台的发展水平包括4个子指标，如国家级科技企业孵化器数以及与国家高新区相关的子指标。创新环境的适宜性包括7个子指标，主要涉及自然环境、文化环境、卫生医疗等方面（见表2-2）。

表 2-2　城市创新生态系统评价指标体系——第二层级

一级指标	二级指标	三级指标	数据来源
2　城市内部创新生态建构（A2）	2.1　创新要素的多样性（B4）	2.1.1　国家高新区外籍常驻人员/人（C7）	中国火炬统计年鉴
		2.1.2　国家高新区留学归国人员/人（C8）	中国火炬统计年鉴
		2.1.3　外商、港澳台商投资企业占比/%（C9）	中国城市统计年鉴
	2.2　创新要素的协同性（B5）	2.2.1　产业合作发明专利数/件（C10）	incoPat 数据库
		2.2.2　学研合作发明专利数/件（C11）	incoPat 数据库
		2.2.3　产学研合作发明专利数/件（C12）	incoPat 数据库
	2.3　创新平台的发展水平（B6）	2.3.1　国家级科技企业孵化器数/个（C13）	科学技术部网站
		2.3.2　国家高新区高新技术企业数/个（C14）	中国火炬统计年鉴
		2.3.3　国家高新区工业总产值/千元（C15）	中国火炬统计年鉴
		2.3.4　省部共建协同创新中心数/个（C16）[①]	教育部网站
	2.4　创新环境的适宜性（B7）	2.4.1　AQI 年平均值（C17）[②]	国泰安数据库
		2.4.2　公共图书馆图书总藏量/千册（件）（C18）	中国城市统计年鉴
		2.4.3　当年申请的绿色发明专利数/件（C19）	国泰安数据库
		2.4.4　城市园林绿地面积/公顷（C20）	中国城市统计年鉴
		2.4.5　医生数/人（C21）	中国城市统计年鉴
		2.4.6　医院床位数/张（C22）	中国城市统计年鉴
		2.4.7　文化、体育和娱乐业从业人员比重/%（C23）	中国城市统计年鉴

注：① 基于数据的可得性，在 2015—2017 年的评价结果计算中，未包含"省部共建协同创新中心数/个"
　　　这一指标。
　　② AQI 为空气质量指数，"AQI 年平均值"为负向指标。

　　第三层级是城市间创新生态嵌入的评价指标，包括系统开放性、外部可达性、关系嵌入、结构嵌入 4 个维度。其中，系统开放性强调城市的国际开放水平，包括国际会议数、国际旅游外汇收入等 4 个子指标。外部可达性强调城市的交通基础设施水平，包括民用航空客运量、民用航空货邮运量等 4 个子指标。关系嵌入强调与拥有较高创新能力城市的联系强度以及城市在高技术行业的参与程度，包括对外联系强度和先进产业嵌入深度 2 个子指标。结构嵌入强调城市在创新网络中的位置，包括接近中心度、特征向量中心度和中介中心度 3 个子指标（见表 2-3）。

表 2-3　城市创新生态系统评价指标体系——第三层级

一级指标	二级指标	三级指标	数据来源
3　城市间创新生态嵌入（A3）	3.1　系统开放性（B8）	3.1.1　国际会议数/个（C24）	国际大会及会议协会（ICCA）
		3.1.2　外商直接投资合同项目数/个（C25）	中国城市统计年鉴
		3.1.3　当年实际使用外资金额/万美元（C26）	中国城市统计年鉴
		3.1.4　国际旅游外汇收入/百万美元（C27）	中国城市统计年鉴
	3.2　外部可达性（B9）	3.2.1　民用航空客运量/人（C28）	中国城市统计年鉴
		3.2.2　民用航空货邮运量/吨（C29）	中国城市统计年鉴
		3.2.3　距沿海港口最近距离/千米（C30）	中国城市统计年鉴
		3.2.4　截至当年所拥有的高铁站点数/个（C31）	中国城市统计年鉴
	3.3　关系嵌入（B10）	3.3.1　对外联系强度（C32）[①]	计算得到，incoPat 数据库
		3.3.2　先进产业嵌入深度（C33）[②]	计算得到，incoPat 数据库
	3.4　结构嵌入（B11）	3.4.1　接近中心度（C34）	通过 Gephi 软件求得，incoPat 数据库
		3.4.2　特征向量中心度（C35）	通过 Gephi 软件求得，incoPat 数据库
		3.4.3　中介中心度（C36）	通过 Gephi 软件求得，incoPat 数据库

注：① 对外联系强度与城市间的合作发明专利申请量以及合作城市的创新能力成正比。
　　② 在城市间合作发明专利申请中，国民经济行业分类号为 C39、I63、I64、I65 的专利数量。其中，C39：计算机、通信和其他电子设备制造业；I63：电信、广播电视和卫星传输服务；I64：互联网和相关服务；I65：软件和信息技术服务业。

2.2　评价方法

本书使用线性综合方法构建城市创新生态系统测度模型。首先，为了消除原始数据的量纲，使不同指标之间具有可比性，使用离差标准化方法对原始数据进行线性变换，见式（2-1）和式（2-2）。然后，确定各级指标权重。本书借鉴国家统计局社科文司《中国创新指数研究》中的指标赋权方法，采用"逐级等权法"确定各指标权重系数，该方法能够将各子指标按照不同的维度重新整合，即在同一级指标内，各子指标权重为 $1/n$（n 为某一级指标下的子指标个数）。最后，运用线性综合方法计算城市创新生态系统各级指标得分，见式（2-3）。

对一组数据 x_1，x_2，$\cdots$，x_n 进行变换：

$$y_i^+ = \frac{x_i - \min\limits_{1 \leqslant j \leqslant n}\{x_j\}}{\max\limits_{1 \leqslant j \leqslant n}\{x_j\} - \min\limits_{1 \leqslant j \leqslant n}\{x_j\}} \times 100 \qquad y_i^+ \text{ 为正向指标} \qquad (2-1)$$

$$y_i^- = \frac{\max\limits_{1 \leqslant j \leqslant n}\{x_j\} - x_i}{\max\limits_{1 \leqslant j \leqslant n}\{x_j\} - \min\limits_{1 \leqslant j \leqslant n}\{x_j\}} \times 100 \qquad y_i^- \text{ 为负向指标} \qquad (2-2)$$

其中，y_i^+ 和 y_i^- 表示标准化后的值。

$$ecosystem\ city\ index_i = \sum_{j=1}^{J} w_{ij} \times A_{ij} \qquad (2-3)$$

其中，$ecosystem\ city\ index_i$ 为城市创新生态系统评价指标体系中第 i 个指标的综合得分，w_{ij} 表示指标 i 下的子指标 j 的权重，A_{ij} 表示指标 i 下的子指标 j 的标准化值。

2.3 数据来源

本书中样本城市的选择方式为，将国家统计局发布的《中国城市统计年鉴2019》中各城市的地区生产总值按照从高到低的顺序排列，选择排名前100位的城市。

本书的基础数据集包括原始统计数据以及整理计算所得数据。原始统计数据主要来自中国城市统计年鉴、中国火炬统计年鉴、各城市的国民经济和社会发展统计公报、科学技术部网站、教育部网站，以及国泰安、incoPat 数据库等。对于某些年份的缺失值，本书采用取均值和线性插值方法进行处理，最终获得了 2015—2019 年 100 个城市的平衡面板数据。

第3章
"中国100城"城市创新生态系统竞争力总体排名

3.1 综合指标排名

表 3-1 所示为 2015—2019 年"中国 100 城"城市创新生态系统综合排名与变化情况。

表 3-1 2015—2019 年"中国 100 城"城市创新生态系统综合排名与变化

城市	2015 年	2016 年	2017 年	2018 年	2019 年	排名变化
北京市	1	1	1	1	1	0
上海市	2	2	2	2	2	0
深圳市	3	3	3	3	3	0
广州市	4	4	4	4	4	0
苏州市	8	6	7	5	5	3
杭州市	7	8	6	7	6	1
南京市	6	7	5	6	7	−1
武汉市	9	9	8	8	8	1
成都市	10	10	9	9	9	1
西安市	11	11	11	11	10	1
重庆市	12	12	13	12	11	1
天津市	5	5	10	10	12	−7
合肥市	17	17	16	14	13	4
青岛市	13	15	15	15	14	−1
东莞市	14	13	12	13	15	−1
厦门市	16	18	18	18	16	0
长沙市	19	20	19	19	17	2
珠海市	20	19	20	17	18	2

续表

城市	2015 年	2016 年	2017 年	2018 年	2019 年	排名变化
宁波市	21	21	21	21	19	2
佛山市	18	16	14	16	20	-2
无锡市	15	14	17	22	21	-6
济南市	23	24	26	25	22	1
郑州市	22	22	23	24	23	-1
大连市	24	23	22	20	24	0
沈阳市	28	29	28	31	25	3
福州市	25	26	24	23	26	-1
常州市	26	25	27	29	27	-1
惠州市	27	27	25	27	28	-1
哈尔滨市	33	37	39	28	29	4
长春市	30	28	29	32	30	0
昆明市	29	31	31	26	31	-2
南通市	31	30	30	30	32	-1
南昌市	36	38	37	33	33	3
嘉兴市	38	35	35	34	34	4
石家庄市	42	45	41	39	35	7
泉州市	35	36	36	38	36	-1
烟台市	37	34	33	37	37	0
徐州市	52	52	52	50	38	14
太原市	41	43	46	42	39	2
中山市	34	32	32	36	40	-6
贵阳市	39	44	45	41	41	-2
威海市	45	41	38	44	42	3
南宁市	43	40	42	40	43	0
绍兴市	40	39	43	45	44	-4
温州市	32	33	34	35	45	-13
江门市	46	47	44	46	46	0
潍坊市	48	48	48	49	47	1
金华市	47	50	49	47	48	-1
镇江市	44	42	40	43	49	-5
芜湖市	49	46	47	48	50	-1
湖州市	51	54	51	51	51	0
台州市	50	51	53	52	52	-2
兰州市	54	57	56	54	53	1

城市	2015 年	2016 年	2017 年	2018 年	2019 年	排名变化
扬州市	55	49	50	53	54	1
盐城市	56	55	54	56	55	1
乌鲁木齐市	66	66	64	70	56	10
呼和浩特市	63	60	60	63	57	6
泰州市	57	53	55	57	58	−1
洛阳市	61	65	61	60	59	2
淄博市	53	56	57	58	60	−7
保定市	59	58	59	55	61	−2
漳州市	58	59	58	59	62	−4
赣州市	69	67	68	66	63	6
连云港市	67	64	66	61	64	3
临沂市	60	61	65	65	65	−5
廊坊市	73	70	62	62	66	7
唐山市	72	74	71	68	67	5
济宁市	65	62	63	64	68	−3
淮安市	74	72	69	71	69	5
柳州市	62	63	67	72	70	−8
襄阳市	68	69	70	69	71	−3
湛江市	76	71	77	67	72	4
宿迁市	80	81	82	79	73	7
东营市	70	73	74	78	74	−4
九江市	75	79	73	73	75	0
绵阳市	71	75	72	75	76	−5
宜昌市	64	68	76	76	77	−13
株洲市	77	76	75	77	78	−1
茂名市	79	78	79	74	79	0
滁州市	81	82	85	83	80	1
许昌市	82	80	78	82	81	1
沧州市	85	84	86	84	82	3
德州市	83	85	83	81	83	0
遵义市	87	87	93	85	84	3
南阳市	91	90	87	90	85	6
新乡市	84	83	81	86	86	−2
衡阳市	86	86	89	87	87	−1
包头市	78	77	80	80	88	−10

续表

城市	2015 年	2016 年	2017 年	2018 年	2019 年	排名变化
焦作市	89	92	90	93	89	0
阜阳市	99	94	98	91	90	9
邯郸市	90	88	88	89	91	−1
鄂尔多斯市	88	89	84	88	92	−4
岳阳市	92	93	91	92	93	−1
菏泽市	93	91	92	95	94	−1
商丘市	100	100	97	97	95	5
常德市	96	98	96	96	96	0
驻马店市	97	97	95	98	97	0
榆林市	95	96	99	99	98	−3
信阳市	94	95	94	94	99	−5
周口市	98	99	100	100	100	−2

注：表中排名变化是 2019 年与 2015 年排名相比后的结果，正数表示排名上升，负数表示排名下降，0 表示排名未发生变化。

2019 年，北京市的城市创新生态系统综合排名依然保持第 1 位，2015—2019 年连续 5 年居全国首位，上海市、深圳市、广州市分列第 2 位、第 3 位和第 4 位，连续 5 年排名不变。2019 年排名进入前 10 位的城市还有苏州市、杭州市、南京市、武汉市、成都市、西安市（见图 3-1）。

从排名前 30 位的城市来看，2019 年，北京市、上海市、深圳市、广州市的城市创新生态系统综合得分处于第一梯队，其领先优势持续扩大。苏州市、杭州市、南京市、武汉市、成都市的城市创新生态系统综合得分处于第二梯队，保持追赶态势。其余城市的城市创新生态系统综合得分处于第三梯队，综合得分稳定增长（见图 3-2）。

从排名变化情况看，与 2015 年相比，2019 年排名上升的城市有 40 个，其中上升幅度较大的城市有徐州市、乌鲁木齐市、阜阳市、宿迁市、石家庄市、廊坊市等。徐州市上升 14 位，城市创新生态系统发展水平显著提高；乌鲁木齐市上升 10 位，上升幅度较大；阜阳市上升 9 位；宿迁市、石家庄市和廊坊市均上升 7 位，城市创新生态建设成效卓著；赣州市、南阳市、呼和浩特市均上升 6 位，唐山市、淮安市和商丘市均上升 5 位，城市创新生态系统发展水平获得较大提升（见表 3-1 和图 3-3）。

与 2015 年相比，2019 年排名下降的城市有 43 个，其中下降幅度较大的城市有温州市、宜昌市、包头市、柳州市、天津市、淄博市、中山市、无锡市、临沂市、绵阳市、镇江市、信阳市等。温州市和宜昌市排名下降幅度最大，下降 13 位；包头市和柳州市紧随其后，分别下降 10 位和 8 位；天津市和淄博市均下降 7 位，降幅较大（见表 3-1 和图 3-4）。

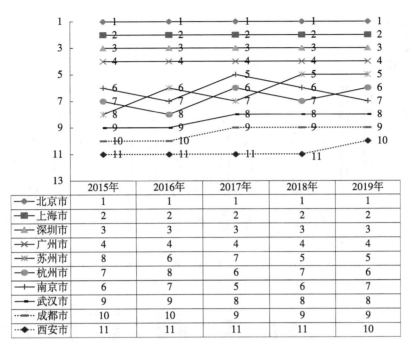

	2015年	2016年	2017年	2018年	2019年
北京市	1	1	1	1	1
上海市	2	2	2	2	2
深圳市	3	3	3	3	3
广州市	4	4	4	4	4
苏州市	8	6	7	5	5
杭州市	7	8	6	7	6
南京市	6	7	5	6	7
武汉市	9	9	8	8	8
成都市	10	10	9	9	9
西安市	11	11	11	11	10

图 3-1 2015—2019 年城市创新生态系统综合排名变化（2019 年综合排名前 10 位）

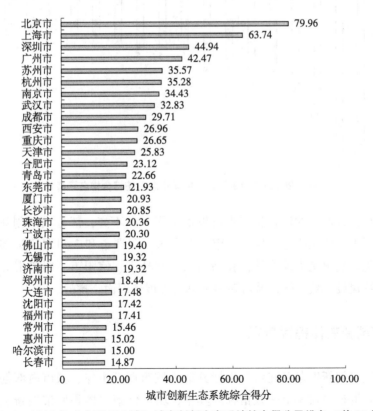

城市创新生态系统综合得分

图 3-2 2019 年 "中国 100 城" 城市创新生态系统综合得分及排名（前 30 位）

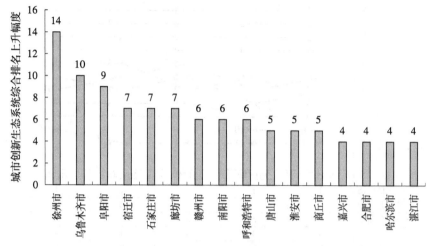

图 3-3　2015—2019 年城市创新生态系统综合排名上升情况

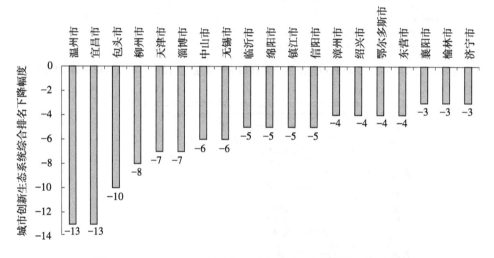

图 3-4　2015—2019 年城市创新生态系统综合排名下降情况

由此可见，各城市的创新生态系统发展水平参差不齐，部分城市创新驱动发展成效显著，创新生态明显改善。除北京市、上海市、深圳市和广州市等头部城市始终稳居国内创新生态建设龙头地位外，驻马店市、榆林市、信阳市、周口市等后发城市的创新生态系统建设成效甚微，城市转型和创新发展依旧面临挑战。

3.2　城市创新主体指标排名

本书将城市创新生态系统综合指标分解为城市创新主体、城市内部创新生态建构和城市间创新生态嵌入 3 个一级指标。其中，城市创新主体是城市创新生态系统的基本构成单元，参与创新活动的全过程。对城市创新主体的评价主要包括 3 个方面：创新主体的动力、创新主体的能力和创新主体的活力。

2015—2019 年"中国 100 城"城市创新主体指标排名情况见表 3-2 和表 3-3。

表 3-2 2015—2019 年"中国 100 城"城市创新主体指标排名与变化

城市	2015 年	2016 年	2017 年	2018 年	2019 年	排名变化
北京市	1	1	1	1	1	0
上海市	2	2	2	2	2	0
深圳市	3	3	3	3	3	0
广州市	4	4	4	4	4	0
杭州市	5	5	5	5	5	0
苏州市	6	6	6	6	6	0
南京市	8	7	7	7	7	1
武汉市	9	9	8	8	8	1
成都市	10	10	9	10	9	1
宁波市	13	15	14	14	10	3
西安市	15	13	12	11	11	4
合肥市	18	12	16	13	12	6
东莞市	11	11	11	9	13	−2
珠海市	17	17	13	15	14	3
天津市	7	8	10	12	15	−8
重庆市	12	16	15	16	16	−4
青岛市	14	18	20	19	17	−3
佛山市	24	23	19	17	18	6
无锡市	16	14	17	18	19	−3
郑州市	22	22	22	22	20	2
厦门市	20	20	21	21	21	−1
济南市	21	21	25	23	22	−1
长沙市	19	19	18	20	23	−4
福州市	26	26	26	24	24	2
绍兴市	25	28	29	29	25	0
常州市	27	25	27	27	26	1
惠州市	28	27	23	25	27	1
温州市	23	24	24	26	28	−5
嘉兴市	30	32	30	28	29	1
金华市	32	41	34	33	30	2
泉州市	38	38	35	35	31	7
南通市	29	29	31	31	32	−3

续表

城市	2015 年	2016 年	2017 年	2018 年	2019 年	排名变化
中山市	34	30	28	30	33	1
大连市	37	31	32	34	34	3
威海市	50	52	45	47	35	15
烟台市	44	35	39	39	36	8
芜湖市	35	34	33	32	37	−2
潍坊市	43	45	46	43	38	5
石家庄市	41	36	38	38	39	2
台州市	33	40	37	37	40	−7
沈阳市	31	33	36	40	41	−10
徐州市	52	47	47	44	42	10
南昌市	47	44	44	41	43	4
湖州市	48	48	42	36	44	4
江门市	54	50	41	48	45	9
昆明市	42	42	48	46	46	−4
贵阳市	40	46	51	49	47	−7
南宁市	53	51	50	50	48	5
镇江市	39	37	40	42	49	−10
太原市	45	39	43	45	50	−5
淄博市	46	53	55	51	51	−5
哈尔滨市	36	43	49	52	52	−16
兰州市	49	55	53	55	53	−4
长春市	51	49	52	58	54	−3
洛阳市	61	62	59	54	55	6
扬州市	55	54	54	53	56	−1
临沂市	57	60	60	57	57	0
泰州市	59	57	56	56	58	1
盐城市	60	59	57	59	59	1
乌鲁木齐市	56	58	58	61	60	−4
廊坊市	75	70	66	63	61	14
济宁市	64	64	62	60	62	2
宿迁市	68	72	72	64	63	5
东营市	62	61	67	73	64	−2
连云港市	69	65	71	70	65	4
漳州市	74	76	73	66	66	8
呼和浩特市	58	56	61	62	67	−9

续表

城市	2015 年	2016 年	2017 年	2018 年	2019 年	排名变化
南阳市	88	85	82	82	68	20
唐山市	66	69	65	69	69	−3
淮安市	72	71	63	68	70	2
保定市	65	66	64	65	71	−6
襄阳市	67	75	75	67	72	−5
赣州市	83	80	79	76	73	10
新乡市	79	79	76	75	74	5
茂名市	76	74	68	72	75	1
宜昌市	70	67	74	74	76	−6
许昌市	82	78	77	77	77	5
九江市	85	86	86	83	78	7
滁州市	90	84	85	80	79	11
柳州市	63	63	69	78	80	−17
绵阳市	73	83	80	71	81	−8
德州市	81	77	81	81	82	−1
沧州市	87	87	83	85	83	4
株洲市	80	91	89	84	84	−4
包头市	71	68	70	79	85	−14
湛江市	78	73	84	87	86	−8
阜阳市	94	90	90	89	87	7
邯郸市	84	82	78	86	88	−4
遵义市	77	81	91	90	89	−12
焦作市	86	89	87	88	90	−4
菏泽市	89	88	92	92	91	−2
衡阳市	97	97	94	91	92	5
岳阳市	95	96	96	95	93	2
商丘市	100	100	98	96	94	6
驻马店市	92	94	93	94	95	−3
信阳市	91	92	95	93	96	−5
鄂尔多斯市	96	95	88	97	97	−1
榆林市	93	93	97	99	98	−5
常德市	99	99	99	98	99	0
周口市	98	98	100	100	100	−2

注：表中排名变化是 2019 年与 2015 年排名相比后的结果，正数表示排名上升，负数表示排名下降，0 表示排名未发生变化。

表 3-3　2019 年"中国 100 城"城市创新主体各子指标排名

城市	1.1 创新主体的动力	1.2 创新主体的能力	1.3 创新主体的活力
北京市	2	1	1
上海市	1	3	2
深圳市	4	2	3
杭州市	7	6	4
广州市	5	4	5
南京市	8	8	6
苏州市	3	5	7
宁波市	22	18	8
西安市	36	9	9
武汉市	12	7	10
成都市	17	10	11
合肥市	10	14	12
郑州市	37	17	13
无锡市	29	20	14
长沙市	41	13	15
天津市	16	12	16
厦门市	20	23	17
济南市	31	16	18
东莞市	9	11	19
青岛市	14	21	20
温州市	39	32	21
常州市	42	24	22
绍兴市	23	40	23
佛山市	13	22	24
金华市	34	42	25
徐州市	46	56	26
嘉兴市	33	37	27
南通市	32	41	28
福州市	21	33	29
湖州市	50	52	30
珠海市	6	19	31
重庆市	11	15	32
台州市	40	50	33
中山市	26	45	34

城市	1.1 创新主体的动力	1.2 创新主体的能力	1.3 创新主体的活力
南昌市	55	28	35
昆明市	64	29	36
泰州市	79	61	37
哈尔滨市	85	26	38
镇江市	54	48	39
泉州市	19	59	40
太原市	77	30	41
沈阳市	52	25	42
石家庄市	44	31	43
大连市	28	38	44
扬州市	63	54	45
烟台市	27	51	46
惠州市	18	35	47
南宁市	51	43	48
芜湖市	30	46	49
盐城市	61	67	50
贵阳市	48	39	51
威海市	15	69	52
宿迁市	59	84	53
淮安市	82	75	54
连云港市	69	82	55
东营市	71	74	56
淄博市	43	55	57
乌鲁木齐市	86	36	58
洛阳市	49	47	59
潍坊市	25	49	60
兰州市	53	34	61
长春市	70	27	62
廊坊市	62	57	63
漳州市	57	89	64
呼和浩特市	90	44	65
宜昌市	87	68	66
江门市	24	62	67
襄阳市	80	64	68
济宁市	45	77	69

续表

城市	1.1 创新主体的动力	1.2 创新主体的能力	1.3 创新主体的活力
临沂市	35	65	70
柳州市	88	70	71
焦作市	98	79	72
许昌市	68	91	73
株洲市	94	60	74
赣州市	60	80	75
滁州市	78	85	76
新乡市	65	73	77
九江市	76	78	78
绵阳市	89	63	79
保定市	73	58	80
唐山市	56	72	81
包头市	96	53	82
鄂尔多斯市	99	90	83
南阳市	47	83	84
信阳市	91	98	85
阜阳市	75	92	86
湛江市	58	96	87
德州市	67	81	88
邯郸市	81	87	89
岳阳市	92	76	90
商丘市	83	93	91
衡阳市	93	66	92
榆林市	97	97	93
菏泽市	84	88	94
常德市	100	86	95
遵义市	72	94	96
驻马店市	74	100	97
茂名市	38	95	98
沧州市	66	71	99
周口市	95	99	100

从城市创新主体指标排名前30位的城市来看，2019年，北京市的排名保持全国第1位，上海市、深圳市紧随其后，且具有显著的领先优势；广州市、杭州市和苏州市的排名分别为第4位、第5位、第6位，近5年来排名无波动，指标得分明显高于南京市

（第 7 位）、武汉市（第 8 位）和成都市（第 9 位）。宁波市、西安市、合肥市的城市创新主体指标排名分别为第 10 位、第 11 位和第 12 位。其中，2019 年，宁波市的排名较 2015 年上升 3 位，西安市的排名较 2015 年上升 4 位，合肥市较 2015 年上升 6 位。合肥市的排名上升幅度高于宁波市和西安市，城市创新主体指标排名的追赶态势明显（见表 3-2 和图 3-5）。

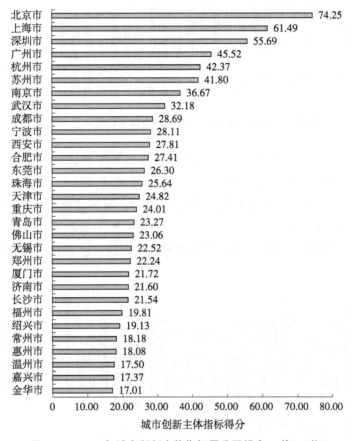

图 3-5　2019 年城市创新主体指标得分及排名（前 30 位）

从排名变化情况看，与 2015 年相比，2019 年城市创新主体指标排名上升的城市有 47 个。其中，排名上升幅度为 10 位及以上的城市分别为南阳市、威海市、廊坊市、滁州市、徐州市和赣州市。南阳市的上升幅度最大，较 2015 年排名上升 20 位；威海市紧随其后，排名较 2015 年上升 15 位；廊坊市和滁州市的排名分别上升 14 位和 11 位；徐州市和赣州市的排名均上升 10 位（见图 3-6）。由此可见，相较于西部地区，东部地区和中部地区的城市创新主体水平明显提升，创新驱动发展成效显著。

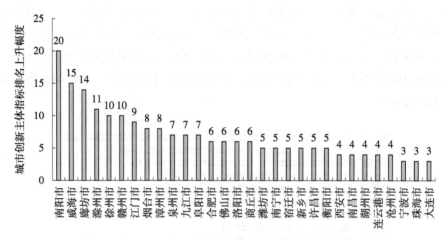

图 3-6　2015—2019 年城市创新主体指标排名上升情况

与 2015 年相比,2019 年城市创新主体指标排名下降的城市有 44 个。其中,排名下降幅度为 10 位及以上的城市分别是柳州市、哈尔滨市、包头市、遵义市、沈阳市和镇江市。柳州市的排名下降幅度最大,降幅为 17 位;哈尔滨市和包头市的排名下降幅度分别为 16 位和 14 位;遵义市的排名下降 12 位,沈阳市和镇江市的排名均下降 10 位。由此可见,部分城市的创新主体水平提升任重而道远,且依旧面临巨大挑战(见图 3-7)。

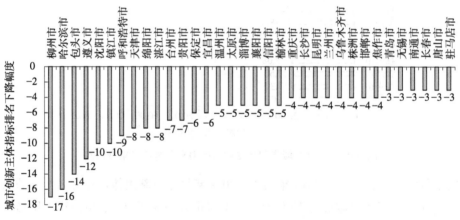

图 3-7　2015—2019 年城市创新主体指标排名下降情况

在创新主体的动力方面,2019 年,上海市、北京市分别排名第 1 位和第 2 位,与上一年保持一致;苏州市排名第 3 位,较上一年上升 2 位,较 2015 年上升 3 位;深圳市排名第 4 位,较上一年下降 1 位,较 2015 年上升 1 位。广州市和珠海市分别排名第 5 位和第 6 位,较上一年分别下降 1 位和上升 1 位,较 2015 年分别下降 1 位和上升 3 位。除此之外,杭州市、南京市、东莞市和合肥市的创新主体的动力指标也位列前 10 位,其中,合肥市较上一年上升 5 位,较 2015 年上升 14 位,上升幅度在 10 个城市中位列首位。2019 年,创新主体的动力指标排名(斜杠前的数字)明显高于城市创新主体指标排名(斜杠后的数字)的城市主要有茂名市(38/75)、湛江市(58/86)、临沂市(35/57)、江门市(24/45)、南阳市(47/68)、驻马店市(74/95)、威海市(15/35)、济宁市(45/62)、沧州市(66/83)、遵义市(72/89)、德州市(67/82)、潍坊市(25/38)、唐山市(56/69)、赣州市(60/73)等。

在创新主体的能力方面,2019 年,北京市、深圳市、上海市和广州市分别排名第1 位至第 4 位,且较上一年无明显波动,深圳市较 2015 年上升 1 位,上海市较 2015 年下降 1 位。苏州市排名第 5 位,较 2015 年上升 3 位;杭州市排名第 6 位,略高于武汉市,较 2015 年以及上一年无明显变化;南京市排名第 8 位,较 2015 年上升 1 位;西安市排名第 9 位,较 2015 年上升 1 位,较上一年无明显变化;成都市排名第 10 位,略低于西安市,较上一年上升 1 位。2019 年,创新主体的能力指标排名(斜杠前的数字)明显高于城市创新主体指标排名(斜杠后的数字)的城市主要有包头市(53/85)、长春市(27/54)、哈尔滨市(26/52)、衡阳市(66/92)、乌鲁木齐市(36/60)、株洲市(60/84)、呼和浩特市(44/67)、太原市(30/50)、兰州市(34/53)、绵阳市(63/81)、昆明市(29/46)、岳阳市(76/93)、沈阳市(25/41)、南昌市(28/43)、保定市(58/71)、常德市(86/99)、沧州市(71/83)、焦作市(79/90)、长沙市(13/23)、柳州市(70/80)等。

在创新主体的活力方面,2019 年,北京市和上海市的排名继续保持前两位,深圳市和杭州市的排名超越广州市,分别为第 3 位和第 4 位。南京市排名第 6 位,与上一年持平,较 2015 年上升 1 位;苏州市排名第 7 位,超过宁波市、西安市、武汉市等城市,与上一年持平。在排名前 10 位的城市中,宁波市排名第 8 位,略高于西安市,较 2015年上升 4 位;武汉市排名第 10 位,较上一年无明显波动;西安市排名变化幅度最大,较上一年上升 2 位,较 2015 年上升 5 位。创新主体的活力指标排名(斜杠前的数字)明显高于城市创新主体指标排名(斜杠后的数字)的城市主要有泰州市(37/58)、焦作市(72/90)、徐州市(26/42)、淮安市(54/70)、湖州市(30/44)、哈尔滨市(38/52)、鄂尔多斯市(83/97)、扬州市(45/56)、信阳市(85/96)、昆明市(36/46)、镇江市(39/49)、宿迁市(53/63)、连云港市(55/65)、宜昌市(66/76)等。

3.3 城市内部创新生态建构指标排名

城市内部创新生态建构的评价指标主要包括创新要素的多样性、创新要素的协同性、创新平台的发展水平和创新环境的适宜性。

2015—2019 年"中国 100 城"城市内部创新生态建构指标排名情况见表 3-4 和表3-5。

表 3-4 2015—2019 年 "中国 100 城" 城市内部创新生态建构指标排名与变化

城市	2015 年	2016 年	2017 年	2018 年	2019 年	排名变化
北京市	1	1	1	1	1	0
上海市	2	2	2	2	2	0
苏州市	5	5	5	3	3	2
广州市	3	4	3	4	4	-1
深圳市	4	3	4	5	5	-1
武汉市	9	7	7	9	6	3
杭州市	10	10	9	11	7	3
南京市	8	8	6	6	8	0
重庆市	15	15	15	12	9	6
西安市	7	9	8	8	10	-3
天津市	6	6	10	7	11	-5
成都市	11	12	12	10	12	-1
东莞市	13	14	11	13	13	0
长春市	23	20	24	15	14	9
厦门市	16	17	16	20	15	1
合肥市	20	21	19	17	16	4
沈阳市	36	30	26	31	17	19
济南市	31	33	34	28	18	13
青岛市	17	18	17	19	19	-2
长沙市	21	24	23	25	20	1
无锡市	12	11	13	18	21	-9
珠海市	19	16	20	22	22	-3
大连市	18	19	18	14	23	-5
佛山市	14	13	14	16	24	-10
宁波市	26	26	25	24	25	1
福州市	27	28	27	23	26	1
南昌市	35	37	38	32	27	8
太原市	41	43	47	43	28	13
惠州市	22	23	22	27	29	-7
昆明市	28	29	30	21	30	-2
乌鲁木齐市	57	63	51	57	31	26
常州市	24	22	21	29	32	-8
哈尔滨市	32	38	40	26	33	-1
郑州市	25	25	36	35	34	-9

续表

城市	2015 年	2016 年	2017 年	2018 年	2019 年	排名变化
南宁市	37	39	37	33	35	2
徐州市	59	52	56	62	36	23
中山市	29	27	28	34	37	−8
威海市	40	34	32	38	38	2
贵阳市	39	40	41	36	39	0
南通市	33	32	29	30	40	−7
江门市	34	35	33	39	41	−7
泉州市	30	31	31	37	42	−12
烟台市	38	36	35	40	43	−5
呼和浩特市	62	61	59	61	44	18
嘉兴市	42	41	42	42	45	−3
镇江市	47	44	39	44	46	1
赣州市	49	50	55	58	47	2
石家庄市	53	58	64	63	48	5
兰州市	54	54	60	47	49	5
漳州市	43	46	44	46	50	−7
潍坊市	46	48	46	48	51	−5
盐城市	44	42	43	45	52	−8
温州市	52	55	53	41	53	−1
芜湖市	64	64	66	73	54	10
襄阳市	45	45	45	49	55	−10
绍兴市	51	47	49	51	56	−5
湛江市	66	66	63	54	57	9
扬州市	61	51	48	50	58	3
洛阳市	68	72	72	76	59	9
泰州市	48	53	50	56	60	−12
唐山市	81	83	86	81	61	20
柳州市	63	59	57	60	62	1
绵阳市	50	49	52	67	63	−13
湖州市	56	56	54	59	64	−8
济宁市	60	60	61	64	65	−5
茂名市	69	69	69	66	66	3
金华市	76	73	73	65	67	9
淮安市	75	76	71	74	68	7
连云港市	67	65	58	53	69	−2

续表

城市	2015 年	2016 年	2017 年	2018 年	2019 年	排名变化
台州市	70	68	68	68	70	0
宜昌市	58	62	65	70	71	−13
廊坊市	77	77	70	72	72	5
淄博市	55	57	62	69	73	−18
遵义市	80	80	76	75	74	6
保定市	78	75	74	52	75	3
株洲市	65	67	67	71	76	−11
包头市	71	71	75	55	77	−6
衡阳市	72	74	78	77	78	−6
鄂尔多斯市	79	79	79	83	79	0
临沂市	74	70	77	78	80	−6
九江市	73	78	80	79	81	−8
宿迁市	85	81	84	82	82	3
常德市	84	84	83	80	83	1
焦作市	95	100	100	100	84	11
岳阳市	83	82	81	84	85	−2
东营市	89	86	87	85	86	3
沧州市	87	88	94	87	87	0
滁州市	82	85	89	86	88	−6
榆林市	91	89	95	90	89	2
新乡市	90	90	82	91	90	0
德州市	97	98	97	92	91	6
菏泽市	100	99	96	93	92	8
南阳市	86	87	85	88	93	−7
驻马店市	94	95	90	96	94	0
邯郸市	92	91	99	97	95	−3
商丘市	93	94	88	94	96	−3
阜阳市	88	92	98	89	97	−9
信阳市	98	93	91	95	98	0
周口市	96	97	93	98	99	−3
许昌市	99	96	92	99	100	−1

注：表中排名变化是 2019 年与 2015 年排名相比后的结果，正数表示排名上升，负数表示排名下降，0 表示排名未发生变化。

表 3-5　2019 年"中国 100 城"城市内部创新生态建构各子指标排名

城市	2.1　创新要素的多样性	2.2　创新要素的协同性	2.3　创新平台的发展水平	2.4　创新环境的适宜性
北京市	3	1	1	1
上海市	2	2	2	2
广州市	8	5	4	3
深圳市	4	4	8	4
重庆市	48	12	6	5
成都市	34	9	18	6
南京市	20	3	12	7
杭州市	26	7	5	8
武汉市	11	6	3	9
苏州市	1	10	7	10
东莞市	10	26	23	11
昆明市	55	29	29	12
天津市	16	11	11	13
长春市	28	31	14	14
贵阳市	64	36	35	15
沈阳市	30	23	16	16
长沙市	46	17	15	17
青岛市	18	14	33	18
哈尔滨市	59	28	30	19
福州市	24	37	37	20
宁波市	23	22	38	21
南宁市	50	33	34	22
厦门市	6	34	26	23
温州市	84	48	67	24
西安市	12	8	10	25
大连市	7	35	46	26
合肥市	21	13	20	27
遵义市	99	94	94	28
郑州市	73	20	24	29
佛山市	27	16	25	30
台州市	79	65	85	31
济南市	51	15	9	32
无锡市	17	21	22	33

续表

城市	2.1 创新要素的多样性	2.2 创新要素的协同性	2.3 创新平台的发展水平	2.4 创新环境的适宜性
金华市	70	64	85	34
珠海市	5	18	42	35
南昌市	39	42	19	36
乌鲁木齐市	67	50	17	37
惠州市	9	63	49	38
赣州市	45	74	41	39
南通市	31	25	47	40
泉州市	19	57	68	41
茂名市	56	96	83	42
呼和浩特市	49	54	27	43
柳州市	69	76	52	44
湛江市	47	47	73	45
嘉兴市	32	24	59	46
兰州市	80	32	36	47
绵阳市	81	38	62	48
衡阳市	83	98	82	49
太原市	75	30	13	50
绍兴市	43	44	69	51
烟台市	22	39	60	52
漳州市	29	86	72	53
盐城市	41	49	53	54
中山市	15	46	54	55
常州市	25	41	28	56
江门市	13	60	66	57
徐州市	53	40	21	58
鄂尔多斯市	77	81	91	59
潍坊市	52	53	40	60
威海市	14	51	51	61
宜昌市	74	85	58	62
岳阳市	94	89	85	63
石家庄市	68	27	32	64
常德市	85	88	77	65
唐山市	66	61	43	66
泰州市	42	68	56	67

续表

城市	2.1 创新要素的 多样性	2.2 创新要素的 协同性	2.3 创新平台的 发展水平	2.4 创新环境的 适宜性
扬州市	40	45	61	68
包头市	78	75	64	69
淮安市	37	67	90	70
株洲市	86	79	57	71
镇江市	33	19	55	72
九江市	63	95	81	73
临沂市	76	71	71	74
湖州市	44	58	63	75
济宁市	60	69	48	76
榆林市	100	83	80	77
沧州市	71	87	94	78
芜湖市	54	72	39	79
宿迁市	61	55	84	80
襄阳市	38	78	45	81
保定市	57	43	65	82
阜阳市	96	92	94	83
滁州市	65	82	93	84
信阳市	98	100	94	85
洛阳市	88	56	31	86
连云港市	35	62	70	87
廊坊市	36	70	74	88
驻马店市	90	99	94	89
淄博市	58	59	50	90
菏泽市	89	97	85	91
南阳市	91	90	92	92
新乡市	87	80	75	93
周口市	92	93	100	94
邯郸市	93	77	85	95
商丘市	95	91	78	96
东营市	62	52	78	97
德州市	72	84	76	98
许昌市	97	66	94	99
焦作市	82	73	44	100

在 2019 年城市内部创新生态建构指标排名中,北京市、上海市分别为第 1 位和第 2

位，且具有显著的领先优势。苏州市和广州市分别为第3位和第4位，但指标得分与北京市和上海市有较大差距。深圳市排名第5位，高于武汉市、杭州市和南京市等城市。除此之外，进入前10位的城市还有重庆市和西安市。综合来看，进入前10位的城市中有2个来自广东省，还有2个来自江苏省。武汉市的城市内部创新生态建构水平在中部地区处于领先水平，重庆市、西安市和成都市的城市内部创新生态建构水平领先于其他西部地区城市（见表3-4和图3-8）。

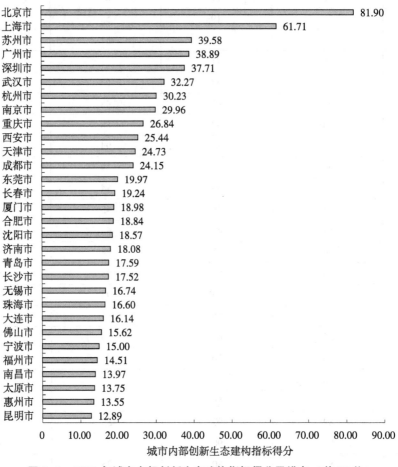

图3-8 2019年城市内部创新生态建构指标得分及排名（前30位）

从城市内部创新生态建构指标排名变化情况看，与2015年相比，2019年排名上升的城市有42个，上升幅度为10位及以上的城市有9个，分别是乌鲁木齐市、徐州市、唐山市、沈阳市、呼和浩特市、济南市、太原市、焦作市、芜湖市。其中，乌鲁木齐市上升26位，上升幅度最大；徐州市次之，上升23位；唐山市上升20位；沈阳市和呼和浩特市分别上升19位和18位；济南市和太原市均上升13位；焦作市上升11位；芜湖市上升10位（见表3-4和图3-9）。

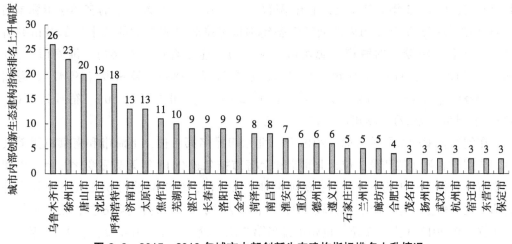

图 3-9 2015—2019 年城市内部创新生态建构指标排名上升情况

与 2015 年相比，2019 年城市内部创新生态建构指标排名下降的城市有 47 个，下降幅度为 10 位及以上的城市有 8 个，分别是襄阳市、佛山市、株洲市、泉州市、泰州市、宜昌市、绵阳市、淄博市。其中，淄博市的排名下降幅度最大，下降 18 位；绵阳市和宜昌市的排名均下降 13 位；泉州市和泰州市的排名均下降 12 位；株洲市的排名下降 11 位；佛山市和襄阳市的排名均下降 10 位。以上 8 个城市中，宜昌市和襄阳市同属于湖北省，与武汉市差距较大，由此可见，即使处于同一省份，中心城市和后发城市的创新生态建设水平也存在较大差距（见表 3-4 和图 3-10）。

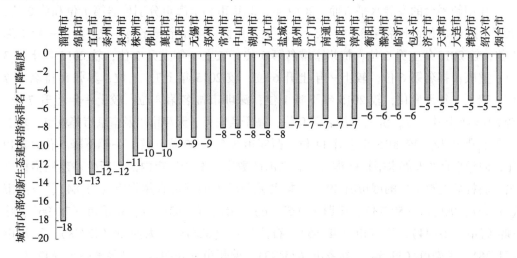

图 3-10 2015—2019 年城市内部创新生态建构指标排名下降情况

在创新要素的多样性方面，2019 年，苏州市排名第 1 位，高于上海市、北京市、深圳市和珠海市等城市。在该指标排名前 10 位的城市中，厦门市排名第 6 位，较上一年上升 3 位，上升幅度最大；东莞市排名第 10 位，较上一年下降 4 位，下降幅度最大；大连市排名第 7 位，较 2015 年上升 6 位，上升幅度在 10 个城市中位居首位；深圳市排名第4位，较2015年上升4位，上升幅度较大。2019年，创新要素的多样性指标排名（斜杠前的数字）高于城市内部创新生态建构指标排名（斜杠后的数字）的城市共有54个，排名差距较大的城市有廊坊市（36/72）、连云港市（35/69）、淮安市（37/68）、江门市（13/41）、威海市（14/38）、东营市（62/86）、泉州市（19/42）、滁州市（65/88）、中山市（15/37）、烟台市（22/43）、漳州市（29/50）、宿迁市（61/82）、惠州市（9/29）、湖州市（44/64）等。

在创新要素的协同性方面，2019年，北京市排名第1位，上海市和南京市紧随其后，分别排名第2位和第3位，北京市和上海市排名较2015年无明显变化，上海市和南京市排名较上一年均上升1位；深圳市排名第4位，较2015年上升2位；广州市排名第5位，较上一年下降3位，较2015年下降2位；武汉市排名第6位，较上一年上升3位，较2015年上升2位；杭州市排名第7位，较上一年上升4位，较2015年上升3位；西安市排名第8位，较上一年无明显波动，较2015年下降1位；成都市排名第9位，较上一年上升4位，较2015年上升2位；苏州市排名第10位，较上一年下降4位，较2015年下降1位。2019年，创新要素的协同性指标排名（斜杠前的数字）高于城市内部创新生态建构指标排名（斜杠后的数字）的城市共有52个，排名差距较大的城市有东营市（52/86）、许昌市（66/100）、保定市（43/75）、镇江市（19/46）、宿迁市（55/82）、绵阳市（38/63）、嘉兴市（24/45）、石家庄市（27/48）、邯郸市（77/95）、兰州市（32/49）、南通市（25/40）、郑州市（20/34）、淄博市（59/73）、扬州市（45/58）、绍兴市（44/56）、焦作市（73/84）、湛江市（47/57）、新乡市（80/90）等。

在创新平台的发展水平方面，2019年，北京市和上海市分别位居第1位和第2位，武汉市超越广州市排名第3位，较上一年上升5位。广州市排名第4位，较上一年下降1位，较2015年上升5位；杭州市排名第5位，较上一年上升5位，较2015年上升3位；重庆市排名第6位，较上一年上升6位，较2015年上升13位；苏州市排名第7位，较上一年无变化，较2015年下降1位；深圳市排名第8位，较上一年上升7位，较2015年上升4位；济南市排名第9位，高于西安市、天津市以及南京市等城市，较上一年上升10位，较2015年上升14位；西安市排名第10位，较上一年下降5位。2019年，创新平台的发展水平指标排名（斜杠前的数字）高于城市内部创新生态建构指标排名（斜杠后的数字）的城市有49个，排名差距较大的城市有焦作市（44/84）、洛阳市（31/59）、淄博市（50/73）、株洲市（57/76）、唐山市（43/61）、商丘市（78/96）、呼和浩特市（27/44）、济宁市（48/65）、石家庄市（32/48）、太原市（13/28）、徐州市（21/36）、芜湖市（39/54）、新乡市（75/90）、德州市（76/91）、乌鲁木齐市（17/31）、兰州市（36/49）、宜昌市（58/71）、包头市（64/77）、潍坊市（40/51）、郑州市（24/34）、襄阳市（45/55）、柳州市（52/62）、保定市（65/75）、邯郸市（85/95）等。

在创新环境的适宜性方面，2019年，北京市和上海市分别排名第1位和第2位，广州市和深圳市紧随其后，分别排名第3位和第4位。重庆市排名第5位，高于成都市、南京市、杭州市等城市。在排名前10位的城市中，武汉市排名第9位，较2015年上升 3 位,有较大幅度提升。2019 年,创新环境的适宜性指标排名(斜杠前的数字)高于城市内部创新生态建构指标排名(斜杠后的数字)的城市有 49 个,其中排名差距较大的城市有遵义市(28/74)、台州市(31/70)、金华市(34/67)、温州市(24/53)、衡阳市(49/78)、贵阳市(15/39)、茂名市(42/66)、岳阳市(63/85)、鄂尔多斯市(59/79)、昆明市(12/30)、柳州市(44/62)、常德市(65/83)、绵阳市(48/63)、哈尔滨市(19/33)、阜阳市(83/97)、南宁市(22/35)、信阳市(85/98)、湛江市(45/57)等。

3.4 城市间创新生态嵌入指标排名

城市间创新生态嵌入的评价指标主要包括系统开放性、外部可达性、关系嵌入和结构嵌入。

2015—2019 年"中国 100 城"城市间创新生态嵌入指标排名情况见表 3-6 和表 3-7。

表 3-6 2015—2019 年"中国 100 城"城市间创新生态嵌入指标排名与变化

城市	2015 年	2016 年	2017 年	2018 年	2019 年	排名变化
北京市	1	2	1	1	1	0
上海市	2	1	2	2	2	0
广州市	4	4	4	3	3	1
深圳市	3	3	3	4	4	−1
南京市	6	6	6	5	5	1
成都市	8	8	7	6	6	2
武汉市	9	7	5	7	7	2
杭州市	7	9	9	8	8	−1
重庆市	12	10	10	10	9	3
天津市	5	15	8	9	10	−5
西安市	13	15	11	11	11	2
青岛市	11	11	12	12	12	−1
苏州市	10	12	14	13	13	−3
长沙市	21	13	13	15	14	7
合肥市	15	16	15	14	15	0
厦门市	14	14	16	16	16	−2
郑州市	17	18	20	19	17	0
哈尔滨市	39	36	31	18	18	21
大连市	20	22	19	21	19	1
佛山市	16	17	18	20	20	−4
东莞市	27	21	17	17	21	6

续表

城市	2015 年	2016 年	2017 年	2018 年	2019 年	排名变化
珠海市	26	25	26	22	22	4
沈阳市	24	27	24	24	23	1
无锡市	23	19	23	27	24	−1
济南市	18	23	25	23	25	−7
石家庄市	30	30	28	26	26	4
福州市	19	24	21	28	27	−8
宁波市	22	20	22	25	28	−6
昆明市	25	26	27	29	29	−4
南通市	43	32	33	30	30	13
常州市	28	29	32	33	31	−3
保定市	33	33	37	34	32	1
嘉兴市	41	35	39	36	33	8
南昌市	29	37	35	32	34	−5
徐州市	49	56	59	41	35	14
贵阳市	37	44	42	37	36	1
烟台市	31	31	30	31	37	−6
温州市	34	34	36	44	38	−4
潍坊市	48	51	49	46	39	9
南宁市	40	39	38	43	40	0
镇江市	35	40	46	39	41	−6
金华市	38	45	41	40	42	−4
太原市	36	41	40	38	43	−7
惠州市	51	38	34	35	44	7
扬州市	58	46	44	42	45	13
泉州市	42	43	45	48	46	−4
连云港市	69	67	68	55	47	22
长春市	32	28	29	45	48	−16
盐城市	61	65	66	63	49	12
绍兴市	47	50	47	47	50	−3
泰州市	56	42	51	53	51	5
江门市	59	66	67	56	52	7
芜湖市	50	47	50	51	53	−3
中山市	44	52	53	58	54	−10
湖州市	53	55	60	54	55	−2
临沂市	63	73	72	80	56	7

城市	2015 年	2016 年	2017 年	2018 年	2019 年	排名变化
台州市	52	49	56	52	57	-5
威海市	46	48	43	49	58	-12
廊坊市	57	57	52	50	59	-2
唐山市	68	63	62	64	60	8
许昌市	55	54	58	66	61	-6
洛阳市	64	64	63	59	62	2
淄博市	67	59	61	60	63	4
九江市	54	62	48	61	64	-10
漳州市	45	53	54	62	65	-20
呼和浩特市	80	80	64	70	66	14
兰州市	66	60	57	57	67	-1
赣州市	72	58	69	74	68	4
株洲市	75	61	55	69	69	6
东营市	65	74	65	67	70	-5
湛江市	73	77	77	65	71	2
淮安市	71	69	74	72	72	-1
济宁市	76	70	71	71	73	3
柳州市	70	72	73	76	74	-4
滁州市	62	68	76	75	75	-13
宿迁市	82	81	85	78	76	6
沧州市	79	71	82	82	77	2
德州市	74	75	70	68	78	-4
邯郸市	88	83	81	77	79	9
衡阳市	78	76	84	85	80	-2
绵阳市	85	87	78	83	81	4
阜阳市	100	94	97	89	82	18
宜昌市	60	79	83	81	83	-23
焦作市	81	82	79	84	84	-3
遵义市	99	93	100	88	85	14
鄂尔多斯市	77	86	75	73	86	-9
南阳市	92	96	87	92	87	5
襄阳市	97	89	89	87	88	9
新乡市	86	78	80	90	89	-3
常德市	95	98	99	99	90	5
周口市	91	91	95	97	91	0

续表

城市	2015 年	2016 年	2017 年	2018 年	2019 年	排名变化
商丘市	93	100	96	96	92	1
乌鲁木齐市	96	97	94	91	93	3
菏泽市	83	84	86	95	94	−11
榆林市	98	99	98	98	95	3
岳阳市	90	90	90	94	96	−6
包头市	89	88	91	93	97	−8
茂名市	84	85	92	79	98	−14
驻马店市	94	95	93	100	99	−5
信阳市	87	92	88	86	100	−13

注：表中排名变化是 2019 年与 2015 年排名相比后的结果，正数表示排名上升，负数表示排名下降，0
表示排名未发生变化。

表 3-7　2019 年"中国 100 城"城市间创新生态嵌入各子指标排名

城市	3.1　系统开放性	3.2　外部可达性	3.3　关系嵌入	3.4　结构嵌入
北京市	2	2	1	1
上海市	1	1	2	2
南京市	12	10	3	3
武汉市	5	11	10	4
深圳市	3	5	6	5
广州市	4	3	7	6
成都市	6	4	4	7
西安市	9	24	14	8
杭州市	8	8	5	9
天津市	14	12	9	10
长沙市	16	13	20	11
苏州市	11	29	11	12
重庆市	10	7	12	13
青岛市	13	6	19	14
合肥市	31	23	8	15
郑州市	26	17	17	16
无锡市	19	30	33	17
沈阳市	39	33	18	18
济南市	38	45	15	19
佛山市	25	14	25	20
石家庄市	50	34	13	21
大连市	23	15	21	22

城市	3.1 系统开放性	3.2 外部可达性	3.3 关系嵌入	3.4 结构嵌入
东莞市	17	18	22	23
昆明市	28	19	48	24
哈尔滨市	30	9	38	25
徐州市	42	68	42	26
宁波市	24	22	26	27
太原市	92	62	37	28
南通市	37	36	36	29
福州市	18	20	24	30
常州市	34	39	35	31
珠海市	15	42	16	32
厦门市	7	16	32	33
兰州市	98	97	41	34
乌鲁木齐市	87	100	28	35
南昌市	32	59	29	36
保定市	67	37	23	37
长春市	72	58	45	38
嘉兴市	20	54	31	39
南宁市	59	31	72	40
镇江市	68	32	65	41
潍坊市	66	38	39	42
贵阳市	43	26	54	43
扬州市	51	50	56	44
绍兴市	46	64	43	45
烟台市	35	35	46	46
泰州市	52	55	59	47
温州市	53	21	62	48
金华市	33	44	52	49
淄博市	79	70	71	50
许昌市	77	78	40	51
呼和浩特市	81	81	50	52
连云港市	75	25	66	53
绵阳市	93	96	63	54
洛阳市	29	94	30	55
湖州市	40	63	69	56
中山市	48	53	60	57

续表

城市	3.1 系统开放性	3.2 外部可达性	3.3 关系嵌入	3.4 结构嵌入
盐城市	60	28	51	58
唐山市	49	71	55	59
泉州市	21	40	90	60
廊坊市	62	66	34	61
临沂市	73	47	49	62
芜湖市	36	52	67	63
宜昌市	80	93	81	64
济宁市	78	80	58	65
台州市	74	43	47	66
惠州市	27	27	57	67
东营市	90	82	27	68
株洲市	57	67	82	69
柳州市	56	75	87	70
湛江市	86	65	61	71
宿迁市	83	73	74	72
威海市	44	46	73	73
邯郸市	63	85	64	74
淮安市	61	69	70	75
沧州市	76	77	53	76
鄂尔多斯市	64	95	44	77
江门市	22	48	68	78
焦作市	69	86	78	79
漳州市	45	49	89	80
赣州市	47	51	96	81
德州市	96	56	84	82
九江市	41	41	91	83
榆林市	99	98	77	84
南阳市	82	87	76	85
衡阳市	55	79	85	86
新乡市	65	91	83	87
遵义市	100	76	92	88
包头市	95	99	88	89
滁州市	54	60	75	90
襄阳市	70	88	79	91
阜阳市	89	61	93	92

续表

城市	3.1 系统开放性	3.2 外部可达性	3.3 关系嵌入	3.4 结构嵌入
菏泽市	94	90	86	93
岳阳市	71	92	80	94
常德市	58	83	99	95
驻马店市	88	89	94	96
周口市	84	72	97	97
商丘市	91	74	100	98
信阳市	85	84	98	99
茂名市	97	57	95	100

在 2019 年城市间创新生态嵌入指标排名中，北京市和上海市分别位居第 1 位和第 2 位，且指标得分显著高于其他城市；广州市和深圳市排名第 3 位和第 4 位，指标得分较为接近。其中，广州市的排名较 2015 年上升 1 位，深圳市的排名较 2015 年下降 1 位；南京市排名第 5 位，排名以及指标得分均略高于排在第 6 位的成都市和第 7 位的武汉市；杭州市的排名略高于重庆市和天津市，排名第 8 位。在排名前 10 位的城市中，重庆市的排名较 2015 年上升幅度最大，上升 3 位；天津市的排名较 2015 年下降幅度最大，下降 5 位（见表 3-6 和图 3-11）。

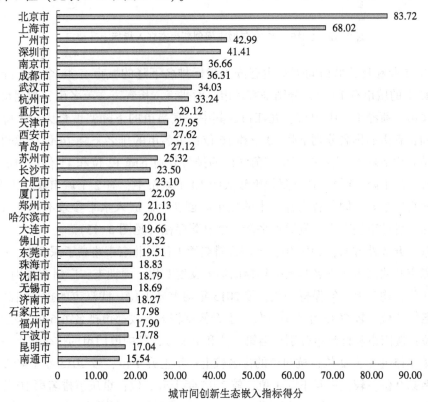

图 3-11 2019 年城市间创新生态嵌入指标得分与排名（前 30 位）

从城市间创新生态嵌入指标排名变化情况看，与2015年相比，排名上升的城市有46个，上升幅度超过10位的城市有9个，分别是连云港市、哈尔滨市、阜阳市、徐州市、呼和浩特市、遵义市、扬州市、南通市和盐城市。其中，连云港市的排名上升幅度最大，上升22位；哈尔滨市紧随其后，排名上升21位；阜阳市的排名上升18位；徐州市、呼和浩特市和遵义市的排名均上升14位；南通市和扬州市的排名均上升13位，上升幅度略高于盐城市的12位。在这9个城市中，有5个城市来自江苏省，由此可见，近5年来，江苏省城市间创新生态嵌入水平明显提升（见图3-12）。

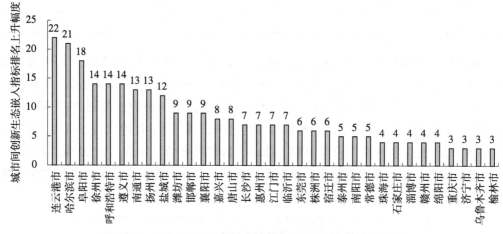

图3-12　2015—2019年城市间创新生态嵌入指标上升情况

与2015年相比，城市间创新生态嵌入指标排名下降的城市有48个，下降幅度为10位及以上的城市有10个，分别是宜昌市、漳州市、长春市、茂名市、滁州市、信阳市、威海市、菏泽市、中山市、九江市。其中，宜昌市的下降幅度最大，下降23位；漳州市和长春市的排名分别下降20位和16位；茂名市的排名下降14位；滁州市和信阳市的排名均下降13位；威海市和菏泽市的排名分别下降12位和11位；中山市和九江市的排名均下降10位。在下降幅度较大的10个城市中，有2个城市来自山东省，2个城市来自广东省。同一省内各城市的城市间创新生态嵌入水平参差不齐且后发地区严重滞后，各城市创新生态发展不平衡问题显著存在（见图3-13）。

在系统开放性方面，2019年，上海市排名第1位；北京市略高于深圳市，排名第2位，上海市和北京市的排名与上一年相比均未发生变化；深圳市和广州市分别排名第3位和第4位，均与上一年保持一致，较2015年均上升1位；武汉市的排名略高于成都市，排名第5位，较2015年上升5位，上升幅度较大；成都市排名第6位，较2015年上升7位；厦门市和杭州市分别排名第7位和第8位，其中厦门市的排名较上一年上升3位，较2015年上升2位；杭州市的排名较上一年上升1位，较2015年下降2位；西安市排名第9位，较上一年下降1位，较2015年上升5位；重庆市排名第10位，较上一年下降3位，较2015年下降2位。2019年，系统开放性指标排名（斜杠前的数字）高于城市间创新生态嵌入指标排名（斜杠后的数字）的城市共有 51 个，排名差距较大的城市有洛阳市（29/62）、常德市（58/90）、江门市（22/52）、泉州市（21/46）、衡阳市（55/80）、岳阳市（71/96）、新乡市（65/89）、九江市（41/64）、鄂尔多斯市（64/86）、赣州市（47/68）、滁州市（54/75）、漳州市（45/65）、柳州市（56/74）、襄阳市（70/88）、惠州市（27/44）等。

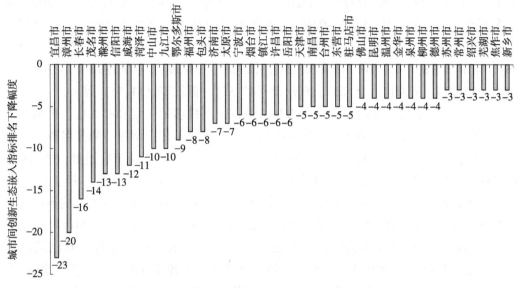

图 3-13 2015—2019 年城市间创新生态嵌入指标下降情况

在外部可达性方面，2019 年，上海市和北京市分别位居第 1 位和第 2 位，排名较 2015 年未发生变化；广州市和成都市紧随其后，分别排名第 3 位和第 4 位，广州市和成都市的排名均与上一年持平，成都市的排名较 2015 年上升 1 位；深圳市的排名略高于青岛市、重庆市等，排名第 5 位，较 2015 年下降 1 位；青岛市排名第 6 位，较 2015 年上升 2 位；重庆市排名第 7 位，较上一年上升 1 位，较 2015 年上升 7 位，近些年重庆市的交通基础设施发展水平明显提升；杭州市排名第 8 位，较上一年上升 3 位，较 2015 年上升 5 位。2019 年，外部可达性指标排名（斜杠前的数字）高于城市间创新生态嵌入指标排名（斜杠后的数字）的城市共有 48 个，排名差距较大的城市有茂名市（57/98）、九江市（41/64）、连云港市（25/47）、德州市（56/78）、盐城市（28/49）、阜阳市（61/82）、周口市（72/91）、商丘市（74/92）、温州市（21/38）、惠州市（27/44）、赣州市（51/68）、漳州市（49/65）、信阳市（84/100）、滁州市（60/75）、台州市（43/57）、威海市（46/58）、昆明市（19/29）、贵阳市（26/36）、驻马店市（89/99）等。

在关系嵌入方面，2019 年，北京市和上海市分别位居第 1 位和第 2 位，排名与上一年持平；南京市和成都市紧随其后，分别排名第 3 位和第 4 位，成都市的排名较上一年上升 4 位，较 2015 年上升 8 位，上升幅度较大；杭州市排名第 5 位，较上一年上升 1 位，较 2015 年上升 5 位；深圳市和广州市分别排名第 6 位和第 7 位，与上一年相比，广州市的排名下降 3 位，下降幅度大于深圳市；合肥市排名第 8 位，较上一年上升 1 位，较 2015 年下降 3 位；天津市排名第 9 位，较上一年下降 2 位，较 2015 年下降 3 位；武汉市排名第 10 位，与上一年保持一致，较 2015 年下降 1 位。2019 年，关系嵌入指标排名（斜杠前的数字）高于城市间创新生态嵌入指标排名（斜杠后的数字）的城市有 48 个，其中排名差距较大的城市有乌鲁木齐市（28/93）、东营市（27/70）、鄂尔多斯市（44/86）、洛阳市（30/62）、兰州市（41/67）、廊坊市（34/59）、沧州市（53/77）、许昌市（40/61）、绵阳市（63/81）、榆林市（77/95）、呼和浩特市（50/66）、岳阳市（80/96）、济宁市（58/73）、邯郸市（64/79）、石家庄市（13/26）、南阳市（76/87）、济南市（15/25）、台州市（47/57）、湛江市（61/71）等。

在结构嵌入方面，2019 年，北京市和上海市分别排名第 1 位和第 2 位，排名与上一年均保持一致；南京市和武汉市分别排名第 3 位和第 4 位，南京市的排名较上一年上升 1 位，武汉市的排名较上一年下降 1 位；深圳市的排名略高于广州市，排名第 5 位，较上一年上升 1 位，较 2015 年上升 3 位；成都市排名第 7 位，较上一年上升 1 位；西安市排名第 8 位，较上一年下降 1 位，较 2015 年下降 3 位，降幅较大；杭州市排名第 9 位，较上一年上升 1 位；天津市排名第 10 位，较上一年下降 1 位。2019 年，结构嵌入指标排名（斜杠前的数字）高于城市间创新生态嵌入指标排名（斜杠后的数字）的城市有 44 个，其中排名差距较大的城市有乌鲁木齐市（35/93）、兰州市（34/67）、绵阳市（54/81）、宜昌市（64/83）、太原市（28/43）、呼和浩特市（52/66）、淄博市（50/63）、榆林市（84/95）、长春市（38/48）、许昌市（51/61）等。

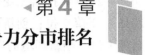

城市创新生态系统竞争力分市排名

4.1 领先城市

4.1.1 北京市

    2019 年，北京市城市创新生态系统综合指标排名居首位。2015—2019 年，北京市该指标排名始终居全国第 1 位，科技创新中心的地位突出（见图 4-1）。

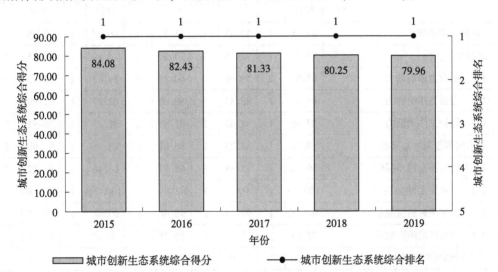

图 4-1　北京市 2015—2019 年城市创新生态系统综合得分及排名变化趋势

    2019 年，北京市城市创新主体指标排名第 1 位，与上一年保持一致，2015—2019 年排名无变化。从二级指标看，创新主体的动力指标排名第 2 位，与上一年保持一致；创新主体的能力指标排名第 1 位，与上一年保持一致；创新主体的活力指标排名第 1 位，与上一年保持一致（见表 4-1）。

2019 年，北京市城市内部创新生态建构指标排名第 1 位，与上一年保持一致，2015—2019 年排名无变化。从二级指标看，创新要素的多样性指标排名第 3 位，较 2015 年下降 2 位；创新要素的协同性指标排名第 1 位，创新平台的发展水平指标排名第 1 位，创新环境的适宜性指标排名第 1 位，2015—2019 年排名均无变化（见表 4-1）。

2019 年，北京市城市间创新生态嵌入指标排名第 1 位，与上一年保持一致。从二级指标看，系统开放性指标排名第 2 位，与上一年保持一致；外部可达性指标排名第 2 位，与上一年保持一致；关系嵌入指标排名第 1 位，与 2015 年相比排名无变化；结构嵌入指标排名第 1 位，2015—2019 年排名无变化（见表 4-1）。

由此可见，北京市在城市创新主体、城市内部创新生态建构以及城市间创新生态嵌入 3 个方面均表现突出，创新要素的多样性仍有进一步提升的空间。2019 年北京市城市创新生态系统蛛网图如图 4-2 所示。

表 4-1　2015—2019 年北京市城市创新生态系统综合指标

指标	2015 年		2016 年		2017 年		2018 年		2019 年	
	指标得分	排名	指标得分	排名	指标得分	排名	指标得分	排名	指标得分	排名
城市创新生态系统	84.08	1	82.43	1	81.33	1	80.25	1	79.96	1
1　城市创新主体	79.51	1	77.25	1	75.59	1	74.19	1	74.25	1
1.1　创新主体的动力	65.61	2	59.56	2	60.15	2	59.08	2	62.85	2
1.2　创新主体的能力	85.15	1	83.83	1	82.80	1	82.27	1	82.99	1
1.3　创新主体的活力	87.76	1	88.35	1	83.83	1	81.23	1	76.91	1
2　城市内部创新生态建构	89.68	1	88.23	1	86.62	1	83.18	1	81.90	1
2.1　创新要素的多样性	80.88	1	75.88	1	68.57	2	63.40	3	65.72	3
2.2　创新要素的协同性	100.00	1	100.00	1	100.00	1	100.00	1	100.00	1
2.3　创新平台的发展水平	100.00	1	99.49	1	98.66	1	90.44	1	82.53	1
2.4　创新环境的适宜性	77.85	1	77.56	1	79.23	1	78.88	1	79.35	1
3　城市间创新生态嵌入	83.06	1	81.80	2	81.77	1	83.38	1	83.72	1
3.1　系统开放性	65.44	2	67.19	2	74.15	2	71.46	2	65.15	2
3.2　外部可达性	73.77	2	73.58	2	63.00	2	62.07	2	69.73	2
3.3　关系嵌入	93.02	1	86.46	2	89.91	1	100.00	1	100.00	1
3.4　结构嵌入	100.00	1	100.00	1	100.00	1	100.00	1	100.00	1

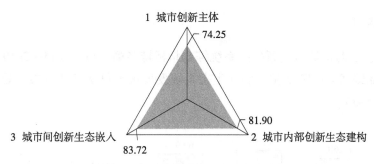

图 4-2　2019 年北京市城市创新生态系统蛛网图

从基础数据看，2019 年，北京市在创新主体的动力、创新环境的适宜性、创新要素的多样性以及系统开放性方面提升明显，具体表现在"市场多样性"指标排名较上一年上升 2 位；"外商、港澳台商投资企业占比"指标排名较上一年上升 2 位；"AQI 年平均值"指标排名第 63 位，较为落后，但是较上一年上升 5 位，空气质量持续好转；"教育支出占比"指标排名第 74 位，较上一年上升 11 位，增速高达 11.65%；"外商直接投资合同项目数"指标排名第 4 位，较上一年上升 2 位。但是，北京市的"规模以上工业企业 R&D 人员"和"科学技术支出占比"指标排名较上一年有较大幅度下降，分别下降 4 位和 2 位。除此之外，"当年新增科技型中小企业数"指标排名第 20 位，相较于"当年新增企业数"指标排名较为落后。

北京市部分变化较大的指标见表 4-2。

表 4-2　北京市部分变化较大的指标

指标	2018 年	2019 年	增速 /%	2018 年 排名	2019 年 排名	排名 变化
当年实际使用外资金额/万美元	1731089.00	1421299.00	-17.90	1	2	-1
当年新增企业数/个	71277	68192	-4.33	3	4	-1
外商直接投资合同项目数/个	1639	1636	-0.18	6	4	2
数字普惠金融指数	285.41	301.33	5.58	5	6	-1
科学技术支出占比/%	5.70	5.85	2.59	12	14	-2
规模以上工业企业 R&D 人员/人	69095	65486	-5.22	13	17	-4
市场多样性	0.0728	0.0690	-5.14	19	17	2
外商、港澳台商投资企业占比/%	21.27	20.83	-2.07	19	17	2
当年新增科技型中小企业数/个	379	304	-19.79	20	20	0
AQI 年平均值	93.75	86.58	7.64	68	63	5
教育支出占比/%	13.73	15.33	11.66	85	74	11

注："增速"一列的数据是用 2018 年和 2019 年相关的原始数据计算得出的，后同。

4.1.2 上海市

2019 年，上海市城市创新生态系统综合指标排名第 2 位。2015—2019 年，上海市该指标排名始终居全国第 2 位，创新生态系统发展水平仅次于北京市，处于国内领先地位（见图 4-3）。

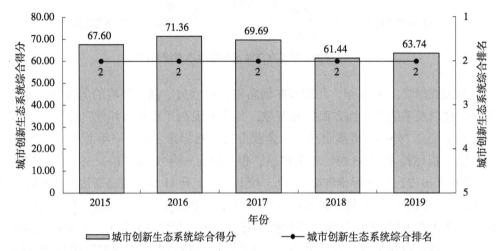

图 4-3 上海市 2015—2019 年城市创新生态系统综合得分及排名变化趋势

2019 年，上海市城市创新主体指标排名第 2 位，与上一年保持一致；城市内部创新生态建构指标排名第 2 位，2015—2019 年排名保持稳定；城市间创新生态嵌入指标排名第 2 位，与上一年保持一致（见表 4-3）。2019 年上海市城市创新生态系统蛛网图如图 4-4 所示。

从二级指标看，2019 年，上海市创新主体的动力指标排名第 1 位，保持稳定，且相较于创新主体的能力指标和创新主体的活力指标，排名处于领先地位。创新要素的多样性、创新要素的协同性、创新平台的发展水平以及创新环境的适宜性指标均排名第 2 位，其中，创新要素的多样性指标较上一年下降 1 位，创新要素的协同性指标较上一年上升 1 位，创新平台的发展水平和创新环境的适宜性指标排名与上一年保持一致。系统开放性指标和外部可达性指标均排名第 1 位，排名高于关系嵌入指标和结构嵌入指标，且排名与上一年保持一致（见表 4-3）。

表 4-3 2015—2019 年上海市城市创新生态系统综合指标

指标	2015 年		2016 年		2017 年		2018 年		2019 年	
	指标得分	排名	指标得分	排名	指标得分	排名	指标得分	排名	指标得分	排名
城市创新生态系统	67.60	2	71.36	2	69.69	2	61.44	2	63.74	2
1 城市创新主体	61.96	2	61.60	2	61.89	2	60.88	2	61.49	2

续表

指标	2015 年		2016 年		2017 年		2018 年		2019 年	
	指标得分	排名	指标得分	排名	指标得分	排名	指标得分	排名	指标得分	排名
1.1　创新主体的动力	68.76	1	66.89	1	70.58	1	70.28	1	73.14	1
1.2　创新主体的能力	56.36	2	56.47	2	51.96	3	49.47	3	47.41	3
1.3　创新主体的活力	60.75	3	61.45	3	63.14	2	62.89	2	63.93	2
2　城市内部创新生态建构	61.90	2	67.30	2	68.53	2	62.90	2	61.71	2
2.1　创新要素的多样性	68.99	2	74.76	2	81.51	2	77.36	2	71.13	2
2.2　创新要素的协同性	47.22	2	56.73	2	53.72	2	27.16	3	30.41	2
2.3　创新平台的发展水平	64.94	2	70.90	2	71.60	2	79.13	2	74.52	2
2.4　创新环境的适宜性	66.45	2	66.80	2	67.31	2	67.93	2	70.78	2
3　城市间创新生态嵌入	78.93	2	85.18	1	78.64	2	60.55	2	68.02	2
3.1　系统开放性	86.31	1	92.48	1	75.91	1	81.46	1	98.90	1
3.2　外部可达性	82.10	1	81.30	1	75.60	1	72.70	1	72.37	1
3.3　关系嵌入	82.20	1	86.85	1	83.83	2	36.87	2	40.77	2
3.4　结构嵌入	65.13	2	80.08	2	79.24	2	51.18	2	60.03	2

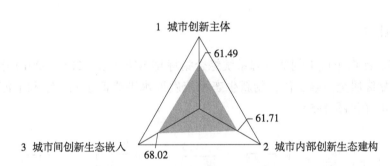

图 4-4　2019 年上海市城市创新生态系统蛛网图

　　从基础数据看，上海市在创新要素的协同性、创新主体的能力、创新环境的适宜性等方面提升明显。具体表现在，2019 年，"AQI 年平均值"指标排名第 27 位，较上一年上升 7 位，空气质量持续好转；"百万人均发明专利申请量"指标排名第 8 位，较上一年上升 7 位，创新能力不断增强；"教育支出占比"指标排名第 94 位，较上一年上升 5 位，增速高达 10.75%；"学研合作发明专利数"指标排名第 4 位，较上一年上升 4 位，增速高达 70.07%，创新要素的协同性水平大幅提升；"先进产业嵌入深度"指标排名第 2 位，位于全国前列，增速高达 31.45%，城市创新水平以及质量不断提升。但是，上海市的"国家高新区 R&D 人员""科学技术支出占比"和"规模以上工业企业 R&D 人员"指标排名较上一年均下降 2 位，降幅较小。

上海市部分变化较大的指标见表4-4。

表4-4 上海市部分变化较大的指标

指标	2018年	2019年	增速/%	2018年排名	2019年排名	排名变化
教育支出占比/%	10.99	12.17	10.75	99	94	5
AQI年平均值	74.08	72.00	2.81	34	27	7
科学技术支出占比/%	5.11	4.76	-6.71	16	18	-2
百万人均发明专利申请量/（件/百万人）	4288.17	4938.80	15.17	15	8	7
国家高新区R&D人员/人	139845	120677	-13.71	4	6	-2
规模以上工业企业R&D人员/人	120599	113425	-5.95	3	5	-2
学研合作发明专利数/件	147	250	70.07	8	4	4
文化、体育和娱乐业从业人员比重/%	0.40	0.51	27.55	7	3	4
先进产业嵌入深度	2862.00	3762.00	31.45	4	2	2
市场多样性	0.46	0.32	-31.11	2	1	1
外商、港澳台商投资企业占比/%	41.71	36.66	-12.11	2	1	1

4.1.3 深圳市

2019年，深圳市城市创新生态系统综合指标排名第3位。2015—2019年，深圳市该指标排名始终居全国第3位，创新生态系统发展水平略低于北京市和上海市，处于国内领先地位（见图4-5）。

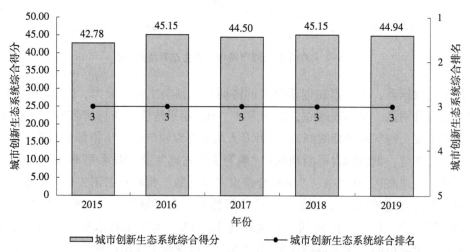

图4-5 深圳市2015—2019年城市创新生态系统综合得分及排名变化趋势

　　2019 年，深圳市城市创新主体指标排名第 3 位，与上一年保持一致；城市内部创新生态建构指标排名第 5 位，2015—2019 年排名有小幅波动；城市间创新生态嵌入指标排名第 4 位，与上一年保持一致，较 2015 年下降 1 位（见表 4-5）。2019 年深圳市城市创新生态系统蛛网图如图 4-6 所示。

　　从二级指标看，2019 年，深圳市创新主体的动力指标排名第 4 位，较上一年下降 1 位，且相较于创新主体的能力指标和创新主体的活力指标，排名落后。创新要素的多样性指标排名第 4 位，与上一年保持一致，较 2015 年上升 4 位；创新要素的协同性指标排名第 4 位，较上一年上升 1 位，较 2015 年上升 2 位；创新平台的发展水平指标排名第 8 位，较上一年上升 7 位，较 2015 年上升 4 位，该指标虽然是影响城市内部创新生态建构指标的短板，但是近些年来情况有明显好转；创新环境的适宜性指标排名第 4 位，2015—2019 年排名无变化。系统开放性指标排名第 3 位，较 2015 年上升 1 位；外部可达性指标排名第 5 位，较上一年无变化，较 2015 年下降 1 位；关系嵌入指标排名第 6 位，较上一年下降 1 位；结构嵌入指标排名第 5 位，较上一年上升 1 位（见表 4-5）。

表 4-5　2015—2019 年深圳市城市创新生态系统综合指标

指标	2015 年		2016 年		2017 年		2018 年		2019 年	
	指标得分	排名	指标得分	排名	指标得分	排名	指标得分	排名	指标得分	排名
城市创新生态系统	42.78	3	45.15	3	44.50	3	45.15	3	44.94	3
1　城市创新主体	55.77	3	57.50	3	53.96	3	56.70	3	55.69	3
1.1　创新主体的动力	45.86	5	48.01	5	46.22	4	52.35	3	52.91	4
1.2　创新主体的能力	51.20	3	53.45	3	52.61	2	58.92	2	57.76	2
1.3　创新主体的活力	70.25	2	71.05	2	63.05	3	58.85	3	56.38	3
2　城市内部创新生态建构	31.45	4	34.99	4	37.67	4	36.58	4	37.71	5
2.1　创新要素的多样性	31.71	8	38.62	4	35.98	4	39.09	4	35.99	4
2.2　创新要素的协同性	19.34	6	23.15	4	34.94	4	24.44	5	22.11	4
2.3　创新平台的发展水平	26.61	12	29.22	11	29.60	10	31.39	15	42.18	8
2.4　创新环境的适宜性	48.14	4	48.98	4	50.18	4	51.39	4	50.57	4
3　城市间创新生态嵌入	41.13	3	42.95	3	41.86	3	42.16	3	41.41	4
3.1　系统开放性	42.49	4	47.21	3	51.20	3	54.21	3	46.75	3
3.2　外部可达性	54.14	4	59.23	4	50.69	5	49.65	5	51.19	5
3.3　关系嵌入	32.89	3	25.39	3	21.75	4	26.21	5	20.59	6
3.4　结构嵌入	34.99	8	39.96	6	43.81	5	38.58	6	47.12	5

图 4-6 2019 年深圳市城市创新生态系统蛛网图

从基础数据看，深圳市在结构嵌入、创新平台的发展水平等方面有明显改进。具体表现在，2019 年，"教育支出占比"指标排名第 71 位，较上一年上升 16 位，在教育方面投入持续增加；"国家高新区工业总产值"指标排名第 3 位，较上一年上升 2 位，增速为 34.71%；"接近中心度"指标排名第 5 位，较上一年上升 2 位，增速高达 5.08%，深圳市与其他城市的创新合作关系日益密切；"国家高新区外籍常驻人员"指标排名第 7 位，较上一年上升 1 位，增速高达 15.98%；"学研合作发明专利数"指标排名第 3 位，较上一年上升 1 位，增速 33.68%，创新要素的协同性名列前茅且明显提高。但是，深圳市的"外商、港澳台商投资企业占比""市场多样性""AQI 年平均值"指标排名较上一年分别下降 7 位、7 位和 5 位。

深圳市部分变化较大的指标见表 4-6。

表 4-6 深圳市部分变化较大的指标

指标	2018 年	2019 年	增速/%	2018 年排名	2019 年排名	排名变化
学研合作发明专利数/件	193	258	33.68	4	3	1
国家高新区工业总产值/千元	822598584.00	1108089480.00	34.71	5	3	2
国家高新区留学归国人员/人	10667	12183	14.21	4	4	0
产业合作发明专利数/件	4556	4165	-8.58	3	5	-2
先进产业嵌入深度	3216.00	3073.00	-4.45	3	5	-2
当年新增企业数/个	52206	48732	-6.65	4	5	-1
接近中心度	0.61	0.64	5.08	7	5	2
当年新增科技型中小企业数/个	916	769	-16.05	5	6	-1
产学研合作发明专利数/件	1033	1140	10.36	5	7	-2
商业信用环境	80.29	78.45	-2.30	4	7	-3
国家高新区外籍常驻人员/人	2441	2831	15.98	8	7	1
AQI 年平均值	53.33	57.58	-7.97	4	9	-5
对外联系强度	670901590.07	735134239.77	9.57	7	9	-2

续表

指标	2018 年	2019 年	增速/%	2018 年排名	2019 年排名	排名变化
市场多样性	0.19	0.09	−55.69	8	15	−7
外商、港澳台商投资企业占比/%	30.72	22.66	−26.24	8	15	−7
高被引学者数/人	15	21	40.00	18	18	0
普通高等学校专任教师数/人	6644	6999	5.34	45	45	0
教育支出占比/%	13.65	15.74	15.33	87	71	16

4.1.4 广州市

2019 年，广州市城市创新生态系统综合指标排名第 4 位。2015—2019 年，广州市该指标排名始终居全国第 4 位，创新生态系统发展水平处于国内领先地位，但是略低于北京市、上海市和深圳市（见图 4-7）。

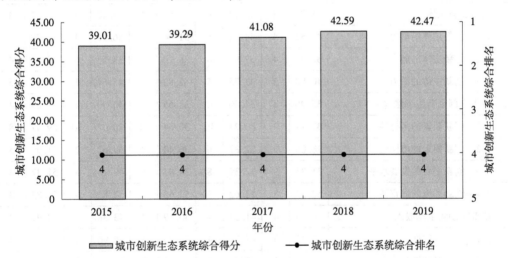

图 4-7 广州市 2015—2019 年城市创新生态系统综合得分及排名变化趋势

2019 年，广州市城市创新主体指标排名第 4 位，与上一年保持一致。从二级指标看，创新主体的动力指标排名第 5 位，较上一年下降 1 位；创新主体的能力指标排名第 4 位，排名未发生波动；创新主体的活力指标排名第 5 位，排名同样未发生波动（见表 4-7）。

2019 年，广州市城市内部创新生态建构指标排名第 4 位，与上一年保持一致，较 2015 年下降 1 位。从二级指标看，创新要素的多样性指标排名第 8 位，较上一年上升 2 位，该指标虽然是影响城市内部创新生态建构指标排名的短板因素，但是近年来情况有明显好转；创新要素的协同性指标排名第 5 位，较上一年下降 3 位，较 2015 年下降 2 位；创新平台的发展水平指标排名第 4 位，较上一年下降 1 位，较 2015 年上升 5 位，上升幅度较大；创新环境的适宜性指标排名第 3 位，2015—2019 年排名无变化（见表 4-7）。

2019 年，广州市城市间创新生态嵌入指标排名第 3 位，与上一年保持一致，较 2015 年上升 1 位。从二级指标看，系统开放性指标排名第 4 位，较 2015 年上升 1 位；外部可达性指标排名第 3 位，较上一年无变化；关系嵌入指标排名第 7 位，较上一年下降 3 位；结构嵌入指标排名第 6 位，较上一年下降 1 位（见表 4-7）。

由此可见，广州市需进一步提高创新要素的多样性水平，以促进城市内部创新生态建构水平的进一步提升。2019 年广州市城市创新生态系统蛛网图如图 4-8 所示。

表 4-7　2015—2019 年广州市城市创新生态系统综合指标

指标	2015 年		2016 年		2017 年		2018 年		2019 年	
	指标得分	排名	指标得分	排名	指标得分	排名	指标得分	排名	指标得分	排名
城市创新生态系统	39.01	4	39.29	4	41.08	4	42.59	4	42.47	4
1　城市创新主体	41.75	4	42.14	4	43.99	4	43.48	4	45.52	4
1.1　创新主体的动力	47.81	4	44.74	4	51.06	3	46.25	4	52.20	5
1.2　创新主体的能力	36.57	4	37.94	4	38.10	4	38.54	4	39.63	4
1.3　创新主体的活力	40.88	5	43.75	5	42.82	5	45.64	5	44.74	5
2　城市内部创新生态建构	35.96	3	34.40	4	38.65	3	40.90	4	38.89	4
2.1　创新要素的多样性	32.17	7	30.23	10	30.64	11	28.02	10	29.47	8
2.2　创新要素的协同性	28.08	3	22.37	6	36.40	3	33.62	2	21.90	5
2.3　创新平台的发展水平	31.33	9	32.39	8	34.92	6	49.16	3	51.37	4
2.4　创新环境的适宜性	52.25	3	52.62	3	52.66	3	52.82	3	52.83	3
3　城市间创新生态嵌入	39.33	4	41.33	4	40.59	4	43.38	4	42.99	3
3.1　系统开放性	40.43	5	43.74	4	45.90	4	45.96	4	46.19	4
3.2　外部可达性	68.13	3	69.25	3	61.69	3	61.47	3	62.46	3
3.3　关系嵌入	12.73	8	11.74	8	15.91	7	26.97	4	20.34	7
3.4　结构嵌入	36.01	6	40.58	5	38.86	7	39.12	5	42.96	6

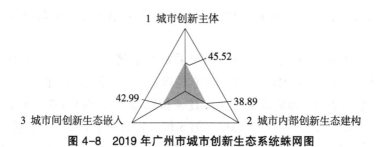

图 4-8　2019 年广州市城市创新生态系统蛛网图

从基础数据看，广州市在城市创新主体建设方面有较大幅度提升，2019 年，"科学技术支出占比"和"教育支出占比"指标排名分别较上一年上升 5 位和 8 位，增速分别为 30.37%和 3.96%，创新主体的动力水平持续增加；"国家高新区 R&D 人员"和"国家高新区 R&D 经费内部支出"指标排名的上升，也显著提高了广州市创新主体的能力水平。

在城市内部创新生态建构方面，2019 年，广州市"产业合作发明专利数"指标排名较上一年上升 3 位，产业协同性显著提高。但是，"学研合作发明专利数"指标排名较上一年下降 3 位，增速为-32.82%，科研院所和高等院校间的协同水平仍需提升。"国家高新区留学归国人员"和"国家高新区外籍常驻人员"逐年增加，提升了创新要素的多样性。

在城市间创新生态嵌入方面，2019 年，广州市"先进产业嵌入深度"和"特征向量中心度"指标排名较上一年均下降 2 位，这是因为广州市的创新对外依存度小，自主创新能力强。

广州市部分变化较大的指标见表 4-8。

表 4-8　广州市部分变化较大的指标

指标	2018 年	2019 年	增速/%	2018 年排名	2019 年排名	排名变化
国家高新区 R&D 人员/人	122889	138452	12.66	7	3	4
产业合作发明专利数/件	3729	4934	32.31	6	3	3
商业信用环境	80.50	80.18	-0.40	3	3	0
产业结构高级化指数	7.45	7.45	-0.06	2	4	-2
先进产业嵌入深度	3490.00	3211.00	-7.99	2	4	-2
国家高新区 R&D 经费内部支出/千元	31406213.00	40856619.00	30.09	8	4	4
新兴产业发明专利申请量/件	38521	37277	-3.23	4	4	0
国家科学技术奖数/个	21	27	28.57	6	4	2
学研合作发明专利数/件	323	217	-32.82	2	5	-3
科学技术支出占比/%	6.53	8.51	30.37	10	5	5
国际会议数/个	20	17	-15.00	5	6	-1
规模以上工业企业新产品销售收入/万元	48522236.20	56428622.00	16.29	6	6	0
国家级科技企业孵化器数/个	26	35	34.62	7	6	1
国家高新区工业总产值/千元	688082002.00	740824589.00	7.67	6	6	0
特征向量中心度	0.69	0.70	2.05	5	7	-2
当年实际使用外资金额/万美元	661108.00	714349.00	8.05	8	7	1

续表

指标	2018 年	2019 年	增速/%	2018 年排名	2019 年排名	排名变化
文化、体育和娱乐业从业人员比重/%	0.32	0.39	21.76	12	8	4
国家高新区外籍常驻人员/人	1747	2466	41.16	11	9	2
百万人均发明专利申请量/（件/百万人）	5419.50	4884.91	-9.86	10	9	1
当年新增科技型中小企业数/个	725	572	-21.10	8	10	-2
国家高新区留学归国人员/人	3114	3899	25.21	11	10	1
外商、港澳台商投资企业占比/%	26.97	22.88	-15.16	11	14	-3
AQI 年平均值	74.00	73.92	0.11	33	34	-1
教育支出占比/%	17.59	18.29	3.96	46	38	8

4.1.5　苏州市

2019 年，苏州市城市创新生态系统综合指标排名第 5 位，较 2015 年上升 3 位。2015—2019 年，苏州市该指标排名总体呈波动上升态势，创新生态系统建设水平不断提升，现已处于国内领先地位（见图 4-9）。

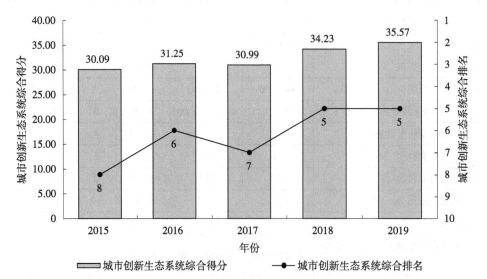

图 4-9　苏州市 2015—2019 年城市创新生态系统综合得分及排名变化趋势

2019 年，苏州市城市创新主体指标排名第 6 位，与上一年保持一致。从二级指标看，创新主体的动力指标排名第 3 位，较上一年上升 2 位；创新主体的能力指标排名第 5 位，较 2015 年上升 3 位；创新主体的活力指标排名第 7 位，较 2015 年下降 1 位（见表 4-9）。

2019 年，苏州市城市内部创新生态建构指标排名第 3 位，与上一年保持一致，较 2015 年上升 2 位。从二级指标看，创新要素的多样性指标排名第 1 位，较上一年上升 1 位，2015—2019 年该指标排名持续领先，成为提升城市内部创新生态建构水平的关键因素；创新要素的协同性指标排名第 10 位，较上一年下降 4 位，较 2015 年下降 1 位，该指标是影响城市内部创新生态建构的短板因素；创新平台的发展水平指标排名第 7 位，与上一年保持一致，较 2015 年下降 1 位；创新环境的适宜性指标排名第 10 位，2015—2019 年波动较小（见表 4-9）。

2019 年，苏州市城市间创新生态嵌入指标排名第 13 位，与上一年保持一致，较 2015 年下降 3 位。从二级指标看，系统开放性指标排名第 11 位，较上一年上升 1 位；外部可达性指标排名第 29 位，较上一年下降 3 位；关系嵌入指标排名第 11 位，2015—2019 年有波动；结构嵌入指标排名第 12 位，较 2015 年上升 4 位（见表 4-9）。

由此可见，苏州市亟须通过提高外部可达性水平，促进城市间创新生态嵌入水平进一步提升。2019 年苏州市城市创新生态系统蛛网图如图 4-10 所示。

表 4-9 2015—2019 年苏州市城市创新生态系统综合指标

指标	2015 年		2016 年		2017 年		2018 年		2019 年	
	指标得分	排名	指标得分	排名	指标得分	排名	指标得分	排名	指标得分	排名
城市创新生态系统	30.09	8	31.25	6	30.99	7	34.23	5	35.57	5
1 城市创新主体	37.13	6	37.20	6	37.67	6	38.32	6	41.80	6
1.1 创新主体的动力	42.17	6	39.46	6	46.01	5	44.75	5	55.52	3
1.2 创新主体的能力	30.36	8	29.91	8	27.87	8	33.06	5	32.93	5
1.3 创新主体的活力	38.86	6	42.23	6	39.14	6	37.15	7	36.96	7
2 城市内部创新生态建构	29.84	5	32.91	5	32.14	5	41.41	3	39.58	3
2.1 创新要素的多样性	43.97	3	45.89	3	46.08	3	73.22	2	74.85	1
2.2 创新要素的协同性	10.13	9	11.01	10	9.87	13	19.66	6	10.95	10
2.3 创新平台的发展水平	36.42	6	45.57	5	42.74	3	43.33	7	43.85	7
2.4 创新环境的适宜性	28.86	10	29.15	11	29.86	10	29.44	10	28.65	10
3 城市间创新生态嵌入	23.28	10	23.64	12	23.16	14	22.97	13	25.32	13
3.1 系统开放性	20.89	7	22.83	8	19.33	9	16.79	12	20.49	11
3.2 外部可达性	34.64	21	34.64	23	34.64	24	31.92	26	31.92	29
3.3 关系嵌入	11.15	11	8.33	11	8.83	14	13.65	11	14.23	11
3.4 结构嵌入	26.44	16	28.77	19	29.85	14	29.53	12	34.65	12

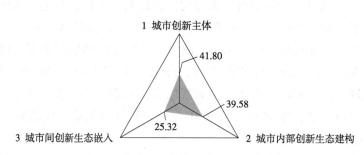

图 4-10　2019 年苏州市城市创新生态系统蛛网图

从基础数据看，苏州市在城市创新主体建设方面进一步提升，尤其表现在创新主体的动力方面。例如，2019 年，"市场潜力"指标排名较上一年上升 4 位，增速为 35.96%；"教育支出占比"指标排名第 62 位，虽然仍处于较为落后的水平，但是较上一年上升 6 位，增速为 1.74%；"商业信用环境"指标排名第 10 位，较上一年上升 13 位，增速为 4.12%，提升幅度较大。但是苏州市在创新主体的活力方面出现了下降趋势，例如，2019 年，"新兴产业发明专利申请量""当年新增企业数"和"中国 500 强企业数"指标排名均有小幅下降。

在城市内部创新生态建构方面，2019 年，苏州市"学研合作发明专利数"指标排名较上一年下降 9 位，增速为-50.00%，创新要素的协同性水平亟待提升。"AQI 年平均值"指标排名第 43 位，较上一年上升 4 位，增速为 2.56%，创新环境中的自然环境有所改善。

在城市间创新生态嵌入方面，2019 年，苏州市关系嵌入和结构嵌入指标排名有所提升，具体表现为"中介中心度"指标排名较上一年上升 5 位，"先进产业嵌入深度"指标排名较上一年上升 2 位。

苏州市部分变化较大的指标见表 4-10。

表 4-10　苏州市部分变化较大的指标

指标	2018 年	2019 年	增速 /%	2018 年 排名	2019 年 排名	排名 变化
国家高新区留学归国人员/人	10861	12648	16.45	3	3	0
国家高新区工业总产值/千元	977974800.00	1033795493.00	5.71	3	4	-1
百万人均发明专利申请量/（件/百万人）	7186.36	6169.02	-14.16	6	5	1
国家高新区高新技术企业数/个	2117	2859	35.05	5	5	0
市场潜力	57468970.00	78133961.00	35.96	9	5	4
国家高新区 R&D 人员/人	125596	131156	4.43	5	5	0

指标	2018 年	2019 年	增速/%	2018 年排名	2019 年排名	排名变化
国家高新区 R&D 经费内部支出/千元	32528907.00	38516843.00	18.41	6	5	1
新兴产业发明专利申请量/件	32821	31340	-4.51	5	7	-2
创新积累	45543.54	44186.01	-2.98	8	8	0
产业合作发明专利数/件	2273	2788	22.66	8	8	0
先进产业嵌入深度	1236.00	1690.00	36.73	10	8	2
外商直接投资合同项目数/个	1013	994	-1.88	10	8	2
中国 500 强企业数/个	14	11	-21.43	6	8	-2
数字普惠金融指数	281.97	297.87	5.64	8	8	0
商业信用环境	74.50	77.57	4.12	23	10	13
学研合作发明专利数/件	212	106	-50.00	3	12	-9
当年新增企业数/个	25274	27910	10.43	10	12	-2
中介中心度	1003.52	1253.66	24.93	17	12	5
当年实际使用外资金额/万美元	452498.00	461545.00	2.00	13	13	0
高被引学者数/人	15	18	20.00	18	20	-2
城市园林绿地面积/公顷	22518.00	22347.00	-0.76	20	21	-1
国家科学技术奖数/个	4	7	75.00	26	21	5
高被引专利数/件	78	57	-26.92	27	22	5
科研、技术服务和地质勘查业从业人员/万人	3.16	4.10	29.75	27	22	5
产业结构高级化指数	7.05	7.07	0.26	27	31	-4
AQI 年平均值	81.42	79.33	2.56	47	43	4
教育支出占比/%	16.03	16.31	1.74	68	62	6

4.1.6　杭州市

2019 年，杭州市城市创新生态系统综合指标排名第 6 位，较上一年上升 1 位。2015—2019 年，该指标排名呈波动上升态势，创新生态系统发展水平不断提升，现已处于国内领先地位（见图 4-11）。

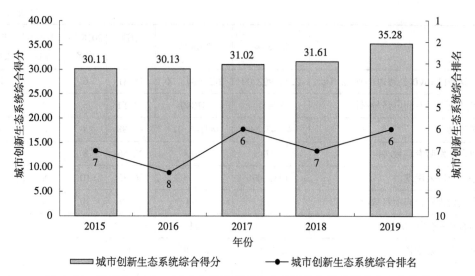

图 4-11　杭州市 2015—2019 年城市创新生态系统综合得分及排名变化趋势

2019 年，杭州市城市创新主体指标排名第 5 位，2015—2019 年排名无变化。从二级指标看，创新主体的动力指标排名第 7 位，较上一年上升 1 位，相较于其余 2 个二级指标，该指标是影响城市创新主体排名的短板因素；创新主体的能力指标排名第 6 位，较 2015 年无变化；创新主体的活力指标排名第 4 位，排名无变化（见表 4-11）。

2019 年，杭州市城市内部创新生态建构指标排名第 7 位，较上一年上升 4 位，较 2015 年上升 3 位。从二级指标看，创新要素的多样性指标排名第 26 位，较上一年上升 1 位，相较于其余 3 个二级指标，发展水平落后；创新要素的协同性指标排名第 7 位，较上一年上升 4 位，较 2015 年上升 3 位；创新平台的发展水平指标排名第 5 位，较上一年上升 5 位，较 2015 年上升 3 位；创新环境的适宜性指标排名第 8 位，2015—2019 年排名无变化（见表 4-11）。

2019 年，杭州市城市间创新生态嵌入指标排名第 8 位，与上一年保持一致，较 2015 年下降 1 位。从二级指标看，系统开放性指标排名第 8 位，较上一年上升 1 位；外部可达性指标排名第 8 位，较上一年上升 3 位；关系嵌入指标排名第 5 位，较上一年上升 1 位；结构嵌入指标排名第 9 位，较 2015 年上升 1 位（见表 4-11）。

由此可见，杭州市在城市创新主体方面表现最为突出，但是亟须提高创新要素的多样性水平，促进城市内部创新生态建构水平进一步提升。2019 年杭州市城市创新生态系统蛛网图如图 4-12 所示。

表 4-11　2015—2019 年杭州市城市创新生态系统综合指标

指标	2015 年		2016 年		2017 年		2018 年		2019 年	
	指标得分	排名	指标得分	排名	指标得分	排名	指标得分	排名	指标得分	排名
城市创新生态系统	30.11	7	30.13	8	31.02	6	31.61	7	35.28	6
1　城市创新主体	39.45	5	38.90	5	39.10	5	40.36	5	42.37	5
1.1　创新主体的动力	40.47	8	32.96	10	33.13	10	35.23	8	41.22	7
1.2　创新主体的能力	31.17	6	31.80	6	30.83	5	31.43	6	31.03	6
1.3　创新主体的活力	46.71	4	51.95	4	53.34	4	54.43	4	54.86	4
2　城市内部创新生态建构	22.94	10	23.73	10	24.66	9	25.11	11	30.23	7
2.1　创新要素的多样性	18.27	21	17.05	25	17.08	27	15.97	27	17.87	26
2.2　创新要素的协同性	9.84	10	10.67	12	12.76	11	13.94	11	17.10	7
2.3　创新平台的发展水平	31.68	8	34.13	7	34.04	7	34.73	10	49.75	5
2.4　创新环境的适宜性	31.98	8	33.06	8	34.76	8	35.81	8	36.19	8
3　城市间创新生态嵌入	27.95	7	27.78	9	29.29	9	29.34	8	33.24	8
3.1　系统开放性	29.76	6	26.66	6	27.68	6	21.15	9	23.37	8
3.2　外部可达性	39.29	13	40.04	16	37.03	18	41.28	11	46.75	8
3.3　关系嵌入	11.33	10	11.96	7	16.04	10	21.74	6	20.94	5
3.4　结构嵌入	31.41	10	32.45	11	36.40	10	33.21	10	41.89	9

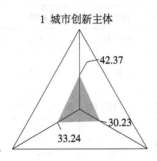

图 4-12　2019 年杭州市城市创新生态系统蛛网图

从基础数据看，杭州市在城市创新主体建设方面进一步提升。其中，在创新主体的动力方面，2019 年，"商业信用环境"指标排名第 4 位，较上一年上升 3 位，增速为 2.80%，提升幅度较大；"教育支出占比"指标排名第 34 位，虽然该指标排名相较于其他指标较为落后，但是较上一年有较大幅度提升；"科学技术支出占比"指标排名第 10 位，较上一年下降 2 位，增速为 10.23%。在创新主体的活力方面，2019 年，"新兴产业发明专利申请量"指标排名第 6 位，较上一年上升 2 位，处于领先地位。在创新主体的能力方面，2019 年，"国家科学技术奖数"和"百万人均发明专利申请量"指标排名明显提高，较上一年分别上升3位和4位，增速分别为35.00%和15.73%。

　　杭州市在城市内部创新生态建构方面，创新要素的协同性以及创新平台的发展水平明显提升。具体表现在，2019年，"产学研合作发明专利数"和"学研合作发明专利数"指标排名较上一年分别上升3位和8位，产业、高等院校以及科研院所间的协同水平不断提高；"国家高新区高新技术企业数"和"国家高新区工业总产值"指标排名较上一年均上升4位，增幅较大，创新平台的发展水平指标排名大幅提高。然而，创新要素的多样性是阻碍杭州市创新生态系统内部建构指标排名上升的关键因素。具体表现在，2019年，"国家高新区外籍常驻人员"指标排名仅为第13位，引进高质量外籍科研人员是丰富杭州市创新要素的多样性的关键。

　　杭州市在城市间创新生态嵌入方面，结构嵌入指标排名较上一年有明显上升。2019年，"中介中心度"指标排名较上一年上升1位，"特征向量中心度"指标排名较上一年上升4位，杭州市在创新合作网络中的地位不断提升。

　　杭州市部分变化较大的指标见表4-12。

表4-12　杭州市部分变化较大的指标

指标	2018年	2019年	增速/%	2018年排名	2019年排名	排名变化
商业信用环境	77.56	79.73	2.80	7	4	3
产学研合作发明专利数/件	994	1365	37.32	7	4	3
国家科学技术奖数/个	20	27	35.00	7	4	3
特征向量中心度	0.64	0.72	13.57	10	6	4
新兴产业发明专利申请量/件	28043	34068	21.48	8	6	2
先进产业嵌入深度	1993.00	2677.00	34.32	6	6	0
百万人均发明专利申请量/（件/百万人）	4850.65	5613.58	15.73	11	7	4
国家高新区工业总产值/千元	484216279.00	689789218.00	42.45	11	7	4
学研合作发明专利数/件	69	131	89.86	16	8	8
国家高新区留学归国人员/人	3532	4221	19.51	9	8	1
中介中心度	1606.07	2111.61	31.48	10	9	1
科学技术支出占比/%	6.88	7.59	10.23	8	10	-2
当年实际使用外资金额/万美元	682658.00	612818.00	-10.23	7	10	-3
国家高新区高新技术企业数/个	1012	1741	72.04	14	10	4
外商直接投资合同项目数/个	744	735	-1.21	14	13	1
国家高新区外籍常驻人员/人	833	1343	61.22	18	13	5
高被引专利数/件	200	118	-41.00	15	15	0

续表

指标	2018 年	2019 年	增速/%	2018 年排名	2019 年排名	排名变化
文化、体育和娱乐业从业人员比重/%	0.30	0.31	3.63	13	15	-2
国际旅游外汇收入/百万美元	742.79	736.59	-0.83	21	23	-2
教育支出占比/%	18.37	18.62	1.34	39	34	5
AQI 年平均值	80.08	80.33	-0.31	46	48	-2

4.1.7　南京市

2019 年，南京市城市创新生态系统综合指标排名第 7 位，较上一年下降 1 位。2015—2019 年，南京市该指标排名波动明显，2017 年达到最高水平（见图 4-13）。

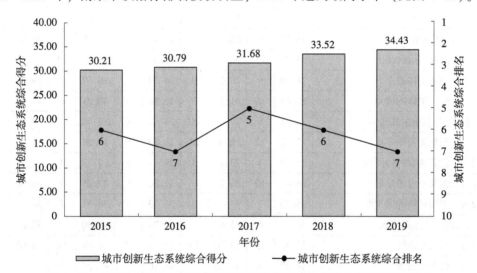

图 4-13　南京市 2015—2019 年城市创新生态系统综合得分及排名变化趋势

2019 年，南京市城市创新主体指标排名第 7 位，与上一年保持一致，较 2015 年上升 1 位。从二级指标看，创新主体的动力指标排名第 8 位，较上一年上升 4 位，增幅相较于其余 2 个二级指标来说，位居前列；创新主体的能力指标排名第 8 位，与上一年保持一致；创新主体的活力指标排名第 6 位，与上一年保持一致（见表 4-13）。

2019 年，南京市城市内部创新生态建构指标排名第 8 位，较上一年下降 2 位。从二级指标看，创新要素的多样性指标排名第 20 位，较上一年上升 2 位，相较于其余 3 个二级指标，发展水平明显滞后；创新要素的协同性指标排名第 3 位，较上一年上升 1 位，较 2015 年上升 1 位；创新平台的发展水平指标排名第 12 位，较上一年下降 8 位，较 2015 年下降 2 位，降幅较大；创新环境的适宜性指标排名第 7 位，2015—2019 年排名无变化（见表 4-13）。

2019 年，南京市城市间创新生态嵌入指标排名第 5 位，与上一年保持一致，较 2015 年上升 1 位。从二级指标看，系统开放性指标排名第 12 位，较上一年上升 2 位；外部可达性指标排名第 10 位，较上一年下降 1 位；关系嵌入指标排名第 3 位，较 2015 年上升 1 位；结构嵌入指标排名第 3 位，较上一年上升 1 位（见表 4-13）。

由此可见，南京市在创新主体的动力方面进步明显，但是亟须通过提高创新要素的多样性以及创新平台的发展水平，促进城市内部创新生态建构水平进一步提升，并通过尝试提高系统开放性和外部可达性，进一步提升城市间创新生态嵌入水平。2019 年南京市城市创新生态系统蛛网图如图 4-14 所示。

表 4-13　2015—2019 年南京市城市创新生态系统综合指标

指标	2015 年		2016 年		2017 年		2018 年		2019 年	
	指标得分	排名	指标得分	排名	指标得分	排名	指标得分	排名	指标得分	排名
城市创新生态系统	30.21	6	30.79	7	31.68	5	33.52	6	34.43	7
1　城市创新主体	33.57	8	33.68	7	32.47	7	34.20	7	36.67	7
1.1　创新主体的动力	36.81	11	30.93	13	30.96	13	32.03	12	37.59	8
1.2　创新主体的能力	28.09	9	28.79	9	28.28	7	29.67	8	29.35	8
1.3　创新主体的活力	35.83	7	41.34	7	38.18	7	40.91	6	43.07	6
2　城市内部创新生态建构	26.51	8	27.01	8	29.82	6	32.46	6	29.96	8
2.1　创新要素的多样性	17.98	22	18.35	22	21.19	21	19.69	22	21.76	20
2.2　创新要素的协同性	23.92	4	23.49	3	29.81	5	24.77	4	25.39	3
2.3　创新平台的发展水平	28.65	10	30.76	9	31.06	9	49.05	4	36.36	12
2.4　创新环境的适宜性	35.50	7	35.43	7	37.20	7	36.31	7	36.35	7
3　城市间创新生态嵌入	30.55	6	31.67	6	32.74	6	33.90	5	36.66	5
3.1　系统开放性	11.85	15	13.70	14	12.56	15	14.98	14	18.60	12
3.2　外部可达性	44.07	6	48.63	7	47.16	8	43.97	9	44.20	10
3.3　关系嵌入	24.91	4	20.50	5	24.82	4	35.14	3	33.77	3
3.4　结构嵌入	41.35	3	43.84	4	46.41	4	41.51	4	50.07	3

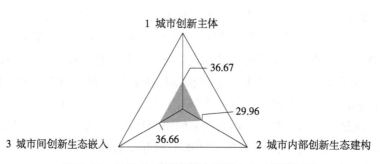

图 4-14　2019 年南京市城市创新生态系统蛛网图

从基础数据看，南京市在城市创新主体建设方面进一步提升，显著表现在创新主体的动力方面。其中，2019 年，"教育支出占比"指标排名第 47 位，虽然该指标排名相较于其他指标而言较为落后，但是较上一年上升 13 位，增速为 5.59%，教育投入显著增加。

在城市内部创新生态建构方面，2019 年，"国家高新区外籍常驻人员"和"国家高新区留学归国人员"指标分别排名第 22 位和第 12 位，排名较上一年均上升 3 位。虽然南京市的创新要素的多样性指标排名较为落后，但是出现向好发展的态势。在创新平台建设方面，2019 年，南京市新增 1 个省部共建协同创新中心，较 2018 年减少 2个，这使得创新平台的发展水平指标排名在 2019 年出现较大幅度下降。

在城市间创新生态嵌入方面，2019 年，"当年实际使用外资金额""国际旅游外汇收入"以及"外商直接投资合同项目数"指标分别排名第 16 位、第 20 位和第 11 位，仍有较大提升空间。2019 年，"民用航空客运量""民用航空货邮运量"以及"截至当年所拥有的高铁站点数"指标分别排名第 10 位、第 9 位和第 12 位，交通基础设施建设水平较高，且排名较为稳定。关系嵌入和结构嵌入指标的排名，南京市处于领先地位。具体表现在，2019 年"中介中心度"指标排名较上一年上升 3 位，在外部创新合作中的重要性显著提升，且"先进产业嵌入深度"指标排名较上一年上升 2 位，创新合作质量不断提高。

南京市部分变化较大的指标见表 4-14。

表 4-14　南京市部分变化较大的指标

指标	2018 年	2019 年	增速/%	2018 年排名	2019 年排名	排名变化
中介中心度	2797.51	3317.79	18.60	7	4	3
学研合作发明专利数/件	146	216	47.95	9	6	3
国家级科技企业孵化器数/个	26	35	34.62	7	6	1
国家高新区 R&D 人员/人	67641	76260	12.74	9	8	1
公共图书馆图书总藏量/千册（件）	19644.00	20311.20	3.40	8	9	-1
商业信用环境	76.53	77.97	1.88	9	9	0
市场潜力	58324550.00	61357000.00	5.20	8	10	-2
国家高新区 R&D 经费内部支出/千元	16622724.00	21845501.00	31.42	11	10	1
外商直接投资合同项目数/个	627	744	18.66	15	11	4
产业结构高级化指数	7.22	7.24	0.30	10	12	-2
国家高新区留学归国人员/人	1990	2960	48.74	15	12	3
科学技术支出占比/%	5.25	5.89	12.04	14	13	1
医生数/人	31560	35735	13.23	16	13	3

续表

指标	2018 年	2019 年	增速/%	2018 年排名	2019 年排名	排名变化
中国 500 强企业数/个	7	7	0.00	15	13	2
规模以上工业企业新产品销售收入/万元	28217947.00	27686760.70	-1.88	19	17	2
规模以上工业企业 R&D 人员/人	55243	58518	5.93	20	21	-1
国家高新区外籍常驻人员/人	582	751	29.04	25	22	3
教育支出占比/%	16.51	17.43	5.59	60	47	13
AQI 年平均值	85.25	85.17	0.10	55	58	-3

4.2 典型城市

4.2.1 武汉市

2019 年，武汉市城市创新生态系统综合指标排名第 8 位，较 2015 年上升 1 位。2015—2019 年，武汉市该指标排名有所上升，自 2017 年达到最高水平后，排名保持不变（见图 4-15）。

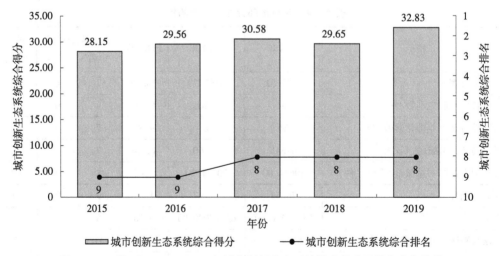

图 4-15 武汉市 2015—2019 年城市创新生态系统综合得分及排名变化趋势

2019 年，武汉市城市创新主体指标排名第 8 位，与上一年保持一致，较 2015 年上升 1 位。从二级指标看，创新主体的动力指标排名第 12 位，较上一年上升 1 位；创新主体的能力指标排名第 7 位，与上一年保持一致；创新主体的活力指标排名第 10 位，与上一年保持一致，较 2015 年无变化（见表 4-15）。

2019 年，武汉市城市内部创新生态建构指标排名第 6 位，较上一年上升 3 位。从二级指标看，创新要素的多样性指标排名第 11 位，较上一年无变化，较 2015 年上升 14 位，上升幅度较大；创新要素的协同性指标排名第 6 位，较上一年上升 3 位，较 2015 年上升 2 位；创新平台的发展水平指标排名第 3 位，较上一年上升 5 位；创新环境的适宜性指标排名第 9 位，较上一年无变化（见表 4-15）。

2019 年，武汉市城市间创新生态嵌入指标排名第 7 位，与上一年保持一致，较 2015 年上升 2 位。从二级指标看，系统开放性指标排名第 5 位，与上一年保持一致；外部可达性指标排名第 11 位，较上一年下降 1 位；关系嵌入指标排名第 10 位，较 2015 年下降 1 位；结构嵌入指标排名第 4 位，较上一年下降 1 位（见表 4-15）。

由此可见，武汉市在创新主体的能力方面表现较好，但是创新主体的动力和创新主体的活力仍需提升。除此之外，在城市内部创新生态建构方面，武汉市在创新要素的协同性、创新平台的发展水平方面成效显著，创新要素的多样性需进一步提升。在城市间创新生态嵌入方面，武汉市需要提升外部可达性和关系嵌入水平，进一步巩固系统开放性和结构嵌入水平，进而提升城市间创新生态嵌入水平。2019 年武汉市城市创新生态系统蛛网图如图 4-16 所示。

表 4-15　2015—2019 年武汉市城市创新生态系统综合指标

指标	2015 年		2016 年		2017 年		2018 年		2019 年	
	指标得分	排名	指标得分	排名	指标得分	排名	指标得分	排名	指标得分	排名
城市创新生态系统	28.15	9	29.56	9	30.58	8	29.65	8	32.83	8
1　城市创新主体	31.16	9	30.35	9	30.28	8	30.51	8	32.18	8
1.1　创新主体的动力	35.29	13	31.11	11	31.68	12	31.35	13	36.38	12
1.2　创新主体的能力	30.82	7	30.16	7	30.59	6	31.37	7	30.58	7
1.3　创新主体的活力	27.36	10	29.79	9	28.58	9	28.81	9	29.59	10
2　城市内部创新生态建构	25.76	9	27.49	7	28.35	7	26.97	9	32.27	6
2.1　创新要素的多样性	16.19	25	19.54	19	26.64	13	24.85	11	26.08	11
2.2　创新要素的协同性	12.76	8	13.05	8	18.00	7	16.08	9	21.30	6
2.3　创新平台的发展水平	46.52	3	48.05	3	38.02	5	36.54	8	52.28	3
2.4　创新环境的适宜性	27.58	12	29.32	10	30.76	9	30.40	9	29.42	9
3　城市间创新生态嵌入	27.52	9	30.83	7	33.10	5	31.47	7	34.03	7
3.1　系统开放性	16.66	10	21.27	10	21.44	8	26.07	5	27.22	5
3.2　外部可达性	42.39	10	49.76	6	49.39	6	43.02	10	43.00	11
3.3　关系嵌入	12.16	9	8.01	12	13.94	10	14.13	10	17.01	10
3.4　结构嵌入	38.87	4	44.26	3	47.63	3	42.68	3	48.90	4

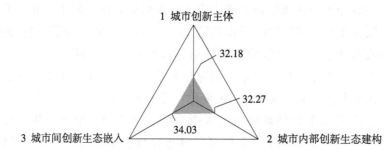

图 4-16　2019 年武汉市城市创新生态系统蛛网图

从基础数据看，武汉市在城市创新主体方面进一步提升，显著表现在创新主体的能力方面。其中，2019 年，"百万人均发明专利申请量"指标排名第 10 位，较上一年上升 11 位，增速为 11.05%，创新水平显著提升；"产业结构高级化指数"指标排名第 16 位，较上一年上升 6 位，增速为 1.79%。受"教育支出占比"指标排名影响（2019 年排名第 89 位），2019 年，武汉市创新主体的动力指标排名第 12 位，教育投入可以根据城市教育发展水平适当增加。2019 年，武汉市创新主体的活力指标排名进入前 10 位，具体表现为"中国 500 强企业数"指标排名第 13 位，较上一年上升 4 位，增速为 16.67%；"当年新增科技型中小企业数"指标排名第 7 位，较上一年上升 3 位，增速为 4.39%；"新兴产业发明专利申请量"指标排名第 8 位，较上一年上升 2 位，增速为 15.42%，新兴产业和科技型企业的蓬勃发展为武汉市的创新发展注入了活力。

对于城市内部创新生态建构指标，武汉市在创新要素的多样性方面，2019 年，"国家高新区外籍常驻人员"指标排名第 5 位，排名与上一年保持一致。在创新平台的发展水平方面，"国家高新区工业总产值""国家高新区高新技术企业数""国家级科技企业孵化器数"指标分别排名第 12 位、第 7 位和第 8 位。除此之外，2018 年省部共建协同创新中心数仅为 1 个，2019 年则有 3 个省部共建协同创新中心在武汉建立，因此武汉市创新平台的发展水平指标排名在 2019 年出现较大幅度上升。在创新要素的协同性方面，2019 年，"学研合作发明专利数"指标排名第 2 位，较上一年上升 8 位，增速为 139.66%，武汉市创新要素的协同性水平明显提高。

对于城市间创新生态嵌入指标，武汉市在关系嵌入方面，2019 年，"先进产业嵌入深度"指标排名第 10 位，较上一年上升 1 位，增速为 48.51%；"对外联系强度"指标排名第 8 位，较上一年上升 2 位，增速为 60.72%，生态嵌入水平有所提升。在外部可达性方面，"距沿海港口最近距离"指标排名第 72 位，缺乏港口是内陆城市的特点，可以通过进一步提高陆运和空运水平来弥补这一短板。

武汉市部分变化较大的指标见表 4-16。

表 4-16　武汉市部分变化较大的指标

指标	2018 年	2019 年	增速/%	2018 年排名	2019 年排名	排名变化
学研合作发明专利数/件	116	278	139.66	10	2	8
国家高新区外籍常驻人员/人	4584	4917	7.26	5	5	0
国家高新区 R&D 经费内部支出/千元	35644333.00	38053521.00	6.76	5	6	-1
国家科学技术奖数/个	23	26	13.04	5	6	-1
国家高新区高新技术企业数/个	2085	2509	20.34	6	7	-1
当年新增科技型中小企业数/个	683	713	4.39	10	7	3
国家级科技企业孵化器数/个	29	34	17.24	6	8	-2
科研、技术服务和地质勘查业从业人员/万人	9.20	9.88	7.39	8	8	0
新兴产业发明专利申请量/件	23004	26551	15.42	10	8	2
科学技术支出占比/%	6.97	7.89	13.20	7	9	-2
国际旅游外汇收入/百万美元	1883.00	2160.00	14.71	8	9	-1
百万人均发明专利申请量/（件/百万人）	3326.92	3694.59	11.05	21	10	11
商业信用环境	75.80	77.35	2.05	10	11	-1
国家高新区工业总产值/千元	544284716.00	480868413.00	-11.65	7	12	-5
当年新增企业数/个	23280	27516	18.20	12	13	-1
中国 500 强企业数/个	6	7	16.67	17	13	4
产业结构高级化指数	7.08	7.21	1.79	22	16	6
外商直接投资合同项目数/个	250	288	15.20	29	26	3
AQI 年平均值	85.83	88.00	-2.52	56	66	-10
教育支出占比/%	13.48	13.02	-3.40	89	89	0

4.2.2　成都市

2019 年，成都市城市创新生态系统综合指标排名第 9 位，较 2015 年上升 1 位。2015—2019 年，成都市该指标排名自 2017 年达到最高水平后，排名保持不变（见图 4-17）。

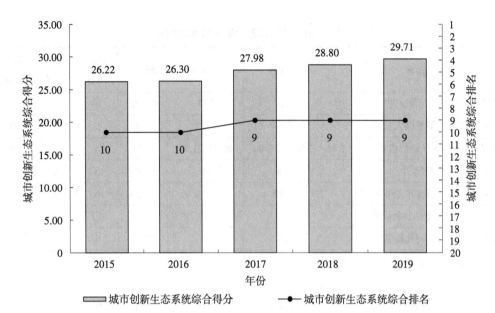

图 4-17　成都市 2015—2019 年城市创新生态系统综合得分及排名变化趋势

2019 年，成都市城市创新主体指标排名第 9 位，较上一年上升 1 位，较 2015 年上升 1 位。从二级指标看，创新主体的动力指标排名第 17 位，较上一年下降 3 位；创新主体的能力指标排名第 10 位，较上一年上升 1 位；创新主体的活力指标排名第 11 位，较上一年下降 2 位，较 2015 年下降 3 位（见表 4-17）。

2019 年，成都市城市内部创新生态建构指标排名第 12 位，较上一年下降 2 位。从二级指标看，创新要素的多样性指标排名第 34 位，较上一年无变化，排名较为落后；创新要素的协同性指标排名第 9 位，较上一年上升 4 位，较 2015 年上升 2 位；创新平台的发展水平指标排名第 18 位，较上一年下降 9 位；创新环境的适宜性指标排名第 6 位，较上一年无变化（见表 4-17）。

2019 年，成都市城市间创新生态嵌入指标排名第 6 位，与上一年保持一致，较 2015 年上升 2 位。从二级指标看，系统开放性指标排名第 6 位，与上一年保持一致；外部可达性指标排名第 4 位，与上一年保持一致；关系嵌入指标排名第 4 位，较上一年上升 4 位；结构嵌入指标排名第 7 位，较上一年上升 1 位（见表 4-17）。

由此可见，成都市在创新主体的能力方面有所提升，创新主体的动力和创新主体的活力方面仍需进一步提升。在城市内部创新生态建构方面，成都市在创新要素的协同性、创新环境的适宜性方面表现突出，创新要素的多样性亟须进一步提升。在城市间创新生态嵌入方面，成都市拥有较高的外部可达性和关系嵌入水平，但是系统开放性和结构嵌入水平存在一定的进步空间。2019 年成都市城市创新生态系统蛛网图如图 4-18 所示。

表 4-17　2015—2019 年成都市城市创新生态系统综合指标

指标	2015 年		2016 年		2017 年		2018 年		2019 年	
	指标得分	排名	指标得分	排名	指标得分	排名	指标得分	排名	指标得分	排名
城市创新生态系统	26.22	10	26.30	10	27.98	9	28.80	9	29.71	9
1　城市创新主体	28.93	10	28.61	10	28.07	9	27.88	10	28.69	9
1.1　创新主体的动力	31.58	16	27.99	16	28.39	15	29.15	14	32.38	17
1.2　创新主体的能力	25.98	11	26.12	11	24.40	11	24.40	11	25.92	10
1.3　创新主体的活力	29.24	8	31.71	8	31.40	8	30.10	9	27.76	11
2　城市内部创新生态建构	22.15	11	21.50	12	23.88	12	25.36	12	24.15	12
2.1　创新要素的多样性	11.98	33	9.46	37	13.16	34	11.16	34	12.51	34
2.2　创新要素的协同性	9.82	11	8.78	14	15.10	10	12.70	13	13.16	9
2.3　创新平台的发展水平	27.61	11	26.98	12	24.98	12	35.66	9	28.32	18
2.4　创新环境的适宜性	39.20	6	40.78	6	42.29	6	41.92	6	42.60	6
3　城市间创新生态嵌入	27.58	8	28.79	8	32.00	7	33.17	6	36.31	6
3.1　系统开放性	14.43	13	15.10	12	16.92	12	23.46	6	25.20	6
3.2　外部可达性	49.77	5	56.00	5	57.60	4	50.83	4	53.28	4
3.3　关系嵌入	10.28	12	9.35	9	14.57	9	20.61	9	24.69	4
3.4　结构嵌入	35.86	7	34.72	9	38.91	6	37.78	8	42.05	7

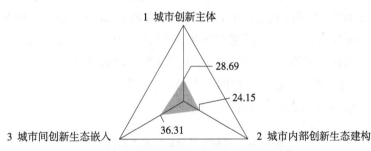

图 4-18　2019 年成都市城市创新生态系统蛛网图

　　从基础数据看，成都市在城市创新主体建设方面进一步提升，表现在创新主体的能力方面。其中，2019 年，"产业结构高级化指数"指标排名第 10 位，较上一年上升 19 位，增速为 3.21%，产业结构向着高级化方向发展；"规模以上工业企业新产品销售收入"指标排名第 39 位，较上一年上升 15 位，增速为 36.26%，工业创新能力显著提升。在创新主体的活力方面，2019 年，"数字普惠金融指数"指标排名第 26 位，较上一年下降 2 位，增速为 5.37%；"新兴产业发明专利申请量"指标排名第 10 位，较上一年下降 3 位，增速为-23.08%。在创新主体的动力方面，2019 年，"科学技术支出占比"指标排名第 15 位，较上一年上升 12 位，增速为 32.52%，成都市科学技术投入水平显著提高；与之相反，"教育支出占比"指标排名第 83 位，较上一年下降 5 位，增速为-0.67%；"商业信用环境"指标排名第 14 位，较上一年下降 8 位，增速为-1.24%。

对于城市内部创新生态建构指标，成都市在创新要素的多样性方面，2019 年，"国家高新区外籍常驻人员"指标排名第 16 位，与上一年保持一致；"外商、港澳台商投资企业占比"指标排名第 44 位，较上一年上升 1 位，仍存在较大提升空间。在创新要素的协同性方面，2019 年，"学研合作发明专利数"指标排名第 11 位，较上一年上升 2 位，增速为 27.59%；"产学研合作发明专利数"指标排名第 8 位，较上一年上升 2 位，增速为 29.32%；"产业合作发明专利数"指标排名第 9 位，较上一年上升 2 位，增速为 31.32%。成都市的产业、科研院所和高等院校间的创新协同水平不断提升。在创新平台的发展水平方面，2018 年，成都市的省部共建协同创新中心数为 2 个，2019 年只有 1 个省部共建协同创新中心建立，因此成都市创新平台的发展水平指标排名在 2019 年出现下降。在创新环境的适宜性方面，"AQI 年平均值"指标排名第 38 位，较上一年上升 19 位，创新环境中的自然环境显著改善。

对于城市间创新生态嵌入指标，成都市在关系嵌入方面，2019 年，"先进产业嵌入深度"指标排名第 7 位，与上一年保持一致，增速为 55.87%；"对外联系强度"指标排名第 4 位，较上一年上升 2 位，增速为 57.22%，生态嵌入水平提升显著。在外部可达性方面，"截至当年所拥有的高铁站点数"指标排名第 3 位，虽然缺乏港口是内陆城市的共同特点，但是成都市发达的陆运和空运交通条件，弥补了这一短板。在系统开放性方面，2019 年，"外商直接投资合同项目数"指标排名第 16 位，较上一年上升 3 位，增速为 17.00%；"国际旅游外汇收入"指标排名第 10 位，较上一年上升 4 位，增速为 34.51%，国外资本进入为成都市带来了创新活力。在结构嵌入方面，2019 年，"中介中心度"指标排名第 7 位，较上一年下降 3 位，增速为-18.43%，虽然该指标排名略有下降，但是成都市在创新合作网络中仍占据重要位置。

成都市部分变化较大的指标见表 4-18。

表 4-18 成都市部分变化较大的指标

指标	2018 年	2019 年	增速/%	2018 年排名	2019 年排名	排名变化
对外联系强度	673671079.48	1059146421.50	57.22	6	4	2
中介中心度	3233.22	2637.28	-18.43	4	7	-3
国家高新区留学归国人员/人	3140	3928	25.10	10	9	1
产业合作发明专利数/件	1983	2604	31.32	11	9	2
新兴产业发明专利申请量/件	28117	21627	-23.08	7	10	-3
国家科学技术奖数/个	19	18	-5.26	9	10	-1

续表

指标	2018 年	2019 年	增速/%	2018 年排名	2019 年排名	排名变化
国际旅游外汇收入/百万美元	1446.61	1945.89	34.51	14	10	4
产业结构高级化指数	7.04	7.27	3.21	29	10	19
国家高新区工业总产值/千元	425990242.00	452205241.00	6.15	13	14	−1
商业信用环境	77.81	76.84	−1.24	6	14	−8
科学技术支出占比/%	3.98	5.27	32.52	27	15	12
外商直接投资合同项目数/个	494	578	17.00	19	16	3
数字普惠金融指数	266.77	281.09	5.37	24	26	−2
百万人均发明专利申请量/（件/百万人）	2580.01	1830.93	−29.03	24	27	−3
AQI 年平均值	86.42	76.92	10.99	57	38	19
教育支出占比/%	14.47	14.37	−0.67	78	83	−5

4.2.3　重庆市

2019 年，重庆市城市创新生态系统综合指标排名第 11 位，较 2015 年上升 1 位。2015—2019 年，重庆市该指标排名波动不大（见图 4-19）。

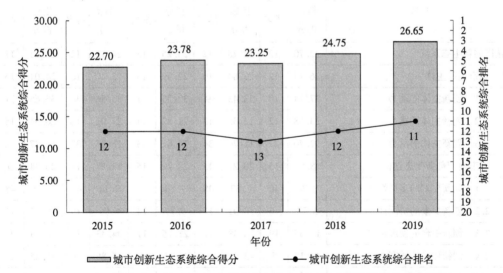

图 4-19　重庆市 2015—2019 年城市创新生态系统综合得分及排名变化趋势

2019 年，重庆市城市创新主体指标排名第 16 位，与上一年保持一致，较 2015 年下降 4 位。从二级指标看，创新主体的动力指标排名第 11 位，较上一年下降 2 位；创新主体的能力指标排名第 15 位，较上一年下降 1 位；创新主体的活力指标排名第 32

位，较上一年上升1位，较2015年下降5位（见表4-19）。

2019年，重庆市城市内部创新生态建构指标排名第9位，较上一年上升3位。从二级指标看，创新要素的多样性指标排名第48位，较上一年下降2位，排名较为落后；创新要素的协同性指标排名第12位，较上一年上升7位，较2015年上升4位；创新平台的发展水平指标排名第6位，较上一年上升6位；创新环境的适宜性指标排名第5位，较上一年无变化（见表4-19）。

2019年，城市间创新生态嵌入指标排名第9位，较上一年上升1位，较2015年上升3位。从二级指标看，系统开放性指标排名第10位，较上一年下降3位；外部可达性指标排名第7位，较上一年上升1位；关系嵌入指标排名第12位，较2015年上升6位；结构嵌入指标排名第13位，较上一年上升1位（见表4-19）。

由此可见，重庆市在创新主体的动力方面表现较好，但是创新主体的活力方面仍需进一步提升。在城市内部创新生态建构方面，重庆市在创新平台的发展水平和创新环境的适宜性方面表现突出，创新要素的协同性水平有所提高，创新要素的多样性水平亟须进一步提升。在城市间创新生态嵌入方面，重庆市的外部可达性和关系嵌入水平有所提高，系统开放性排名略有下降，结构嵌入水平有所波动。2019年重庆市城市创新生态系统蛛网图如图4-20所示。

表 4-19　2015—2019 年重庆市城市创新生态系统综合指标

指标	2015 年		2016 年		2017 年		2018 年		2019 年	
	指标得分	排名	指标得分	排名	指标得分	排名	指标得分	排名	指标得分	排名
城市创新生态系统	22.70	12	23.78	12	23.25	13	24.75	12	26.65	11
1　城市创新主体	26.14	12	23.84	16	22.99	15	23.40	16	24.01	16
1.1　创新主体的动力	37.14	10	33.43	9	32.53	11	33.86	9	36.65	11
1.2　创新主体的能力	23.58	12	22.35	13	21.82	14	21.02	14	20.51	15
1.3　创新主体的活力	17.70	27	15.74	34	14.62	33	15.31	33	14.87	32
2　城市内部创新生态建构	18.99	15	20.23	15	20.78	15	23.57	12	26.84	9
2.1　创新要素的多样性	8.76	40	6.50	48	7.50	44	7.11	46	7.45	48
2.2　创新要素的协同性	5.73	16	10.91	11	9.77	14	6.98	19	10.02	12
2.3　创新平台的发展水平	17.35	19	20.38	17	21.76	17	34.33	12	44.03	6
2.4　创新环境的适宜性	44.13	5	43.11	5	44.10	5	45.86	5	45.85	5
3　城市间创新生态嵌入	22.98	12	27.27	10	25.99	10	27.30	10	29.12	9
3.1　系统开放性	19.88	8	23.01	7	18.60	10	22.65	7	21.87	10
3.2　外部可达性	39.00	14	46.25	8	47.33	7	45.40	8	46.97	7
3.3　关系嵌入	6.32	18	7.45	13	11.52	11	12.80	12	13.02	12
3.4　结构嵌入	26.71	13	32.36	12	26.51	20	28.34	14	34.60	13

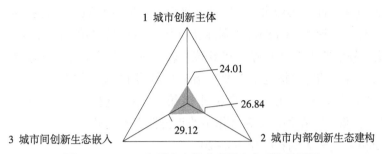

图 4-20　2019 年重庆市城市创新生态系统蛛网图

从基础数据看，2019 年，"当年新增科技型中小企业数"指标排名第 60 位，较上一年下降 1 位，增速为 -4.48%；"数字普惠金融指数"指标排名第 65 位，增速为 5.32%；"新兴产业发明专利申请量"指标排名第 15 位，较上一年上升 2 位，增速为 5.68%；"A 股上市公司高新技术企业数（上市公司本身）"指标排名第 38 位，较上一年上升 4 位，增速为 12.50%。可见，重庆市应该通过提供政策优惠以及完善的配套设施，鼓励创新创业，激发城市创新活力。在创新主体的动力方面，2019 年，"科学技术支出占比"指标排名第 72 位，较上一年下降 1 位，增速为 8.21%；"教育支出占比"指标排名第 77 位，较上一年下降 4 位，增速为 0.17%；"商业信用环境"指标排名第 6 位，较上一年上升 2 位，增速为 1.93%，良好的商业信用环境为重庆市的创新发展提供了动力。

对于城市内部创新生态建构指标，重庆市在创新要素的多样性方面，2019 年，"国家高新区留学归国人员"指标排名第 25 位，较上一年下降 3 位；"国家高新区外籍常驻人员"指标排名第 23 位，较上一年下降 1 位；"外商、港澳台商投资企业占比"指标排名第 54 位，较上一年下降 2 位。因此，重庆市亟须通过引入外资以及吸引外籍高素质人才，提高创新要素的多样性水平。在创新要素的协同性方面，2019 年，"学研合作发明专利数"指标排名第 9 位，较上一年上升 11 位，增速为 205.00%，提升幅度较大；"产学研合作发明专利数"指标排名第 16 位，较上一年下降 1 位，增速为 27.91%；"产业合作发明专利申请量"指标排名第 15 位，较上一年下降 1 位，增速为 10.30%。可见，重庆市的科研院所与高等院校间的创新协同水平较高。在创新平台的发展水平方面，2018 年，重庆市有 2 个省部共建协同创新中心建立，2019 年有 3 个省部共建协同创新中心建立，因此，创新平台的发展水平指标排名在 2019 年有所上升。在创新环境的适宜性方面，"AQI 年平均值"指标排名第 26 位，较上一年上升 5 位，创新环境中的自然环境显著改善。

对于城市间创新生态嵌入指标，重庆市在关系嵌入方面，2019 年，"先进产业嵌入深度"指标排名第 12 位，较上一年上升 1 位，增速为 52.48%；"对外联系强度"指标排名第 11 位，较上一年上升 1 位，增速为 27.81%，生态嵌入水平进一步提升。在外部可达性方面，2019 年，"截至当年所拥有的高铁站点数"指标排名第 2 位，虽然缺乏港口是内陆城市的共同特点，但是重庆市发达的陆运和空运交通条件，弥补了这一短板。在系统开放性方面，2019年，"外商直接投资合同项目数"指标排名第34位，较上一年下降2位，增速为-3.88%；"国际会议数"指标排名第14位，较上一年下降1位；"国际旅游外汇收入"指标排名第6位，较上一年上升1位，增速为15.29%。在结构嵌入方面，2019年，"接近中心度"指标排名第12位，较上一年上升2位，增速为3.27%；"特征向量中心度"指标排名第11位，较上一年上升3位，增速为11.65%。可见，重庆市在外部创新合作中的重要性不断提升。

重庆市部分变化较大的指标见表4-20。

表4-20 重庆市部分变化较大的指标

指标	2018年	2019年	增速/%	2018年排名	2019年排名	排名变化
商业信用环境	77.15	78.64	1.93	8	6	2
规模以上工业企业R&D人员/人	96950	98563	1.66	6	8	-2
学研合作发明专利数/件	40	122	205.00	20	9	11
规模以上工业企业新产品销售收入/万元	42163130.00	43654109.00	3.54	8	10	-2
特征向量中心度	0.56	0.63	11.65	14	11	3
对外联系强度	451460471.62	577032221.46	27.81	12	11	1
国家高新区工业总产值/千元	417259374.00	493855535.00	18.36	14	11	3
科研、技术服务和地质勘查业从业人员/万人	8.21	7.59	-7.55	11	12	-1
先进产业嵌入深度	787.00	1200.00	52.48	13	12	1
国家科学技术奖数/个	6	12	100.00	20	14	6
新兴产业发明专利申请量/件	14130	14933	5.68	17	15	2
产学研合作发明专利数/件	430	550	27.91	15	16	-1
中介中心度	1034.76	1000.45	-3.32	16	16	0
国家高新区高新技术企业数/个	922	905	-1.84	16	19	-3
国家高新区R&D经费内部支出/千元	9712724.00	8923948.00	-8.12	15	21	-6
国家高新区留学归国人员/人	854	756	-11.48	22	25	-3
AQI年平均值	72.50	71.58	1.26	31	26	5
外商直接投资合同项目数/个	232	223	-3.88	32	34	-2
A股上市公司高新技术企业数（上市公司本身）/个	8	9	12.50	42	38	4
产业结构高级化指数	6.90	6.93	0.36	42	39	3
外商、港澳台商投资企业占比/%	6.48	6.29	-2.90	52	54	-2

指标	2018 年	2019 年	增速/%	2018 年排名	2019 年排名	排名变化
当年新增科技型中小企业数/个	67	64	−4.48	59	60	−1
百万人均发明专利申请量/（件/百万人）	613.37	583.99	−4.79	66	62	4
数字普惠金融指数	241.72	254.58	5.32	65	65	0
科学技术支出占比/%	1.51	1.63	8.21	71	72	−1
教育支出占比/%	15.00	15.02	0.17	73	77	−4

4.2.4　合肥市

2019 年，合肥市城市创新生态系统综合指标排名第 13 位，较 2015 年上升 4 位。2015—2019 年，合肥市该指标排名保持上升态势（见图 4-21）。

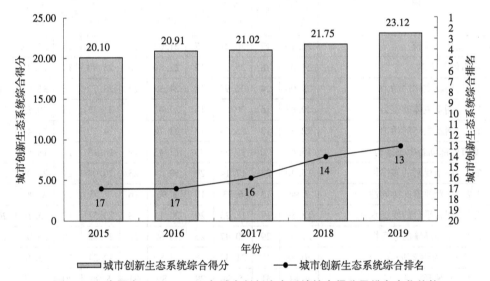

图 4-21　合肥市 2015—2019 年城市创新生态系统综合得分及排名变化趋势

2019 年，合肥市城市创新主体指标排名第 12 位，较上一年上升 1 位，较 2015 年上升 6 位。从二级指标看，创新主体的动力指标排名第 10 位，较上一年上升 5 位，上升幅度较大；创新主体的能力指标排名第 14 位，较上一年下降 1 位；创新主体的活力指标排名第 12 位，与上一年保持一致，较 2015 年上升 3 位（见表 4-21）。

2019 年，合肥市城市内部创新生态建构指标排名第 16 位，较上一年上升 1 位。从二级指标看，创新要素的多样性指标排名第 21 位，与上一年保持一致，较 2015 年上升 7 位；创新要素的协同性指标排名第 13 位，较上一年上升 4 位；创新平台的发展水平指标排名第 20 位，较上一年下降 3 位；创新环境的适宜性指标排名第 27 位，较上一年下降 1 位，较 2015 年上升 2 位（见表 4-21）。

2019 年，合肥市城市间创新生态嵌入指标排名第 15 位，较上一年下降 1 位。从二级指标看，系统开放性指标排名第 31 位，较上一年下降 1 位；外部可达性指标排名第 23 位，与上一年保持一致；关系嵌入指标排名第 8 位，较上一年上升 1 位；结构嵌入指标排名第 15 位，较上一年下降 2 位（见表 4-21）。

由此可见，合肥市在创新主体的动力方面表现较为突出且指标排名较 2015 年大幅上升，但是创新主体的能力仍需进一步提升。在城市内部创新生态建构方面，合肥市在创新要素的协同性方面表现突出，创新要素的多样性水平不断提高，创新环境的适宜性有待进一步提升。在城市间创新生态嵌入方面，合肥市的关系嵌入指标表现突出，系统开放性和外部可达性亟须提升，结构嵌入水平波动不大。2019 年合肥市城市创新生态系统蛛网图如图 4-22 所示。

表 4-21　2015—2019 年合肥市城市创新生态系统综合指标

指标	2015 年		2016 年		2017 年		2018 年		2019 年	
	指标得分	排名	指标得分	排名	指标得分	排名	指标得分	排名	指标得分	排名
城市创新生态系统	20.10	17	20.91	17	21.02	16	21.75	14	23.12	13
1　城市创新主体	24.07	18	25.71	12	22.84	16	24.90	13	27.41	12
1.1　创新主体的动力	29.06	24	30.95	12	24.32	24	28.77	15	36.91	10
1.2　创新主体的能力	20.65	16	20.64	16	20.42	16	21.23	13	20.89	14
1.3　创新主体的活力	22.52	15	25.53	13	23.78	13	24.70	12	24.44	12
2　城市内部创新生态建构	15.46	20	15.54	21	17.43	19	18.13	17	18.84	16
2.1　创新要素的多样性	15.40	28	17.14	24	19.84	23	20.04	21	21.09	21
2.2　创新要素的协同性	7.94	13	6.33	17	8.96	16	7.76	17	9.00	13
2.3　创新平台的发展水平	18.89	18	18.23	20	20.11	18	23.31	17	25.18	20
2.4　创新环境的适宜性	19.60	29	20.47	26	20.80	27	21.42	26	20.09	27
3　城市间创新生态嵌入	20.78	15	21.47	16	22.80	15	22.21	14	23.10	15
3.1　系统开放性	4.81	31	5.54	29	4.80	31	5.96	30	5.67	31
3.2　外部可达性	36.25	19	36.71	21	36.61	21	33.78	23	33.91	23
3.3　关系嵌入	15.57	5	13.46	6	20.32	5	20.49	9	18.72	8
3.4　结构嵌入	26.49	14	30.15	17	29.47	15	28.59	13	34.11	15

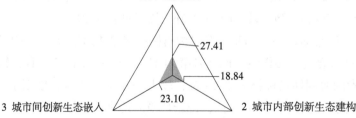

图 4-22　2019 年合肥市城市创新生态系统蛛网图

从基础数据看,合肥市在城市创新主体方面的进步主要表现在创新主体的动力方面。2019 年,"科学技术支出占比"指标排名第 2 位,较上一年上升 2 位,增速为 26.83%;"教育支出占比"指标排名第 50 位,较上一年上升 14 位,增速为 6.23%,政府在科技和教育方面的大力投入为合肥市创新发展提供了动力。在创新主体的能力方面,2019 年,"产业结构高级化指数"指标排名第 19 位,较上一年上升 16 位,增速为 3.25%,产业结构向着高级化方向发展;"规模以上工业企业 R&D 人员"指标排名第 14 位,较上一年上升 3 位,增速为 9.61%,工业创新水平不断提升。与之相反,2019 年,"国家高新区 R&D 人员"指标排名第 15 位,较上一年下降 4 位,增速为 -11.41%;"国家科学技术奖数"指标排名第 21 位,较上一年下降 9 位,增速为 -41.67%,降幅较大。因此,合肥市仍需进一步提升创新主体的能力。

对于城市内部创新生态建构指标,合肥市在创新要素的协同性方面,2019 年,"学研合作发明专利数"指标排名第 18 位,较上一年上升 5 位,增速为 70.27%,提升幅度较大;"产学研合作发明专利数"指标排名第 11 位,较上一年上升 2 位,增速为 37.06%;"产业合作发明专利数"指标排名第 12 位,增速为 18.64%。合肥市的企业、科研院所与高等院校间的创新协同水平较高。在创新要素的多样性方面,2019 年,"国家高新区留学归国人员"指标排名第 5 位,与上一年保持一致,名列前茅;"国家高新区外籍常驻人员"指标排名第 6 位,与上一年保持一致,合肥市国家高新区吸引了大量外籍人才和留学归国人员,提高了创新要素的多样性水平。在创新环境的适宜性方面,2019 年,"AQI 年平均值"指标排名第 59 位,较上一年下降 5 位,合肥市在创新发展的同时更要注重环境保护,实现绿色发展。

对于城市间创新生态嵌入指标,合肥市在关系嵌入方面,2019 年,"先进产业嵌入深度"指标排名第 9 位,增速为 20.59%;"对外联系强度"指标排名第 6 位,较上一年下降 2 位,增速为 19.15%,外部创新网络嵌入水平进一步提升。在结构嵌入方面,2019 年,"中介中心度"指标排名第 13 位,较上一年上升 6 位,增速为 41.55%;"特征向量中心度"指标排名第 14 位,较上一年下降 1 位,增速为 7.90%;"接近中心度"指标排名第 15 位,较上一年下降 2 位,增速为 1.98%,合肥市在外部创新合作中的重要性不断提升。在外部可达性方面,2019 年,"截至当年所拥有的高铁站点数"指标排名第 15 位,较上一年下降 1 位;"距沿海港口最近距离"指标排名第 49 位;"民用航空客运量"指标排名第 33 位;"民用航空货邮运量"指标排名第 22 位。合肥市应注重陆运和空运交通基础设施建设,提高外部可达性水平。在系统开放性方面,2019 年,"外商直接投资合同项目数"指标排名第 41 位,较上一年下降 1 位,增速为 -14.19%;"国际旅游外汇收入"指标排名第 41 位,较上一年上升 7 位,增速为 -17.23%,吸引外资进入是提高合肥市系统开放性的关键举措。

合肥市部分变化较大的指标见表 4-22。

表 4-22　合肥市部分变化较大的指标

指标	2018 年	2019 年	增速/%	2018 年排名	2019 年排名	排名变化
科学技术支出占比/%	9.15	11.61	26.83	4	2	2
产学研合作发明专利数/件	483	662	37.06	13	11	2
产业合作发明专利数/件	1888	2240	18.64	12	12	0
当年新增科技型中小企业数/个	482	514	6.64	15	12	3
中介中心度	850.18	1203.40	41.55	19	13	6
规模以上工业企业 R&D 人员/人	62102	68069	9.61	17	14	3
规模以上工业企业新产品销售收入/万元	30960105.00	32266219.00	4.22	15	14	1
创新积累	25788.21	26347.98	2.17	15	14	1
百万人均发明专利申请量/（件/百万人）	4799.34	3226.10	-32.78	12	14	-2
国家高新区 R&D 人员/人	50905	45098	-11.41	11	15	-4
国家高新区高新技术企业数/个	1056	1189	12.59	12	15	-3
商业信用环境	75.26	76.73	1.97	15	15	0
数字普惠金融指数	272.52	288.08	5.71	19	16	3
科研、技术服务和地质勘查业从业人员/万人	4.60	5.29	15.00	16	17	-1
A 股上市公司高新技术企业数（上市公司本身）/个	30	30	0.00	15	18	-3
学研合作发明专利数/件	37	63	70.27	23	18	5
国家级科技企业孵化器数/个	12	16	33.33	21	18	3
当年实际使用外资金额/万美元	323000.00	339150.00	5.00	20	19	1
产业结构高级化指数	6.96	7.19	3.25	35	19	16
国家科学技术奖数/个	12	7	-41.67	12	21	-9
市场潜力	29767420.00	32345100.00	8.66	31	29	2
医生数/人	22320	26700	19.62	34	29	5
中国 500 强企业数/个	4	2	-50.00	28	38	-10
外商直接投资合同项目数/个	148	127	-14.19	40	41	-1
外商、港澳台商投资企业占比/%	7.70	7.92	2.94	46	45	1
教育支出占比/%	16.27	17.28	6.23	64	50	14
AQI 年平均值	85.00	85.92	-1.08	54	59	-5

◀ 第 5 章
城市创新生态系统竞争力分省排名

5.1　安徽省

安徽省共有 4 个城市纳入分析，分别是合肥市❶、芜湖市、阜阳市和滁州市。从 2015—2019 年城市创新生态系统综合排名情况来看，安徽省的城市创新生态系统建设表现出两个较为突出的特点：一是省会城市合肥市的排名不仅在省内遥遥领先，在 100 个样本城市中依旧表现亮眼；二是省内各城市创新生态建构水平差距较大，阜阳市和滁州市排名处于省内以及全国落后水平。

滁州市的城市创新主体指标排名虽然较为落后，但是总体呈波动上升态势，这主要得益于创新主体的动力指标排名有所提升。滁州市政府在科学技术方面的大力投入为创新注入了动力。由于该城市从事科学研究的高素质人才短缺，创新主体的能力指标依旧是其短板。在城市内部创新生态建构方面，受外商和港澳台商投资企业占比增加的影响，滁州市的创新要素的多样性指标排名有所提升。但是，产学研协同性较差、国家级创新平台数量较少、绿色创新能力低下是影响城市内部创新生态建构水平的三个关键性短板因素。在城市间创新生态嵌入方面，结构嵌入指标是其短板，滁州市的创新能力较低，在外部创新网络中难以占据重要位置，所获得的创新溢出效应较少。

对于阜阳市而言，城市内部创新生态建构指标是其短板，城市创新主体指标和城市间创新生态嵌入指标排名在 2015—2019 年均有较大幅度提升。从基础数据来看，阜阳市政府在科学技术和教育方面投入的增加，以及商业环境的改善提升了创新主体的动力。教育资源匮乏以及高素质科研人才短缺也是影响其创新主体的能力指标排名的关键。在城市内部创新生态建构方面，阜阳市的发展尤为滞后，该城市创新环境的适宜性水平较低，难以吸引优质且多样性的创新要素在此集聚。产学研协同性较差，同时缺乏国家级创新平台支撑本地发展。在城市间创新生态嵌入方面，阜阳市紧邻东部

---

❶ 详见"4.2.4 合肥市"。

沿海地区，具有较高的外部可达性水平。但是，由于创新能力低下，难以与外部发达地区建立创新合作关系，进而导致关系嵌入和结构嵌入指标排名靠后。

芜湖市在城市创新主体指标方面表现较为突出，该指标排名优于城市内部创新生态建构指标和城市间创新生态嵌入指标。从基础数据来看，芜湖市政府在科学技术支出方面投入巨大，但是在商业环境以及教育投入方面表现不足。2015—2019年，芜湖市在引入高素质科研人员以及产业结构转型升级方面有较大幅度提升，但是在高质量创新产出方面，如"国家科学技术奖数"等，依旧十分落后，这是造成芜湖市城市创新主体的能力指标排名落后的关键。在城市内部创新生态建构方面，芜湖市的创新平台的发展水平指标表现突出，这主要得益于2019年省部共建协同创新中心的成立。但是，芜湖市在创新要素的协同性以及创新环境的适宜性方面仍需提升。在城市间创新生态嵌入方面，芜湖市具有较高水平的系统开放性，但是由于自身创新水平较低，难以与发达地区在高技术领域开展合作。

5.1.1 总体情况

2019年，合肥市的城市创新生态系统综合排名第13位，较上一年上升1位，较2015年上升4位。芜湖市排名第50位，较上一年下降2位，较2015年下降1位。滁州市排名第80位，较上一年上升3位，较2015年上升1位。阜阳市排名第90位，较上一年上升1位，较2015年上升9位（见图5-1）。

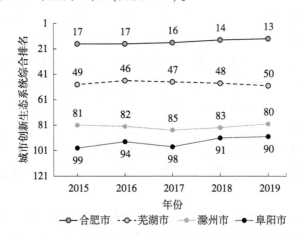

图 5-1　2015—2019 年城市创新生态系统综合排名变化

1. 城市创新主体维度

从城市创新主体维度来看，合肥市的城市创新主体指标排名明显高于芜湖市、阜阳市和滁州市，且2015—2019年排名呈波动上升态势。芜湖市的排名低于合肥市且与其存在较大的差距。阜阳市和滁州市的排名较为接近，其中，2019年，阜阳市排名第87位，较上一年上升2位，较2015年上升7位；滁州市排名第79位，较上一年上升1

位，较 2015 年上升 11 位（见图 5-2）。

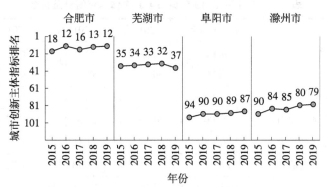

图 5-2　2015—2019 年城市创新主体指标排名变化

　　从城市创新主体维度下的二级指标来看，就创新主体的动力指标而言，2019 年，合肥市排名第 10 位，较上一年上升 5 位，较 2015 年上升 14 位；芜湖市排名第 30 位，较上一年下降 12 位，较 2015 年下降 9 位；阜阳市排名第 75 位，较上一年上升 4 位，较 2015 年上升 12 位；滁州市排名第 78 位，较上一年下降 3 位，较 2015 年上升 12 位（见表 5-1 和图 5-3）。

　　就创新主体的能力指标而言，合肥市排名第 14 位，较上一年下降 1 位，较 2015 年上升 2 位；芜湖市排名第 46 位，较上一年下降 7 位，较 2015 年上升 1 位；阜阳市排名第 92 位，较上一年上升 7 位，较 2015 年上升 5 位；滁州市排名第 85 位，较上一年上升 4 位，较 2015 年上升 8 位（见表 5-1 和图 5-3）。

　　就创新主体的活力指标而言，合肥市排名第 12 位，与上一年保持一致，较 2015 年上升 3 位；芜湖市排名第 49 位，较上一年下降 6 位，较 2015 年上升 1 位；阜阳市排名第 86 位，较上一年下降 2 位，较 2015 年上升 5 位；滁州市排名第 76 位，较上一年下降 4 位，较 2015 年下降 1 位（见表 5-1 和图 5-3）。

　　综上所述，2015—2019 年，合肥市城市创新主体指标排名上升幅度较大，显著表现在创新主体的动力指标方面，创新主体的能力和创新主体的活力指标呈波动上升趋势，但是上升幅度较小。

　　2019 年，芜湖市创新主体的动力指标排名较上一年有较大幅度下降。

　　2015—2019 年，阜阳市创新主体指标排名呈波动上升趋势，创新主体的动力指标排名高于其他 2 个二级指标，创新主体的能力指标排名明显低于其他 2 个二级指标。

　　滁州市创新主体的动力指标排名较 2015 年有较大幅度上升，排名略低于创新主体的活力指标，创新主体的能力指标是滁州市的短板因素。

表 5-1　2015—2019 年城市创新主体指标得分及排名

城市	指标	2015 年		2016 年		2017 年		2018 年		2019 年	
		指标得分	排名	指标得分	排名	指标得分	排名	指标得分	排名	指标得分	排名
合肥市	1　城市创新主体	24.07	18	25.71	12	22.84	16	24.90	13	27.41	12
	1.1　创新主体的动力	29.06	24	30.95	12	24.32	24	28.77	15	36.91	10
	1.2　创新主体的能力	20.65	16	20.64	17	20.42	16	21.23	13	20.89	14
	1.3　创新主体的活力	22.52	15	25.53	13	23.78	13	24.70	12	24.44	12
芜湖市	1　城市创新主体	17.25	35	16.24	34	16.41	33	17.04	32	15.53	37
	1.1　创新主体的动力	30.08	21	26.57	18	27.15	19	28.20	18	26.92	30
	1.2　创新主体的能力	10.10	47	10.44	45	10.29	44	10.98	39	8.80	46
	1.3　创新主体的活力	11.58	50	11.72	51	11.78	46	11.93	43	10.89	49
阜阳市	1　城市创新主体	6.47	94	6.21	90	5.78	90	6.04	89	7.27	87
	1.1　创新主体的动力	15.67	87	14.63	66	13.03	77	13.28	79	15.74	75
	1.2　创新主体的能力	1.06	97	1.00	97	0.89	99	1.05	99	2.89	92
	1.3　创新主体的活力	2.69	91	3.02	90	3.42	87	3.81	84	3.18	86
滁州市	1　城市创新主体	7.63	90	7.12	84	6.99	85	7.53	80	8.13	79
	1.1　创新主体的动力	13.81	90	11.60	88	12.51	83	13.74	75	15.47	78
	1.2　创新主体的能力	2.99	93	3.29	91	2.88	91	3.00	89	3.75	85
	1.3　创新主体的活力	6.10	75	6.48	73	5.57	76	5.86	72	5.16	76

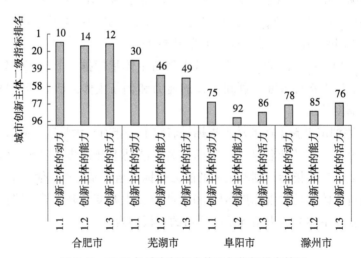

图 5-3　2019 年城市创新主体二级指标排名情况

2. 城市内部创新生态建构维度

从城市内部创新生态建构维度来看，合肥市指标排名明显高于芜湖市、阜阳市和滁州市，且 2015—2019 年排名呈波动上升态势。芜湖市排名低于合肥市且与其存在较大的差距。2019 年，阜阳市和滁州市的城市内部创新生态建构指标排名较为接近，其中，阜阳市排名第 97 位，较上一年下降 8 位，较 2015 年下降 9 位；滁州市排名第 88 位，较上一年下降 2 位，较 2015 年下降 6 位（见图 5-4）。

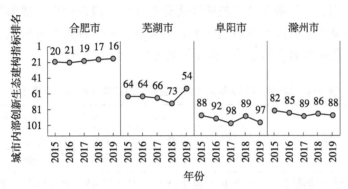

图 5-4　2015—2019 年城市内部创新生态建构指标排名变化

从城市内部创新生态建构维度下的二级指标来看，就创新要素的多样性指标而言，2019 年，合肥市排名第 21 位，较上一年无变化，较 2015 年上升 7 位；芜湖市排名第 54 位，较上一年上升 3 位，较 2015 年上升 3 位；阜阳市排名第 96 位，较上一年上升 3 位，较 2015 年上升 1 位；滁州市排名第 65 位，较上一年下降 1 位，较 2015 年上升 7 位（见表 5-2 和图 5-5）。

就创新要素的协同性指标而言，2019 年，合肥市排名第 13 位，较上一年上升 4 位，较 2015 年无变化；芜湖市排名第 72 位，较上一年下降 3 位，较 2015 年下降 10 位；阜阳市排名第 92 位，较上一年上升 2 位，较 2015 年上升 6 位；滁州市排名第 82 位，较上一年下降 3 位，较 2015 年下降 23 位（见表 5-2 和图 5-5）。

就创新平台的发展水平指标而言，2019 年，合肥市排名第 20 位，较上一年下降 3 位，较 2015 年下降 2 位；芜湖市排名第 39 位，较上一年上升 23 位，较 2015 年上升 11 位；阜阳市排名第 94 位，较上一年上升 5 位，较 2015 年下降 3 位；滁州市排名第 93 位，较上一年下降 7 位，较 2015 年下降 17 位（见表 5-2 和图 5-5）。

就创新环境的适宜性指标而言，2019 年，合肥市排名第 27 位，较上一年下降 1 位，较 2015 年上升 2 位；芜湖市排名第 79 位，较上一年下降 7 位，较 2015 年下降 13 位；阜阳市排名第 83 位，较上一年下降 8 位，较 2015 年下降 22 位；滁州市排名第 84 位，较上一年上升 5 位，较 2015 年上升 1 位（见表 5-2 和图 5-5）。

综上所述，对于合肥市而言，创新要素的协同性是提升城市内部创新生态建构水平的关键指标，创新要素的多样性指标排名上升幅度较大，创新平台的发展水平指标排名呈小幅波动，创新环境的适宜性指标相较于其他 3 个二级指标而言，排名较为落后。

对于芜湖市而言，创新平台的发展水平指标排名有较大幅度提升，创新要素的多样性指标在 4 个二级指标中位居前列，创新要素的协同性指标总体呈波动下降态势，创新环境的适宜性指标排名也有一定幅度下降。

对于阜阳市而言，创新环境的适宜性指标下降幅度较大，创新要素的多样性、创新要素的协同性、创新平台的发展水平指标排名靠后，亟待提升。

对于滁州市而言，创新要素的多样性指标在 4 个二级指标中位居前列且整体呈波动上升趋势，创新要素的协同性和创新平台的发展水平指标排名有较大幅度下降，创新环境的适宜性指标排名有所波动，但是排名靠后，亟待提升。

表 5-2　2015—2019 年城市内部创新生态建构指标得分及排名

城市	指标		2015 年		2016 年		2017 年		2018 年		2019 年	
			指标得分	排名	指标得分	排名	指标得分	排名	指标得分	排名	指标得分	排名
合肥市	2	城市内部创新生态建构	15.46	20	15.54	21	17.43	19	18.13	17	18.84	16
	2.1	创新要素的多样性	15.40	28	17.14	24	19.84	23	20.04	21	21.09	21
	2.2	创新要素的协同性	7.94	13	6.33	17	8.96	16	7.76	17	9.00	13
	2.3	创新平台的发展水平	18.89	18	18.23	20	20.11	18	23.31	17	25.18	20
	2.4	创新环境的适宜性	19.60	29	20.47	26	20.80	27	21.42	26	20.09	27
芜湖市	2	城市内部创新生态建构	6.14	64	6.17	64	5.75	66	5.02	73	7.07	54
	2.1	创新要素的多样性	4.47	57	4.44	56	4.88	55	4.33	57	5.85	54
	2.2	创新要素的协同性	0.55	62	1.15	51	0.81	67	0.75	69	0.73	72
	2.3	创新平台的发展水平	6.22	50	6.17	56	5.81	56	3.90	62	12.35	39
	2.4	创新环境的适宜性	13.33	66	12.91	64	11.51	78	11.12	72	9.33	79
阜阳市	2	城市内部创新生态建构	3.57	88	2.78	92	2.48	98	2.74	89	2.32	97
	2.1	创新要素的多样性	0.50	97	0.08	100	0.06	100	0.16	99	0.54	96
	2.2	创新要素的协同性	0.02	98	0.06	96	0.11	96	0.15	94	0.19	92
	2.3	创新平台的发展水平	0.00	91	0.00	94	0.00	98	0.00	99	0.40	94
	2.4	创新环境的适宜性	13.75	61	10.98	79	9.74	90	10.65	75	8.16	83
滁州市	2	城市内部创新生态建构	4.05	82	3.47	85	3.55	89	3.27	86	3.33	88
	2.1	创新要素的多样性	3.10	72	2.95	69	3.81	65	3.60	64	4.02	65
	2.2	创新要素的协同性	0.68	59	0.32	77	0.37	87	0.41	79	0.44	82
	2.3	创新平台的发展水平	1.80	76	1.36	79	1.17	82	0.89	86	0.79	93
	2.4	创新环境的适宜性	10.64	85	9.24	87	8.83	94	8.20	89	8.06	84

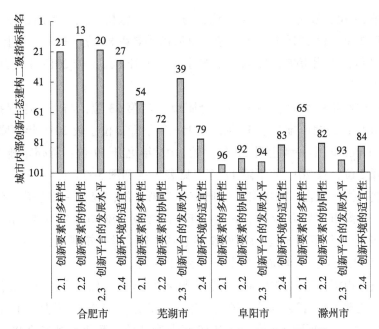

图 5-5　2019 年城市内部创新生态建构二级指标排名情况

3. 城市间创新生态嵌入维度

从城市间创新生态嵌入维度来看，合肥市的指标排名明显高于芜湖市、阜阳市和滁州市，且 2015—2019 年排名波动不大。2019 年，合肥市排名第 15 位，较上一年下降 1 位，与 2015 年保持一致。芜湖市排名低于合肥市且与其存在较大的差距，2019 年，芜湖市排名第 53 位，较上一年下降 2 位，较 2015 年下降 3 位。阜阳市排名呈波动上升趋势，但是依旧低于合肥市、芜湖市和滁州市，2019 年，阜阳市排名第 82 位，较上一年上升 7 位，较 2015 年上升 18 位。滁州市排名略高于阜阳市，但是较 2015 年该指标排名出现较大幅度下降。2019 年，滁州市排名第 75 位，与上一年保持一致，较2015 年下降 13 位（见图 5-6）。

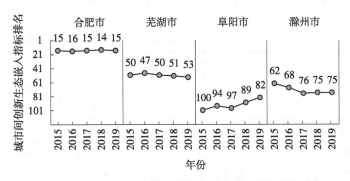

图 5-6　2015—2019 年城市间创新生态嵌入指标排名变化

从城市间创新生态嵌入维度下的二级指标来看，就系统开放性指标而言，2019 年，合肥市排名第 31 位，较上一年下降 1 位，与 2015 年保持一致；芜湖市排名第 36 位，较上一年下降 2 位，较 2015 年上升 2 位；阜阳市排名第 89 位，较上一年上升 1 位，较 2015 年上升 7 位；滁州市排名第 54 位，较上一年上升 1 位，较 2015 年上升 11 位（见表 5-3 和图 5-7）。

就外部可达性指标而言，2019 年，合肥市排名第 23 位，与上一年保持一致，较 2015 年下降 4 位；芜湖市排名第 52 位，较上一年下降 2 位，较 2015 年下降 19 位；阜阳市排名第 61 位，较上一年上升 22 位，较 2015 年上升 19 位；滁州市排名第 60 位，较上一年下降 2 位，较 2015 年下降 17 位（见表 5-3 和图 5-7）。

就关系嵌入指标而言，2019 年，合肥市排名第 8 位，较上一年上升 1 位，较 2015 年下降 3 位；芜湖市排名第 67 位，较上一年下降 2 位，较 2015 年下降 1 位；阜阳市排名第 93 位，较上一年下降 5 位，较 2015 年上升 7 位；滁州市排名第 75 位，较上一年下降 4 位，较 2015 年上升 4 位（见表 5-3 和图 5-7）。

就结构嵌入指标而言，2019 年，合肥市排名第 15 位，较上一年下降 2 位，较 2015 年下降 1 位；芜湖市排名第 63 位，较上一年上升 8 位，较 2015 年上升 17 位；阜阳市排名第 92 位，较上一年下降 2 位，较 2015 年上升 8 位；滁州市排名第 90 位，较上一年下降 3 位，较 2015 年下降 19 位（见表 5-3 和图 5-7）。

综上所述，对于合肥市而言，关系嵌入指标排名较为领先，因此合肥市的城市间创新生态嵌入指标排名也较为突出；系统开放性、外部可达性和结构嵌入指标排名变化不大。

对于芜湖市而言，结构嵌入指标排名有较大幅度提升；外部可达性指标排名有较大幅度下降；系统开放性指标排名略有波动；关系嵌入指标排名有波动，且略有下降。

对于阜阳市而言，外部可达性指标上升幅度较大，系统开放性指标排名基本稳定且略有上升，关系嵌入和结构嵌入指标排名靠后，亟待提升。

对于滁州市而言，系统开放性指标在 4 个二级指标中位居前列，且 2019 年较 2015 年有较大幅度提升；外部可达性和结构嵌入指标排名，2019 年较 2015 年出现较大幅度下降；关系嵌入指标排名基本稳定，且 2019 年较 2015 年略有提升。

表 5-3 2015—2019 年城市间创新生态嵌入指标得分及排名

城市	指标	2015 年		2016 年		2017 年		2018 年		2019 年	
		指标得分	排名	指标得分	排名	指标得分	排名	指标得分	排名	指标得分	排名
合肥市	3 城市间创新生态嵌入	20.78	15	21.47	16	22.80	15	22.21	14	23.10	15
	3.1 系统开放性	4.81	31	5.54	29	4.80	31	5.96	30	5.67	31
	3.2 外部可达性	36.25	19	36.71	21	36.61	21	33.78	23	33.91	23
	3.3 关系嵌入	15.57	5	13.46	6	20.32	5	20.49	9	18.72	8
	3.4 结构嵌入	26.49	14	30.15	17	29.47	15	28.59	13	34.11	15

续表

城市	指标		2015 年		2016 年		2017 年		2018 年		2019 年	
			指标得分	排名	指标得分	排名	指标得分	排名	指标得分	排名	指标得分	排名
芜湖市	3	城市间创新生态嵌入	11.34	50	13.05	47	11.66	50	11.09	51	12.33	53
	3.1	系统开放性	3.54	38	4.27	37	3.76	38	5.31	34	4.90	36
	3.2	外部可达性	31.06	33	31.06	36	31.06	41	29.12	50	29.12	52
	3.3	关系嵌入	0.81	66	1.23	47	0.90	60	1.21	65	1.02	67
	3.4	结构嵌入	9.97	80	15.62	57	10.93	67	8.73	71	14.26	63
阜阳市	3	城市间创新生态嵌入	5.65	100	7.89	94	6.49	97	6.84	89	9.15	82
	3.1	系统开放性	0.26	96	0.29	97	0.27	95	0.64	90	0.63	89
	3.2	外部可达性	22.34	80	22.33	81	22.38	82	22.42	83	27.44	61
	3.3	关系嵌入	0.00	100	0.05	95	0.08	95	0.36	88	0.25	93
	3.4	结构嵌入	0.00	100	8.91	88	3.23	97	3.93	90	8.30	92
滁州市	3	城市间创新生态嵌入	10.34	62	10.65	68	9.02	76	8.66	75	10.01	75
	3.1	系统开放性	1.41	65	1.72	63	1.47	64	2.19	55	2.20	54
	3.2	外部可达性	28.73	43	28.73	50	28.73	53	27.57	58	27.57	60
	3.3	关系嵌入	0.43	79	0.35	79	0.45	79	0.74	71	0.70	75
	3.4	结构嵌入	10.78	71	11.78	86	5.44	90	4.12	87	9.56	90

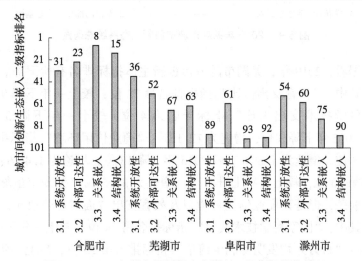

图 5-7　2019 年城市间创新生态嵌入二级指标排名情况

5.1.2　细分领域

根据 2019 年城市创新生态系统综合排名情况，本小节选择安徽省内排名前 3 位的城市——合肥市、芜湖市和滁州市，作为重点分析对象。由于合肥市的指标排名情况已经在前面章节中进行了详细分析，因此，下文只分析芜湖市和滁州市。

1. 芜湖市

芜湖市城市创新生态系统情况见表 5-4 和图 5-8。

表 5-4　2015—2019 年芜湖市城市创新生态系统综合指标

指标	2015 年		2016 年		2017 年		2018 年		2019 年	
	指标得分	排名	指标得分	排名	指标得分	排名	指标得分	排名	指标得分	排名
城市创新生态系统	11.58	49	11.82	46	11.27	47	11.05	48	11.64	50
1　城市创新主体	17.25	35	16.24	34	16.41	33	17.04	32	15.53	37
2　城市内部创新生态建构	6.14	64	6.17	64	5.75	66	5.02	73	7.07	54
3　城市间创新生态嵌入	11.34	50	13.05	47	11.66	50	11.09	51	12.33	53

图 5-8　2019 年芜湖市城市创新生态系统蛛网图

从基础数据看，2019 年，芜湖市的城市创新主体指标排名有所下降。在创新主体的动力方面，其中，"教育支出占比"指标排名第 72 位，较上一年下降 9 位，增速为 −4.54%；"科学技术支出占比"指标排名第 4 位，较上一年下降 3 位，增速为 −22.22%，较 2015 年下降 3 位，增速为 12.16%；"商业信用环境"指标排名第 45 位，较上一年下降 8 位，增速为 1.89%，较 2015 年下降 13 位，增速为 1.46%；"市场多样性"指标排名第 53 位，较上一年上升 3 位，增速为 35.51%。芜湖市虽然在科学技术支出方面名列前茅，但是其商业信用环境以及教育支出方面需尽快改善。在创新主体的能力方面，其中，"国家科学技术奖数"指标排名第 74 位，较上一年下降 26 位，增速为 −100.00%；"百万人均发明专利申请量"指标排名第 25 位，较上一年下降 20 位，增速为 −72.51%，较 2015 年下降 16 位，增速为 −35.95%。芜湖市在产业结构以及科研人员方面有较大幅度提升，"科研、技术服务和地质勘查业从业人员"指标排名第 68 位，较上一年上升 8 位，增速为 37.50%，较 2015 年上升 4 位，增速为 5.48%；"产业结构高级化指数"指标排名第 46 位，较上一年上升 12 位，增速为 1.10%，较 2015 年上升 16 位，增速为 3.27%。

对于城市内部创新生态建构指标, 芜湖市在创新平台建设方面, 2019 年, "国家高新区高新技术企业数" 指标排名第 50 位, 较上一年下降 5 位, 增速为 4.91%, 较 2015 年下降 16 位, 增速为 70.29%; "国家级科技企业孵化器数" 指标排名第 63 位, 较上一年上升 2 位, 增速为 50.00%, 较 2015 年下降 12 位, 增速为 50.00%。除此之外, 2019 年有 1 个省部共建协同创新中心在芜湖建立, 因此, 当年的创新平台的发展水平指标排名出现较大幅度提升。在创新要素的多样性方面, 2019 年, "国家高新区外籍常驻人员" 和 "国家高新区留学归国人员" 指标分别排名第 52 位和第 58 位, 排名较上一年分别下降 2 位和上升 4 位; "外商、港澳台商投资企业占比" 指标排名第 53 位, 较上一年上升 3 位, 仍存在较大提升空间。

对于城市间创新生态嵌入指标, 芜湖市在结构嵌入方面, 2019 年, "特征向量中心度" 指标排名第 65 位, 较上一年上升 6 位, 增速为 20.95%, 较 2015 年上升 14 位, 增速为 81.82%; "接近中心度" 指标排名第 60 位, 较上一年上升 12 位, 增速为 2.42%, 较 2015 年上升 18 位, 增速为 6.38%。芜湖市在创新合作网络中的地位有所提升。

芜湖市部分变化较大的指标见表 5-5。

表 5-5　芜湖市部分变化较大的指标

指标	2018 年	2019 年	增速/%	2018 年排名	2019 年排名	排名变化
规模以上工业企业新产品销售收入/万元	14592657.00	15381763.00	5.41	32	31	1
国家高新区 R&D 经费内部支出/千元	3889112.00	4325877.00	11.23	35	35	0
国家高新区 R&D 人员/人	13540	15839	16.98	39	36	3
数字普惠金融指数	254.90	273.16	7.17	41	37	4
商业信用环境	72.67	74.05	1.89	37	45	-8
产业合作发明专利数/件	317	298	-5.99	42	45	-3
产业结构高级化指数	6.81	6.88	1.10	58	46	12
国家高新区高新技术企业数/个	224	235	4.91	45	50	-5
国家高新区留学归国人员/人	106	137	29.25	62	58	4
接近中心度	0.50	0.52	2.42	72	60	12
AQI 年平均值	90.33	86.17	4.61	64	61	3
产学研合作发明专利数/件	60	73	21.67	61	61	0
国家级科技企业孵化器数/个	2	3	50.00	65	63	2
先进产业嵌入深度	60.00	73.00	21.67	55	64	-9
特征向量中心度	0.21	0.25	20.95	71	65	6
科研、技术服务和地质勘查业从业人员/万人	0.56	0.77	37.50	76	68	8
当年新增企业数/个	2532	3394	34.04	75	71	4

指标	2018 年	2019 年	增速/%	2018 年排名	2019 年排名	排名变化
学研合作发明专利数/件	0	0	0	80	86	-6
医院床位数/张	18133	17901	-1.28	82	87	-5

2. 滁州市

滁州市城市创新生态系统情况见表 5-6 和图 5-9。

表 5-6 2015—2019 年滁州市城市创新生态系统综合指标

指标	2015 年		2016 年		2017 年		2018 年		2019 年	
	指标得分	排名	指标得分	排名	指标得分	排名	指标得分	排名	指标得分	排名
城市创新生态系统	7.34	81	7.08	82	6.52	85	6.49	83	7.15	80
1 城市创新主体	7.63	90	7.12	84	6.99	85	7.53	80	8.13	79
2 城市内部创新生态建构	4.05	82	3.47	85	3.55	89	3.27	86	3.33	88
3 城市间创新生态嵌入	10.34	62	10.65	68	9.02	76	8.66	75	10.01	75

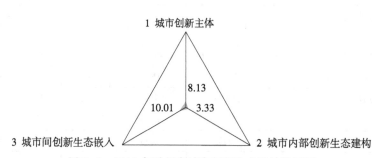

图 5-9 2019 年滁州市城市创新生态系统蛛网图

从基础数据看，滁州市在城市创新主体建设方面进一步提升，显著表现在创新主体的动力方面。其中，2019 年，"科学技术支出占比"指标排名第 42 位，较上一年上升 9 位，增速为 14.78%，较 2015 年上升 12 位，增速为 50.05%，创新投入显著增加；"教育支出占比"指标排名第 56 位，较上一年下降 11 位，增速为-5.27%，较 2015 年上升 8 位，增速为 4.68%；"商业信用环境"指标排名第 69 位，较上一年下降 5 位，增速为 1.43%，较 2015 年上升 14 位，增速为 4.90%。然而，创新主体的能力指标是滁州市的短板因素，其中，"百万人均发明专利申请量"指标排名第 58 位，较上一年下降 22 位，增速为-54.53%，较 2015 年下降 26 位，增速为-38.03%；"科研、技术服务和地质勘查业从业人员"指标排名第 93 位，较上一年下降 4 位，增速为-6.98%，较 2015 年下降 5 位，增速为-11.11%。

对于城市内部创新生态建构指标，滁州市在创新要素的多样性方面，2019 年，"国家高新区外籍常驻人员"和"国家高新区留学归国人员"指标均排名第 86 位，与上一年均保持一致；"外商、港澳台商投资企业占比"指标排名第 61 位，较 2015 年上升 4 位，仍存在较大提升空间。在创新要素的协同性方面，2019 年，"学研合作发明专利数"指标排名第 80 位，与上一年保持一致，较 2015 年下降 33 位；"产学研合作发明专利数"指标排名第 77 位，较上一年下降 11 位，增速为-7.41%，较 2015 年下降 8 位，增速为 163.16%，产业、高等院校以及科研院所的协同水平亟待提升。在创新平台的发展水平方面，2019 年，"国家高新区工业总产值""国家高新区高新技术企业数""国家级科技企业孵化器数"指标分别排名第 86 位、第 86 位和第 78 位。其中，"国家级科技企业孵化器数"指标排名较上一年下降 13 位，较 2015 年下降 27 位，降幅较大；"国家高新区工业总产值"和"国家高新区高新技术企业数"指标排名较 2015 年均下降 7 位。在创新环境的适宜性方面，2019 年，"当年申请的绿色发明专利数"指标排名第 68 位，较上一年下降 17 位，增速为-73.96%，较 2015 年下降 29 位，增速为-59.66%；"AQI 年平均值"指标排名第 65 位，较上一年下降 2 位，增速为 3.06%，较 2015 年下降 25 位，增速为-2.05%；"公共图书馆图书总藏量"指标排名第 78 位，较上一年上升 6 位，增速为 17.65%，较 2015 年上升 17 位，增速为 146.64%；"文化、体育和娱乐业从业人员比重"指标排名第 87 位，较上一年上升 10 位，增速为 63.28%，较 2015 年上升 13 位，增速为 196.08%。

对于城市间创新生态嵌入指标，滁州市在系统开放性方面，2019 年，"当年实际使用外资金额"指标排名第 41 位，较上一年上升 1 位，增速为 7.01%，较 2015 年上升 8 位，增速为 40.70%；"国际旅游外汇收入"指标排名第 72 位，较上一年上升 4 位，增速为 18.96%，较 2015 年上升 6 位，增速为 76.12%。在外部可达性方面，2019 年，"截至当年所拥有的高铁站点数"指标排名第 63 位，较上一年下降 7 位，较 2015 年下降 24 位，滁州市需要进一步提高陆运和空运水平，弥补这一短板。在结构嵌入方面，2019 年，"特征向量中心度"指标排名第 90 位，较 2015 年下降 20 位，增速为 3.49%；"接近中心度"指标排名第 90 位，较上一年下降 5 位，增速为 1.75%，较 2015 年下降 19 位，增速为 2.31%，滁州市应进一步加强外部创新合作，提升在创新合作网络中的地位。

滁州市部分变化较大的指标见表 5-7。

表 5-7　滁州市部分变化较大的指标

指标	2018 年	2019 年	增速/%	2018 年排名	2019 年排名	排名变化
当年实际使用外资金额/万美元	139230.00	148985.00	7.01	42	41	1
科学技术支出占比/%	2.69	3.09	14.78	51	42	9
教育支出占比/%	17.60	16.67	-5.27	45	56	-11

续表

指标	2018 年	2019 年	增速/%	2018 年排名	2019 年排名	排名变化
AQI 年平均值	89.83	87.08	3.06	63	65	−2
当年新增科技型中小企业数/个	68	51	−25.00	58	65	−7
先进产业嵌入深度	29.00	66.00	127.59	74	69	5
商业信用环境	70.72	71.73	1.43	64	69	−5
产业合作发明专利数/件	69	118	71.01	80	74	6
产学研合作发明专利数/件	54	50	−7.41	66	77	−11
公共图书馆图书总藏量/千册（件）	1870.00	2200.00	17.65	84	78	6
城市园林绿地面积/公顷	4605.00	5140.00	11.62	90	84	6
产业结构高级化指数	6.38	6.63	3.85	96	88	8
特征向量中心度	0.11	0.16	45.16	90	90	0
接近中心度	0.49	0.50	1.75	85	90	−5
当年新增企业数/个	2409	2229	−7.47	77	90	−13

基于上述分析，安徽省应坚持以建设高水平创新型省份为目标，积极发挥合肥市在城市创新生态建设中的引领作用。除此之外，安徽省也应该继续深化科技体制改革，积极推进长三角科技创新共同体建设，打造高能级的科技创新平台，从而集聚更多的创新人才和高质量的创新要素，力争在集成电路、生命健康等新兴产业领域取得关键性技术突破，着力建设高水平创新型省份。

5.2 福建省

福建省共有 4 个城市纳入分析，分别是厦门市、福州市、泉州市和漳州市。从 2015—2019 年城市创新生态系统综合排名的情况来看，福建省的城市创新生态系统建设的突出特点在于：一是，作为国家计划单列市，厦门市的指标排名超过省会城市福州市；二是，省内各城市间的指标排名差距较小，创新生态发展不均衡问题虽然存在但是并不十分突出。

从省内各城市的表现来看，副省级城市厦门市在城市内部创新生态建构方面表现较好，城市间创新生态嵌入指标次之，城市创新主体指标排名明显低于上述两个指标。具体来说，在城市创新主体方面，厦门市创新主体的活力指标排名总体高于创新主体的能力指标排名和创新主体的动力指标排名。从基础数据来看，商业信用环境指标排名下降是造成厦门市在创新主体的动力指标方面表现不佳的关键。高素质科研人员数量较少，且规模以上工业企业创新能力不足，是影响创新主体的能力指标排名的主要因素。新兴产业发明专利申请量的增加以及较为发达的数字普惠金融业提高了创新主体的活力。在城市内部创新生态建构方面，厦门市创新要素的多样性指标排名处于领先水平且表现较为突出。从基础数据来看，厦门市具有较高的创新环境的适宜性水平，能够吸引更多的外籍人员、外商投资企业以及留学归国人员在此集聚，提升了创新要素的多样性水平。在城市间创新生态嵌入方面，厦门市在吸引以及利用外资方面表现突出，因此厦门市的系统开放性指标排名较为领先。厦门市在外部创新合作网络中的地位有所下降，与发达地区在先进产业方面的合作强度提升较慢，造成厦门市的关系嵌入和结构嵌入指标排名相对较低。

福州市在城市创新主体、城市内部创新生态建构以及城市间创新生态嵌入 3 个方面的表现基本一致，各维度发展较为均衡。在城市创新主体方面，创新主体的动力指标排名领先于创新主体的能力指标排名和创新主体的活力指标排名。从基础数据来看，福州市的商业环境改善以及教育投入增加，提升了创新主体的动力指标排名。但是，新兴产业发明专利申请量、新增科技型中小企业数以及数字金融业方面提升速度放缓，导致福州市创新主体的活力指标排名有所下降。在城市内部创新生态建构方面，外商、港澳台商投资企业占比下降以及国家高新区外籍常驻人员减少是导致创新要素的多样性指标排名下降的主要原因。2019 年新增的省部共建协同创新中心数量减少，以及国家级科技企业孵化器数下降是导致创新平台的发展水平指标排名下降的关键。福州市的产学研协同水平有所提高，创新要素的协同性指标排名也随之出现较大幅度提升。在城市间创新生态嵌入方面，福州市具有较高的吸引以及利用外资能力，因此具有较高的系统开放性水平。福州市属于东部沿海地区，具有较高的外部可达性。然而，由于福州市在外部创新合作方面的提升速度放缓，造成关系嵌入和结构嵌入指标排名有所下降。

泉州市在城市创新主体指标方面表现较好。城市内部创新生态建构和城市间创新生态嵌入指标排名较为接近，且 2015—2019 年总体呈下降态势。具体来说，在城市创新主体方面，政府在科学技术和教育方面的大力投入，以及商业环境的持续改善使得泉州市创新主体的动力指标排名较为领先。从事科学研究的高素质人才匮乏是导致泉州市创新主体的能力指标排名较为落后的主要原因。在城市内部创新生态建构方面，泉州市拥有较高比例的外商、港澳台商投资企业，因此创新要素的多样性指标排名领先。但是，国家级科技企业孵化器数相对较少，且在国家高新区工业总产值以及国家高新区高新技术企业数方面的增速下降，导致泉州市创新平台的发展水平指标排名较为落后。在城市间创新生态嵌入方面，吸引以及利用外资能力的持续提升，使得泉州市的系统开放性指标排名领先且总体呈波动上升态势。由于泉州市创新水平较低，难以同外部先进地区在高精尖行业建立紧密的合作关系，因此关系嵌入指标 2019 年的排名较 2015 年有较大幅度下降。即便如此，泉州市依旧利用其区位优势，努力提升外部创新合作强度以及其在创新合作网络中的地位，使得结构嵌入指标排名总体呈波动上升态势且增幅较大。

漳州市城市创新主体指标 2019 年的排名较 2015 年有较大幅度提升，城市内部创新生态建构和城市间创新生态嵌入指标排名 2015—2019 年有较大幅度下降。在城市创新主体方面，商业信用环境改善、市场潜力扩大以及政府在科学技术支出方面的大力支持，使得漳州市创新主体的动力指标排名相对较好且增幅较大。由于科研、技术服务和地质勘查业从业人员较少，产业结构等级较低，以及创新基础不足，漳州市创新主体的能力指标排名落后。在城市内部创新生态建构方面，漳州市拥有较高比例的外商、港澳台商投资企业，使其创新要素的多样性指标排名较为领先。产业、高等院校以及科研院所的协同水平较低是造成漳州市创新要素的协同性指标排名落后的关键因素。在城市间创新生态嵌入方面，漳州市具有相对较好的系统开放性和外部可达性水平。由于自身创新能力薄弱，漳州市难以与先进地区建立高质量的合作关系，同时在外部创新网络中的话语权较低，因此其关系嵌入指标排名较为落后，而且结构嵌入指标排名有较大幅度下降。

5.2.1 总体情况

2019 年，厦门市的城市创新生态系统综合排名第 16 位，较上一年上升 2 位，与 2015 年保持一致；福州市的城市创新生态系统综合排名第 26 位，较上一年下降 3 位，较 2015 年下降 1 位；泉州市的城市创新生态系统综合排名第 36 位，较上一年上升 2 位，较 2015 年下降 1 位；漳州市的城市创新生态系统综合排名第 62 位，较上一年下降 3 位，较 2015 年下降 4 位（见图 5-10）。

从省内来看，厦门市的城市创新生态系统综合排名明显高于福州市、泉州市和漳州市，且 2015—2019 年排名总体基本稳定。福州市的排名仅次于厦门市，但是与厦门市仍存在一定差距。泉州市的排名略低于福州市和厦门市，且基本保持稳定。漳州市的排名与上述 3 个城市相比有较大差距，且差距逐渐拉大。

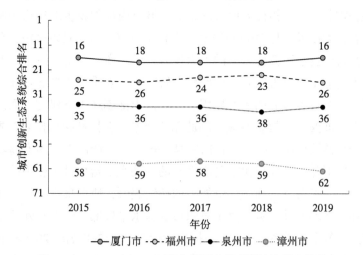

图 5-10 2015—2019 年城市创新生态系统综合排名变化

1. 城市创新主体维度

从城市创新主体维度来看，厦门市的城市创新主体指标排名略高于福州市，明显高于泉州市和漳州市，且 2015—2019 年排名基本保持稳定。2019 年，厦门市排名第 21

位，与上一年保持一致，较 2015 年下降 1 位；福州市排名第 24 位，与上一年保持一致，较 2015 年上升 2 位；泉州市排名第 31 位，较上一年上升 4 位，较 2015 年上升 7 位；漳州市排名第 66 位，与上一年保持一致，较 2015 年上升 8 位（见图 5-11）。

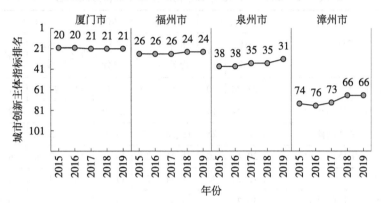

图 5-11　2015—2019 年城市创新主体指标排名变化

从城市创新主体维度下的二级指标来看，就创新主体的动力指标而言，2019 年，厦门市排名第 20 位，较上一年上升 2 位，较 2015 年下降 6 位；福州市排名第 21 位，较上一年下降 1 位，较 2015 年下降 1 位；泉州市排名第 19 位，与上一年保持一致，较 2015 年下降 2 位；漳州市排名第 57 位，较上一年上升 7 位，较 2015 年上升 26 位（见表 5-8 和图 5-12）。

就创新主体的能力指标而言，2019 年，厦门市排名第 23 位，与上一年保持一致，较 2015 年上升 2 位；福州市排名第 33 位，较上一年下降 1 位，较 2015 年上升 4 位；泉州市排名第 59 位，与上一年保持一致，较 2015 年上升 1 位；漳州市排名第 89 位，较上一年下降 3 位，较 2015 年下降 6 位（见表 5-8 和图 5-12）。

就创新主体的活力指标而言，2019 年，厦门市排名第 17 位，较上一年上升 1 位，较 2015 年上升 3 位；福州市排名第 29 位，较上一年下降 3 位，较 2015 年下降 5 位；泉州市排名第 40 位，较上一年下降 4 位，较 2015 年上升 7 位；漳州市排名第 64 位，较上一年下降 2 位，较 2015 年上升 3 位（见表 5-8 和图 5-12）。

综上所述，厦门市的城市创新主体指标排名基本稳定，其中，创新主体的动力指标排名总体呈波动下降态势，创新主体的能力指标排名和创新主体的活力指标排名总体呈上升态势。

福州市的城市创新主体指标排名总体呈上升态势，其中，创新主体的动力指标排名基本稳定在第 20 位左右，创新主体的能力指标排名总体呈波动上升态势，创新主体的活力指标排名总体呈波动下降态势。

泉州市在城市创新主体建设方面仍需进一步提升，其中，创新主体的动力指标排名总体呈波动下降态势，创新主体的能力指标排名基本稳定但是较为落后，创新主体的活力指标排名出现波动上升态势。

漳州市的城市创新主体指标排名呈上升态势，其中，创新主体的动力指标排名上升幅度较大，创新主体的能力指标排名落后且总体呈下降态势，创新主体的活力指标排名有小幅波动。

表5-8　2015—2019年城市创新主体指标得分及排名

城市	指标		2015年		2016年		2017年		2018年		2019年	
			指标得分	排名	指标得分	排名	指标得分	排名	指标得分	排名	指标得分	排名
厦门市	1	城市创新主体	22.80	20	21.59	20	21.02	21	20.57	21	21.72	21
	1.1	创新主体的动力	33.44	14	28.21	15	28.36	16	27.30	22	31.93	20
	1.2	创新主体的能力	14.52	25	15.36	25	14.81	24	15.32	23	14.77	23
	1.3	创新主体的活力	20.44	20	21.21	20	19.88	18	19.10	18	18.44	17
福州市	1	城市创新主体	20.15	26	18.54	26	17.92	26	18.98	24	19.81	24
	1.1	创新主体的动力	30.28	20	25.54	22	24.92	22	27.74	20	31.83	21
	1.2	创新主体的能力	11.87	37	11.99	37	11.58	36	11.86	32	11.44	33
	1.3	创新主体的活力	18.31	24	18.09	26	17.27	27	17.36	26	16.16	29
泉州市	1	城市创新主体	17.05	38	15.15	38	15.28	35	16.34	35	16.99	31
	1.1	创新主体的动力	31.33	17	25.75	21	26.98	20	28.15	19	32.02	19
	1.2	创新主体的能力	8.06	60	8.05	60	7.77	58	7.65	59	7.05	59
	1.3	创新主体的活力	11.75	47	11.65	53	11.08	51	13.21	36	11.89	40
漳州市	1	城市创新主体	9.45	74	8.12	76	8.49	73	9.07	66	9.76	66
	1.1	创新主体的动力	16.23	83	12.74	82	13.32	73	15.15	64	18.37	57
	1.2	创新主体的能力	4.23	83	4.20	84	3.95	86	3.77	86	3.34	89
	1.3	创新主体的活力	7.88	67	7.41	69	8.20	64	8.30	62	7.56	64

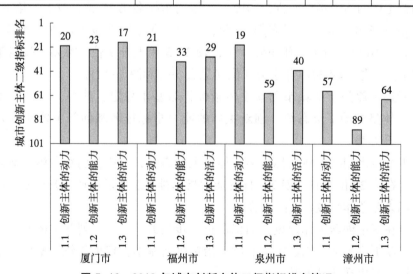

图5-12　2019年城市创新主体二级指标排名情况

2. 城市内部创新生态建构维度

从城市内部创新生态建构维度来看，厦门市的城市内部创新生态建构指标排名略高于福州市、泉州市和漳州市，且 2015—2019 年排名仅有小幅波动。2019 年，厦门市排名第 15 位，较上一年上升 5 位，较 2015 年上升 1 位；福州市排名第 26 位，较上一年下降 3 位，较 2015 年上升 1 位；泉州市排名第 42 位，较上一年下降 5 位，较 2015 年下降 12 位；漳州市排名第 50 位，较上一年下降 4 位，较 2015 年下降 7 位（见图 5-13）。

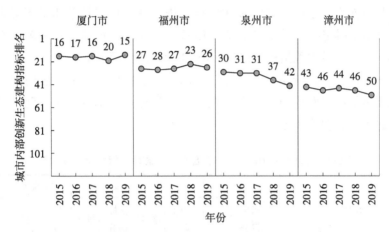

图 5-13　2015—2019 年城市内部创新生态建构指标排名变化

从城市内部创新生态建构维度下的二级指标来看，就创新要素的多样性指标而言，2019 年，厦门市排名第 6 位，较上一年上升 3 位，较 2015 年上升 4 位；福州市排名第 24 位，较上一年下降 1 位，较 2015 年下降 4 位；泉州市排名第 19 位，较上一年下降 1 位，较 2015 年下降 3 位；漳州市排名第 29 位，与上一年保持一致，较 2015 年下降 2 位（见表 5-9 和图 5-14）。

就创新要素的协同性指标而言，2019 年，厦门市排名第 34 位，较上一年下降 9 位，较 2015 年下降 10 位；福州市排名第 37 位，较上一年上升 4 位，较 2015 年上升 1 位；泉州市排名第 57 位，较上一年上升 8 位，较 2015 年上升 8 位；漳州市排名第 86 位，较上一年下降 1 位，较 2015 年上升 8 位（见表 5-9 和图 5-14）。

就创新平台的发展水平指标而言，2019 年，厦门市排名第 26 位，较上一年上升 11 位，与 2015 年保持一致；福州市排名第 37 位，较上一年下降 17 位，较 2015 年上升 15 位；泉州市排名第 68 位，较上一年下降 4 位，较 2015 年下降 5 位；漳州市排名第 72 位，较上一年下降 4 位，较 2015 年下降 2 位（见表 5-9 和图 5-14）。

就创新环境的适宜性指标而言，2019 年，厦门市排名第 23 位，较上一年下降 2 位，较 2015 年下降 4 位；福州市排名第 20 位，较上一年上升 2 位，较 2015 年下降 3 位；泉州市排名第 41 位，较上一年下降 8 位，较 2015 年下降 9 位；漳州市排名第 53

位，较上一年上升 2 位，较 2015 年下降 6 位（见表 5-9 和图 5-14）。

综上所述，对于厦门市而言，创新要素的多样性指标排名领先且呈波动上升趋势；2019 年创新要素的协同性指标排名较上一年及 2015 年有较大幅度下降；2019 年创新平台的发展水平指标排名较上一年有较大幅度上升，部分年份出现较大幅度波动；创新环境的适宜性指标排名呈小幅波动下降趋势。

对于福州市而言，创新要素的多样性指标排名总体呈波动下降态势，创新要素的协同性指标基本稳定，创新平台的发展水平指标排名在 2018 年有较大幅度上升，创新环境的适宜性指标排名基本稳定且总体呈波动下降态势。

对于泉州市而言，创新要素的多样性指标排名基本稳定且总体呈下降态势，创新要素的协同性指标排名呈波动上升趋势，创新平台的发展水平指标排名基本稳定但较为落后，创新环境的适宜性指标排名在 2019 年出现较大幅度下降。

对于漳州市而言，创新要素的多样性指标在 4 个二级指标中位居前列且排名基本稳定，创新要素的协同性和创新平台的发展水平指标排名基本稳定，创新环境的适宜性指标排名总体呈波动下降态势。

表 5-9　2015—2019 年城市内部创新生态建构指标得分及排名

城市	指标	2015 年		2016 年		2017 年		2018 年		2019 年	
		指标得分	排名	指标得分	排名	指标得分	排名	指标得分	排名	指标得分	排名
厦门市	2　城市内部创新生态建构	17.23	16	17.45	17	18.40	16	17.17	20	18.98	15
	2.1　创新要素的多样性	30.60	10	32.41	8	33.31	8	31.19	9	32.11	6
	2.2　创新要素的协同性	2.91	24	2.81	32	4.33	26	4.02	25	3.01	34
	2.3　创新平台的发展水平	12.26	26	11.39	31	11.93	26	9.57	37	18.77	26
	2.4　创新环境的适宜性	23.15	19	23.19	20	24.01	18	23.89	21	22.04	23
福州市	2　城市内部创新生态建构	12.43	27	12.26	28	12.79	27	16.44	23	14.51	26
	2.1　创新要素的多样性	18.48	20	17.90	23	20.20	22	19.39	23	19.36	24
	2.2　创新要素的协同性	1.87	38	1.85	37	2.90	35	2.29	41	2.66	37
	2.3　创新平台的发展水平	5.88	52	5.97	57	5.27	60	21.02	20	12.95	37
	2.4　创新环境的适宜性	23.48	17	23.32	19	22.81	20	23.07	22	23.07	20
泉州市	2　城市内部创新生态建构	11.65	30	11.66	31	11.88	31	10.99	37	10.70	42
	2.1　创新要素的多样性	22.60	16	22.50	16	24.10	17	21.50	18	22.00	19
	2.2　创新要素的协同性	0.50	65	0.82	60	0.66	72	0.87	65	1.18	57
	2.3　创新平台的发展水平	4.22	63	4.05	63	4.05	64	3.18	64	3.38	68
	2.4　创新环境的适宜性	19.29	32	19.29	30	18.71	32	18.41	33	16.23	41

续表

城市	指标	2015 年		2016 年		2017 年		2018 年		2019 年	
		指标得分	排名	指标得分	排名	指标得分	排名	指标得分	排名	指标得分	排名
漳州市	2　城市内部创新生态建构	8.69	43	8.55	46	8.61	44	7.99	46	8.37	50
	2.1　创新要素的多样性	15.67	27	15.63	28	16.87	28	15.56	29	16.46	29
	2.2　创新要素的协同性	0.06	94	0.22	84	0.38	86	0.28	85	0.31	86
	2.3　创新平台的发展水平	2.99	70	3.28	68	2.92	71	2.36	68	2.58	72
	2.4　创新环境的适宜性	16.05	47	15.09	53	14.26	57	13.77	55	14.13	53

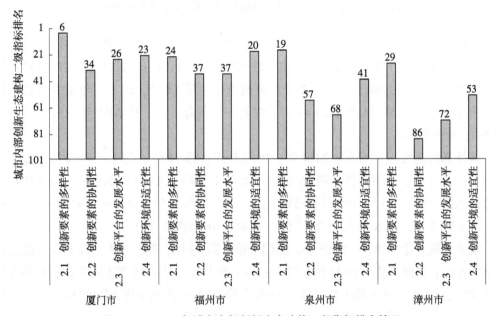

图 5-14　2019 年城市内部创新生态建构二级指标排名情况

3. 城市间创新生态嵌入维度

从城市间创新生态嵌入维度来看，厦门市的指标排名高于福州市、泉州市和漳州市，且 2015—2019 年排名变化不大。2019 年，厦门市排名第 16 位，与上一年保持一致，较 2015 年下降 2 位；福州市排名第 27 位，较上一年上升 1 位，较 2015 年下降 8 位；泉州市排名第 46 位，较上一年上升 2 位，较 2015 年下降 4 位；漳州市排名第 65 位，较上一年下降 3 位，较 2015 年下降 20 位，降幅较大（见图 5-15）。

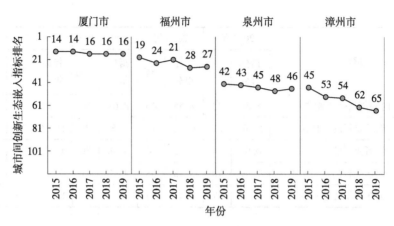

图 5-15　2015—2019 年城市间创新生态嵌入指标排名变化

　　从城市间创新生态嵌入维度下的二级指标来看，就系统开放性指标而言，2019 年，厦门市排名第 7 位，较上一年上升 3 位，较 2015 年上升 2 位；福州市排名第 18 位，较上一年上升 2 位，较 2015 年上升 2 位；泉州市排名第 21 位，较上一年上升 3 位，较 2015 年上升 2 位；漳州市排名第 45 位，较上一年下降 1 位，较 2015 年下降 4 位（见表 5-10 和图 5-16）。

　　就外部可达性指标而言，2019 年，厦门市排名第 16 位，与上一年保持一致，较 2015 年下降 5 位；福州市排名第 20 位，与上一年保持一致，较 2015 年下降 3 位；泉州市排名第 40 位，与上一年保持一致，较 2015 年下降 5 位；漳州市排名第 49 位，较上一年下降 2 位，较 2015 年下降 17 位（见表 5-10 和图 5-16）。

　　就关系嵌入指标而言，2019 年，厦门市排名第 32 位，较上一年上升 1 位，较 2015 年下降 6 位；福州市排名第 24 位，较上一年上升 1 位，较 2015 年下降 7 位；泉州市排名第 90 位，较上一年下降 1 位，较 2015 年下降 35 位；漳州市排名第 89 位，较上一年下降 4 位，较 2015 年下降 1 位（见表 5-10 和图 5-16）。

　　就结构嵌入指标而言，2019 年，厦门市排名第 33 位，较上一年下降 5 位，较 2015 年下降 8 位；福州市排名第 30 位，较上一年上升 7 位，较 2015 年下降 1 位；泉州市排名第 60 位，较上一年上升 17 位，较 2015 年上升 10 位；漳州市排名第 80 位，较上一年下降 10 位，较 2015 年下降 21 位（见表 5-10 和图 5-16）。

　　综上所述，对于厦门市而言，系统开放性指标是提升城市间创新生态嵌入水平的关键指标，相较于其他 3 个二级指标而言，排名较为领先；外部可达性指标和关系嵌入指标排名总体呈下降态势；结构嵌入指标排名呈波动下降态势且 2019 年下降幅度较大。

　　对于福州市而言，系统开放性指标排名基本稳定，略有上升；外部可达性指标排名略有下降；关系嵌入指标排名有较大幅度下降；结构嵌入指标排名在 2019 年较前一年有较大幅度提升。

对于泉州市而言，系统开放性指标排名基本稳定且略有上升；外部可达性指标排名基本稳定，但 2019 年较 2015 年有所下降；关系嵌入和结构嵌入指标排名落后，其中关系嵌入指标 2019 年较 2015 年有较大幅度下降；结构嵌入指标排名 2019 年较上一年有较大幅度提升。

对于漳州市而言，2019 年，系统开放性指标排名较 2015 年下降 4 位，外部可达性指标排名较 2015 年下降幅度较大，关系嵌入指标排名基本稳定且略有下降，结构嵌入指标排名总体呈下降态势且降幅较大。

表 5-10　2015—2019 年城市间创新生态嵌入指标得分及排名

城市	指标	2015 年		2016 年		2017 年		2018 年		2019 年	
		指标得分	排名	指标得分	排名	指标得分	排名	指标得分	排名	指标得分	排名
厦门市	3　城市间创新生态嵌入	20.99	14	22.93	14	21.63	16	20.40	16	22.09	16
	3.1　系统开放性	17.56	9	22.65	9	21.46	7	19.63	10	24.76	7
	3.2　外部可达性	41.86	11	41.62	14	39.65	15	38.33	16	38.13	16
	3.3　关系嵌入	4.01	26	4.57	20	4.16	24	3.60	33	3.29	32
	3.4　结构嵌入	20.55	25	22.87	32	21.25	27	20.03	28	22.16	33
福州市	3　城市间创新生态嵌入	18.35	19	18.27	24	18.31	21	16.35	28	17.90	27
	3.1　系统开放性	8.40	20	9.90	20	8.96	21	8.11	20	8.94	18
	3.2　外部可达性	37.70	17	37.60	19	37.02	19	35.06	20	34.96	20
	3.3　关系嵌入	7.14	17	4.55	21	7.81	15	5.76	25	4.77	24
	3.4　结构嵌入	20.18	29	21.03	37	19.44	33	16.46	37	22.93	30
泉州市	3　城市间创新生态嵌入	12.46	42	13.30	43	12.51	45	11.47	48	13.20	46
	3.1　系统开放性	7.00	23	7.07	23	7.39	23	7.37	24	7.32	21
	3.2　外部可达性	30.84	35	30.86	38	30.99	43	30.34	49	30.58	40
	3.3　关系嵌入	1.19	55	0.38	78	0.41	84	0.33	89	0.32	90
	3.4　结构嵌入	10.83	70	14.88	63	11.26	65	7.82	77	14.58	60
漳州市	3　城市间创新生态嵌入	11.79	45	12.38	53	11.34	54	10.55	62	11.19	65
	3.1　系统开放性	3.13	41	3.29	41	3.55	39	3.32	44	3.47	45
	3.2　外部可达性	31.56	32	31.56	34	31.56	38	29.61	47	29.61	49
	3.3　关系嵌入	0.22	88	0.20	88	0.60	72	0.41	85	0.33	89
	3.4　结构嵌入	12.26	59	14.46	69	9.65	72	8.85	70	11.33	80

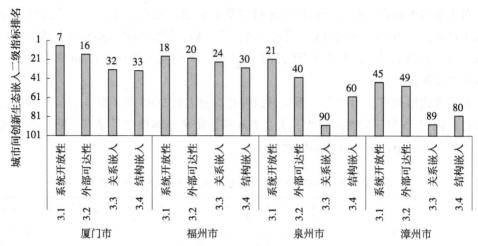

图 5-16　2019 年城市间创新生态嵌入二级指标排名情况

5.2.2　细分领域

根据 2019 年城市创新生态系统综合排名情况，本小节选择福建省内排名前 3 位的城市——厦门市、福州市、泉州市，作为重点分析对象。

1. 厦门市

厦门市城市创新生态系统情况见表 5-11 和图 5-17。

表 5-11　2015—2019 年厦门市城市创新生态系统综合指标

指标	2015 年		2016 年		2017 年		2018 年		2019 年	
	指标得分	排名	指标得分	排名	指标得分	排名	指标得分	排名	指标得分	排名
城市创新生态系统	20.34	16	20.66	18	20.35	18	19.38	18	20.93	16
1　城市创新主体	22.80	20	21.59	20	21.02	21	20.57	21	21.72	21
2　城市内部创新生态建构	17.23	16	17.45	17	18.40	16	17.17	20	18.98	15
3　城市间创新生态嵌入	20.99	14	22.93	14	21.63	16	20.40	16	22.09	16

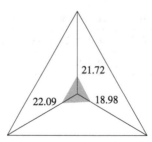

图 5-17　2019 年厦门市城市创新生态系统蛛网图

从基础数据看，厦门市在城市创新主体建设方面仍需进一步提升，其中，创新主体的动力指标排名总体呈下降态势，具体表现为，2019 年，"商业信用环境"指标排名第 27 位，较上一年下降 15 位，增速为 -0.12%，较 2015 年下降 11 位，增速为 -0.90%。在创新主体的能力方面，2019 年，"科研、技术服务和地质勘查业从业人员"指标排名第 39 位，较上一年下降 4 位，增速为 -8.80%，较 2015 年上升 1 位，增速为 8.24%；"规模以上工业企业 R&D 人员"指标排名第 26 位，较上一年下降 3 位，增速为 -12.05%，较 2015 年上升 2 位，增速为 26.05%。创新主体的活力指标排名总体呈上升态势，具体表现为，2019 年，"新兴产业发明专利申请量"指标排名第 29 位，较上一年上升 7 位，增速为 10.57%，较 2015 年上升 12 位，增速为 132.79%；"数字普惠金融指数"指标排名第 5 位，较上一年上升 1 位，增速为 5.81%，与 2015 年保持一致，增速为 38.04%。

对于城市内部创新生态建构指标，厦门市在创新要素的多样性方面，2019 年，"国家高新区外籍常驻人员"指标排名第 15 位，较上一年下降 2 位，较 2015 年上升 10 位；"国家高新区留学归国人员"指标排名第 20 位，与上一年保持一致，较 2015 年上升 6 位；"外商、港澳台商投资企业占比"指标排名第 5 位，较上一年上升 1 位。在创新要素的协同性方面，2019 年，"学研合作发明专利数"指标排名第 40 位，较上一年下降 16 位，增速为 -38.89%，较 2015 年下降 16 位，增速为 46.67%，高等院校以及科研院所间的协同水平亟待提升。在创新平台的发展水平方面，2019 年，"国家级科技企业孵化器数"指标排名第 46 位，较上一年上升 2 位，较 2015 年下降 8 位；"国家高新区高新技术企业数"指标排名第 18 位，与上一年保持一致，较 2015 年下降 2 位；"国家高新区工业总产值"指标排名第 23 位，较上一年下降 2 位，较 2015 年上升 3 位。除此之外，2019 年厦门市新增一个省部共建协同创新中心，有利于提升创新平台的发展水平的排名。在创新环境的适宜性方面，2019 年，"文化、体育和娱乐业从业人员比重"指标排名第 11 位，较上一年下降 6 位，增速为 -21.22%，较 2015 年下降 3 位，增速为 -17.22%；"AQI 年平均值"指标排名第 6 位，较上一年下降 3 位，增速为 -4.42%，较 2015 年下降 5 位，增速为 -10.89%。

厦门市在城市间创新生态嵌入方面，系统开放性指标排名较为领先，2019 年，"当年实际使用外资金额"指标排名第 31 位，较上一年上升 3 位，增速为 14.78%；"国际旅游外汇收入"指标排名第 5 位，与上一年保持一致，增速为 8.76%；"国际会议数"指标排名第 6 位，较上一年上升 4 位，增速为 142.86%；"外商直接投资合同项目数"指标排名第 5 位，较上一年上升 3 位，增速为 8.81%。在外部可达性方面，2019 年，"截至当年所拥有的高铁站点数"指标排名第 52 位，较上一年下降 7 位，较 2015 年下降 23 位，需要进一步提高陆运水平，完善交通基础设施建设，弥补这一短板。对于关系嵌入指标而言，2019 年，"先进产业嵌入深度"指标排名第 25 位，较上一年下降 1 位，较 2015 年下降 8 位；"对外联系强度"指标排名第 37

位，较上一年上升3位，较2015年下降2位。厦门市应该增加同其他城市在高新技术以及创新方面的合作强度。对于结构嵌入指标而言，2019年，"中介中心度"指标排名第40位，较上一年下降12位，增速为-51.06%；"特征向量中心度"指标排名第32位，较上一年下降5位，增速为0.29%；"接近中心度"指标排名第31位，较上一年下降7位，增速为-0.33%。厦门市应进一步加强外部创新合作，提升在创新合作网络中的地位。

厦门市部分变化较大的指标见表5-12。

表5-12　厦门市部分变化较大的指标

指标	2018年	2019年	增速/%	2018年排名	2019年排名	排名变化
AQI年平均值	52.83	55.17	-4.42	3	6	-3
文化、体育和娱乐业从业人员比重/%	0.43	0.34	-21.22	5	11	-6
百万人均发明专利申请量/（件/百万人）	3372.02	3450.57	2.33	19	12	7
国家高新区R&D人员/人	46198	52081	12.73	15	13	2
国家高新区外籍常驻人员/人	1228	1261	2.69	13	15	-2
国家高新区R&D经费内部支出/千元	8656992.00	9903762.00	14.40	19	18	1
科学技术支出占比/%	3.20	4.21	31.57	40	21	19
先进产业嵌入深度	356.00	391.00	9.83	24	25	-1
产学研合作发明专利数/件	175	240	37.14	29	25	4
产业合作发明专利数/件	523	631	20.65	30	26	4
商业信用环境	75.62	75.52	-0.12	12	27	-15
新兴产业发明专利申请量/件	6055	6695	10.57	36	29	7
接近中心度	0.54	0.54	-0.33	24	31	-7
特征向量中心度	0.42	0.42	0.29	27	32	-5
科研、技术服务和地质勘查业从业人员/万人	2.16	1.97	-8.80	35	39	-4
学研合作发明专利数/件	36	22	-38.89	24	40	-16
国家级科技企业孵化器数/个	5	7	40.00	48	46	2
医生数/人	13828	15207	9.97	68	64	4
教育支出占比/%	15.28	16.17	5.85	70	65	5
当年新增科技型中小企业数/个	44	37	-15.91	71	71	0

2. 福州市

福州市城市创新生态系统情况见表5-13和图5-18。

表 5-13　2015—2019 年福州市城市创新生态系统综合指标

指标	2015 年		2016 年		2017 年		2018 年		2019 年	
	指标得分	排名	指标得分	排名	指标得分	排名	指标得分	排名	指标得分	排名
城市创新生态系统	16.98	25	16.36	26	16.34	24	17.26	23	17.41	26
1　城市创新主体	20.15	26	18.54	26	17.92	26	18.98	24	19.81	24
2　城市内部创新生态建构	12.43	27	12.26	28	12.79	27	16.44	23	14.51	26
3　城市间创新生态嵌入	18.35	19	18.27	24	18.31	21	16.35	28	17.90	27

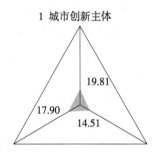

图 5-18　2019 年福州市城市创新生态系统蛛网图

从基础数据看，福州市的城市创新主体指标排名总体呈上升态势，在创新主体的动力方面，2019 年，"商业信用环境"指标排名第 16 位，较上一年下降 3 位，增速为1.43%，较 2015 年下降 6 位，增速为-0.16%；"教育支出占比"指标排名第 25 位，较上一年上升 17 位，增速为 6.78%，较 2015 年上升 18 位，增速为 2.89%，教育投入大幅提升；"科学技术支出占比"指标排名第 45 位，较上一年下降 3 位，增速为-3.59%，较 2015 年上升 19 位，增速为 118.85%。在创新主体的能力方面，2019 年，"国家科学技术奖数"指标排名第 19 位，较上一年上升 14 位，增速为 166.67%，较2015 年上升 31 位；"百万人均发明专利申请量"指标排名第 37 位，较 2015 年上升 10位，增速为 81.32%；"国家高新区 R&D 人员"指标排名第 38 位，较 2015 年上升 10位，增速为 81.09%；"国家高新区 R&D 经费内部支出"指标排名第 41 位，较 2015 年上升 9 位，增速为 121.56%；"产业结构高级化指数"指标排名第 36 位，较 2015 年上升 7 位，增速为 2.57%；"规模以上工业企业 R&D 人员"指标排名第 30 位，较上一年上升 1 位，较 2015 年上升 7 位，增速为 25.28%。在创新主体的活力方面，2019 年，"新兴产业发明专利申请量"指标排名第 27 位，较上一年下降 3 位，增速为-23.35%，较 2015 年上升 4 位，增速为 103.47%；"数字普惠金融指数"指标排名第 19 位，较上一年下降 1 位，增速为 4.56%，较 2015 年下降 6 位，增速为 36.16%；"当年新增科技型中小企业数"指标排名第 34 位，较上一年下降 1 位，增速为 14.14%，较 2015 年下降 3 位，增速为 11.56%；"当年新增企业数"指标排名第 26 位，较上一年下降 3 位，增速为-0.99%, 较 2015 年下降 3 位, 增速为 84.81%。

对于城市内部创新生态建构指标, 福州市的创新要素的多样性指标排名总体呈下降态势, 2019 年, "外商、港澳台商投资企业占比"指标排名第 18 位, 较上一年下降 3 位, 较 2015 年下降 5 位; "国家高新区外籍常驻人员"指标排名第 32 位, 较上一年下降 3 位, 较 2015 年下降 2 位。在创新要素的协同性方面, 2019 年, "产学研合作发明专利数"指标排名第 24 位, 较上一年上升 13 位, 增速为 80.71%, 较 2015 年上升 1位, 增速为 73.29%, 产业、高等院校以及科研院所间的协同水平有所提升。在创新平台的发展水平方面, 2019 年, "国家级科技企业孵化器数"指标排名第 53 位, 较上一年上升 2 位, 较 2015 年下降 9 位; "国家高新区高新技术企业数"指标排名第 39 位, 较上一年上升 4 位, 较 2015 年上升 12 位; "国家高新区工业总产值"指标排名第 51位, 较上一年下降 1 位。除此之外, 2018 年福州市有 2 个省部共建协同中心建立, 2019 年仅有 1 个, 因此, 创新平台的发展水平指标排名有较大幅度下降。在创新环境的适宜性方面, 2019 年, "文化、体育和娱乐业从业人员比重"指标排名第 23 位, 较上一年上升 2 位, 增速为 2.29%, 较 2015 年下降 1 位, 增速为-7.42%; "医生数"指标排名第 35 位, 较上一年上升 1 位, 增速为 11.32%, 较 2015 年下降 2 位, 增速为28.85%; "医院床位数"指标排名第 48 位, 与上一年保持一致, 增速为 2.28%, 较2015 年下降 5 位, 增速为 19.66%。

对于城市间创新生态嵌入指标而言, 福州市系统开放性指标排名基本稳定且略有上升, 具体表现为, 2019 年, "当年实际使用外资金额"指标排名第 56 位, 较上一年上升 7 位, 增速为 20.82%; "国际旅游外汇收入"指标排名第 8 位, 较上一年上升 1位, 增速为 22.10%。2015—2019 年外部可达性指标排名略有下降, 具体表现为, 2019年, "截至当年所拥有的高铁站点数"指标排名第 29 位, 较上一年下降 5 位, 较 2015年下降 14 位; "民用航空货邮运量"指标排名第 16 位, 较上一年下降 2 位, 较 2015年下降 2 位; "民用航空客运量"指标排名第 17 位, 较上一年下降 1 位, 较 2015 年下降 1 位。福州市需要进一步提高陆运和空运水平, 完善交通基础设施建设, 弥补这一短板。关系嵌入指标排名有较大幅度下降, 具体表现为, 2019 年, "先进产业嵌入深度"指标排名第 22 位, 较上一年下降 3 位, 较 2015 年下降 3 位; "对外联系强度"指标排名第 26 位, 较上一年上升 1 位, 较 2015 年下降 10 位。福州市应该增加同其他城市在高新技术以及创新方面的合作强度。在结构嵌入方面, 2019 年, "特征向量中心度"指标排名第 31 位, 较 2015 年下降 7 位, 增速为 19.86%; "接近中心度"指标排名第 31 位, 较 2015 年下降 2 位, 增速为 4.60%。福州市应进一步加强外部创新合作, 提升在创新合作网络中的地位。

福州市部分变化较大的指标见表 5-14。

表 5-14　福州市部分变化较大的指标

指标	2018 年	2019 年	增速/%	2018 年排名	2019 年排名	排名变化
国家科学技术奖数/个	3	8	166.67	33	19	14
外商直接投资合同项目数/个	514	310	-39.69	18	23	-5
产学研合作发明专利数/件	140	253	80.71	37	24	13
教育支出占比/%	17.94	19.16	6.78	42	25	17
对外联系强度	181846019.41	196615591.94	8.12	27	26	1
科研、技术服务和地质勘查业从业人员/万人	3.45	3.78	9.57	25	26	-1
特征向量中心度	0.37	0.43	15.19	37	31	6
接近中心度	0.53	0.54	3.06	40	31	9
百万人均发明专利申请量/（件/百万人）	1814.79	1252.25	-31.00	32	37	-5
国家高新区留学归国人员/人	332	339	2.11	37	37	0
国家高新区 R&D 人员/人	16670	14817	-11.12	34	38	-4
国家高新区高新技术企业数/个	236	342	44.92	43	39	4
国家高新区 R&D 经费内部支出/千元	3339531.00	3252754.00	-2.60	38	41	-3
科学技术支出占比/%	3.14	3.03	-3.59	42	45	-3
学研合作发明专利数/件	10	10	0.00	48	52	-4
国家级科技企业孵化器数/个	4	5	25.00	55	53	2
当年实际使用外资金额/万美元	77897.00	94116.00	20.82	63	56	7

3. 泉州市

泉州市城市创新生态系统情况见表 5-15 和图 5-19。

表 5-15　2015—2019 年泉州市城市创新生态系统综合指标

指标	2015 年		2016 年		2017 年		2018 年		2019 年	
	指标得分	排名	指标得分	排名	指标得分	排名	指标得分	排名	指标得分	排名
城市创新生态系统	13.72	35	13.37	36	13.22	36	12.93	38	13.63	36
1　城市创新主体	17.05	38	15.15	38	15.28	35	16.34	35	16.99	31
2　城市内部创新生态建构	11.65	30	11.66	31	11.88	31	10.99	37	10.70	42
3　城市间创新生态嵌入	12.46	42	13.30	43	12.51	45	11.47	48	13.20	46

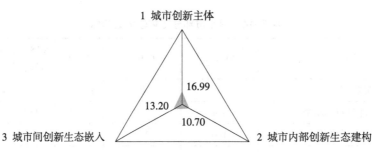

图5-19 2019年泉州市城市创新生态系统蛛网图

从基础数据看，泉州市在城市创新主体建设方面仍需进一步提升，创新主体的动力指标排名总体呈下降态势，具体表现为，2019年，"科学技术支出占比"指标排名第60位，较上一年下降2位，增速为2.91%，较2015年下降12位，增速为4.26%；"商业信用环境"指标排名第44位，较上一年上升3位，增速为2.80%，较2015年下降8位，增速为5.20%；"市场多样性"指标排名第11位，较上一年上升1位，增速为-26.57%，较2015年下降2位，增速为-64.48%。创新主体的能力指标排名基本稳定但较为落后，具体表现为，2019年，"科研、技术服务和地质勘查业从业人员"指标排名第90位，较上一年下降3位，增速为10.87%，较2015年上升5位，增速为41.67%；"国家高新区R&D经费内部支出"指标排名第64位，较上一年上升3位，增速为74.18%，较2015年下降4位，增速为62.60%。创新主体的活力指标排名出现上升态势，具体表现为，2019年，"数字普惠金融指数"指标排名第34位，较上一年下降1位，增速为5.34%，较2015年上升4位，增速为41.28%；"A股上市公司高新技术企业数（上市公司本身）"指标排名第43位，较上一年下降1位，较2015年上升12位；"新兴产业发明专利申请量"指标排名第40位，较上一年下降3位，增速为-24.85%，较2015年上升14位，增速为117.11%。

对于城市内部创新生态建构指标，泉州市创新要素的多样性指标排名基本稳定且总体呈下降态势，具体表现为，2019年，"国家高新区外籍常驻人员"指标排名第46位，较上一年下降7位；"国家高新区留学归国人员"指标排名第65位，较上一年上升4位，较2015年下降7位；"外商、港澳台商投资企业占比"指标排名第11位，较上一年上升1位，较2015年下降2位。创新要素的协同性指标排名出现较大幅度上升，具体表现为，2019年，"产业合作发明专利数"指标排名第74位，较上一年上升8位，较2015年下降19位；"产学研合作发明专利数"指标排名第4位，较上一年上升4位，增速为43.30%，较2015年上升5位。在创新平台的发展水平方面，2019年，"国家级科技企业孵化器数"指标排名第63位，较上一年上升2位，较2015年下降12位；"国家高新区高新技术企业数"指标排名第49位，较上一年上升1位，较2015年下降4位；"国家高新区工业总产值"指标排名第54位，较上一年下降2位，较2015年上升5位。创新环境的适宜性指标排名稳定但在2019年出现较大幅度下降，具体表现为，2019年，"AQI年平均值"指标排名第18位，较上一年下降6位，增速为-12.43%，较 2015 年下降 16 位，增速为-29.82%；"文化、体育和娱乐业从业人员比重"指标排名第 69 位，较上一年下降 3 位，增速为 10.49%，较 2015 年下降 5 位，增速为 1.13%。

对于城市间创新生态嵌入指标而言，泉州市系统开放性指标排名基本稳定且略有上升，具体表现为，2019 年，"当年实际使用外资金额"指标排名第 69 位，较上一年上升 3 位，增速为 7.60%；"外商直接投资合同项目数"指标排名第 22 位，较上一年上升 5 位，增速为 12.14%。外部可达性指标排名基本稳定但较 2015 年下降幅度较大，具体表现为，2019 年，"截至当年所拥有的高铁站点数"指标排名第 63 位，较上一年下降 7 位，较 2015 年下降 24 位，泉州市需要进一步提高陆运水平，完善交通基础设施建设，弥补这一短板。2019 年，关系嵌入和结构嵌入指标排名落后，其中关系嵌入指标排名较 2015 年有较大幅度下降，具体表现为，"先进产业嵌入深度"指标排名第 77 位，较上一年下降 3 位，较 2015 年下降 28 位；"对外联系强度"指标排名第 89 位，较上一年上升 3 位，较 2015 年下降 30 位。泉州市应该增加同其他城市在高新技术方面的合作强度。2019 年，结构嵌入指标排名有较大幅度提升，具体表现为，"中介中心度"指标排名第 73 位，较上一年上升 3 位，增速为 24.11%；"接近中心度"指标排名第 62 位，较上一年上升 8 位，增速为 1.85%；"特征向量中心度"指标排名第 61 位，较上一年上升 16 位，增速为 51.17%。

泉州市部分变化较大的指标见表 5-16。

表 5-16　泉州市部分变化较大的指标

指标	2018 年	2019 年	增速/%	2018 年排名	2019 年排名	排名变化
AQI 年平均值	60.33	67.83	-12.43	12	18	-6
外商直接投资合同项目数/个	280	314	12.14	27	22	5
当年新增企业数/个	12267	10685	-12.90	21	31	-10
新兴产业发明专利申请量/件	5657	4251	-24.85	37	40	-3
A 股上市公司高新技术企业数（上市公司本身）/个	8	8	0.00	42	43	-1
商业信用环境	72.04	74.06	2.80	47	44	3
国家高新区外籍常驻人员/人	145	124	-14.48	39	46	-7
医院床位数/张	26596	31051	16.75	60	53	7
高被引专利数/件	7	7	0.00	64	55	9
学研合作发明专利数/件	3	6	100.00	60	59	1
科学技术支出占比/%	2.32	2.39	2.91	58	60	-2
特征向量中心度	0.18	0.27	51.17	77	61	16
接近中心度	0.51	0.51	1.85	70	62	8
国家级科技企业孵化器数/个	2	3	50.00	65	63	2

续表

指标	2018 年	2019 年	增速/%	2018 年排名	2019 年排名	排名变化
当年实际使用外资金额/万美元	59584.00	64112.00	7.60	72	69	3
产业合作发明专利数/件	67	118	76.12	82	74	8
先进产业嵌入深度	29.00	24.00	−17.24	74	77	−3
对外联系强度	11120823.13	17118025.84	53.93	92	89	3

基于上述分析，福建省在科技创新发展方面取得了显著成果，但是仍然存在诸多现实问题。一方面，福建省各城市的创新生态建设水平在全部样本城市中排名比较靠后。除了福州市和厦门市，其余各城市的创新生态发展水平相对较低，呈现出区域发展不均衡的现象。另一方面，创新平台的发展水平有待提升。福建省尚未培养出具有国际知名度和影响力的大型高新技术产业园以及科技企业孵化器，与先进城市相比，仍存在较大的差距。因此，福建省应该建立以福州市和厦门市为主导的双轮创新发展模式，激发创新发展新动能。同时，也应该积极鼓励和支撑高新技术企业的发展，借此吸引技术、人才、资金加速向福建省集聚。

5.3 广西壮族自治区

广西壮族自治区共有 2 个城市纳入分析，分别是南宁市和柳州市。从 2015—2019 年城市创新生态系统综合排名情况来看，首府南宁市的指标排名明显高于柳州市，且排名差距有扩大的态势。

从各城市的表现来看，南宁市的城市创新主体、城市内部创新生态建构和城市间创新生态嵌入 3 个指标排名基本处于同一水平。在城市创新主体方面，产业结构的持续升级、高等院校教师数量的增加以及以发明专利为代表的创新产出的增加均展现出南宁市的创新能力不断提升。在城市内部创新生态建构方面，国家级高新区的外籍常驻人员以及留学归国人员较少，导致南宁市在创新要素的多样性方面表现不佳。南宁市具有良好的自然环境，空气质量位于全国前列，因此在创新环境的适宜性方面表现突出。在城市间创新生态嵌入方面，由于引进和利用外资能力有所提升，以及国际旅游外汇收入增加，系统开放性指标排名在 2019 年出现了较大幅度提升。此外，作为首府，南宁市拥有便利的陆运和空运交通设施以及较高的外部可达性水平，但是由于南宁市自身创新能力并不突出，因此在与发达地区的创新合作中处于相对劣势地位，关系嵌入指标排名总体呈波动下降态势。

柳州市城市创新主体指标排名落后且降幅较大，城市内部创新生态建构指标排名相对突出，城市间创新生态嵌入指标排名有待进一步提升。具体来说，在城市创新主体方面，由于教育支出占比下降以及科学技术支出占比增速降低等因素影响，柳州市的创新主体的动力指标 2019 年的排名较 2015 年出现较大降幅。在城市内部创新生态建构方面，外商、港澳台商投资企业占比大幅提升，使得创新要素的多样性指标 2019 年的排名呈上升态势且较 2015 年增幅较大。空气质量持续改善，休闲娱乐活动的增加以及居住条件的不断优化，在这些因素的共同作用下，柳州市的创新环境的适宜性水平不断提高。在城市间创新生态嵌入方面，柳州市不断提升引入和利用外资的能力，使得系统开放性指标排名出现较大幅度上升。相比于同期其他城市，柳州市的高铁建设速度较慢，造成外部可达性指标排名出现较大幅度下降。虽然柳州市先进产业的创新能力不足，使其难以与发达地区建立合作关系，关系嵌入指标排名落后；但是柳州市仍积极同其他城市在各个领域开展合作，加强外部创新联系，结构嵌入指标排名在 2019 年有较大幅度提升。

5.3.1　总体情况

2019 年，南宁市的城市创新生态系统综合排名第 43 位，较上一年下降 3 位，与 2015 年保持一致；柳州市的城市创新生态系统综合排名第 70 位，较上一年上升 2 位，较 2015 年下降 8 位，降幅较大（见图 5-20）。

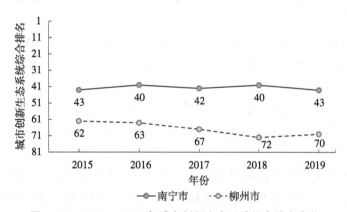

图 5-20　2015—2019 年城市创新生态系统综合排名变化

1. 城市创新主体维度

从城市创新主体维度来看，南宁市的城市创新主体指标排名总体呈上升态势，柳州市的城市创新主体指标排名总体呈下降态势且降幅较大。2019 年，南宁市排名第 48 位，较上一年上升 2 位，较 2015 年上升 5 位；柳州市排名第 80 位，较上一年下降 2 位，较 2015 年下降 17 位（见图 5-21）。

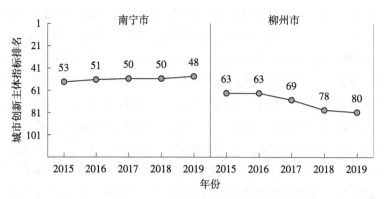

图 5-21　2015—2019 年城市创新主体指标排名变化

从城市创新主体维度下的二级指标来看，就创新主体的动力指标而言，2019 年，南宁市排名第 51 位，较上一年下降 4 位，较 2015 年上升 1 位；柳州市排名第 88 位，较上一年下降 2 位，较 2015 年下降 25 位（见表 5-17 和图 5-22）。

就创新主体的能力指标而言，2019 年，南宁市排名第 43 位，较上一年上升 6 位，较 2015 年上升 9 位；柳州市排名第 70 位，较上一年下降 1 位，较 2015 年下降 6 位（见表 5-17 和图 5-22）。

就创新主体的活力指标而言，2019 年，南宁市排名第 48 位，较上一年下降 1 位，较 2015 年下降 8 位；柳州市排名第 71 位，较上一年下降 2 位，较 2015 年下降 8 位（见表 5-17 和图 5-22）。

综上所述，南宁市的城市创新主体指标排名基本稳定且总体呈上升态势，其中，创新主体的活力指标排名总体呈下降态势，创新主体的能力指标排名总体呈波动上升态势，且增幅较大。

柳州市的城市创新主体指标排名总体呈下降态势且降幅较大，其中，创新主体的动力指标排名 2019 年较 2015 年出现较大降幅，创新主体的能力指标和创新主体的活力指标排名总体呈下降态势。

表 5-17　2015—2019 年城市创新主体指标得分及排名

| 城市 | 指标 | 2015 年 | | 2016 年 | | 2017 年 | | 2018 年 | | 2019 年 | |
		指标得分	排名	指标得分	排名	指标得分	排名	指标得分	排名	指标得分	排名
南宁市	1　城市创新主体	14.79	53	13.71	51	13.05	50	12.96	50	13.45	48
	1.1　创新主体的动力	21.61	52	17.12	52	18.07	46	18.64	47	19.83	51
	1.2　创新主体的能力	9.27	52	9.38	50	8.64	52	9.12	49	9.59	43
	1.3　创新主体的活力	13.49	40	14.62	42	12.46	43	11.14	47	10.92	48

续表

城市	指标	2015 年		2016 年		2017 年		2018 年		2019 年	
		指标得分	排名	指标得分	排名	指标得分	排名	指标得分	排名	指标得分	排名
柳州市	1 城市创新主体	11.72	63	10.24	63	8.73	69	7.91	78	7.99	80
	1.1 创新主体的动力	19.38	63	14.35	70	13.01	78	12.00	86	13.04	88
	1.2 创新主体的能力	7.11	64	6.94	64	6.12	68	5.51	69	4.99	70
	1.3 创新主体的活力	8.66	63	9.44	61	7.05	69	6.22	69	5.95	71

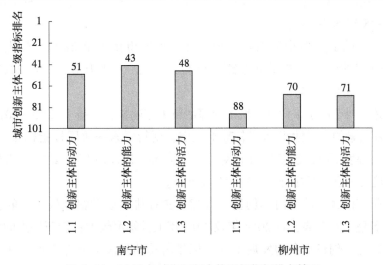

图 5-22 2019 年城市创新主体二级指标排名情况

2. 城市内部创新生态建构维度

从城市内部创新生态建构维度来看，南宁市的城市内部创新生态建构指标排名高于柳州市，且排名基本保持稳定。2019 年，南宁市排名第 35 位，较上一年下降 2 位，较 2015 年上升 2 位；柳州市排名第 62 位，较上一年下降 2 位，较 2015 年上升 1 位（见图 5-23）。

图 5-23 2015—2019 年城市内部创新生态建构指标排名变化

从城市内部创新生态建构维度下的二级指标来看，就创新要素的多样性指标而言，2019 年，南宁市排名第 50 位，较上一年下降 1 位，较 2015 年上升 2 位；柳州市排名第 69 位，较上一年下降 2 位，较 2015 年上升 15 位（见表 5-18 和图 5-24）。

就创新要素的协同性指标而言，2019 年，南宁市排名第 33 位，较上一年下降 2 位，较 2015 年下降 6 位；柳州市排名第 76 位，较上一年上升 4 位，较 2015 年上升 1 位（见表 5-18 和图 5-24）。

就创新平台的发展水平指标而言，2019 年，南宁市排名第 34 位，较上一年下降 4 位，较 2015 年上升 8 位；柳州市排名第 52 位，较上一年上升 1 位，较 2015 年下降 5 位（见表 5-18 和图 5-24）。

就创新环境的适宜性指标而言，2019 年，南宁市排名第 22 位，较上一年下降 6 位，较 2015 年下降 7 位；柳州市排名第 44 位，较上一年上升 2 位，较 2015 年上升 11 位（见表 5-18 和图 5-24）。

综上所述，对于南宁市而言，城市内部创新生态建构指标排名 2015—2019 年波动幅度较小，创新要素的多样性指标排名基本稳定，创新要素的协同性指标排名 2019 年较 2015 年有较大幅度下降，创新平台的发展水平指标排名 2019 年较 2015 年有较大幅度上升，创新环境的适宜性指标排名有较大幅度下降。

对于柳州市而言，城市内部创新生态建构指标排名波动幅度较小，创新要素的多样性指标排名呈上升态势，且 2019 年较 2015 年上升幅度较大；创新要素的协同性指标排名呈波动态势；创新平台的发展水平指标排名总体呈波动下降态势；创新环境的适宜性指标排名 2019 年较 2015 年有较大幅度提升。

表 5-18　2015—2019 年城市内部创新生态建构指标得分及排名

城市	指标	2015 年		2016 年		2017 年		2018 年		2019 年	
		指标得分	排名	指标得分	排名	指标得分	排名	指标得分	排名	指标得分	排名
南宁市	2　城市内部创新生态建构	10.41	37	10.46	39	10.79	37	12.24	33	11.70	35
	2.1　创新要素的多样性	5.70	52	5.27	53	6.41	50	6.58	49	7.26	50
	2.2　创新要素的协同性	2.72	27	2.84	31	2.21	41	3.19	31	3.03	33
	2.3　创新平台的发展水平	8.89	42	8.57	45	8.69	42	14.25	30	14.41	34
	2.4　创新环境的适宜性	24.32	15	25.14	15	25.84	14	24.96	16	22.10	22
柳州市	2　城市内部创新生态建构	6.19	63	6.39	59	6.69	57	6.23	60	6.36	62
	2.1　创新要素的多样性	2.45	84	2.59	75	2.99	74	3.24	67	3.39	69
	2.2　创新要素的协同性	0.29	77	0.20	86	0.45	81	0.39	80	0.63	76
	2.3　创新平台的发展水平	7.20	47	7.44	51	7.48	49	5.75	53	6.04	52
	2.4　创新环境的适宜性	14.81	55	15.34	49	15.82	44	15.56	46	15.39	44

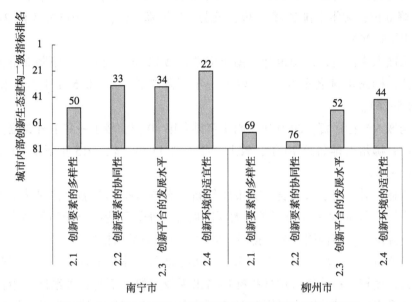

图 5-24　2019 年城市内部创新生态建构二级指标排名情况

3. 城市间创新生态嵌入维度

从城市间创新生态嵌入维度来看，南宁市的城市间创新生态嵌入指标排名明显高于柳州市，且排名基本保持稳定。2019 年，南宁市排名第 40 位，较上一年上升 3 位，与 2015 年保持一致；柳州市排名第 74 位，较上一年上升 2 位，较 2015 年下降 4 位（见图 5-25）。

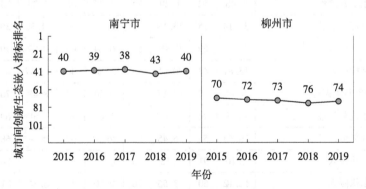

图 5-25　2015—2019 年城市间创新生态嵌入指标排名变化

从城市间创新生态嵌入维度下的二级指标来看，就系统开放性指标而言，2019 年，南宁市排名第 59 位，较上一年上升 14 位，较 2015 年上升 3 位；柳州市排名第 56 位，较上一年上升 13 位，较 2015 年上升 38 位（见表 5-19 和图 5-26）。

就外部可达性指标而言，2019年，南宁市排名第31位，较上一年下降1位，较2015年下降6位；柳州市排名第75位，较上一年下降7位，较2015年下降21位（见表5-19和图5-26）。

就关系嵌入指标而言，2019年，南宁市排名第72位，较上一年下降2位，较2015年下降3位；柳州市排名第87位，较上一年下降7位，较2015年上升4位（见表5-19和图5-26）。

就结构嵌入指标而言，2019年，南宁市排名第40位，较上一年上升3位，较2015年上升3位；柳州市排名第70位，较上一年上升11位，较2015年下降10位（见表5-19和图5-26）。

综上所述，对于南宁市而言，城市间创新生态嵌入指标排名总体呈波动态势，系统开放性指标排名在2019年出现了较大幅度提升，外部可达性指标和关系嵌入指标排名总体呈下降态势，结构嵌入指标排名呈波动上升态势且增幅较小。

对于柳州市而言，城市间创新生态嵌入指标排名总体呈下降态势，系统开放性指标排名上升幅度较大；外部可达性指标排名出现较大幅度下降；关系嵌入指标排名总体呈波动上升态势；结构嵌入指标2019年排名较上一年有较大幅度提升，但是与2015年相比，仍有较大幅度下降。

表5-19 2015—2019年城市间创新生态嵌入指标得分及排名

城市	指标	2015年 指标得分	排名	2016年 指标得分	排名	2017年 指标得分	排名	2018年 指标得分	排名	2019年 指标得分	排名
南宁市	3 城市间创新生态嵌入	12.79	40	14.00	39	13.11	38	12.13	43	13.71	40
	3.1 系统开放性	1.48	62	1.29	73	1.45	65	1.28	73	1.98	59
	3.2 外部可达性	33.14	25	33.18	27	33.21	30	31.30	30	31.64	31
	3.3 关系嵌入	0.75	69	0.86	58	0.64	69	0.89	70	0.81	72
	3.4 结构嵌入	15.81	43	20.65	39	17.13	40	15.07	43	20.42	40
柳州市	3 城市间创新生态嵌入	9.74	70	10.13	72	9.24	73	8.48	76	10.24	74
	3.1 系统开放性	0.31	94	0.37	95	1.06	75	1.58	69	2.12	56
	3.2 外部可达性	26.43	54	26.45	60	26.61	62	25.49	68	25.54	75
	3.3 关系嵌入	0.10	91	0.13	90	0.20	90	0.49	80	0.36	87
	3.4 结构嵌入	12.12	60	13.55	76	9.10	79	6.36	81	12.93	70

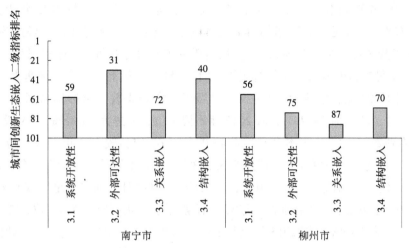

图 5-26　2019 年城市间创新生态嵌入二级指标排名情况

5.3.2　细分领域

本小节选择广西壮族自治区的首府南宁市作为重点分析对象。南宁市城市创新生态系统情况见表 5-20 和图 5-27。

表 5-20　2015—2019 年南宁市城市创新生态系统综合指标

指标	2015 年		2016 年		2017 年		2018 年		2019 年	
	指标得分	排名	指标得分	排名	指标得分	排名	指标得分	排名	指标得分	排名
城市创新生态系统	12.66	43	12.72	40	12.32	42	12.45	40	12.95	43
1　城市创新主体	14.79	53	13.71	51	13.05	50	12.96	50	13.45	48
2　城市内部创新生态建构	10.41	37	10.46	39	10.79	37	12.24	33	11.70	35
3　城市间创新生态嵌入	12.79	40	14.00	39	13.11	38	12.13	43	13.71	40

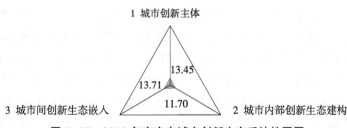

图 5-27　2019 年南宁市城市创新生态系统蛛网图

从基础数据看，南宁市的城市创新主体指标排名基本稳定且总体呈上升态势。就创新主体的动力方面，具体表现为，2019 年，"商业信用环境"指标排名第 29 位，较上一年下降 13 位，增速为 -0.09%，较 2015 年下降 10 位，增速为 -0.12%；"教育支出占比"指标排名第 42 位，较上一年下降 6 位，增速为-3.83%，较 2015 年上升 12 位，增速为 1.77%；"市场潜力"指标排名第 44 位，较上一年下降 3 位，增速为 5.11%，较 2015 年下降 3 位，增速为 30.29%。就创新主体的活力方面，具体表现为，2019 年，"新兴产业发明专利申请量"指标排名第 48 位，较上一年上升 1 位，增速为-10.72%，较 2015 年下降 22 位，增速为-31.92%；"当年新增企业数"指标排名第 29 位，较上一年上升 3 位，增速为 24.79%，较 2015 年下降 7 位，增速为 73.48%；"A 股上市公司高新技术企业数（上市公司本身）"指标排名第 67 位，较上一年下降 9 位，增速为-20.00%，较 2015 年下降 3 位，增速为 33.33%。创新主体的能力指标排名总体呈上升态势，增幅较大，具体表现为，2019 年，"百万人均发明专利申请量"指标排名第 61 位，较上一年上升 2 位；"普通高等学校专任教师数"指标排名第 23 位，较上一年上升 2 位，增速为 5.08%，较 2015 年上升 1 位，增速为 16.27%；"高被引专利数"指标排名第 55 位，较上一年上升 6 位，增速为-22.22%，较 2015 年上升 9 位，增速为 40.00%；"产业结构高级化指数"指标排名第 30 位，较上一年上升 6 位，增速为 1.88%，较 2015 年上升 25 位，增速为 5.38%。

对于城市内部创新生态建构指标，南宁市创新要素的协同性指标排名 2019 年较 2015 年有较大幅度下降，具体表现为，2019 年，"学研合作发明专利数"指标排名第 26 位，较上一年下降 2 位，增速为 19.44%，较 2015 年下降 3 位，增速为 168.75%，高等院校和科研院所间的协同水平亟待提升。在创新平台的发展水平方面，2018 年和 2019 年南宁市各新增 1 个省部共建协同创新中心，有利于提升近两年该指标排名。创新环境的适宜性指标排名有较大幅度下降，具体表现为，2019 年，"城市园林绿地面积"指标排名第 36 位，较上一年下降 26 位，增速为-66.20%，较 2015 年下降 28 位，增速为-65.39%；"公共图书馆图书总藏量"指标排名第 63 位，较上一年下降 2 位，增速为 5.54%，较 2015 年下降 19 位，增速为-0.46%；"文化、体育和娱乐业从业人员比重"指标排名第 32 位，较上一年下降 3 位，增速为 0.05%，较 2015 年下降 1 位，增速为-2.49%。

城市间创新生态嵌入指标排名总体呈波动上升态势，其中，系统开放性指标排名在 2019 年出现了较大幅度提升，具体表现为，2019 年，"外商直接投资合同项目数"指标排名第 43 位，较上一年上升 10 位，增速为 103.23%；"当年实际使用外资金额"指标排名第 85 位，较上一年上升 9 位，增速为 120.39%；"国际旅游外汇收入"指标排名第 43 位，较上一年上升 6 位，增速为 103.23%。外部可达性指标排名总体呈下降态势，具体表现为，2019 年，"截至当年所拥有的高铁站点数"指标排名第 35 位，较上一年下降 4 位，较 2015 年下降 16 位。南宁市需要进一步提高陆运水平，完善交通基础设施建设，弥补这一短板。关系嵌入指标排名总体呈下降态势，具体表现为，2019年，"先进产业嵌入深度"指标排名第 51 位，较上一年上升 1 位，较 2015 年下降 10 位；"对外联系强度"指标排名第 77 位，较上一年下降 6 位。南宁市应该增加同其他城市在高新技术方面的创新合作强度。结构嵌入指标排名呈上升态势且增幅较小，具体表现为，2019 年，"中介中心度"指标排名第 24 位，较上一年下降 10 位，增速为

-50.82%；"特征向量中心度"指标排名第 44 位，较上一年上升 8 位，增速为 28.65%；"接近中心度"指标排名第 37 位，较上一年上升 2 位，增速为 1.55%。南宁市应进一步加强外部创新合作，提升在创新合作网络中的地位。

南宁市部分变化较大的指标见表 5-21。

表 5-21　南宁市部分变化较大的指标

指标	2018 年	2019 年	增速/%	2018 年排名	2019 年排名	排名变化
AQI 年平均值	56.83	54.67	3.81	8	5	3
中介中心度	1341.27	659.66	-50.82	14	24	-10
商业信用环境	75.20	75.14	-0.09	16	29	-13
当年新增企业数/个	8947	11165	24.79	32	29	3
医院床位数/张	38532	41058	6.56	29	29	0
产业结构高级化指数	6.95	7.08	1.88	36	30	6
产学研合作发明专利数/件	126	188	49.21	40	33	7
国家科学技术奖数/个	5	3	-40.00	22	37	-15
接近中心度	0.53	0.54	1.55	39	37	2
国家高新区外籍常驻人员/人	128	166	29.69	43	37	6
教育支出占比/%	18.56	17.85	-3.83	36	42	-6
国家高新区 R&D 人员/人	13689	12867	-6.00	37	43	-6
外商直接投资合同项目数/个	62	126	103.23	53	43	10
特征向量中心度	0.28	0.36	28.65	52	44	8
国家高新区留学归国人员/人	239	276	15.48	42	47	-5
新兴产业发明专利申请量/件	4106	3666	-10.72	49	48	1
国家高新区 R&D 经费内部支出/千元	2291149.00	2415762.00	5.44	45	48	-3
先进产业嵌入深度	71.00	115.00	61.97	52	51	1
当年新增科技型中小企业数/个	65	70	7.69	61	57	4
百万人均发明专利申请量/（件/百万人）	699.35	606.91	-13.22	63	61	2
A 股上市公司高新技术企业数（上市公司本身）/个	5	4	-20.00	58	67	-9
对外联系强度	29420686.92	31473469.76	6.98	71	77	-6

基于上述分析，广西壮族自治区应该从 3 个方面积极推动创新生态系统建设。一是，坚持产业科技创新，做大做强优质实体经济，加快打造创新型产业集群。二是，依托中国—东盟合作区，构建全方位开放创新发展新格局，以高水平对外开放打造国

际合作和竞争新态势。三是，将独特的区位优势转化为开放发展优势。广西壮族自治区应该积极融入粤港澳大湾区，促进北部湾经济区与粤港澳大湾区联动，加强互联互通，聚合创新资源，全面实施开放带动科技创新发展策略。

5.4 贵州省

贵州省共有 2 个城市纳入分析，分别是贵阳市和遵义市。省会城市贵阳市的城市创新生态系统综合排名处于 100 个样本城市的中间水平，遵义市的排名则处于较为落后的水平，与省会城市存在较大差距。

从各城市的表现来看，对于贵阳市而言，在城市创新主体方面，值得关注的是商业信用环境的明显恶化导致创新主体的动力指标排名呈下降趋势。以发明专利申请量为代表的创新产出的增加，使得贵阳市在创新主体的能力指标排名有所提升。在城市内部创新生态建构方面，企业间协同性下降，以及高等院校和科研院所间的协同水平提升速度低于同期其他城市，使得创新要素的协同性指标排名 2019 年较 2015 年有较大幅度下降。医疗卫生条件、空气质量以及绿色创新发展，使得贵阳市创新环境的适宜性指标排名领先且有较大幅度提升。在城市间创新生态嵌入方面，实际使用外资金额和国际旅游外汇收入有所增加，贵阳市的系统开放性指标排名2019 年较 2015 年有较大幅度提升。高铁和民用机场等公共交通基础设施建设的快速发展使得该城市的外部可达性水平迅速提升且排名领先。由于贵阳市自身创新基础薄弱，难以在高精尖技术领域同其他城市开展合作，以及无法在城市间创新合作网络中占据核心地位，因此关系嵌入指标排名和结构嵌入指标排名总体呈下降态势且2019 年较 2015 年下降幅度较大。

对于遵义市而言，在城市创新主体方面，商业信用环境的持续恶化使得遵义市创新主体的动力指标排名 2019 年较 2015 年有较大幅度下降。缺乏高素质科研人员以及以高被引专利和国家科学技术奖为代表的原始创新是造成创新主体的能力指标排名落后的主要原因。此外，数字金融业发展落后，新兴产业发展迟滞以及创业企业稀少，也导致了创新主体的活力指标排名落后且总体呈下降态势。在城市内部创新生态建构方面，外商、港澳台商投资企业占比处于全国末位，遵义市在引进和利用外资方面存在明显的短板，使得创新要素的多样性指标排名非常靠后。虽然遵义市的企业间协同性以及产学研协同水平有所提升，但是依旧处于国内落后水平，由此造成遵义市的创新要素的协同性指标排名总体呈上升态势但是仍旧较为落后。遵义市仅有 1 个国家级科技企业孵化器，且没有省部共建协同创新中心，因此创新平台的发展水平指标总体呈下降态势且较为落后。值得关注的是，遵义市医疗卫生条件的持续改善，使创新环境的适宜性指标排名较为领先，且 2019 年较 2015 年有较大幅度提升。在城市间创新生态嵌入方面，由于当年实际使用外资金额、国际旅游外汇收入、外商直接投资合同项目数均处于全国落后水平，遵义市的系统开放性指标排名居于末位，且无明显改善。高

铁等交通基础设施建设的大力投入以及快速发展，使遵义市的外部可达性指标排名
2019 年较 2015 年有较大幅度上升。遵义市创新能力低下，无法与先进地区在高技术领
域建立合作关系，造成关系嵌入指标排名落后。虽然遵义市也注重与其他城市建立创
新合作关系，但是由于自身创新基础过于薄弱，故收效甚微。因此，结构嵌入指标
2019 年排名较前一年有大幅度提升，但是排名依旧落后。

5.4.1　总体情况

2019 年，贵阳市的城市创新生态系统综合排名第 41 位，与上一年保持一致，较
2015 年下降 2 位；遵义市的城市创新生态系统综合排名第 84 位，较上一年上升 1 位，
较 2015 年上升 3 位（见图 5-28）。

图 5-28　2015—2019 年城市创新生态系统综合排名变化

1. 城市创新主体维度

从城市创新主体维度来看，贵阳市的城市创新主体指标排名总体呈波动下降态势，
遵义市的城市创新主体指标排名总体呈下降态势且降幅较大。2019 年，贵阳市排名第
47 位，较上一年上升 2 位，较 2015 年下降 7 位；遵义市排名第 89 位，较上一年上升 1
位，较 2015 年下降 12 位（见图 5-29）。

图 5-29　2015—2019 年城市创新主体指标排名变化

从城市创新主体维度下的二级指标来看，就创新主体的动力指标而言，2019年，贵阳市排名第48位，较上一年下降5位，较2015年下降21位；遵义市排名第72位，较上一年上升5位，较2015年下降18位（见表5-22和图5-30）。

　　就创新主体的能力指标而言，2019年，贵阳市排名第39位，较上一年上升2位，较2015年上升1位；遵义市排名第94位，较上一年上升2位，与2015年保持一致（见表5-22和图5-30）。

　　就创新主体的活力指标而言，2019年，贵阳市排名第51位，较上一年下降1位，较2015年上升2位；遵义市排名第96位，较上一年下降4位，较2015年下降3位（见表5-22和图5-30）。

　　综上所述，贵阳市的城市创新主体指标排名2019年较2015年降幅较大。其中，2015—2017年创新主体的动力指标排名逐年下降，2018—2019年排名回升，但是与2015年仍有较大差距；创新主体的能力指标排名总体呈波动上升态势；创新主体的活力指标排名基本稳定，2019年较2015年有小幅度上升。

　　遵义市的城市创新主体指标排名2019年较2015年降幅较大，其中，创新主体的动力指标排名2018—2019年有所回升，但是较2015年仍有较大差距；创新主体的能力指标排名落后；创新主体的活力指标排名落后且总体呈波动下降态势。

表5-22　2015—2019年城市创新主体指标得分及排名

城市	指标	2015年		2016年		2017年		2018年		2019年	
		指标得分	排名	指标得分	排名	指标得分	排名	指标得分	排名	指标得分	排名
贵阳市	1　城市创新主体	16.74	40	14.40	46	12.86	51	13.33	49	13.51	47
	1.1　创新主体的动力	27.55	27	20.23	39	16.26	57	19.29	43	20.18	48
	1.2　创新主体的能力	11.56	40	11.29	43	10.98	42	10.64	41	10.40	39
	1.3　创新主体的活力	11.12	53	11.67	52	11.32	49	10.07	50	9.97	51
遵义市	1　城市创新主体	8.90	77	7.45	81	5.76	91	5.80	90	6.42	89
	1.1　创新主体的动力	21.55	54	16.38	58	12.54	82	13.45	77	16.26	72
	1.2　创新主体的能力	2.60	94	2.48	93	2.14	95	1.72	96	1.66	94
	1.3　创新主体的活力	2.54	93	3.48	87	2.61	91	2.24	92	1.35	96

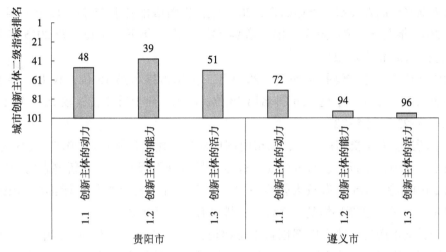

图 5-30　2019 年城市创新主体二级指标排名情况

2. 城市内部创新生态建构维度

从城市内部创新生态建构维度来看，贵阳市的城市内部创新生态建构指标排名明显高于遵义市，且 2015—2019 年排名基本保持稳定。2019 年，贵阳市排名第 39 位，较上一年下降 3 位，与 2015 年保持一致；遵义市排名第 74 位，较上一年上升 1 位，较2015 年上升 6 位（见图 5-31）。

图 5-31　2015—2019 年城市内部创新生态建构指标排名变化

从城市内部创新生态建构维度下的二级指标来看，就创新要素的多样性指标而言，2019 年，贵阳市排名第 64 位，较上一年下降 3 位，较 2015 年下降 6 位；遵义市排名第 99 位，较上一年上升 1 位，较 2015 年下降 4 位（见表 5-23 和图 5-32）。

就创新要素的协同性指标而言，2019 年，贵阳市排名第 36 位，较上一年下降 1 位，较 2015 年下降 10 位；遵义市排名第 94 位，较上一年下降 2 位，较 2015 年上升 3

位（见表 5-23 和图 5-32）。

就创新平台的发展水平指标而言，2019 年，贵阳市排名第 35 位，较上一年下降 4 位，较 2015 年上升 2 位；遵义市排名第 94 位，较上一年下降 1 位，较 2015 年下降 3 位（见表 5-23 和图 5-32）。

就创新环境的适宜性指标而言，2019 年，贵阳市排名第 15 位，较上一年上升 4 位，较 2015 年上升 6 位；遵义市排名第 28 位，较上一年上升 2 位，较 2015 年上升 18 位（见表 5-23 和图 5-32）。

综上所述，对于贵阳市而言，城市内部创新生态建构指标排名 2015—2019 年波动幅度较小。其中，创新要素的多样性指标排名呈波动下降态势，创新要素的协同性指标排名 2019 年较 2015 年有较大幅度下降，创新平台的发展水平指标排名 2019 年较 2015 年有所上升，创新环境的适宜性指标排名有较大幅度提升。

对于遵义市而言，城市内部创新生态建构指标排名呈上升态势。其中，创新要素的多样性指标排名呈波动下降态势；创新要素的协同性指标总体呈波动上升态势，但是仍较为落后；创新平台的发展水平指标总体呈波动下降态势且较为落后；创新环境的适宜性指标排名 2019 年较 2015 年有较大幅度提升。

表 5-23　2015—2019 年城市内部创新生态建构指标得分及排名

城市	指标	2015 年		2016 年		2017 年		2018 年		2019 年	
		指标得分	排名	指标得分	排名	指标得分	排名	指标得分	排名	指标得分	排名
贵阳市	2　城市内部创新生态建构	9.97	39	9.73	40	9.81	41	11.09	36	11.17	39
	2.1　创新要素的多样性	4.44	58	3.36	65	3.16	72	3.88	61	4.31	64
	2.2　创新要素的协同性	2.83	26	3.26	26	3.06	33	2.78	35	2.66	36
	2.3　创新平台的发展水平	10.08	37	10.02	37	8.73	41	13.40	31	13.48	35
	2.4　创新环境的适宜性	22.53	21	22.28	21	24.28	17	24.28	19	24.22	15
遵义市	2　城市内部创新生态建构	4.22	80	4.08	80	5.06	76	4.97	75	5.07	74
	2.1　创新要素的多样性	0.66	95	0.24	97	0.37	96	0.00	100	0.17	99
	2.2　创新要素的协同性	0.03	97	0.09	94	0.24	92	0.16	92	0.18	94
	2.3　创新平台的发展水平	0.00	91	0.00	94	0.58	91	0.45	93	0.40	94
	2.4　创新环境的适宜性	16.20	46	15.99	42	19.04	31	19.29	30	19.53	28

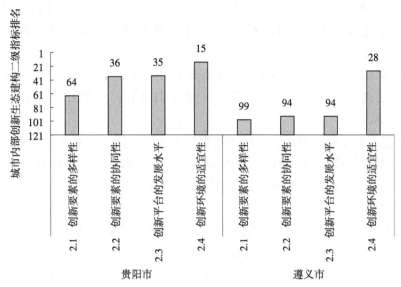

图 5-32 2019 年城市内部创新生态建构二级指标排名情况

3. 城市间创新生态嵌入维度

从城市间创新生态嵌入维度来看，贵阳市的城市间创新生态嵌入指标排名明显高于遵义市，且 2015—2019 年排名变化不大。2019 年，贵阳市排名第 36 位，较上一年上升 1 位，较 2015 年上升 1 位；遵义市排名第 85 位，较上一年上升 3 位，较 2015 年上升 14 位（见图 5-33）。

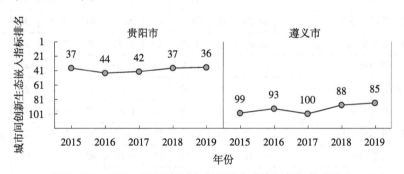

图 5-33 2015—2019 年城市间创新生态嵌入指标排名变化

从城市间创新生态嵌入维度下的二级指标来看，就系统开放性指标而言，2019 年，贵阳市排名第 43 位，较上一年上升 2 位，较 2015 年上升 21 位；遵义市排名第 100 位，与上一年保持一致，较 2015 年下降 3 位（见表 5-24 和图 5-34）。

就外部可达性指标而言，2019 年，贵阳市排名第 26 位，较上一年上升 12 位，较 2015 年上升 16 位；遵义市排名第 76 位，较上一年下降 6 位，较 2015 年上升 20 位（见表 5-24 和图 5-34）。

就关系嵌入指标而言，2019 年，贵阳市排名第 54 位，较上一年下降 2 位，较 2015 年下降 20 位；遵义市排名第 92 位，较上一年上升 4 位，较 2015 年上升 6 位（见表 5-24 和图 5-34）。

就结构嵌入指标而言，2019 年，贵阳市排名第 43 位，较上一年下降 2 位，较 2015 年下降 15 位；遵义市排名第 88 位，较上一年上升 9 位，与 2015 年保持一致（见表 5-24 和图 5-34）。

综上所述，对于贵阳市而言，城市间创新生态嵌入指标排名变化不大，系统开放性指标排名 2019 年较 2015 年出现了较大幅度提升；外部可达性指标排名 2019 年明显提升且表现突出；关系嵌入指标排名和结构嵌入指标排名总体呈下降态势，且 2019 年较 2015 年下降幅度较大。

对于遵义市而言，城市间创新生态嵌入指标排名总体呈波动上升态势，且 2019 年较 2015 年有较大幅度提升。其中，2019 年系统开放性指标排名居于末位；外部可达性指标排名较 2015 年有较大幅度上升；关系嵌入指标排名呈波动上升态势，但是排名依旧落后；结构嵌入指标排名在 2019 年有较大幅度提升，但是排名依旧落后。

表 5-24　2015—2019 年城市间创新生态嵌入指标得分及排名

城市	指标	2015 年		2016 年		2017 年		2018 年		2019 年	
		指标得分	排名	指标得分	排名	指标得分	排名	指标得分	排名	指标得分	排名
贵阳市	3　城市间创新生态嵌入	13.31	37	13.28	44	12.83	42	12.78	37	14.38	36
	3.1　系统开放性	1.44	64	1.89	60	2.18	52	3.16	45	3.54	43
	3.2　外部可达性	28.86	42	29.07	48	29.45	51	30.59	38	32.84	26
	3.3　关系嵌入	2.66	34	1.06	55	1.53	48	1.62	52	1.55	54
	3.4　结构嵌入	20.27	28	21.12	36	18.15	37	15.76	41	19.59	43
遵义市	3　城市间创新生态嵌入	6.69	99	7.92	93	5.46	100	6.92	88	8.98	85
	3.1　系统开放性	0.23	97	0.53	90	0.45	92	0.02	100	0.09	100
	3.2　外部可达性	18.55	96	18.62	96	18.77	96	25.07	70	25.35	76
	3.3　关系嵌入	0.04	98	0.03	97	0.03	98	0.10	96	0.27	92
	3.4　结构嵌入	7.95	88	12.48	82	2.58	98	2.48	97	10.22	88

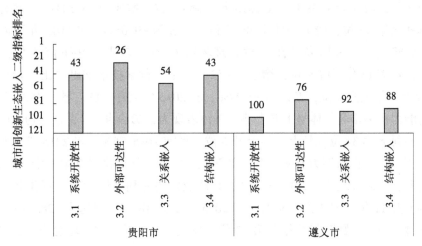

图 5-34　2019 年城市间创新生态嵌入二级指标排名情况

5.4.2　细分领域

本小节选择贵州省的省会城市贵阳市作为重点分析对象。贵阳市城市创新生态系统情况见表 5-25 和图 5-35。

表 5-25　2015—2019 年贵阳市城市创新生态系统综合指标

指标	2015 年		2016 年		2017 年		2018 年		2019 年	
	指标得分	排名	指标得分	排名	指标得分	排名	指标得分	排名	指标得分	排名
城市创新生态系统	13.34	39	12.47	44	11.83	45	12.40	41	13.02	41
1　城市创新主体	16.74	40	14.40	46	12.86	51	13.33	49	13.51	47
2　城市内部创新生态建构	9.97	39	9.73	40	9.81	41	11.09	36	11.17	39
3　城市间创新生态嵌入	13.31	37	13.28	44	12.83	42	12.78	37	14.38	36

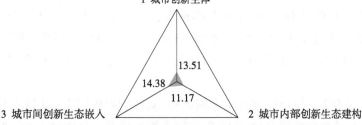

图 5-35　2019 年贵阳市城市创新生态系统蛛网图

从基础数据看，贵阳市的城市创新主体指标排名基本稳定，但 2019 年较 2015 年降幅较大。其中，创新主体的动力指标排名 2018—2019 年有所回升，但是与 2015 年相比，仍有较大差距。具体表现为，2019 年，"商业信用环境"指标排名第 51 位，较上一年下降 2 位，增速为 1.59%，较 2015 年下降 48 位，增速为-6.10%；"教育支出占比"指标排名第 45 位，较上一年下降 17 位，增速为-9.05%，较 2015 年下降 14 位，增速为-9.96%；"市场多样性"指标排名第 63 位，较上一年下降 3 位，增速为-12.18%，较 2015 年下降 9 位，增速为-52.16%；"科学技术支出占比"指标排名第 27 位，较上一年上升 1 位，增速为-0.27%，较 2015 年上升 7 位，增速为 36.97%。创新主体的能力指标排名总体呈上升态势，具体表现为，2019 年，"百万人均发明专利申请量"指标排名第 31 位，较上一年上升 6 位，增速为-5.76%，较 2015 年上升 14 位，增速为 102.54%，创新能力有所提升。创新主体的活力指标排名基本稳定，较 2015 年有小幅上升，具体表现为，2019 年，"新兴产业发明专利申请量"指标排名第 37 位，较上一年上升 11 位，增速为 4.83%，较 2015 年上升 18 位，增速为 128.81%；"当年新增科技型中小企业数"指标排名第 82 位，较上一年上升 6 位，增速为-12.50%，较 2015 年上升 6 位，增速为 10.53%。

对于城市内部创新生态建构指标而言，贵阳市创新要素的多样性指标排名呈下降态势，具体表现为，2019 年，"外商、港澳台商投资企业占比"指标排名第 63 位，较上一年下降 3 位，较 2015 年下降 9 位；"国家高新区留学归国人员"指标排名第 49 位，较上一年下降 4 位，较 2015 年下降 3 位。创新要素的协同性指标排名较 2015 年有较大幅度下降，具体表现为，2019 年，"产业合作发明专利数"指标排名第 59 位，较上一年下降 7 位，增速为-20.32%，较 2015 年下降 17 位，增速为 10.50%；"学研合作发明专利数"指标排名第 33 位，较上一年下降 2 位，增速为 30.43%，较 2015 年下降 5 位，增速为 130.77%。企业间以及高等院校和科研院所间的协同水平亟待提升。在创新平台的发展水平方面，2019 年，"国家高新区工业总产值"指标排名第 46 位，较上一年下降 8 位，较 2015 年下降 22 位；"国家高新区高新技术企业数"指标排名第 31 位，较上一年下降 3 位，较 2015 年下降 10 位；"国家级科技企业孵化器数"指标排名第 53 位，较上一年上升 7 位，较 2015 年下降 2 位。除此之外，2018 年和 2019 年贵阳市各新增 1 个省部共建协同创新中心，有利于提升创新平台的发展水平指标的排名。在创新环境的适宜性方面，2019 年，"AQI 年平均值"指标排名第 2 位，较上一年上升 2 位，较 2015 年上升 12 位；"医生数"指标排名第 44 位，较上一年上升 4 位，增速为 11.15%，较 2015 年上升 6 位，增速为 36.63%；"当年申请的绿色发明专利数"指标排名第 38 位，较上一年上升 6 位，增速为-34.96%，较 2015 年上升 13 位，增速为 91.28%。

对于贵阳市而言，城市间创新生态嵌入指标排名相较于同级其他 2 个指标排名较为领先。系统开放性指标排名较 2015 年有较大幅度提升，具体表现为，2019 年，"当年实际使用外资金额"指标排名第 35 位，较上一年上升 1 位，增速为 12.02%，较 2015 年上升 21 位，增速为 91.93%；"国际旅游外汇收入"指标排名第 33 位，较上一年上升 9 位，增速为 52.27%，较 2015 年上升 30 位，增速为 486.50%。外部可达性指标排名上升幅度最大，表现突出，具体表现为，2019 年，"截至当年所拥有的高铁站点数"指标排名第 22 位，较上一年上升 9 位，较 2015 年上升 17 位；"民用航空货邮运量"指标排名第 19 位，较上一年下降 3 位，较 2015 年下降 1 位；"民用航空客运量"指标排名第 13 位，较上一年下降 1 位，较 2015 年上升 1 位。便捷的陆运以及空运基础设施有利于贵阳市与其他城市建立创新合作关系。就关系嵌入指标而言，2019 年，"对外联系强度"指标排名第 58 位，较上一年上升 4 位，较 2015 年下降 21 位。贵阳市应该增加同其他城市在高新技术以及创新方面的合作强度。就结构嵌入指标而言，2019年，"接近中心度"指标排名第 43 位，较上一年下降 7 位，增速为 0.81%，较 2015 年下降 19 位，增速为 1.84%；"特征向量中心度"指标排名第 43 位，较上一年上升 1位，增速为 9.03%，较 2015 年下降 12 位，增速为 6.83%。贵阳市善于利用自身优势，通过参与发达地区的产业链非核心技术环节，逐步提升其在创新合作网络中的地位。

贵阳市部分变化较大的指标见表 5-26。

表 5-26　贵阳市部分变化较大的指标

指标	2018 年	2019 年	增速/%	2018 年排名	2019 年排名	排名变化
AQI 年平均值	53.33	50.42	5.47	4	2	2
产业结构高级化指数	7.12	7.13	0.08	17	24	-7
科学技术支出占比/%	3.97	3.96	-0.27	28	27	1
国家高新区高新技术企业数/个	480	479	-0.21	28	31	-3
百万人均发明专利申请量/（件/百万人）	1493.78	1407.71	-5.76	37	31	6
当年新增企业数/个	6379	10479	64.27	41	33	8
新兴产业发明专利申请量/件	4182	4384	4.83	48	37	11
接近中心度	0.53	0.53	0.81	36	43	-7
特征向量中心度	0.33	0.36	9.03	44	43	1
A 股上市公司高新技术企业数（上市公司本身）/个	9	8	-11.11	38	43	-5
国家高新区 R&D 人员/人	12448	12109	-2.72	41	45	-4
教育支出占比/%	19.40	17.64	-9.05	28	45	-17
国家高新区工业总产值/千元	135175893.00	118026479.00	-12.69	38	46	-8
国家高新区 R&D 经费内部支出/千元	2255281.00	2604880.00	15.50	46	47	-1
国家高新区外籍常驻人员/人	92	123	33.70	52	47	5
国家高新区留学归国人员/人	202	243	20.30	45	49	-4
商业信用环境	72.00	73.14	1.59	49	51	-2
国家级科技企业孵化器数/个	3	5	66.67	60	53	7
对外联系强度	51370142.86	65429636.48	27.37	62	58	4

指标	2018 年	2019 年	增速/%	2018 年排名	2019 年排名	排名变化
产业合作发明专利数/件	251	200	−20.32	52	59	−7
市场多样性	0.0028	0.0025	−12.18	60	63	−3
外商、港澳台商投资企业占比/%	5.05	4.75	−5.99	60	63	−3
当年新增科技型中小企业数/个	24	21	−12.50	88	82	6

基于上述分析，贵州省应该把大数据作为后发赶超的战略选择和转型发展的重要支点，在数字经济战略上抢占发展先机。一方面，贵州省可以结合当地的电力优势以及地质结构稳定等优势，超前部署数字基建。贵州省已经建设成为中国南方数据中心示范基地以及全球集聚超大型数据中心最多的地区之一。另一方面，贵州省应该充分发挥数字经济优势，推动大数据赋能工业化、城镇化、旅游业以及农业现代化发展，坚持数据驱动发展战略，营造良好的数据创新生态环境。

5.5 湖北省

湖北省共有 3 个城市纳入分析，分别是武汉市❶、襄阳市和宜昌市。省会城市武汉市的城市创新生态系统综合排名明显高于襄阳市和宜昌市。其中，襄阳市的排名基本保持稳定，宜昌市的排名总体呈下降态势且降幅较大。

从各城市的表现来看，对于襄阳市而言，在城市创新主体方面，政府在科学技术支出方面的投入有所下降，这是造成襄阳市的创新主体的动力指标排名落后且在 2019 年出现较大幅度下降的关键。在城市内部创新生态建构方面，受高等院校和科研院所合作发明专利数量稀少的影响，2019 年，襄阳市创新要素的协同性指标排名较上一年有较大幅度下降。国家高新区高新技术企业数量增长速度明显下降，造成襄阳市创新平台的发展水平指标排名较上一年及 2015 年均有较大幅度下降。在城市间创新生态嵌入方面，襄阳市积极与其他城市加强创新合作，使其关系嵌入指标排名 2019 年较 2015 年有较大幅度提升。但是由于其自身创新水平降低，未能在创新网络中占据关键位置，因此 2019 年结构嵌入指标排名较上一年有较大幅度下降。

对于宜昌市而言，在城市创新主体方面，创新主体的动力指标是其短板。教育以及科学技术支出占比下降，商业信用环境改善速度迟缓，共同造成了宜昌市创新主体的动力指标排名较为落后。在城市内部创新生态建构方面，值得关注的是，高等院校和科研院所间合作发明专利申请量为 0，以及产学研合作发明专利数增长较慢，这些是导致创新要素的协同性指标排名大幅下降的主要原因。由于国家高新区工业总产值和

---

❶ 详见"4.2.1 武汉市"。

国家高新区高新技术企业数低于同期其他城市，使得宜昌市创新平台的发展水平指标排名 2019 年较 2015 年有较大幅度下降。在城市间创新生态嵌入方面，高铁以及民用航空业发展速度迟缓，导致宜昌市的外部可达性指标排名较为落后且总体呈下降态势。宜昌市创新能力较低，在创新合作网络中无法占据关键位置，这一情况并未得到及时扭转，因此结构嵌入指标排名 2019 年较 2015 年降幅较大。

5.5.1　总体情况

2019 年，武汉市的城市创新生态系统综合排名第 8 位，与上一年保持一致，较 2015 年上升 1 位；襄阳市的城市创新生态系统综合排名第 71 位，较上一年下降 2 位，较 2015 年下降 3 位；宜昌市的城市创新生态系统综合排名第 77 位，较上一年下降 1 位，较 2015 年下降 13 位，降幅较大（见图 5-36）。

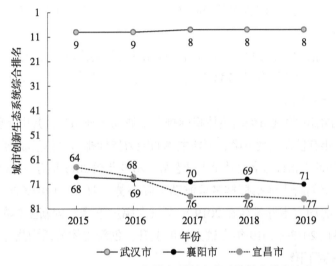

图 5-36　2015—2019 年城市创新生态系统综合排名变化

1. 城市创新主体维度

从城市创新主体维度来看，襄阳市的城市创新主体指标排名与宜昌市基本处于同一水平，但是略高于宜昌市。两个城市的排名 2015—2019 年均呈波动下降态势。2019 年，襄阳市排名第 72 位，较上一年下降 5 位，较 2015 年下降 5 位；宜昌市排名第 76 位，较上一年下降 2 位，较 2015 年下降 6 位（见图 5-37）。

从城市创新主体维度下的二级指标来看，就创新主体的动力指标而言，2019 年，襄阳市排名第 80 位，较上一年下降 7 位，较 2015 年上升 2 位；宜昌市排名第 87 位，较上一年下降 6 位，较 2015 年上升 1 位（见表 5-27 和图 5-38）。

图 5-37 2015—2019 年城市创新主体指标排名变化

就创新主体的能力指标而言，2019 年，襄阳市排名第 64 位，与上一年保持一致，较 2015 年下降 2 位；宜昌市排名第 68 位，较上一年上升 6 位，较 2015 年上升 3 位（见表 5-27 和图 5-38）。

就创新主体的活力指标而言，2019 年，襄阳市排名第 68 位，与上一年保持一致，较 2015 年上升 4 位；宜昌市排名第 66 位，与上一年保持一致，较 2015 年下降 7 位（见表 5-27 和图 5-38）。

综上所述，襄阳市的城市创新主体指标排名呈波动下降态势，其中，创新主体的动力指标排名在 2019 年有较大幅度下降；创新主体的能力指标排名总体呈波动下降态势，降幅较小；创新主体的活力指标排名总体呈上升态势，2019 年较 2015 年有一定幅度上升。

宜昌市的城市创新主体指标排名呈波动下降态势，且 2019 年较 2015 年降幅较大。其中，创新主体的动力指标排名在 2019 年有较大幅度下降，创新主体的能力指标排名总体呈上升态势且 2018—2019 年有较大幅度上升，创新主体的活力指标排名 2019 年较 2015 年有较大幅度下降。

表 5-27 2015—2019 年城市创新主体指标得分及排名

城市	指标		2015 年		2016 年		2017 年		2018 年		2019 年	
			指标得分	排名	指标得分	排名	指标得分	排名	指标得分	排名	指标得分	排名
襄阳市	1	城市创新主体	10.33	67	8.40	75	8.10	75	8.89	67	9.09	72
	1.1	创新主体的动力	16.47	82	11.13	89	11.65	88	13.84	73	14.98	80
	1.2	创新主体的能力	7.45	62	7.03	63	6.16	67	6.36	64	5.91	64
	1.3	创新主体的活力	7.08	72	7.03	70	6.49	70	6.46	68	6.37	68
宜昌市	1	城市创新主体	10.25	70	9.50	67	8.38	74	8.46	74	8.63	76
	1.1	创新主体的动力	15.38	88	13.23	78	12.77	81	12.68	81	13.11	87
	1.2	创新主体的能力	5.93	71	5.87	70	4.36	84	4.97	74	5.39	68
	1.3	创新主体的活力	9.44	59	9.40	62	8.00	66	7.72	66	7.38	66

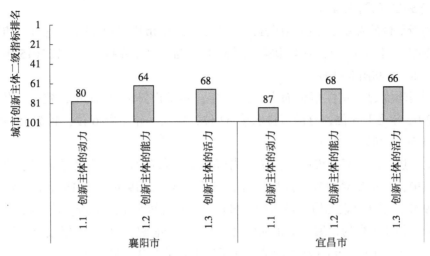

图 5-38　2019 年城市创新主体二级指标排名情况

2. 城市内部创新生态建构维度

从城市内部创新生态建构维度来看，襄阳市的城市内部创新生态建构指标排名略高于宜昌市，且两个城市 2015—2019 年排名均呈下降态势。2019 年，襄阳市排名第 55 位，较上一年下降 6 位，较 2015 年下降 10 位；宜昌市排名第 71 位，较上一年下降 1 位，较 2015 年下降 13 位（见图 5-39）。

图 5-39　2015—2019 年城市内部创新生态建构指标排名变化

从城市内部创新生态建构维度下的二级指标来看，就创新要素的多样性指标而言，2019 年，襄阳市排名第 38 位，较上一年上升 2 位，较 2015 年下降 4 位；宜昌市排名第 74 位，较上一年下降 6 位，较 2015 年下降 8 位（见表 5-28 和图 5-40）。

就创新要素的协同性指标而言，2019 年，襄阳市排名第 78 位，较上一年下降 22 位，较 2015 年上升 10 位；宜昌市排名第 85 位，较上一年下降 3 位，较 2015 年下降 22

位（见表 5-28 和图 5-40）。

就创新平台的发展水平指标而言，2019 年，襄阳市排名第 45 位，较上一年下降 7 位，较 2015 年下降 16 位；宜昌市排名第 58 位，与上一年保持一致，较 2015 年下降 19 位（见表 5-28 和图 5-40）。

就创新环境的适宜性指标而言，2019 年，襄阳市排名第 81 位，较上一年上升 2 位，较 2015 年上升 5 位；宜昌市排名第 62 位，较上一年下降 6 位，较 2015 年上升 7 位（见表 5-28 和图 5-40）。

综上所述，对于襄阳市而言，城市内部创新生态建构指标排名呈下降态势且降幅较大。其中，创新要素的多样性指标排名变化不大，2019 年较 2015 年有一定幅度下降；2019 年，创新要素的协同性指标排名较上一年有较大幅度下降，较 2015 年有较大幅度提升；创新平台的发展水平指标排名呈波动下降态势，且 2019 年较上一年及 2015 年均有较大幅度下降；创新环境的适宜性指标排名呈上升态势且增幅较小。

对于宜昌市而言，城市内部创新生态建构指标排名呈下降态势且 2019 年较 2015 年降幅较大。其中，创新要素的多样性指标排名呈下降态势；2019 年，创新要素的协同性指标排名和创新平台的发展水平指标排名较 2015 年均有较大幅度下降；创新环境的适宜性指标排名较 2015 年有一定幅度的提升。

表 5-28　2015—2019 年城市内部创新生态建构指标得分及排名

城市	指标	2015 年		2016 年		2017 年		2018 年		2019 年	
		指标得分	排名	指标得分	排名	指标得分	排名	指标得分	排名	指标得分	排名
襄阳市	2　城市内部创新生态建构	8.51	45	8.56	45	8.47	45	7.17	49	7.04	55
	2.1　创新要素的多样性	11.56	34	11.26	33	10.96	35	8.96	40	9.44	38
	2.2　创新要素的协同性	0.17	88	0.26	81	0.40	84	1.21	56	0.52	78
	2.3　创新平台的发展水平	11.91	29	12.27	27	11.80	29	9.15	38	9.49	45
	2.4　创新环境的适宜性	10.40	86	10.45	84	10.70	84	9.39	83	8.72	81
宜昌市	2　城市内部创新生态建构	6.62	58	6.32	62	5.76	65	5.49	70	5.24	71
	2.1　创新要素的多样性	3.48	66	2.97	68	3.57	68	3.17	68	3.27	74
	2.2　创新要素的协同性	0.55	63	0.68	64	0.50	79	0.35	82	0.39	85
	2.3　创新平台的发展水平	9.41	39	8.36	46	5.43	59	4.75	58	5.49	58
	2.4　创新环境的适宜性	13.02	69	13.25	62	13.55	61	13.70	56	11.81	62

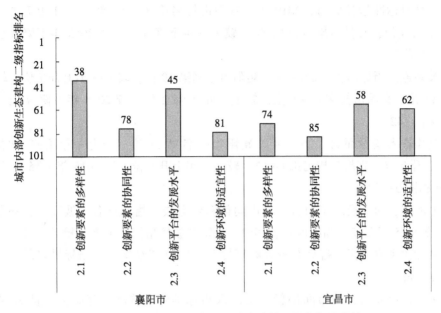

图 5-40   2019 年城市内部创新生态建构二级指标排名情况

3. 城市间创新生态嵌入维度

从城市间创新生态嵌入维度来看，襄阳市的城市间创新生态嵌入指标排名低于宜昌市，且 2015—2019 年排名变化不大。2019 年，襄阳市排名第 88 位，较上一年下降 1 位，较 2015 年上升 9 位；宜昌市排名第 83 位，较上一年下降 2 位，较 2015 年下降 23 位，降幅较大（见图 5-41）。

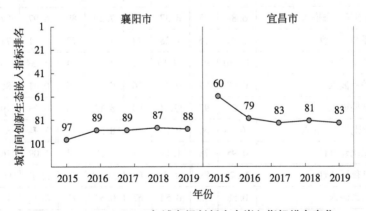

图 5-41   2015—2019 年城市间创新生态嵌入指标排名变化

从城市间创新生态嵌入维度下的二级指标来看，就系统开放性指标而言，2019 年，襄阳市排名第 70 位，较上一年上升 1 位，较 2015 年上升 6 位；宜昌市排名第 80 位，较上一年下降 4 位，较 2015 年下降 2 位（见表 5-29 和图 5-42）。

就外部可达性指标而言，2019年，襄阳市排名第88位，较上一年上升5位，较2015年上升4位；宜昌市排名第93位，较上一年下降3位，较2015年下降5位（见表5-29和图5-42）。

就关系嵌入指标而言，2019年，襄阳市排名第79位，较上一年上升7位，较2015年上升13位；宜昌市排名第81位，较上一年下降2位，较2015年下降9位（见表5-29和图5-42）。

就结构嵌入指标而言，2019年，襄阳市排名第91位，较上一年下降12位，较2015年上升2位；宜昌市排名第64位，较上一年上升4位，较2015年下降31位（见表5-29和图5-42）。

综上所述，对于襄阳市而言，城市间创新生态嵌入指标排名呈波动上升态势，且2019年较2015年有较大幅度提升。其中，系统开放性指标排名逐年提升，外部可达性指标排名和关系嵌入指标排名有较大幅度提升，2019年结构嵌入指标排名较上一年有较大幅度下降。

对于宜昌市而言，城市间创新生态嵌入指标排名呈波动下降态势，且2019年较2015年有较大幅度下降。其中，系统开放性指标排名和外部可达性指标排名呈波动下降态势，且降幅较小；关系嵌入指标排名2019年较2015年有较大幅度下降；结构嵌入指标排名2019年有所回升，但是较2015年降幅较大。

表5-29 2015—2019年城市间创新生态嵌入指标得分及排名

城市	指标	2015年		2016年		2017年		2018年		2019年	
		指标得分	排名	指标得分	排名	指标得分	排名	指标得分	排名	指标得分	排名
襄阳市	3 城市间创新生态嵌入	6.84	97	8.37	89	7.20	89	6.97	87	8.44	88
	3.1 系统开放性	1.03	76	1.28	74	1.10	73	1.41	71	1.41	70
	3.2 外部可达性	19.20	92	19.19	92	19.25	94	19.34	93	22.45	88
	3.3 关系嵌入	0.09	92	0.42	76	0.32	86	0.41	86	0.51	79
	3.4 结构嵌入	7.03	93	12.60	80	8.12	83	6.73	79	9.40	91
宜昌市	3 城市间创新生态嵌入	10.44	60	9.76	79	8.35	83	7.94	81	9.13	83
	3.1 系统开放性	0.95	78	1.11	77	0.89	78	1.09	76	0.99	80
	3.2 外部可达性	21.23	88	21.29	88	21.44	87	20.77	90	20.81	93
	3.3 关系嵌入	0.58	72	0.52	67	0.54	75	0.52	79	0.48	81
	3.4 结构嵌入	18.98	33	16.12	52	10.51	69	9.37	68	14.22	64

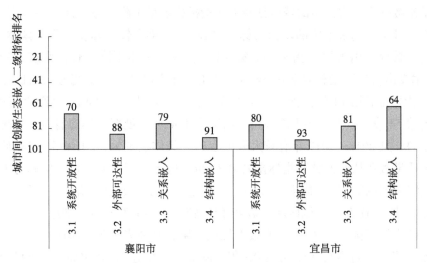

图 5-42 2019 年城市间创新生态嵌入二级指标排名情况

5.5.2 细分领域

考虑到前面章节已经对武汉市的指标排名进行了详细剖析，因此，本小节选择宜昌市和襄阳市作为重点分析对象。

1. 宜昌市

宜昌市城市创新生态系统情况见表 5-30 和图 5-43。

表 5-30 2015—2019 年宜昌市城市创新生态系统综合指标

指标	2015 年		2016 年		2017 年		2018 年		2019 年	
	指标得分	排名	指标得分	排名	指标得分	排名	指标得分	排名	指标得分	排名
城市创新生态系统	9.10	64	8.53	68	7.49	76	7.30	76	7.66	77
1 城市创新主体	10.25	70	9.50	67	8.38	74	8.46	74	8.63	76
2 城市内部创新生态建构	6.62	58	6.32	62	5.76	65	5.49	70	5.24	71
3 城市间创新生态嵌入	10.44	60	9.76	79	8.35	83	7.94	81	9.13	83

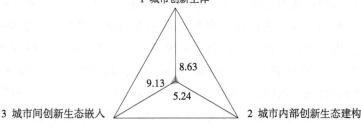

图 5-43 2019 年宜昌市城市创新生态系统蛛网图

从基础数据看，宜昌市的城市创新主体指标排名呈下降态势，且2019年较2015年降幅较大。其中，创新主体的动力指标排名在2019年有较大幅度下降，具体表现为，2019年，"教育支出占比"指标排名第93位，较上一年下降9位，增速为-9.92%；"科学技术支出占比"指标排名第54位，较上一年下降7位，增速为-1.41%；"市场多样性"指标排名第74位，较上一年下降4位，增速为-23.73%；"商业信用环境"指标排名第54位，较上一年下降3位，增速为1.41%。创新主体的能力指标排名总体呈上升态势，且2018—2019年有较大幅度上升，具体表现为，2019年，"科研、技术服务和地质勘查业从业人员"指标排名第39位，较上一年上升4位，增速为17.96%；"产业结构高级化指数"指标排名第84位，较上一年上升5位，增速为2.16%；"规模以上工业企业R&D人员"指标排名第48位，较上一年上升6位，增速为25.53%。创新主体的活力指标排名较2015年有较大幅度下降，具体表现为，2019年，"数字普惠金融指数"指标排名第63位，较2015年下降8位，增速为38.35%；"新兴产业发明专利申请量"指标排名第74位，较2015年下降7位，增速为38.89%。

宜昌市的城市内部创新生态建构指标排名呈下降态势，且2019年较2015年降幅较大。其中，创新要素的多样性指标排名呈下降态势，具体表现为，2019年，"外商、港澳台商投资企业占比"指标排名第74位，较上一年下降4位。创新要素的协同性指标排名和创新平台的发展水平指标排名2019年较2015年有较大幅度下降。就创新要素的协同性指标而言，2019年，"学研合作发明专利数"指标值为0，排名第86位，较2015年下降33位；"产学研合作发明专利数"排名第74位，较2015年下降28位，增速为3.92%；"产业合作发明专利数"排名第78位，较2015年下降7位，增速为48.39%。企业、高等院校以及科研院所之间的协同水平亟待提升。就创新平台的发展水平指标而言，具体表现为，2019年，"国家高新区工业总产值"指标排名第43位，较2015年下降15位，增速为-36.77%；"国家高新区高新技术企业数"指标排名第41位，较2015年下降9位，增速为97.44%。创新环境的适宜性指标排名较2015年有一定幅度提升，具体表现为，2019年，"文化、体育和娱乐业从业人员比重"指标排名第12位，较上一年上升2位，增速为10.63%，较2015年上升9位，增速为29.06%；"公共图书馆图书总藏量"指标排名第54位，较上一年下降2位，增速为7.88%，较2015年上升8位，增速为75.29%；"AQI年平均值"指标排名第67位，较上一年下降15位，增速为-8.13%，较2015年下降1位，增速为7.23%。

宜昌市的城市间创新生态嵌入指标排名呈下降态势，且2019年较2015年有较大幅度下降。其中，系统开放性指标排名和外部可达性指标排名呈下降态势且降幅较小。对于系统开放性指标而言，具体表现为，2019年，"当年实际使用外资金额"指标排名第86位，与上一年保持一致，增速为9.01%，较2015年下降5位，增速为-14.83%；"外商直接投资合同项目数"指标排名第93位，较上一年下降16位，增速为63.16%，较2015年下降3位，增速为-30.00%。对于外部可达性指标而言，2019年，"截至当年所拥有的高铁站点数"指标排名第79位，较上一年下降9位，较2015

年下降 25 位;"民用航空货邮运量"指标排名第 56 位,较 2015 年下降 12 位,增速为 -51.07%。宜昌市需要进一步提高陆运和空运水平,完善交通基础设施建设,为城市间创新合作关系的建立提供基础条件。关系嵌入指标排名有较大幅度下降,具体表现为,2019 年,"先进产业嵌入深度"指标排名第 81 位,较上一年上升 1 位,较 2015 年下降 10 位;"对外联系强度"指标排名第 81 位,较上一年下降 3 位,较 2015 年下降 9 位。宜昌市应该增加同其他城市在高新技术以及创新方面的合作强度。结构嵌入指标排名 2018—2019 年有所回升,但是较 2015 年降幅较大,具体表现为,2019 年,"特征向量中心度"指标排名第 63 位,较上一年上升 6 位,增速为 21.28%,较 2015 年下降 29 位,增速为 -20.36%;"接近中心度"指标排名第 65 位,较上一年下降 6 位,增速为 1.01%,较 2015 年下降 33 位,增速为 -0.72%。宜昌市应进一步加强同其他城市的创新合作关系,提升其在创新合作网络中的地位。

宜昌市部分变化较大的指标见表 5-31。

表 5-31　宜昌市部分变化较大的指标

指标	2018 年	2019 年	增速/%	2018 年排名	2019 年排名	排名变化
国家高新区 R&D 人员/人	18139	17671	-2.58	31	30	1
国家高新区高新技术企业数/个	266	308	15.79	40	41	-1
国家高新区工业总产值/千元	117039880.00	128664366.00	9.93	43	43	0
当年新增科技型中小企业数/个	115	105	-8.70	46	44	2
规模以上工业企业 R&D 人员/人	19997	25102	25.53	54	48	6
商业信用环境	71.86	72.87	1.41	51	54	-3
科学技术支出占比/%	2.81	2.77	-1.41	47	54	-7
国家高新区留学归国人员/人	104	164	57.69	63	55	8
市场潜力	14840103.00	16649965.00	12.20	63	59	4
特征向量中心度	0.21	0.26	21.28	69	63	6
数字普惠金融指数	244.01	256.94	5.30	63	63	0
百万人均发明专利申请量/(件/百万人)	759.18	498.21	-34.38	59	64	-5
接近中心度	0.51	0.51	1.01	59	65	-6
AQI 年平均值	84.08	90.92	-8.13	52	67	-15
产学研合作发明专利数/件	48	53	10.42	69	74	-5
新兴产业发明专利申请量/件	1668	1357	-18.65	72	74	-2
产业合作发明专利数/件	57	92	61.40	83	78	5
普通高等学校专任教师数/人	3101	3156	1.77	80	80	0
先进产业嵌入深度	20.00	18.00	-10.00	82	81	1

指标	2018 年	2019 年	增速/%	2018 年排名	2019 年排名	排名变化
医生数/人	11308	11507	1.76	80	84	−4
产业结构高级化指数	6.51	6.65	2.16	89	84	5
教育支出占比/%	13.88	12.50	−9.92	84	93	−9

2. 襄阳市

襄阳市城市创新生态系统情况见表 5-32 和图 5-44。

表 5-32　2015—2019 年襄阳市城市创新生态系统综合指标

指标	2015 年		2016 年		2017 年		2018 年		2019 年	
	指标得分	排名	指标得分	排名	指标得分	排名	指标得分	排名	指标得分	排名
城市创新生态系统	8.56	68	8.44	69	7.92	70	7.68	69	8.19	71
1　城市创新主体	10.33	67	8.40	75	8.10	75	8.89	67	9.09	72
2　城市内部创新生态建构	8.51	45	8.56	45	8.47	45	7.17	49	7.04	55
3　城市间创新生态嵌入	6.84	97	8.37	89	7.20	89	6.97	87	8.44	88

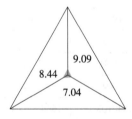

图 5-44　2019 年襄阳市城市创新生态系统蛛网图

从基础数据看，襄阳市的城市创新主体指标排名呈下降态势，在创新主体的动力方面，2019 年，"科学技术支出占比"指标排名第 34 位，较上一年下降 14 位，增速为−17.73%，较 2015 年下降 7 位，增速为 7.49%。创新主体的能力指标排名总体呈下降态势且降幅较小，具体表现为，2019 年，"规模以上工业企业 R&D 人员"指标排名第 52 位，较上一年下降 6 位，增速为−7.86%，较 2015 年下降 13 位，增速为−14.81%；"百万人均发明专利申请量"指标排名第 74 位，较上一年下降 4 位，增速为−32.72%，较 2015 年上升 18 位，增速为 571.86%；"普通高等学校专任教师数"指标排名第 93 位，较上一年下降 3 位，增速为 0.75%，较 2015 年下降 15 位，增速为−16.61%；"创新积累"指标排名第 87 位，较上一年上升 2 位，增速为 17.34%，较 2015 年上升 10 位，增速为 388.60%。创新主体的活力指标排名总体呈上升态势，2019 年，"数字普惠金融指数"指标排名第 68 位，较上一年上升 2 位，增速为 5.57%，较 2015 年上升 2 位，增速为 43.02%；"当年新增企业数"指标排名第 75 位，较上一年上升 6 位，增速为 40.09%，较 2015 年上升 1 位，增速为 141.15%；"当年新增科技型中小企业数"指标排名第 40 位，较上一年上升 5 位，较 2015 年上升 11 位。

城市内部创新生态建构指标排名呈下降态势且降幅较大。其中，创新要素的多样性指标排名基本稳定，2019 年较 2015 年有一定幅度下降。具体表现为，2019 年，"国家高新区外籍常驻人员"指标排名第 8 位，较上一年下降 1 位，较 2015 年下降 2 位；"国家高新区留学归国人员"指标排名第 36 位，与上一年保持一致，较 2015 年上升 2 位；"外商、港澳台商投资企业占比"指标排名第 71 位，较上一年上升 3 位。在创新要素的协同性方面，2019 年，"学研合作发明专利数"指标排名第 68 位，较上一年下降 25 位，增速为 -73.33%，较 2015 年下降 15 位，增速为 300.00%；"产学研合作发明专利数"指标排名第 77 位，与上一年保持一致，增速为 42.86%，较 2015 年上升 10 位；"产业合作发明专利数"指标排名第 87 位，较上一年上升 1 位，增速为 42.86%，较 2015 年上升 6 位。产业、高等院校以及科研院所间的协同水平亟待提升。创新平台的发展水平指标排名呈下降态势，且 2019 年较上一年及 2015 年均有较大幅度下降，具体表现为，2019 年，"国家高新区高新技术企业数"指标排名第 45 位，较上一年下降 4 位，增速为 19.84%，较 2015 年下降 17 位，增速为 61.75%。创新环境的适宜性指标排名呈上升态势且增幅较小，具体表现为，2019 年，"公共图书馆图书总藏量"指标排名第 68 位，较上一年上升 4 位，增速为 14.25%，较 2015 年上升 6 位，增速为 56.35%；"文化、体育和娱乐业从业人员比重"指标排名第 41 位，较上一年上升 2 位，增速为 14.08%，较 2015 年上升 5 位，增速为 17.21%；"AQI 年平均值"指标排名第 76 位，较上一年下降 2 位，增速为 0.34%，较 2015 年上升 5 位，增速为 11.40%；"医生数"指标排名第 66 位，较上一年下降 1 位，增速为 3.98%，较 2015 年下降 7 位，增速为 14.10%。

城市间创新生态嵌入指标排名呈上升态势，且 2019 年较 2015 年有较大幅度提升。其中，系统开放性指标排名逐年提升，具体表现为，2019 年，"当年实际使用外资金额"指标排名第 54 位，较上一年上升 3 位，增速为 8.84%，较 2015 年上升 14 位，增速为 31.63%；"外商直接投资合同项目数"指标排名第 72 位，较上一年上升 3 位，增速为 33.33%，较 2015 年上升 15 位。外部可达性指标和关系嵌入指标排名有较大幅度提升，对于外部可达性指标而言，具体表现为，2019 年，"截至当年所拥有的高铁站点数"指标排名第 63 位，较上一年上升 25 位，较 2015 年上升 13 位，交通基础设施建设水平有所提升。对于关系嵌入指标而言，具体表现为，2019 年，"对外联系强度"指标排名第 78 位，较上一年上升 6 位，较 2015 年上升 14 位。对于结构嵌入指标而言，2019 年，"中介中心度"指标排名第 94 位，较上一年下降 12 位，增速为 -72.95%；"特征向量中心度"指标排名第 91 位，较上一年下降 13 位，增速为 -6.86%；"接近中心度"指标排名第 91 位，较上一年下降 9 位，增速为 0.53%。

襄阳市部分变化较大的指标见表 5-33。

表 5-33　襄阳市部分变化较大的指标

指标	2018 年	2019 年	增速/%	2018 年排名	2019 年排名	排名变化
国家高新区 R&D 经费内部支出/千元	7847733.00	8454817.00	7.74	25	23	2
科学技术支出占比/%	4.50	3.71	−17.73	20	34	−14
国家高新区高新技术企业数/个	247	296	19.84	41	45	−4
规模以上工业企业 R&D 人员/人	24089	22196	−7.86	46	52	−6
市场潜力	16589570.00	18628355.00	12.29	55	53	2
当年实际使用外资金额/万美元	88016.00	95797.00	8.84	57	54	3
商业信用环境	69.73	71.96	3.19	73	62	11
医生数/人	14048	14607	3.98	65	66	−1
学研合作发明专利数/件	15	4	−73.33	43	68	−25
外商、港澳台商投资企业占比/%	3.95	3.81	−3.54	74	71	3
新兴产业发明专利申请量/件	1948	1371	−29.62	66	72	−6
百万人均发明专利申请量/（件/百万人）	530.07	356.61	−32.72	70	74	−4
当年新增企业数/个	2255	3159	40.09	81	75	6
产学研合作发明专利数/件	35	50	42.86	77	77	0
对外联系强度	18190147.76	31215778.79	71.61	84	78	6
产业合作发明专利数/件	49	70	42.86	88	87	1
创新积累	995.70	1168.35	17.34	89	87	2
接近中心度	0.49	0.50	0.53	82	91	−9
特征向量中心度	0.18	0.16	−6.86	78	91	−13
普通高等学校专任教师数/人	2123	2139	0.75	90	93	−3

　　基于上述分析，一方面，湖北省应该继续坚持将省会城市武汉市打造成为原始创新策源极核，以高标准打造具有国际竞争力的创新高地，进而提升湖北省在中部地区崛起中的科技创新支点和全球创新网络中的重要链接功能。另一方面，我们也应该关注到，对于湖北省而言，区域不平衡发展问题尤为严重。在以武汉市为主、襄阳市和宜昌市 2 个区域科技创新中心为辅的战略发展下，湖北省的创新发展取得了较大进步，但是这 3 个城市间的发展差距过大，以及省内其他城市与这 3 个城市间的发展差距过大问题尤为突出。

5.6　辽宁省

辽宁省共有 2 个城市纳入分析，分别是沈阳市和大连市。2015—2018 年，省会城市沈阳市的排名明显低于大连市。但是，2019 年，两个城市的城市创新生态系统综合排名基本达到同一水平。

从各城市的表现来看，沈阳市的城市创新主体指标排名呈下降态势且较为落后。从二级指标维度来看，沈阳市拥有较强的创新主体的能力，但是创新主体的动力和创新主体的活力亟须提升。从基础数据来看，教育支出占比少以及科学技术支出占比降低是导致创新主体的动力指标排名落后且大幅下降的主要原因。科研从业人员较多以及国家高新区的快速发展极大地提高了沈阳市创新主体的能力指标排名。数字金融业发展缓慢以及新创企业增长速度迟缓是导致创新主体的活力指标排名落后的关键所在。在城市内部创新生态建构方面，该指标排名在 2019 年也有较大增幅且排名较为领先。2019 年，沈阳市新增 3 个省部共建协同创新中心，极大地提升了创新平台的发展水平指标的排名。此外，外商、港澳台商投资企业占比增加，使得沈阳市的创新要素的多样性指标排名 2019 年较 2015 年有较大幅度上升。在城市间创新生态嵌入方面，该指标排名基本稳定。关系嵌入指标排名和结构嵌入指标排名明显高于系统开放性和外部可达性。

大连市的城市创新主体指标排名相对于城市内部创新生态建构指标和城市间创新生态嵌入指标而言较为落后，但是总体呈波动上升态势。从二级指标维度来看，大连市拥有较高的创新主体的动力水平，但是创新主体的能力指标排名和创新主体的活力指标排名较为落后。从基础数据来看，大连市具有较好的市场多样性以及良好的商业信用环境，是创新发展的主要动力来源。国家高新区发展降速以及产业结构升级缓慢，导致创新主体的能力指标排名总体呈下降态势。数据普惠金融业发展迟缓、新创企业和中国 500 强企业数量减少是该城市创新主体的活力指标排名下降的关键所在。2018 年，大连市新增 3 个省部共建协同创新中心，而 2019 年无新增，因此创新平台的发展水平指标排名出现较大幅度下降，由此产生的连锁反应导致城市内部创新生态建构指标排名在 2019 年有较大幅度下降。值得重点关注的是，大连市拥有较大比例的外商以及港澳台商投资企业，因此创新要素的多样性指标排名十分领先。除此以外，大连市不仅拥有较高的外部可达性水平，而且与其他城市在先进产业领域的合作不断增强，因此城市间创新生态嵌入指标排名相较于同一级的另外 2 个指标较为领先，且总体呈上升态势。

5.6.1　总体情况

2019 年，沈阳市的城市创新生态系统综合排名第 25 位，较上一年上升 6 位，较 2015 年上升 3 位；大连市的城市创新生态系统综合排名第 24 位，较上一年下降 4 位，与 2015 年保持一致（见图 5-45）。

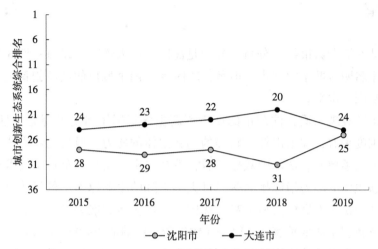

图 5-45　2015—2019 年城市创新生态系统综合排名变化

1. 城市创新主体维度

从城市创新主体维度来看，沈阳市与大连市的城市创新主体指标排名基本处于同一水平。最明显的区别在于，2015—2019 年，沈阳市排名逐年下降，大连市排名基本呈波动上升态势。2019 年，沈阳市排名第 41 位，较上一年下降 1 位，较 2015 年下降 10 位；大连市排名第 34 位，与上一年保持一致，较 2015 年上升 3 位（见图 5-46）。

图 5-46　2015—2019 年城市创新主体指标排名变化

从城市创新主体维度下的二级指标来看，就创新主体的动力指标而言，2019 年，沈阳市排名第 52 位，较上一年上升 1 位，较 2015 年下降 17 位；大连市排名第 28 位，较上一年下降 3 位，较 2015 年上升 19 位（见表 5-34 和图 5-47）。

就创新主体的能力指标而言，2019 年，沈阳市排名第 25 位，与上一年保持一致，较 2015 年上升 2 位；大连市排名第 38 位，较上一年下降 5 位，较 2015 年下降 5 位

（见表 5-34 和图 5-47）。

就创新主体的活力指标而言，2019 年，沈阳市排名第 42 位，较上一年下降 2 位，较 2015 年下降 6 位；大连市排名第 44 位，较上一年下降 2 位，较 2015 年下降 12 位（见表 5-34 和图 5-47）。

综上所述，沈阳市的城市创新主体指标排名呈下降态势，且 2019 年较 2015 年降幅较大。其中，创新主体的动力指标排名 2019 年较 2015 年有大幅下降，创新主体的能力指标排名基本稳定且呈上升态势，创新主体的活力指标排名呈下降态势。

大连市的城市创新主体指标排名呈波动上升态势。其中，创新主体的动力指标排名 2019 年较 2015 年有较大幅度上升；创新主体的能力指标排名呈波动下降态势，降幅较小；创新主体的活力指标排名总体呈下降态势，且 2019 年较 2015 年有较大幅度下降。

表 5-34　2015—2019 年城市创新主体指标得分及排名

城市	指标	2015 年		2016 年		2017 年		2018 年		2019 年	
		指标得分	排名	指标得分	排名	指标得分	排名	指标得分	排名	指标得分	排名
沈阳市	1　城市创新主体	18.30	31	16.51	33	14.81	36	14.18	40	14.90	41
	1.1　创新主体的动力	26.34	35	20.07	40	17.22	48	16.70	53	19.58	52
	1.2　创新主体的能力	13.69	27	14.09	27	13.78	26	13.34	25	13.40	25
	1.3　创新主体的活力	14.87	36	15.38	37	13.42	37	12.50	40	11.71	42
大连市	1　城市创新主体	17.20	37	17.15	31	16.69	32	16.40	34	16.64	34
	1.1　创新主体的动力	23.23	47	22.71	30	23.72	27	25.09	25	27.80	28
	1.2　创新主体的能力	12.65	33	12.62	32	13.27	27	11.82	33	10.54	38
	1.3　创新主体的活力	15.73	32	16.12	31	13.09	41	12.29	42	11.58	44

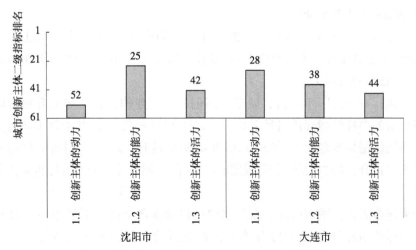

图 5-47　2019 年城市创新主体二级指标排名情况

2. 城市内部创新生态建构维度

从城市内部创新生态建构维度来看,沈阳市和大连市的城市内部创新生态建构指标排名有一定差距。2019年,沈阳市排名第17位,较上一年上升14位,较2015年上升19位;大连市排名第23位,较上一年下降9位,较2015年下降5位(见图5-48)。

图 5-48 2015—2019 年城市内部创新生态建构指标排名变化

从城市内部创新生态建构维度下的二级指标来看,就创新要素的多样性指标而言,2019年,沈阳市排名第30位,与上一年保持一致,较2015年上升11位;大连市排名第7位,与上一年保持一致,较2015年上升6位(见表5-35和图5-49)。

就创新要素的协同性指标而言,2019年,沈阳市排名第23位,较上一年上升5位,较2015年上升9位;大连市排名第35位,较上一年上升1位,较2015年下降6位(见表5-35和图5-49)。

就创新平台的发展水平指标而言,2019年,沈阳市排名第16位,较上一年上升33位,较2015年上升27位;大连市排名第46位,较上一年下降33位,较2015年下降25位(见表5-35和图5-49)。

就创新环境的适宜性指标而言,2019年,沈阳市排名第16位,较上一年上升1位,较2015年上升4位;大连市排名第26位,较上一年下降2位,较2015年下降2位(见表5-35和图5-49)。

综上所述,对于沈阳市而言,城市内部创新生态建构指标排名上升幅度较大。其中,创新要素的多样性指标排名呈上升态势,且2019年较2015年有较大幅度上升;创新要素的协同性指标排名2019年较2015年有明显提升;2019年创新平台的发展水平指标排名明显提升,较2015年上升幅度超过20位;创新环境的适宜性指标排名呈波动上升态势。

对于大连市而言,城市内部创新生态建构指标排名呈波动下降态势。2019年,创新要素的多样性指标排名较2015年有一定幅度提升,创新要素的协同性指标排名较2015年有一定幅度下降,创新平台的发展水平指标排名总体呈波动下降态势且降幅较大，创新环境的适宜性指标排名较 2015 年有小幅下降。

表 5-35　2015—2019 年城市内部创新生态建构指标得分及排名

城市	指标	2015 年		2016 年		2017 年		2018 年		2019 年	
		指标得分	排名	指标得分	排名	指标得分	排名	指标得分	排名	指标得分	排名
沈阳市	2　城市内部创新生态建构	10.75	36	11.67	30	13.12	26	12.41	31	18.57	17
	2.1　创新要素的多样性	8.59	41	8.66	40	15.70	30	14.71	30	15.62	30
	2.2　创新要素的协同性	2.52	32	4.60	22	4.90	22	3.69	28	4.50	23
	2.3　创新平台的发展水平	8.83	43	9.08	40	8.02	48	6.33	49	30.20	16
	2.4　创新环境的适宜性	23.07	20	24.33	17	23.86	19	24.89	17	23.98	16
大连市	2　城市内部创新生态建构	16.03	18	16.71	19	17.94	18	22.62	14	16.14	23
	2.1　创新要素的多样性	25.19	13	30.86	9	35.08	6	31.66	7	31.79	7
	2.2　创新要素的协同性	2.65	29	3.37	25	3.35	29	2.65	36	2.89	35
	2.3　创新平台的发展水平	15.06	21	10.74	35	10.94	32	33.63	14	9.37	46
	2.4　创新环境的适宜性	21.24	24	21.88	22	22.39	21	22.55	24	20.52	26

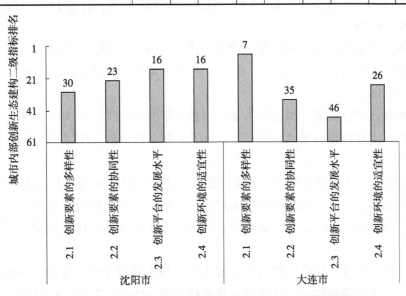

图 5-49　2019 年城市内部创新生态建构二级指标排名情况

3. 城市间创新生态嵌入维度

从城市间创新生态嵌入维度来看，沈阳市的城市间创新生态嵌入指标排名与大连市基本处于同一水平，且排名基本保持稳定。2019 年，沈阳市排名第 23 位，较上一年上升 1 位，较 2015 年上升 1 位；大连市排名第 19 位，较上一年上升 2 位，较 2015 年上升 1 位（见图 5-50）。

图 5-50   2015—2019 年城市间创新生态嵌入指标排名变化

从城市间创新生态嵌入维度下的二级指标来看，就系统开放性指标而言，2019 年，沈阳市排名第 39 位，较上一年上升 2 位，较 2015 年上升 1 位；大连市排名第 23 位，较上一年下降 2 位，较 2015 年下降 1 位（见表 5-36 和图 5-51）。

就外部可达性指标而言，2019 年，沈阳市排名第 33 位，较上一年下降 4 位，较 2015 年下降 2 位；大连市排名第 15 位，较上一年下降 1 位，较 2015 年下降 8 位（见表 5-36 和图 5-51）。

就关系嵌入指标而言，2019 年，沈阳市排名第 18 位，较上一年上升 4 位，较 2015 年上升 1 位；大连市排名第 21 位，较上一年下降 4 位，较 2015 年上升 25 位（见表 5-36 和图 5-51）。

就结构嵌入指标而言，2019 年，沈阳市排名第 18 位，较上一年下降 2 位，较 2015 年下降 3 位；大连市排名第 22 位，较上一年上升 1 位，较 2015 年上升 10 位（见表 5-36 和图 5-51）。

综上所述，对于沈阳市而言，城市间创新生态嵌入指标排名基本保持稳定。其中，系统开放性指标排名呈波动态势且增幅较小，外部可达性指标排名呈波动下降态势且降幅较小，关系嵌入指标排名波动较小，结构嵌入指标排名总体呈波动下降态势且降幅较小。

对于大连市而言，城市间创新生态嵌入指标排名波动不大。其中，系统开放性指标排名基本稳定且降幅较小，外部可达性指标排名 2019 年较 2015 年出现较大幅度下降，关系嵌入和结构嵌入指标排名 2019 年较 2015 年有大幅度上升。

表 5-36　2015—2019 年城市间创新生态嵌入指标得分及排名

城市	指标		2015 年		2016 年		2017 年		2018 年		2019 年	
			指标得分	排名	指标得分	排名	指标得分	排名	指标得分	排名	指标得分	排名
沈阳市	3	城市间创新生态嵌入	16.75	24	17.24	27	17.70	24	17.08	24	18.79	23
	3.1	系统开放性	3.18	40	3.01	45	2.99	45	3.60	41	4.14	39
	3.2	外部可达性	31.58	31	31.43	35	31.01	42	31.36	29	31.53	33
	3.3	关系嵌入	5.78	19	4.64	19	6.53	18	6.28	22	8.18	18
	3.4	结构嵌入	26.45	15	29.87	18	30.28	13	27.09	16	31.29	18
大连市	3	城市间创新生态嵌入	18.11	20	18.62	22	19.63	19	18.91	21	19.66	19
	3.1	系统开放性	7.57	22	6.42	25	9.15	19	7.78	21	7.08	23
	3.2	外部可达性	43.40	7	43.45	12	43.23	12	38.97	14	38.85	15
	3.3	关系嵌入	1.74	46	1.08	54	6.30	19	7.80	17	7.41	21
	3.4	结构嵌入	19.71	32	23.51	28	19.83	31	21.10	23	25.30	22

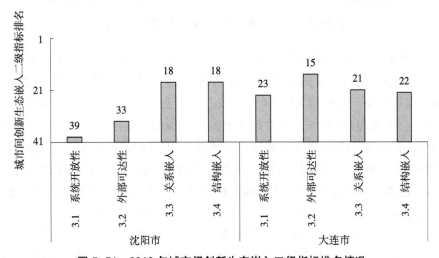

图 5-51　2019 年城市间创新生态嵌入二级指标排名情况

5.6.2　细分领域

1. 沈阳市

沈阳市城市创新生态系统情况见表 5-37 和图 5-52。

表 5-37　2015—2019 年沈阳市城市创新生态系统综合指标

指标	2015 年		2016 年		2017 年		2018 年		2019 年	
	指标得分	排名	指标得分	排名	指标得分	排名	指标得分	排名	指标得分	排名
城市创新生态系统	15.27	28	15.14	29	15.21	28	14.56	31	17.42	25
1　城市创新主体	18.30	31	16.51	33	14.81	36	14.18	40	14.90	41
2　城市内部创新生态建构	10.75	36	11.67	30	13.12	26	12.41	31	18.57	17
3　城市间创新生态嵌入	16.75	24	17.24	27	17.70	24	17.08	24	18.79	23

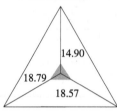

图 5-52　2019 年沈阳市城市创新生态系统蛛网图

从基础数据看，沈阳市的城市创新主体指标排名呈下降态势，且 2019 年较 2015 年降幅较大。其中，创新主体的动力指标排名较 2015 年大幅下降，具体表现为，2019 年，"商业信用环境"指标排名第 24 位，较上一年上升 8 位，增速为 3.60%，较 2015 年下降 9 位，增速为 -0.69%；"教育支出占比"指标排名第 99 位，较上一年下降 2 位，增速为 -5.29%，较 2015 年下降 7 位，增速为 -15.06%；"科学技术支出占比"指标排名第 65 位，与上一年保持一致，增速为 1.25%，较 2015 年下降 33 位，增速为 -34.51%。创新主体的能力指标排名基本稳定且呈上升态势，具体表现为，2019 年，"科研、技术服务和地质勘查业从业人员"指标排名第 19 位，较上一年上升 1 位，增速为 10.45%；"国家高新区 R&D 经费内部支出"指标排名第 42 位，较上一年上升 1 位，增速为 28.51%；"百万人均发明专利数"指标排名第 36 位，较上一年上升 5 位，增速为 -5.07%；"国家高新区 R&D 人员"指标排名第 35 位，较上一年上升 8 位，增速为 40.82%。创新主体的活力指标排名呈下降态势，具体表现为，2019 年，"数字普惠金融指数"指标排名第 47 位，较上一年下降 3 位，增速为 4.98%，较 2015 年下降 12 位，增速为 35.07%；"A 股上市公司高新技术企业数（上市公司本身）"指标排名第 36 位，较上一年下降 3 位，增速为 -9.09%，较 2015 年下降 1 位，增速为 11.11%；"当年新增科技型中小企业数"指标排名第 45 位，较上一年下降 2 位，增速为 -15.70%，较 2015 年上升 1 位，增速为 27.50%。

沈阳市的城市内部创新生态建构指标排名上升幅度较大。其中，创新要素的多样性指标排名呈上升态势，且较 2015 年有较大幅度上升，具体表现为，2019 年，"外商、

港澳台商投资企业占比"指标排名第 22 位，较上一年上升 2 位，增速为-6.75%，较
2015 年上升 17 位，增速为 50.90%。创新要素的协同性指标排名较 2015 年有明显提
升，具体表现为，2019 年，"产学研合作发明专利数"指标排名第 19 位，较上一年上
升 2 位，增速为 27.36%，与 2015 年保持一致，增速为 89.25%；"产业合作发明专利
数"指标排名第 29 位，较上一年上升 7 位，增速为 41.33%，较 2015 年上升 1 位，增
速为 90.10%；"学研合作发明专利数"指标排名第 31 位，较上一年上升 6 位，增速为
94.44%，较 2015 年上升 12 位。企业间以及高等院校和科研院所间的协同水平亟待提
升。2019 年，沈阳市新增 3 个省部共建协同创新中心，极大地提升了创新平台的发展水
平指标排名。创新环境的适宜性指标排名基本稳定且呈上升态势，具体表现为，2019 年，
"AQI 年平均值"指标排名第 46 位，较上一年下降 6 位，较 2015 年上升 33 位。

　　沈阳市的城市间创新生态嵌入指标排名基本保持稳定。其中，系统开放性指标排
名增幅较小，具体表现为，2019 年，"当年实际使用外资金额"指标排名第 36 位，较
上一年上升 3 位，增速为 15.35%，较 2015 年排名上升 12 位，增速为 55.54%。外部可
达性指标排名降幅较小，具体表现为，2019 年，"截至当年所拥有的高铁站点数"指
标排名第 29 位，较上一年下降 5 位；"民用航空货邮运量"指标排名第 27 位，较上一
年上升 2 位，较 2015 年下降 5 位；"民用航空客运量"指标排名第 30 位，较上一年上
升 1 位，较 2015 年下降 4 位。沈阳市应提升陆运以及空运基础设施建设水平，促进与
其他城市建立创新合作关系。关系嵌入指标排名呈上升态势且波动较小，具体表现为，
2019 年，"对外联系强度"指标排名第 21 位，较上一年上升 2 位，较 2015 年下降 2
位；"先进产业嵌入深度"指标排名第 18 位，较上一年上升 3 位，较 2015 年上升 6
位。结构嵌入指标排名总体呈下降态势且降幅较小，具体表现为，2019 年，"接近中心
度"指标排名第 18 位，较上一年下降 1 位，增速为 1.77%，较 2015 年下降 5 位，增速
为 4.93%；"特征向量中心度"指标排名第 18 位，较上一年下降 3 位，增速为 3.24%，
较 2015 年下降 1 位，增速为 28.36%；"中介中心度"指标排名第 17 位，较上一年上
升 4 位，增速为 25.17%，较 2015 年下降 3 位，增速为 4.28%。沈阳市在创新合作网络
中占据较为重要的地位。

　　沈阳市部分变化较大的指标见表 5-38。

表 5-38　沈阳市部分变化较大的指标

指标	2018 年	2019 年	增速/%	2018 年排名	2019 年排名	排名变化
中介中心度	716.19	896.45	25.17	21	17	4
先进产业嵌入深度	405.00	694.00	71.36	21	18	3
科研、技术服务和地质勘查业从业人员/万人	4.21	4.65	10.45	20	19	1
产业结构高级化指数	7.10	7.18	1.00	19	21	-2

续表

指标	2018 年	2019 年	增速/%	2018 年排名	2019 年排名	排名变化
外商、港澳台商投资企业占比/%	18.13	16.91	-6.75	24	22	2
商业信用环境	73.19	75.82	3.60	32	24	8
新兴产业发明专利申请量/件	7440	7221	-2.94	31	26	5
产业合作发明专利数/件	421	595	41.33	36	29	7
国家高新区高新技术企业数/个	394	589	49.49	31	29	2
国家高新区留学归国人员/人	594	558	-6.06	28	30	-2
学研合作发明专利数/件	18	35	94.44	37	31	6
国家高新区 R&D 人员/人	11393	16044	40.82	43	35	8
百万人均发明专利申请量/（件/百万人）	1330.83	1263.36	-5.07	41	36	5
当年实际使用外资金额/万美元	143095.00	165053.00	15.35	39	36	3
国家高新区 R&D 经费内部支出/千元	2413446.00	3101614.00	28.51	43	42	1
AQI 年平均值	77.17	80.25	-4.00	40	46	-6
数字普惠金融指数	254.39	267.06	4.98	44	47	-3
规模以上工业企业新产品销售收入/万元	11948533.00	9503112.00	-20.47	39	51	-12
规模以上工业企业 R&D 人员/人	22946	19347	-15.68	49	54	-5
国家高新区外籍常驻人员/人	90	61	-32.22	53	58	-5
科学技术支出占比/%	1.88	1.90	1.25	65	65	0
国家高新区工业总产值/千元	55037188.00	53201975.00	-3.33	64	69	-5
教育支出占比/%	11.93	11.30	-5.29	97	99	-2

2. 大连市

大连市城市创新生态系统情况见表 5-39 和图 5-53。

表 5-39 2015—2019 年大连市城市创新生态系统综合指标

指标	2015 年		2016 年		2017 年		2018 年		2019 年	
	指标得分	排名	指标得分	排名	指标得分	排名	指标得分	排名	指标得分	排名
城市创新生态系统	17.11	24	17.49	23	18.09	22	19.31	20	17.48	24
1 城市创新主体	17.20	37	17.15	31	16.69	32	16.40	34	16.64	34
2 城市内部创新生态建构	16.03	18	16.71	19	17.94	18	22.62	14	16.14	23
3 城市间创新生态嵌入	18.11	20	18.62	22	19.63	19	18.91	21	19.66	19

· 156 ·

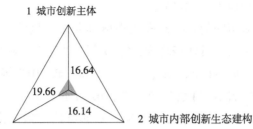

图 5-53　2019 年大连市城市创新生态系统蛛网图

　　从基础数据看，大连市的城市创新主体指标排名呈波动上升态势。其中，创新主体的动力指标排名较 2015 年有较大幅度上升，具体表现为，2019 年，"商业信用环境"指标排名第 17 位，较上一年上升 1 位，增速为 2.21%，较 2015 年上升 5 位，增速为 2.42%；"市场多样性"指标排名第 6 位，较上一年上升 1 位，增速为-20.48%，较 2015 年上升 9 位，增速为 45.16%。创新主体的能力指标排名呈波动下降态势，降幅较小，具体表现为，2019 年，"国家高新区 R&D 人员"指标排名第 34 位，较上一年下降 8 位，增速为-31.03%，较 2015 年上升 9 位，增速为 63.30%；"国家高新区 R&D 经费内部支出"指标排名第 39 位，较上一年下降 5 位，增速为-24.15%，较 2015 年下降 6 位，增速为-3.23%；"创新积累"指标排名第 28 位，较上一年下降 2 位，增速为-2.92%，较 2015 年下降 5 位，增速为 22.80%；"产业结构高级化指数"指标排名第 38 位，与上一年保持一致，增速为 0.12%，较 2015 年下降 9 位，增速为 0.51%。创新主体的活力指标排名总体呈波动下降态势，具体表现为，2019 年，"数字普惠金融指数"指标排名第 49 位，较上一年下降 4 位，增速为 4.79%，较 2015 年下降 17 位，增速为 33.14%；"中国 500 强企业数"指标排名第 32 位，较上一年下降 1 位，较 2015 年下降 17 位，增速为-50.00%；"当年新增企业数"指标排名第 37 位，较上一年下降 3 位，增速为-0.55%，较 2015 年下降 9 位，增速为 49.74%。

　　大连市的城市内部创新生态建构指标排名呈波动下降态势。其中，创新要素的多样性指标排名较 2015 年有一定幅度提升，具体表现为，2019 年，"外商、港澳台商投资企业占比"指标排名第 6 位，较上一年上升 1 位，增速为-7.93%，较 2015 年上升 9 位，增速为 14.79%。创新要素的协同性指标排名较 2015 年有一定幅度下降，具体表现为，2019 年，"学研合作发明专利数"指标排名第 43 位，较上一年上升 5 位，增速为 60.00%，较 2015 年下降 19 位，增速为 6.67%。创新平台的发展水平指标排名总体呈波动下降态势且降幅较大，具体表现为，2019 年，"国家级科技企业孵化器数"指标排名第 25 位，较上一年下降 1 位，较 2015 年下降 11 位。除此之外，2018 年，大连市新增 3 个省部共建协同创新中心，而 2019 年则无新增，因此创新平台的发展水平指标排名出现较大幅度下降。创新环境的适宜性指标排名较 2015 年有小幅下降，具体表现为，2019 年，"AQI 年平均值"指标排名第 30 位，较上一年下降 8 位，较 2015 年上升 14 位；"医生数"指标排名第 37 位，较上一年下降 2 位，增速为 4.42%，较 2015

年下降6位，增速为21.14%。

　　大连市的城市间创新生态嵌入指标排名总体呈波动上升态势。其中，系统开放性指标排名波动不大，具体表现为，2019年，"当年实际使用外资金额"指标排名第59位，较上一年下降34位，增速为-67.42%，较2015年下降37位，增速为-67.82%；"外商直接投资合同项目数"指标排名第31位，较上一年上升3位，增速为10.05%，较2015年下降8位，增速为8.56%。外部可达性指标排名较2015年出现较大幅度下降，具体表现为，2019年，"截至当年所拥有的高铁站点数"指标排名第10位，较上一年下降1位，较2015年下降6位；"民用航空货邮运量"指标排名第26位，较上一年下降3位，较2015年下降5位；"民用航空客运量"指标排名第27位，较上一年下降1位，较2015年下降3位。便捷的陆运以及空运交通基础设施有利于大连市与其他城市建立创新合作关系。关系嵌入指标排名和结构嵌入指标排名较2015年有大幅度上升，在关系嵌入方面，2019年，"对外联系强度"指标排名第18位，较上一年下降2位，较2015年上升28位；"先进产业嵌入深度"指标排名第33位，较上一年上升3位，较2015年上升22位。大连市与其他城市在高新技术以及创新方面的合作强度不断提升。就结构嵌入指标而言，2019年，"接近中心度"指标排名第22位，与上一年保持一致，增速为1.20%，较2015年上升7位，增速为6.83%；"特征向量中心度"指标排名第24位，与上一年保持一致，增速为8.19%，较2015年上升6位，增速为37.50%；"中介中心度"指标排名第28位，较上一年下降3位，增速为-16.44%，较2015年上升6位。大连市在城市间创新合作网络中的地位不断提升。

　　大连市部分变化较大的指标见表5-40。

表5-40　大连市部分变化较大的指标

指标	2018年	2019年	增速/%	2018年排名	2019年排名	排名变化
外商、港澳台商投资企业占比/%	32.50	29.92	-7.93	7	6	1
国际会议数/个	6	12	100.00	12	9	3
国家高新区留学归国人员/人	4242	3540	-16.55	8	11	-3
商业信用环境	74.87	76.53	2.21	18	17	1
对外联系强度	326880107.51	398507627.01	21.91	16	18	-2
国家高新区外籍常驻人员/人	1041	886	-14.89	15	20	-5
接近中心度	0.55	0.55	1.20	22	22	0
产业合作发明专利数/件	742	843	13.61	22	22	0
特征向量中心度	0.43	0.47	8.19	24	24	0
医院床位数/张	45129	45356	0.50	22	25	-3
创新积累	12932.68	12554.78	-2.92	26	28	-2
中介中心度	520.23	434.72	-16.44	25	28	-3

指标	2018 年	2019 年	增速/%	2018 年排名	2019 年排名	排名变化
产学研合作发明专利数/件	176	222	26.14	27	29	-2
AQI 年平均值	67.50	72.58	-7.53	22	30	-8
外商直接投资合同项目数/个	219	241	10.05	34	31	3
先进产业嵌入深度	152.00	223.00	46.71	36	33	3
国家高新区 R&D 人员/人	23531	16230	-31.03	26	34	-8
百万人均发明专利申请量/（件/百万人）	1606.05	1315.86	-18.07	35	35	0
当年新增企业数/个	8289	8243	-0.55	34	37	-3
医生数/人	21721	22681	4.42	35	37	-2
产业结构高级化指数	6.92	6.93	0.12	38	38	0
国家高新区 R&D 经费内部支出/千元	4373360.00	3317220.00	-24.15	34	39	-5
国家高新区工业总产值/千元	125444293.00	139610382.00	11.29	41	39	2
学研合作发明专利数/件	10	16	60.00	48	43	5
数字普惠金融指数	253.97	266.12	4.79	45	49	-4
科学技术支出占比/%	3.56	2.71	-24.03	34	56	-22

　　基于上述分析，对于辽宁省而言，应该从两个方面发力，提升城市创新生态系统建设水平。一方面，深化科技创新体制机制改革。坚持以市场化为原则，建立遵循契约精神的创新联合体，集聚产学研创新要素，提升要素间的协同水平。此外，政府应该加快职能转变，建设服务型政府，提升履职服务能力。政府还应为全省科技创新发展营造良好的营商环境，激活创新创业活力。另一方面，辽宁省应该坚持以沈阳市和大连市为牵引带动省内其他城市发展的创新策略。此外，辽宁省应该基于产业底蕴，以数字化赋能传统制造业，加快推动制造业数字化转型。

5.7　陕西省

　　陕西省共有 2 个城市纳入分析，分别是西安市和榆林市。省会城市西安市的城市创新生态系统综合排名明显高于榆林市，呈小幅上升态势。与之相反，榆林市的排名总体呈波动下降态势，与西安市的城市创新生态系统建设水平差距有所增大。

　　从各城市的表现来看，西安市的城市创新主体指标排名较为领先且发展势头迅猛。值得关注的是，西安市创新主体的动力指标排名处于较为落后的地位，与创新主体的能力指标排名和创新主体的活力指标排名存在较大的差距。从基础数据来看，科学技术支出占比和教育支出占比仅位于 100 个样本城市的中间水平，与拥有相同城市创新生态系统发展水平的城市相比存在较大差距。A 股上市公司高新技术企业数量以及新兴产业创新产出的增加，为西安市创新发展注入了活力。西安市城市内部创新生态建构指标排名呈波动下降态势。从基础数据来看，企业、科研院所以及高等院校之间良好的合作关系极大地提高了西安市创新要素间的协同水平。但是，受空气质量恶化的影响，西安市创新环境的适宜性指标排名出现较大幅度下降，提高绿色创新能力，实现可持续发展任重而道远。西安市城市间创新生态嵌入指标排名总体呈上升态势，发展势头向好。从基础数据来看，西安市拥有较高的吸引和利用外资能力，且能够在创新合作网络中占据关键位置，因此系统开放性指标排名和结构嵌入指标排名较为领先。此外，较为便利的陆运和空运交通条件使得西安市具有较高的外部可达性水平，为创新合作关系的建立奠定了基础条件。

榆林市的城市创新主体指标排名非常靠后，且总体呈下降态势。榆林市在创新主体的动力、创新主体的能力和创新主体的活力 3 个方面均处于落后水平。值得关注的是，从细分指标来看，地方一般公共预算支出中科学技术支出所占的比重明显减少。此外，榆林市还缺乏国家科学技术奖、高被引学者以及高被引专利等能够孕育原始创新的土壤。新创企业数量减少是影响创新主体的活力指标排名的关键，但是也应该看到榆林市在创新方面的积极努力，例如，新兴产业发明专利申请量有所增加。城市内部创新生态建构指标排名稍领先于其余 2 个二级指标，总体呈波动上升态势，增幅较小。从基础数据来看，国家高新区留学归国人员和外籍常驻人员数量大幅下降是创新要素的多样性指标排名落后的关键。2019 年，榆林市的科研院所和高等院校间合作专利数量实现了 0 的突破，使得创新要素的协同性指标排名在当年有较大幅度提升。即便如此，榆林市的产学研协同水平依旧处于全国落后水平。空气质量改善以及文化、体育和娱乐业从业人员比重增加是创新环境的适宜性指标排名提升的主要原因。城市间创新生态嵌入指标排名总体呈波动上升态势且排名较为落后。榆林市系统开放性以及外部可达性指标排名非常靠后，构建生态嵌入关系的基础条件十分薄弱；但是，榆林市在关系嵌入和结构嵌入方面却有相对较好的表现，尤其是先进产业嵌入深度方面，能够通过嵌入产业发展的关键环节，借助外部资源提升自身创新能力。

5.7.1 总体情况

2019 年，西安市的城市创新生态系统综合排名第 10 位，较上一年上升 1 位，较 2015 年上升 1 位；榆林市的城市创新生态系统综合排名第 98 位，较上一年上升 1 位，较 2015 年下降 3 位（见图 5-54）。

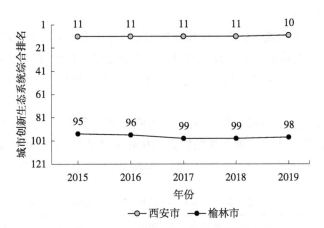

图 5-54　2015—2019 年城市创新生态系统综合排名变化

1. 城市创新主体维度

从城市创新主体维度来看，西安市和榆林市的城市创新主体指标排名差距明显。2015—2019 年，西安市的排名有所上升，榆林市的排名呈波动下降态势。2019 年，西安市排名第 11 位，与上一年保持一致，较 2015 年上升 4 位；榆林市排名第 98 位，较上一年上升 1 位，较 2015 年下降 5 位（见图 5-55）。

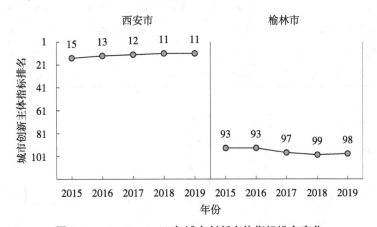

图 5-55　2015—2019 年城市创新主体指标排名变化

从城市创新主体维度下的二级指标来看，就创新主体的动力指标而言，2019 年，西安市排名第 36 位，与上一年保持一致，较 2015 年上升 3 位；榆林市排名第 97 位，较上一年下降 1 位，较 2015 年下降 3 位（见表 5-41 和图 5-56）。

就创新主体的能力指标而言，2019 年，西安市排名第 9 位，与上一年保持一致，较 2015 年上升 1 位；榆林市排名第 97 位，较上一年下降 3 位，较 2015 年下降 6 位（见表 5-41 和图 5-56）。

就创新主体的活力指标而言，2019 年，西安市排名第 9 位，较上一年上升 2 位，较 2015 年上升 5 位；榆林市排名第 93 位，较上一年上升 3 位，较 2015 年下降 5 位

（见表 5-41 和图 5-56）。

综上所述，西安市的城市创新主体指标排名总体呈上升态势，且 2019 年较 2015 年增幅较大。其中，创新主体的动力指标排名呈波动上升态势，2019 年较 2015 年有一定幅度提升；创新主体的能力指标排名基本稳定且呈上升态势；创新主体的活力指标排名呈上升态势且增幅较大。

榆林市的城市创新主体指标排名呈波动下降态势，其中，创新主体的动力指标排名落后且呈波动下降态势，创新主体的能力指标排名较为滞后且 2019 年较 2015 年有较大幅度下降，创新主体的活力指标排名 2019 年较 2015 年有较大幅度下降。

表 5-41 2015—2019 年城市创新主体指标得分及排名

城市	指标		2015 年		2016 年		2017 年		2018 年		2019 年	
			指标得分	排名	指标得分	排名	指标得分	排名	指标得分	排名	指标得分	排名
西安市	1	城市创新主体	25.29	15	24.47	13	24.43	12	25.91	11	27.81	11
	1.1	创新主体的动力	25.44	39	19.87	42	20.68	36	21.54	36	24.58	36
	1.2	创新主体的能力	26.60	10	28.30	10	27.25	9	28.88	9	26.27	9
	1.3	创新主体的活力	23.82	14	25.23	14	25.37	11	27.32	11	32.58	9
榆林市	1	城市创新主体	6.49	93	5.64	93	4.95	97	4.02	99	4.19	98
	1.1	创新主体的动力	13.08	94	10.08	93	9.75	93	8.67	96	9.95	97
	1.2	创新主体的能力	3.45	91	3.15	92	2.60	92	1.88	94	0.99	97
	1.3	创新主体的活力	2.94	88	3.69	85	2.50	92	1.52	96	1.62	93

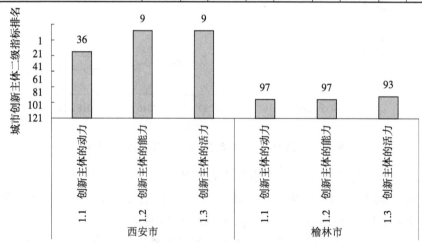

图 5-56 2019 年城市创新主体二级指标排名情况

2. 城市内部创新生态建构维度

从城市内部创新生态建构维度来看，西安市和榆林市的指标排名差距较大。2019

年，西安市排名第 10 位，较上一年下降 2 位，较 2015 年下降 3 位；榆林市排名第 89 位，较上一年上升 1 位，较 2015 年上升 2 位（见图 5-57）。

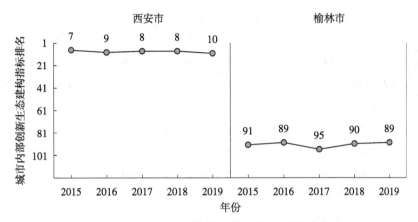

图 5-57 2015—2019 年城市内部创新生态建构指标排名变化

从城市内部创新生态建构维度下的二级指标来看，就创新要素的多样性指标而言，2019 年，西安市排名第 12 位，较上一年上升 1 位，较 2015 年下降 1 位；榆林市排名第 100 位，较上一年下降 4 位，与 2015 年保持一致（见表 5-42 和图 5-58）。

就创新要素的协同性指标而言，2019 年，西安市排名第 8 位，与上一年保持一致，较 2015 年下降 1 位；榆林市排名第 83 位，较上一年上升 10 位，较 2015 年下降 4 位（见表 5-42 和图 5-58）。

就创新平台的发展水平指标而言，2019 年，西安市排名第 10 位，较上一年下降 5 位，较 2015 年下降 5 位；榆林市排名第 80 位，较上一年上升 3 位，较 2015 年上升 10 位（见表 5-42 和图 5-58）。

就创新环境的适宜性指标而言，2019 年，西安市排名第 25 位，较上一年上升 4 位，较 2015 年下降 7 位；榆林市排名第 77 位，较上一年上升 9 位，较 2015 年下降 5 位（见表 5-42 和图 5-58）。

综上所述，对于西安市而言，城市内部创新生态建构指标排名 2015—2019 年呈波动下降态势。其中，创新要素的多样性指标排名和创新要素的协同性指标排名基本稳定且略有下降；创新平台的发展水平指标排名呈波动下降态势且降幅较大；创新环境的适宜性指标排名在 2019 年有所回升，但是较 2015 年仍有较大幅度下降。

对于榆林市而言，城市内部创新生态建构指标排名呈波动上升态势且增幅较小。其中，创新要素的多样性指标排名落后；创新要素的协同性指标排名在 2019 年有较大幅度提升，但是总体仍呈下降态势；创新平台的发展水平指标排名总体呈波动上升态势且增幅较大；创新环境的适宜性指标排名 2019 年较上一年有较大幅度提升，但是仍未回到 2015 年的排名水平。

表 5-42 2015—2019 年城市内部创新生态建构指标得分及排名

城市	指标	2015 年		2016 年		2017 年		2018 年		2019 年	
		指标得分	排名	指标得分	排名	指标得分	排名	指标得分	排名	指标得分	排名
西安市	2 城市内部创新生态建构	27.24	7	25.74	9	26.56	8	27.33	8	25.44	10
	2.1 创新要素的多样性	29.17	11	29.84	12	27.02	12	24.59	13	26.06	12
	2.2 创新要素的协同性	13.00	7	12.17	9	17.74	8	16.57	8	15.51	8
	2.3 创新平台的发展水平	43.54	5	41.91	6	41.07	4	48.04	5	39.52	10
	2.4 创新环境的适宜性	23.26	18	19.04	32	20.43	28	20.11	29	20.66	25
榆林市	2 城市内部创新生态建构	3.27	91	3.22	89	3.07	95	2.66	90	3.02	89
	2.1 创新要素的多样性	0.05	100	0.12	99	0.26	99	0.45	96	0.02	100
	2.2 创新要素的协同性	0.27	79	0.13	92	0.20	95	0.15	93	0.44	83
	2.3 创新平台的发展水平	0.71	90	0.97	85	0.90	90	1.18	83	1.84	80
	2.4 创新环境的适宜性	12.04	72	11.68	71	10.93	83	8.87	86	9.78	77

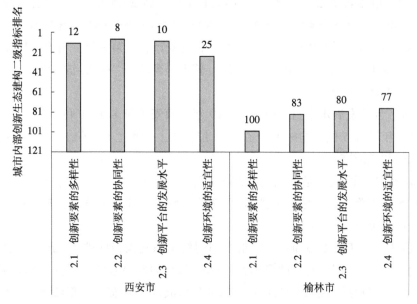

图 5-58 2019 年城市内部创新生态建构二级指标排名情况

3. 城市间创新生态嵌入维度

从城市间创新生态嵌入维度来看，西安市的城市间创新生态嵌入指标排名远高于榆林市，且 2015—2019 年呈波动上升态势。2019 年，西安市排名第 11 位，与上一年保持一致，较 2015 年上升 2 位；榆林市排名第 95 位，较上一年上升 3 位，较 2015 年上升 3 位（见图 5-59）。

图 5-59　2015—2019 年城市间创新生态嵌入指标排名变化

从城市间创新生态嵌入维度下的二级指标来看，就系统开放性指标而言，2019 年，西安市排名第 9 位，较上一年下降 1 位，较 2015 年上升 5 位；榆林市排名第 99 位，与上一年保持一致，较 2015 年上升 1 位（见表 5-43 和图 5-60）。

就外部可达性指标而言，2019 年，西安市排名第 24 位，与上一年保持一致，较 2015 年上升 13 位；榆林市排名第 98 位，较上一年下降 2 位，较 2015 年下降 4 位（见表 5-43 和图 5-60）。

就关系嵌入指标而言，2019 年，西安市排名第 14 位，较上一年上升 1 位，较 2015 年上升 2 位；榆林市排名第 77 位，较上一年上升 1 位，较 2015 年下降 3 位（见表 5-43 和图 5-60）。

就结构嵌入指标而言，2019 年，西安市排名第 8 位，较上一年下降 1 位，较 2015 年下降 3 位；榆林市排名第 84 位，较上一年上升 4 位，较 2015 年上升 6 位（见表 5-43 和图 5-60）。

综上所述，对于西安市而言，城市间创新生态嵌入指标排名总体呈波动上升态势。其中，系统开放性指标排名 2019 年较 2015 年有较大幅度提升，外部可达性指标排名 2019 年较 2015 年有明显提升，关系嵌入指标排名总体呈上升态势且幅度较小，结构嵌入指标排名总体呈波动下降态势且降幅较小。

对于榆林市而言，城市间创新生态嵌入指标排名总体呈波动上升态势。其中，系统开放性指标排名较为稳定，外部可达性指标排名和关系嵌入指标排名呈波动下降态势且降幅较小，结构嵌入指标排名总体呈波动上升态势且增幅较大。

表 5-43　2015—2019 年城市间创新生态嵌入指标得分及排名

城市	指标	2015 年		2016 年		2017 年		2018 年		2019 年	
		指标得分	排名	指标得分	排名	指标得分	排名	指标得分	排名	指标得分	排名
西安市	3　城市间创新生态嵌入	21.45	13	21.98	15	23.87	11	26.13	11	27.62	11
	3.1　系统开放性	12.06	14	15.06	13	17.33	11	21.36	8	22.74	9
	3.2　外部可达性	30.44	37	30.81	39	33.87	28	33.11	24	33.62	24
	3.3　关系嵌入	7.26	16	5.91	16	7.75	16	12.12	15	12.22	14
	3.4　结构嵌入	36.06	5	36.15	8	36.52	9	37.94	7	41.90	8
榆林市	3　城市间创新生态嵌入	6.71	98	7.24	99	6.39	98	5.88	98	7.56	95
	3.1　系统开放性	0.11	100	0.01	100	0.06	100	0.13	99	0.15	99
	3.2　外部可达性	18.66	94	18.63	95	18.71	97	18.78	96	18.88	98
	3.3　关系嵌入	0.55	74	0.42	75	0.58	73	0.52	78	0.60	77
	3.4　结构嵌入	7.53	90	9.90	91	6.21	89	4.10	88	10.60	84

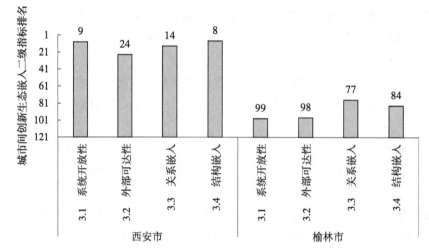

图 5-60　2019 年城市间创新生态嵌入二级指标排名情况

5.7.2　细分领域

本小节选择陕西省的省会城市西安市作为重点分析对象。

西安市城市创新生态系统情况见表 5-44 和图 5-61。

表 5-44　2015—2019 年西安市城市创新生态系统综合指标

指标	2015 年		2016 年		2017 年		2018 年		2019 年	
	指标得分	排名	指标得分	排名	指标得分	排名	指标得分	排名	指标得分	排名
城市创新生态系统	24.66	11	24.06	11	24.96	11	26.46	11	26.96	10

续表

指标	2015 年		2016 年		2017 年		2018 年		2019 年	
	指标得分	排名	指标得分	排名	指标得分	排名	指标得分	排名	指标得分	排名
1　城市创新主体	25.29	15	24.47	13	24.43	12	25.91	11	27.81	11
2　城市内部创新生态建构	27.24	7	25.74	9	26.56	8	27.33	8	25.44	10
3　城市间创新生态嵌入	21.45	13	21.98	15	23.87	11	26.13	11	27.62	11

图 5-61　2019 年西安市城市创新生态系统蛛网图

从基础数据看，西安市的城市创新主体指标排名总体呈上升态势。其中，创新主体的动力指标排名呈波动上升态势，但是排名明显落后于创新主体的能力指标排名和创新主体的活力指标排名。具体表现为，2019 年，"科学技术支出占比"指标排名第52 位，较上一年下降 29 位，增速为-33.37%，较 2015 年下降 16 位，增速为 0.59%，创新投入显著减少；"教育支出占比"指标排名第 64 位，较上一年上升 24 位，增速为18.64%，较 2015 年上升 29 位，增速为 25.44%。创新主体的能力指标排名基本稳定且呈上升态势，具体表现为，2019 年，"百万人均发明专利申请量"指标排名第 13 位，较上一年上升 12 位，增速为 28.43%，较 2015 年上升 13 位，增速为 109.82%；"规模以上工业企业新产品销售收入"指标排名第 37 位，较上一年上升 7 位，增速为25.73%，较 2015 年上升 24 位，增速为 142.12%。创新主体的活力指标排名呈上升态势且增幅较大，具体表现为，2019 年，"数字普惠金融指数"指标排名第 27 位，较上一年上升 2 位，增速为 6.35%，较 2015 年下降 5 位，增速为 38.34%；"当年新增企业数"指标排名第 3 位，较上一年上升 3 位，增速为 96.60%，较 2015 年上升 18 位；"A股上市公司高新技术企业数（上市公司本身）"指标排名第 26 位，较上一年上升 4位，增速为 20.00%，较 2015 年上升 4 位，增速为 38.46%；"新兴产业发明专利申请量"指标排名第 9 位，较上一年上升 4 位，增速为 24.78%，较 2015 年上升 7 位，增速为 152.31%；"中国 500 强企业数"指标排名第 17 位，较上一年上升 5 位，增速为 20.00%，较 2015 年上升 5 位，增速为 20.00%。

西安市的城市内部创新生态建构指标排名 2015—2019 年呈波动下降态势。其中，创新要素的多样性指标排名和创新要素的协同性指标排名基本稳定且略有下降。就创新要素的多样性指标而言，2019 年，"国家高新区留学归国人员"指标排名第 7 位，较上一年下降 1 位，增速为 0.61%，较 2015 年下降 4 位，增速为 14.22%；"外商、港澳台商投资企业占比"指标排名第 48 位，较上一年下降 1 位，增速为-5.48%，较 2015 年下降 7 位，增速为-31.30%；"国家高新区外籍常驻人员"指标排名第 3 位，与上一年保持一致，增速为 11.55%，与 2015 年保持一致，增速为 51.19%。就创新要素的协同性指标而言，2019 年，"产学研合作发明专利数"指标排名第 9 位，较上一年下降 1 位，增速为 9.33%，较 2015 年上升 2 位，增速为 150.95%；"学研合作发明专利数"指标排名第 7 位，与上一年保持一致，增速为 30.77%，较 2015 年下降 1 位，增速为 151.85%；"产业合作发明专利数"指标排名第 16 位，较上一年上升 2 位，增速为 33.63%，较 2015 年上升 3 位，增速为 227.47%。创新平台的发展水平指标排名呈波动下降态势且降幅较大，具体表现为，2019 年，"国家级科技企业孵化器数"指标排名第 10 位，较上一年下降 1 位，增速为 4.17%，较 2015 年下降 3 位，增速为 31.58%；"国家高新区工业总产值"指标排名第 5 位，较上一年下降 1 位，增速为 2.78%，较 2015 年下降 1 位，增速为 28.10%；"国家高新区高新技术企业数"指标排名第 6 位，较上一年上升 1 位，增速为 44.18%，较 2015 年下降 2 位，增速为 149.31%。除此之外，2018 年，西安市有 2 个省部共建协同创新中心建立，2019 年则减少为 1 个，因此拉低了该指标的排名。创新环境的适宜性指标排名 2019 年较 2015 年有较大幅度下降，具体表现为，2019 年，"AQI 年平均值"指标排名第 87 位，较上一年上升 8 位，增速为 5.18%，较 2015 年下降 22 位，增速为-9.25%。

西安市的城市间创新生态嵌入指标排名总体呈波动上升态势。其中，系统开放性指标排名较 2015 年有较大幅度提升，具体表现为，2019 年，"当年实际使用外资金额"指标排名第 8 位，较上一年上升 1 位，增速为 11.08%，较 2015 年上升 8 位，增速为 76.07%；"外商直接投资合同项目数"指标排名第 32 位，较上一年上升 2 位，增速为 8.22%，较 2015 年上升 19 位，增速为 224.66%。外部可达性指标排名较 2015 年有明显提升，具体表现为，2019 年，"民用航空货邮运量"指标排名第 8 位，较上一年上升 3 位，增速为 22.15%，较 2015 年上升 2 位，增速为 80.49%，西安市较高水平的陆运和空运条件，为外部合作提供了便利。关系嵌入指标排名呈上升态势且波动较小，具体表现为，2019 年，"对外联系强度"指标排名第 14 位，与上一年保持一致，增速为 32.75%，较 2015 年上升 1 位；"先进产业嵌入深度"指标排名第 15 位，较上一年上升 1 位，增速为 27.94%，与 2015 年保持一致。结构嵌入指标排名总体呈波动下降态势且降幅较小，具体表现为，2019 年，"特征向量中心度"指标排名第 9 位，较上一年下降 2 位，增速为 3.38%，较 2015 年下降 4 位，增速为 14.37%；"接近中心度"指标排名第 7 位，较上一年下降 1 位，增速为 1.85%，较 2015 年下降 2 位，增速为 6.75%，西安市应进一步加强外部创新合作，提升在创新合作网络中的地位。

西安市部分变化较大的指标见表 5-45。

表 5-45　西安市部分变化较大的指标

指标	2018 年	2019 年	增速/%	2018 年排名	2019 年排名	排名变化
当年新增企业数/个	35016	68842	96.60	6	3	3
当年实际使用外资金额/万美元	635370.00	705738.00	11.08	9	8	1
新兴产业发明专利申请量/件	18710	23346	24.78	13	9	4
百万人均发明专利申请量/（件/百万人）	2547.32	3271.58	28.43	25	13	12
高被引专利数/件	114	79	-30.70	19	16	3
中国 500 强企业数/个	5	6	20.00	22	17	5
A 股上市公司高新技术企业数（上市公司本身）/个	15	18	20.00	30	26	4
数字普惠金融指数	263.98	280.75	6.35	29	27	2
商业信用环境	73.89	74.99	1.48	26	30	-4
外商直接投资合同项目数/个	219	237	8.22	34	32	2
规模以上工业企业新产品销售收入/万元	11422610.00	14361935.03	25.73	44	37	7
科学技术支出占比/%	4.19	2.79	-33.37	23	52	-29
教育支出占比/%	13.65	16.19	18.64	88	64	24
AQI 年平均值	111.08	105.33	5.18	95	87	8

　　基于上述分析，一方面，陕西省应该把科教大省的科技优势转化为创新发展的新动能。具体而言，陕西省要积极构筑创新创业人才高地，发挥人才在科技创新中的核心作用。同时，也应该加快创新人才供给与产业需求高效衔接，实现从科学研究到产业应用的"无缝衔接"。另一方面，陕西省应该积极建设辐射带动西部地区乃至全国和"一带一路"沿线高质量发展的科技创新大平台。具体来说，陕西省应该统筹区域创新，加强与"一带一路"沿线国家和地区的合作，打造开放的创新平台。此外，陕西省应该将招商引资作为对外开放的首要任务，鼓励世界大型跨国公司和知名企业入驻，引导大型企业在陕西省设立地区总部和职能型总部。

5.8　四川省

　　四川省共有 2 个城市纳入分析，分别是成都市❶和绵阳市。省会城市成都市的城市创新生态系统综合排名明显高于绵阳市，2015—2019 年，成都市的排名稳定且呈上升态势，绵阳市的排名则呈波动下降态势。

---

❶ 详见"4.2.2 成都市"。

从各城市的表现来看，绵阳市的城市创新主体指标排名较为落后。从基础数据来看，教育支出占比下降以及商业信用环境改善缓慢，导致绵阳市的创新主体的动力指标排名落后且在2019年有较大幅度下降。落后的数字普惠金融业发展水平以及较低的创业活力，是绵阳市创新主体的活力指标排名大幅下降的关键所在。值得肯定的是，随着国家高新区R&D投入的增加以及产业结构进一步升级，绵阳市的创新主体的能力有较大幅度提升。在城市内部创新生态建构方面，科研院所和高等院校间合作强度增加有利于提升创新要素的协同性指标排名，良好的空气质量以及自然环境条件也极大地提高了创新环境的适宜性水平。但是，国家高新区工业总产值下降以及国家高新区高新技术企业数量增长速度减缓，使得绵阳市创新平台的发展水平的指标排名出现较大幅度下降。外商、港澳台商投资企业占比降低，以及国家高新区对留学归国人员的吸引力下降，共同导致了创新要素的多样性指标排名落后且总体呈波动下降态势。在城市间创新生态嵌入方面，该指标排名虽然落后但是总体呈波动上升态势。虽然绵阳市生态嵌入的基础条件较为薄弱，如系统开放性以及外部可达性指标排名落后，但是在创新合作网络中的地位不断提升，且能够嵌入到发达地区的高端产业链中，借此获得较多的创新溢出效应。

5.8.1 总体情况

2019年，成都市的城市创新生态系统综合排名第9位，与上一年保持一致，较2015年上升1位；绵阳市的城市创新生态系统综合排名第76位，较上一年下降1位，较2015年下降5位（见图5-62）。

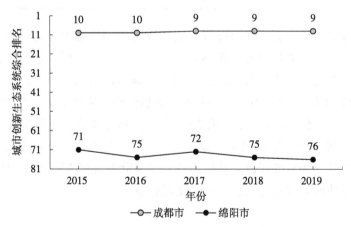

图 5-62　2015—2019 年城市创新生态系统综合排名变化

1. 城市创新主体维度

从城市创新主体维度来看，成都市和绵阳市的城市创新主体指标排名差距明显。2015—2019年，成都市排名基本稳定且位于国内前10位，绵阳市排名呈波动下降态势。2019年，成都市排名第9位，较上一年上升1位，较2015年上升1位；绵阳市排名第81位，较上一年下降10位，较2015年下降8位（见图5-63）。

图 5-63　2015—2019 年城市创新主体指标排名变化

从城市创新主体维度下的二级指标来看，就创新主体的动力指标而言，2019 年，成都市排名第 17 位，较上一年下降 3 位，较 2015 年下降 1 位；绵阳市排名第 89 位，较上一年下降 24 位，较 2015 年下降 3 位（见表 5-46 和图 5-64）。

就创新主体的能力指标而言，2019 年，成都市排名第 10 位，较上一年上升 1 位，较 2015 年上升 1 位；绵阳市排名第 63 位，较上一年上升 3 位，较 2015 年上升 15 位（见表 5-46 和图 5-64）。

就创新主体的活力指标而言，2019 年，成都市排名第 11 位，较上一年下降 2 位，较 2015 年下降 3 位；绵阳市排名第 79 位，较上一年下降 2 位，较 2015 年下降 11 位（见表 5-46 和图 5-64）。

综上所述，成都市的城市创新主体指标排名基本稳定且较为领先。其中，创新主体的动力指标排名呈波动下降态势，创新主体的能力指标排名基本稳定且呈上升态势，创新主体的活力指标排名呈下降态势且降幅较小。

绵阳市的城市创新主体指标排名呈波动下降态势且降幅较大。其中，创新主体的动力指标排名落后，且 2019 年较上一年降幅较大；创新主体的能力指标排名呈上升态势，且 2019 年较 2015 年有较大幅度上升；创新主体的活力指标排名呈波动下降态势，且 2019 年较 2015 年有较大幅度下降。

表 5-46　2015—2019 年城市创新主体指标得分及排名

城市	指标	2015 年		2016 年		2017 年		2018 年		2019 年	
		指标得分	排名	指标得分	排名	指标得分	排名	指标得分	排名	指标得分	排名
成都市	1　城市创新主体	28.93	10	28.61	10	28.07	9	27.88	10	28.69	9
	1.1　创新主体的动力	31.58	16	27.99	16	28.39	15	29.15	14	32.38	17
	1.2　创新主体的能力	25.98	11	26.12	11	24.40	11	24.40	11	25.92	10
	1.3　创新主体的活力	29.24	8	31.71	8	31.40	8	30.10	9	27.76	11

续表

城市	指标	2015 年		2016 年		2017 年		2018 年		2019 年	
		指标得分	排名	指标得分	排名	指标得分	排名	指标得分	排名	指标得分	排名
绵阳市	1 城市创新主体	9.61	73	7.17	83	7.72	80	8.79	71	7.94	81
	1.1 创新主体的动力	16.03	86	10.34	91	9.75	94	15.00	65	12.88	89
	1.2 创新主体的能力	5.39	78	5.47	73	6.31	66	5.98	66	6.27	63
	1.3 创新主体的活力	7.41	68	5.71	76	7.10	68	5.38	77	4.66	79

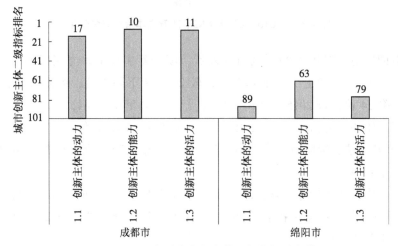

图 5-64　2019 年城市创新主体二级指标排名情况

2. 城市内部创新生态建构维度

从城市内部创新生态建构维度来看，成都市和绵阳市的指标排名差距较大。2019 年，成都市排名第 12 位，较上一年下降 2 位，较 2015 年下降 1 位；绵阳市排名第 63 位，较上一年上升 4 位，较 2015 年下降 13 位（见图 5-65）。

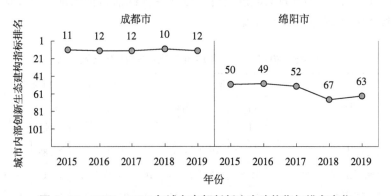

图 5-65　2015—2019 年城市内部创新生态建构指标排名变化

从城市内部创新生态建构维度下的二级指标来看，就创新要素的多样性指标而言，2019 年，成都市排名第 34 位，与上一年保持一致，较 2015 年下降 1 位；绵阳市排名第 81 位，较上一年下降 1 位，较 2015 年下降 4 位（见表 5-47 和图 5-66）。

就创新要素的协同性指标而言，2019 年，成都市排名第 9 位，较上一年上升 4 位，较 2015 年上升 2 位；绵阳市排名第 38 位，较上一年上升 1 位，较 2015 年下降 8 位（见表 5-47 和图 5-66）。

就创新平台的发展水平指标而言，2019 年，成都市排名第 18 位，较上一年下降 9 位，较 2015 年下降 7 位；绵阳市排名第 62 位，较上一年下降 5 位，较 2015 年下降 22 位（见表 5-47 和图 5-66）。

就创新环境的适宜性指标而言，2019 年，成都市排名第 6 位，与上一年保持一致，且与 2015 年保持一致；绵阳市排名第 48 位，较上一年上升 13 位，较 2015 年上升 10 位（见表 5-47 和图 5-66）。

综上所述，对于成都市而言，2015—2019 年，城市内部创新生态建构指标排名呈波动下降态势。其中，创新要素的多样性指标排名基本稳定，创新要素的协同性指标排名呈波动上升态势且在 2019 年有较大幅度提升，创新平台的发展水平指标排名呈波动下降态势且降幅较大，创新环境的适宜性指标排名稳定无波动。

对于绵阳市而言，城市内部创新生态建构指标排名总体呈波动下降态势，且 2019 年较 2015 年有较大幅度下降。其中，创新要素的多样性指标排名落后且呈波动下降态势；创新要素的协同性指标排名 2019 年较 2015 年有较大幅度下降；创新平台的发展水平指标排名总体呈波动下降态势，2019 年与 2015 年相比，降幅较大；创新环境的适宜性指标排名有较大幅度提升。

表 5-47　2015—2019 年城市内部创新生态建构指标得分及排名

城市	指标	2015 年		2016 年		2017 年		2018 年		2019 年	
		指标得分	排名	指标得分	排名	指标得分	排名	指标得分	排名	指标得分	排名
成都市	2　城市内部创新生态建构	22.15	11	21.50	12	23.88	12	25.36	10	24.15	12
	2.1　创新要素的多样性	11.98	33	9.46	37	13.16	34	11.16	34	12.51	34
	2.2　创新要素的协同性	9.82	11	8.78	14	15.10	10	12.70	13	13.16	9
	2.3　创新平台的发展水平	27.61	11	26.98	12	24.98	12	35.66	9	28.32	18
	2.4　创新环境的适宜性	39.20	6	40.78	6	42.29	6	41.92	6	42.60	6
绵阳市	2　城市内部创新生态建构	7.38	50	7.43	49	7.15	52	5.65	67	6.02	63
	2.1　创新要素的多样性	2.87	77	2.55	76	2.40	81	2.17	80	2.34	81
	2.2　创新要素的协同性	2.59	30	4.63	21	3.13	32	2.41	39	2.40	38
	2.3　创新平台的发展水平	9.38	40	9.38	39	9.14	38	5.14	57	4.70	62
	2.4　创新环境的适宜性	14.69	58	13.17	63	13.95	59	12.89	61	14.64	48

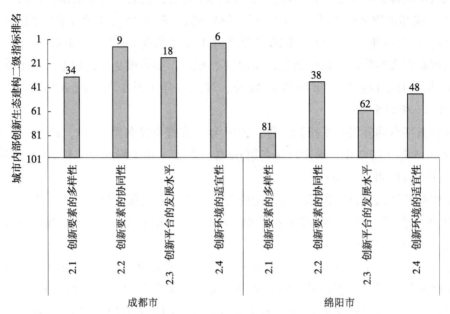

图 5-66　2019 年城市内部创新生态建构二级指标排名情况

3. 城市间创新生态嵌入维度

从城市间创新生态嵌入维度来看，成都市的城市间创新生态嵌入指标排名远高于绵阳市，且 2015—2019 年排名呈上升态势。2019 年成都市排名第 6 位，与上一年保持一致，较 2015 年上升 2 位；绵阳市排名第 81 位，较上一年上升 2 位，较 2015 年上升 4 位（见图 5-67）。

图 5-67　2015—2019 年城市间创新生态嵌入指标排名变化

从城市间创新生态嵌入维度下的二级指标来看，就系统开放性指标而言，2019 年，成都市排名第 6 位，与上一年保持一致，较 2015 年上升 7 位；绵阳市排名第 93 位，与上一年保持一致，且与 2015 年保持一致（见表 5-48 和图 5-68）。

就外部可达性指标而言，2019 年，成都市排名第 4 位，与上一年保持一致，较 2015 年上升 1 位；绵阳市排名第 96 位，较上一年下降 1 位，较 2015 年下降 1 位（见表 5-48 和图 5-68）。

就关系嵌入指标而言，2019 年，成都市排名第 4 位，较上一年上升 4 位，较 2015 年上升 8 位；绵阳市排名第 63 位，较上一年上升 11 位，较 2015 年上升 12 位（见表 5-48 和图 5-68）。

就结构嵌入指标而言，2019 年，成都市排名第 7 位，较上一年上升 1 位，与 2015 年保持一致；绵阳市排名第 54 位，较上一年上升 9 位，较 2015 年上升 1 位（见表 5-48 和图 5-68）。

综上所述，对于成都市而言，城市间创新生态嵌入指标排名总体呈上升态势，但是增幅较小。其中，系统开放性指标排名 2019 年较 2015 年有较大幅度提升，外部可达性指标排名基本稳定，关系嵌入指标排名呈上升态势且增幅较大，结构嵌入指标排名基本稳定。

对于绵阳市而言，城市间创新生态嵌入指标排名总体呈波动上升态势。其中，系统开放性指标排名基本稳定，外部可达性指标呈波动下降态势且降幅较小，关系嵌入指标排名呈波动上升态势且增幅较大，结构嵌入指标排名波动较大且在 2019 年有较大幅度提升。

表 5-48　2015—2019 年城市间创新生态嵌入指标得分及排名

城市	指标	2015 年		2016 年		2017 年		2018 年		2019 年	
		指标得分	排名	指标得分	排名	指标得分	排名	指标得分	排名	指标得分	排名
成都市	3　城市间创新生态嵌入	27.58	8	28.79	8	32.00	7	33.17	6	36.31	6
	3.1　系统开放性	14.43	13	15.10	12	16.92	12	23.46	6	25.20	6
	3.2　外部可达性	49.77	5	56.00	5	57.60	4	50.83	4	53.28	4
	3.3　关系嵌入	10.28	12	9.35	9	14.57	9	20.61	8	24.69	4
	3.4　结构嵌入	35.86	7	34.72	9	38.91	6	37.78	8	42.05	7
绵阳市	3　城市间创新生态嵌入	8.05	85	8.58	87	8.75	78	7.61	83	9.20	81
	3.1　系统开放性	0.31	93	0.25	98	0.19	97	0.50	93	0.45	93
	3.2　外部可达性	18.60	95	18.78	94	20.48	90	19.00	95	19.02	96
	3.3　关系嵌入	0.52	75	0.51	68	0.47	77	0.68	74	1.14	63
	3.4　结构嵌入	12.76	55	14.80	66	13.86	48	10.28	63	16.19	54

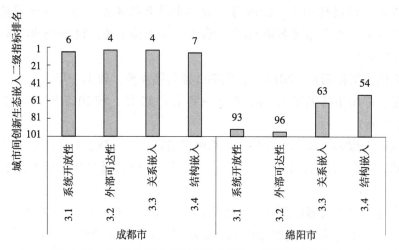

图 5-68　2019 年城市间创新生态嵌入二级指标排名情况

5.8.2 细分领域

在前面的章节中已经对成都市的排名情况进行了详细剖析，因此本小节选择绵阳市作为重点分析对象。

绵阳市城市创新生态系统情况见表 5-49 和图 5-69。

表 5-49　2015—2019 年绵阳市城市创新生态系统综合指标

指标	2015 年		2016 年		2017 年		2018 年		2019 年	
	指标得分	排名	指标得分	排名	指标得分	排名	指标得分	排名	指标得分	排名
城市创新生态系统	8.35	71	7.73	75	7.87	72	7.35	75	7.72	76
1　城市创新主体	9.61	73	7.17	83	7.72	80	8.79	71	7.94	81
2　城市内部创新生态建构	7.38	50	7.43	49	7.15	52	5.65	67	6.02	63
3　城市间创新生态嵌入	8.05	85	8.58	87	8.75	78	7.61	83	9.20	81

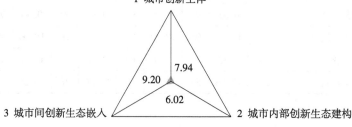

图 5-69　2019 年绵阳市城市创新生态系统蛛网图

从基础数据看，绵阳市的城市创新主体指标排名呈波动下降态势且降幅较大。其中，创新主体的动力指标排名落后，具体表现为，2019 年，"教育支出占比"指标排名第 81 位，较上一年下降 10 位，增速为-3.94%，较 2015 年下降 29 位，增速为-17.31%；"商业信用环境"指标排名第 84 位，较上一年上升 5 位，增速为 3.13%，较 2015 年下降 22 位，增速为 0.80%；"科学技术支出占比"指标排名第 40 位，较上一年下降 29 位，增速为-49.40%。创新主体的能力指标排名呈上升态势且较 2015 年有较大幅度上升，具体表现为，2019 年，"国家高新区 R&D 经费内部支出"指标排名第 36 位，与上一年保持一致，增速为 3.23%，较 2015 年上升 8 位，增速为 65.16%；"产业结构高级化指数"指标排名第 72 位，较上一年上升 11 位，增速为 2.05%，较 2015 年上升 22 位，增速为 7.40%。创新主体的活力指标排名呈波动下降态势且较 2015 年有较大幅度下降，具体表现为，2019 年，"数字普惠金融指数"指标排名第 81 位，较 2015 年下降 9 位，增速为 39.40%；"当年新增企业数"指标排名第 72 位，较 2015 年下降 31 位，增速为 4.30%；"A 股上市公司高新技术企业数（上市公司本身）"指标排名第 84 位，较 2015 年下降 13 位，增速为-50.00%。

绵阳市的城市内部创新生态建构指标排名总体呈波动下降态势，且 2019 年较 2015 年有较大幅度下降。其中，创新要素的多样性指标排名落后且呈波动下降态势，具体表现为，2019 年，"外商、港澳台商投资企业占比"指标排名第 80 位，与上一年保持一致，增速为-7.38%，较 2015 年下降 13 位，增速为-40.10%；"国家高新区留学归国人员"指标排名第 73 位，较上一年下降 3 位，增速为 4.23%，较 2015 年下降 7 位，增速为 54.17%。创新要素的协同性指标排名较 2015 年有较大幅度下降，具体表现为，2019 年，"学研合作发明专利数"排名第 28 位，较上一年下降 1 位，较 2015 年下降 9 位；"产学研合作发明专利数"排名第 60 位，较上一年上升 13 位，较 2015 年下降 4 位。企业、高等院校以及科研院所之间的协同水平亟待提升。创新平台的发展水平指标排名总体呈波动下降态势，且较 2015 年降幅较大，具体表现为，2019 年，"国家高新区工业总产值"指标排名第 56 位，较 2015 年下降 17 位，增速为-39.22%；"国家高新区高新技术企业数"指标排名第 46 位，较 2015 年下降 13 位，增速为 40.00%。创新环境的适宜性指标排名有较大幅度提升，具体表现为，2019 年，"AQI 年平均值"指标排名第 17 位，较上一年上升 24 位，增速为 16.40%，较 2015 年上升 8 位，增速为 11.46%。

绵阳市的城市间创新生态嵌入指标排名总体呈波动上升态势。其中，系统开放性指标排名基本稳定，具体表现为，2019 年，"当年实际使用外资金额"指标排名第 93 位，较上一年下降 9 位，增速为-38.05%，较 2015 年下降 5 位，增速为-22.69%；"外商直接投资合同项目数"指标排名第 57 位，较上一年上升 6 位，增速为 40.00%，较 2015 年上升 20 位。对于外部可达性而言，2019 年，"截至当年所拥有的高铁站点数"指标排名第 52 位，较上一年下降 7 位，较 2015 年下降 13 位；"民用航空货邮运量"指标排名第 39 位，较上一年上升 1 位，增速为 8.94%，较 2015 年上升 2 位，增速为 105.51%。绵阳市仍需进一步提高陆运和空运水平，完善交通基础设施建设，为城市间创新合作提供基础保障。关系嵌入指标排名呈波动上升态势且增幅较大，具体表现为，2019年，"先进产业嵌入深度"指标排名第61位，较上一年上升9位，较2015年上升7位；"对外联系强度"指标排名第64位，较上一年上升9位，较2015年上升10位。绵阳市应该增加同其他城市在高新技术以及创新方面的合作强度。结构嵌入指标排名在2019年有较大幅度提升，具体表现为，2019年，"特征向量中心度"指标排名第54位，较上一年上升9位，增速为28.79%，较2015年上升3位，增速为58.15%；"中介中心度"指标排名第53位，较上一年上升6位，较2015年上升20位。绵阳市在创新合作网络中的地位有所提升。

绵阳市部分变化较大的指标见表5-50。

表5-50　绵阳市部分变化较大的指标

指标	2018年	2019年	增速/%	2018年排名	2019年排名	排名变化
AQI年平均值	77.75	65.00	16.40	41	17	24
学研合作发明专利数/件	33	42	27.27	27	28	-1
国家高新区R&D经费内部支出/千元	3872892.00	3997997.00	3.23	36	36	0
科学技术支出占比/%	6.26	3.17	-49.40	11	40	-29
国家级科技企业孵化器数/个	7	7	0.00	39	46	-7
中介中心度	44.05	85.81	94.80	59	53	6
特征向量中心度	0.24	0.30	28.79	63	54	9
国家高新区工业总产值/千元	85340118.00	82490921.00	-3.34	54	56	-2
外商直接投资合同项目数/个	45	63	40.00	63	57	6
产业合作发明专利数/件	71	200	181.69	79	59	20
产学研合作发明专利数/件	41	76	85.37	73	60	13
先进产业嵌入深度	39.00	78.00	100.00	70	61	9
当年新增企业数/个	3377	3393	0.47	67	72	-5
产业结构高级化指数	6.58	6.71	2.05	83	72	11
国家高新区留学归国人员/人	71	74	4.23	70	73	-3
外商、港澳台商投资企业占比/%	3.09	2.86	-7.38	80	80	0
教育支出占比/%	15.16	14.56	-3.94	71	81	-10
数字普惠金融指数	232.48	242.83	4.45	80	81	-1
商业信用环境	68.06	70.20	3.13	89	84	5
A股上市公司高新技术企业数（上市公司本身）/个	1	1	0.00	82	84	-2
当年实际使用外资金额/万美元	28975.00	17951.00	-38.05	84	93	-9

基于上述分析，四川省应该充分利用其科教资源优势抢占新技术前沿，发展新一

代信息技术、高端装备制造产业、新材料产业、新能源产业等。此外，四川省还应该大力发展"互联网+"、数字经济、智能经济等新业态，并积极打造数字应用新场景，推进工业互联网以及"智慧城市"建设等。

5.9　江西省

江西省共有 3 个城市纳入分析，分别是南昌市、九江市和赣州市。省会城市南昌市的城市创新生态系统综合排名明显高于赣州市和九江市，且与赣州市的排名差距有所减小，与九江市的排名差距有所扩大。

从各城市的表现来看，南昌市的城市创新主体指标排名表现出向好发展的态势，创新主体的动力、创新主体的能力和创新主体的活力指标排名均有提升。从基础数据来看，南昌市规模以上工业企业研发人员数量和新产品销售收入的提高，以及产业结构高级化的发展，使得南昌市拥有较强的创新能力。但是创新主体的动力仍需进一步加强，尤其表现在教育支出和商业信用环境方面。在城市内部创新生态建构方面，南昌市省部共建协同创新中心的增长速度远高于国内大部分城市，因此创新平台的发展水平指标排名较为领先且有较大幅度提升。但是，受企业、高等院校以及科研院所间的合作发明专利申请数量减少的影响，南昌市创新要素的协同性指标排名总体呈波动下降态势且降幅较大。在城市间创新生态嵌入方面，南昌市的外部可达性指标排名低于赣州市和九江市，主要原因在于以高铁为代表的陆运交通基础设施建设速度较慢。然而，相较于同省其他城市，南昌市更容易与发达地区建立合作关系，因此关系嵌入指标排名和结构嵌入指标排名较为领先。但是也应该注意到这两个指标排名有较大幅度下降，通过提升创新能力与较高生态位城市建立联系，进而提升南昌市在创新网络中的地位是当前发展的重点。

九江市的城市创新主体指标排名在江西省内最低，在创新主体的动力、创新主体的能力和创新主体的活力方面均无突出表现。值得关注的是，商业信用环境改善以及政府对科技发展的高度重视，使得九江市创新主体的动力指标排名 2019 年较 2015 年有较大幅度提升。城市内部创新生态建构是九江市的短板指标，造成这一现象的主要原因是九江市的创新要素的协同性较差以及创新平台的发展水平较低。从基础数据来看，科研院所和高等院校间合作发明专利数为 0，以及产学研合作发明专利数量稀少，造成了创新要素的协同性指标排名落后，且 2019 年较 2015 年有较大幅度下降。受国家级科技企业孵化器数量少且发展缓慢的影响，九江市创新平台的发展水平指标排名在 2019 年有较大幅度下降。城市间创新生态嵌入指标排名高于赣州市，相对于其他 2 个指标表现较为突出。九江市具有良好的生态嵌入基础条件，如较高的系统开放性以及外部可达性水平，但是由于其自身创新水平较低，难以嵌入发达地区的高端产业链，且始终无法在创新合作网络中占据核心地位，因此结构嵌入指标排名和关系嵌入指标排名仍需提升。

赣州市城市创新主体向好发展，指标排名略高于九江市。从基础数据来看，政府在科学技术和教育方面的大力投入为创新发展注入了动力。规模以上工业企业新产品销售收入增加以及产业结构高级化发展，有效提高了城市创新能力，但是与其他城市相比仍存在较大差距。值得关注的是，赣州市在城市内部创新生态建构方面表现突出，指标排名较为领先。从基础数据来看，2019 年赣州市新增 1 个省部共建协同创新中心，极大地提升了创新平台的发展水平指标的排名。城市间创新生态嵌入指标排名有所提升。以高铁为代表的基础设施建设的快速发展，极大地提升了赣州市的外部可达性水平，为构建生态嵌入关系提供了基础条件。但是由于赣州市的创新基础薄弱，难以与发达城市在高新技术产业方面建立合作关系，因此关系嵌入指标排名非常靠后。

5.9.1　总体情况

从江西省内来看，2019 年，南昌市的城市创新生态系统综合排名第 33 位，与上一年保持一致，较 2015 年上升 3 位；赣州市的城市创新生态系统综合排名第 63 位，较上一年上升 3 位，较 2015 年上升 6 位；九江市的城市创新生态系统综合排名第 75 位，较上一年下降 2 位，与 2015 年保持一致（见图 5-70）。

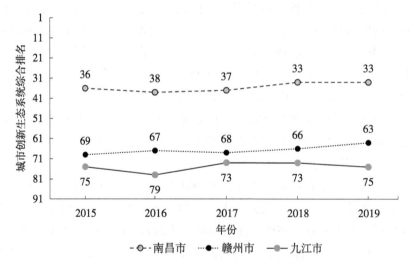

图 5-70　2015—2019 年城市创新生态系统综合排名变化

1. 城市创新主体维度

从城市创新主体维度来看，南昌市的城市创新主体指标排名高于赣州市和九江市，且 2015—2019 年排名呈波动上升态势。2019 年，南昌市排名第 43 位，较上一年下降 2 位，较 2015 年上升 4 位；赣州市排名第 73 位，较上一年上升 3 位，较 2015 年上升 10 位；九江市排名第 78 位，较上一年上升 5 位，较 2015 年上升 7 位（见图 5-71）。

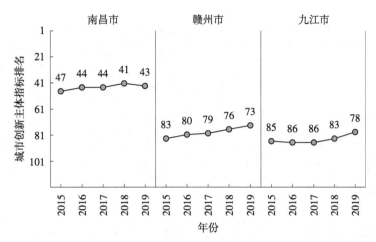

图 5-71　2015—2019 年城市创新主体指标排名变化

从城市创新主体维度下的二级指标来看，就创新主体的动力指标而言，2019 年，南昌市排名第 55 位，与上一年保持一致，较 2015 年上升 6 位；赣州市排名第 60 位，较上一年上升 1 位，较 2015 年上升 16 位；九江市排名第 76 位，较上一年上升 7 位，较 2015 年上升 13 位（见表 5-51 和图 5-72）。

就创新主体的能力指标而言，南昌市排名第 28 位，较上一年下降 1 位，较 2015 年上升 3 位；赣州市排名第 80 位，较上一年上升 7 位，较 2015 年上升 10 位；九江市排名第 78 位，较上一年上升 5 位，较 2015 年上升 2 位（见表 5-51 和图 5-72）。

就创新主体的活力指标而言，南昌市排名第 35 位，较上一年下降 1 位，较 2015 年上升 3 位；赣州市排名第 75 位，与上一年保持一致，较 2015 年上升 7 位；九江市排名第 78 位，与上一年保持一致，较 2015 年上升 1 位（见表 5-51 和图 5-72）。

综上所述，南昌市的城市创新主体指标排名呈波动上升态势，2019 年排名有所回落。其中，创新主体的动力指标排名 2019 年较 2015 年有较大幅度提升，创新主体的能力指标排名和创新主体的活力指标排名总体呈波动上升态势。

赣州市的城市创新主体指标排名总体呈上升态势，且 2019 年较 2015 年增幅较大。其中，创新主体的动力指标排名 2019 年较 2015 年上升 16 位，创新主体的能力指标排名总体呈上升态势且 2019 年较 2015 年上升 10 位，创新主体的活力指标排名总体呈上升态势且 2019 年较 2015 年上升 8 位。

九江市的城市创新主体指标排名呈波动上升态势。其中，创新主体的动力指标排名 2019 年较 2015 年上升 13 位，创新主体的能力指标排名总体呈波动上升态势，创新主体的活力指标排名基本稳定。

表 5-51　2015—2019 年城市创新主体指标得分及排名

城市	指标	2015 年		2016 年		2017 年		2018 年		2019 年	
		指标得分	排名	指标得分	排名	指标得分	排名	指标得分	排名	指标得分	排名
南昌市	1　城市创新主体	15.59	47	14.63	44	13.98	44	14.10	41	14.87	43
	1.1　创新主体的动力	20.22	61	15.53	62	16.40	55	16.34	55	19.14	55
	1.2　创新主体的能力	12.77	31	14.21	26	11.72	34	12.65	27	12.84	28
	1.3　创新主体的活力	13.79	38	14.16	44	13.83	35	13.31	34	12.63	35
赣州市	1　城市创新主体	8.52	83	7.65	80	7.78	79	8.15	76	9.07	73
	1.1　创新主体的动力	17.21	76	14.16	72	14.35	68	15.43	61	17.89	60
	1.2　创新主体的能力	3.52	90	3.52	89	3.43	88	3.59	87	4.04	80
	1.3　创新主体的活力	4.83	82	5.29	81	5.56	77	5.43	75	5.27	75
九江市	1　城市创新主体	8.17	85	6.86	86	6.76	86	7.28	83	8.18	78
	1.1　创新主体的动力	14.41	89	10.63	90	10.82	91	12.59	83	15.70	76
	1.2　创新主体的能力	4.68	80	4.60	80	4.08	85	4.08	83	4.16	78
	1.3　创新主体的活力	5.42	79	5.35	80	5.37	80	5.17	78	4.67	78

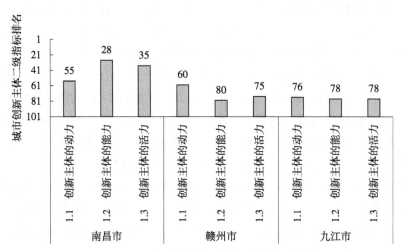

图 5-72　2019 年城市创新主体二级指标排名情况

2. 城市内部创新生态建构维度

从城市内部创新生态建构维度来看，南昌市的城市内部创新生态建构指标排名略高于赣州市，且 2015—2019 年排名呈波动上升态势。2019 年，南昌市排名第 27 位，较上一年上升 5 位，较 2015 年上升 8 位；赣州市排名第 47 位，较上一年上升 11 位，较 2015 年上升 2 位；九江市排名第 81 位，较上一年下降 2 位，较 2015 年下降 8 位

（见图 5-73）。

图 5-73　2015—2019 年城市内部创新生态建构指标排名变化

从城市内部创新生态建构维度下的二级指标来看，就创新要素的多样性指标而言，2019 年，南昌市排名第 39 位，较上一年下降 3 位，较 2015 年上升 3 位；赣州市排名第 45 位，与上一年保持一致，较 2015 年下降 10 位；九江市排名第 63 位，较上一年下降 5 位，较 2015 年下降 8 位（见表 5-52 和图 5-74）。

就创新要素的协同性指标而言，2019 年，南昌市排名第 42 位，较上一年下降 8 位，较 2015 年下降 17 位；赣州市排名第 74 位，较上一年上升 12 位，较 2015 年下降 1 位；九江市排名第 95 位，较上一年下降 5 位，较 2015 年下降 13 位（见表 5-52 和图 5-74）。

就创新平台的发展水平指标而言，2019 年，南昌市排名第 19 位，较上一年上升 5 位，较 2015 年上升 8 位；赣州市排名第 41 位，较上一年上升 32 位，较 2015 年上升 40 位；九江市排名第 81 位，较上一年下降 4 位，较 2015 年上升 1 位（见表 5-52 和图 5-74）。

就创新环境的适宜性指标而言，2019 年，南昌市排名第 36 位，较上一年下降 2 位，较 2015 年下降 8 位；赣州市排名第 39 位，较上一年上升 4 位，较 2015 年上升 2 位；九江市排名第 73 位，较上一年下降 9 位，较 2015 年下降 10 位（见表 5-52 和图 5-74）。

综上所述，对于南昌市而言，城市内部创新生态建构指标排名呈波动上升态势且增幅较大。其中，创新要素的多样性指标排名总体呈波动上升态势，但在 2019 年排名有所回落；创新要素的协同性指标排名呈波动下降态势且降幅较大；创新平台的发展水平指标排名有较大幅度提升；创新环境的适宜性指标排名 2019 年较 2015 年有较大幅度下降。

对于赣州市而言，2019 年城市内部创新生态建构指标排名较上一年有较大幅度提升。其中，创新要素的多样性指标排名总体呈波动下降态势，且 2019 年较 2015 年降幅较大；创新要素的协同性指标排名在 2019 年出现较大幅度提升；创新平台的发展水平指标排名大幅提升；创新环境的适宜性指标排名增幅较小。

对于九江市而言，城市内部创新生态建构指标排名呈波动下降态势且降幅较大。其中，创新要素的多样性指标排名总体呈波动下降态势且降幅较大；创新要素的协同性指标排名落后，且 2019 年较 2015 年有较大幅度下降；创新平台的发展水平指标排名在 2019 年有较大幅度下降；创新环境的适宜性指标排名呈波动下降态势且降幅较大。

表 5-52 2015—2019 年城市内部创新生态建构指标得分及排名

城市	指标	2015 年		2016 年		2017 年		2018 年		2019 年	
		指标得分	排名	指标得分	排名	指标得分	排名	指标得分	排名	指标得分	排名
南昌市	2 城市内部创新生态建构	10.87	35	10.71	37	10.60	38	12.28	32	13.97	27
	2.1 创新要素的多样性	8.58	42	7.97	43	8.69	42	9.60	36	9.03	39
	2.2 创新要素的协同性	2.86	25	3.05	30	2.73	36	2.92	34	2.22	42
	2.3 创新平台的发展水平	12.09	27	12.57	24	12.96	23	18.21	24	27.67	19
	2.4 创新环境的适宜性	19.96	28	19.25	31	18.05	35	18.40	34	16.96	36
赣州市	2 城市内部创新生态建构	7.39	49	7.16	50	6.96	55	6.40	58	8.77	47
	2.1 创新要素的多样性	11.16	35	10.10	34	8.69	41	7.29	45	7.77	45
	2.2 创新要素的协同性	0.35	73	0.19	88	0.34	88	0.27	86	0.66	74
	2.3 创新平台的发展水平	0.94	81	2.58	73	2.82	73	1.69	73	10.33	41
	2.4 创新环境的适宜性	17.11	41	15.78	46	15.99	43	16.37	43	16.34	39
九江市	2 城市内部创新生态建构	5.00	73	4.48	78	4.63	80	4.54	79	4.16	81
	2.1 创新要素的多样性	5.15	55	4.37	57	4.76	56	4.20	58	4.41	63
	2.2 创新要素的协同性	0.25	82	0.08	95	0.20	94	0.19	90	0.17	95
	2.3 创新平台的发展水平	0.90	82	1.36	79	1.17	82	1.47	77	1.55	81
	2.4 创新环境的适宜性	13.70	63	12.11	70	12.38	68	12.32	64	10.53	73

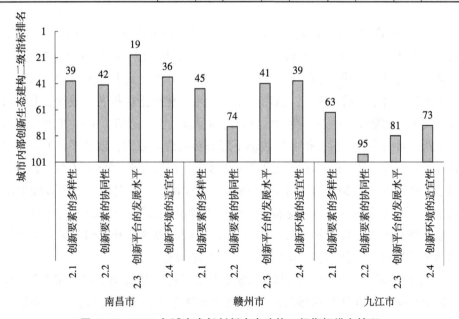

图 5-74 2019 年城市内部创新生态建构二级指标排名情况

3. 城市间创新生态嵌入维度

从城市间创新生态嵌入维度来看，南昌市的城市间创新生态嵌入指标排名明显高于赣州市和九江市。2019 年，南昌市指标排名第 34 位，较上一年下降 2 位，较 2015 年下降 5 位；赣州市排名第 68 位，较上一年上升 6 位，较 2015 年上升 4 位；九江市排名第 64 位，较上一年下降 3 位，较 2015 年下降 10 位（见图 5-75）。

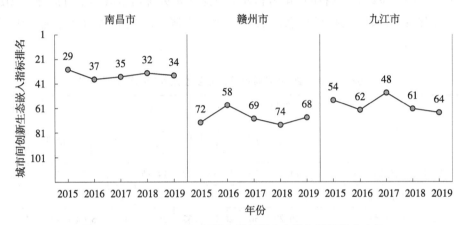

图 5-75　2015—2019 年城市间创新生态嵌入指标排名变化

从城市间创新生态嵌入维度下的二级指标来看，就系统开放性指标而言，2019 年，南昌市排名第 32 位，与上一年保持一致，较 2015 年上升 4 位；赣州市排名第 47 位，与上一年保持一致，较 2015 年上升 2 位；九江市排名第 41 位，较上一年下降 2 位，较 2015 年上升 5 位（见表 5-53 和图 5-76）。

就外部可达性指标而言，2019 年，南昌市排名第 59 位，较上一年上升 5 位，较 2015 年下降 3 位；赣州市排名第 51 位，较上一年上升 16 位，较 2015 年下降 2 位；九江市排名第 41 位，较上一年下降 2 位，较 2015 年上升 5 位（见表 5-53 和图 5-76）。

就关系嵌入指标而言，2019 年，南昌市排名第 29 位，较上一年下降 5 位，较 2015 年下降 15 位；赣州市排名第 96 位，较上一年下降 5 位，较 2015 年下降 3 位；九江市排名第 91 位，较上一年上升 2 位，较 2015 年下降 2 位（见表 5-53 和图 5-76）。

就结构嵌入指标而言，2019 年，南昌市排名第 36 位，较上一年下降 4 位，较 2015 年下降 10 位；赣州市排名第 81 位，较上一年上升 2 位，较 2015 年上升 4 位；九江市排名第 83 位，较上一年下降 9 位，较 2015 年下降 26 位（见表 5-53 和图 5-76）。

综上所述，南昌市城市间创新生态嵌入指标排名呈波动下降态势，且 2019 年较 2015 年有较大幅度下降。其中，系统开放性指标排名呈上升态势；外部可达性指标排名在 2019 年出现较大增幅；关系嵌入指标排名和结构嵌入指标排名总体呈波动下降态势，且 2019 年与 2015 年相比，降幅较大。

赣州市城市间创新生态嵌入指标排名呈波动上升态势，且在 2019 年有较大幅度提升。其中，系统开放性指标排名波动不大且呈上升态势，外部可达性指标排名在 2019 年有较大幅度上升，关系嵌入指标排名有所下降，结构嵌入指标排名呈波动上升态势。

九江市城市间创新生态嵌入指标排名呈波动下降态势，且 2019 年较 2015 年排名下降 10 位。其中，系统开放性指标排名和外部可达性指标排名呈波动上升态势，2019 年排名有所回落；关系嵌入指标排名落后且有小幅下降；结构嵌入指标排名 2019 年较 2015 年下降 26 位。

表 5-53　2015—2019 年城市间创新生态嵌入指标得分及排名

城市	指标	2015 年		2016 年		2017 年		2018 年		2019 年	
		指标得分	排名	指标得分	排名	指标得分	排名	指标得分	排名	指标得分	排名
南昌市	3　城市间创新生态嵌入	14.62	29	14.32	37	14.15	35	14.34	32	14.59	34
	3.1　系统开放性	3.82	36	4.77	36	4.52	32	5.55	32	5.54	32
	3.2　外部可达性	26.22	56	26.08	62	26.70	61	26.64	64	27.73	59
	3.3　关系嵌入	7.90	14	3.40	25	3.91	25	5.83	24	3.56	29
	3.4　结构嵌入	20.52	26	23.03	31	21.48	26	19.34	32	21.54	36
赣州市	3　城市间创新生态嵌入	9.64	72	11.17	58	9.69	69	8.85	74	10.90	68
	3.1　系统开放性	2.24	49	2.53	51	2.07	53	2.98	47	3.06	47
	3.2　外部可达性	27.69	49	27.72	57	27.73	58	26.25	67	29.34	51
	3.3　关系嵌入	0.08	93	0.06	93	0.15	93	0.30	91	0.16	96
	3.4　结构嵌入	8.56	85	14.37	70	8.82	82	5.89	83	11.03	81
九江市	3　城市间创新生态嵌入	10.98	54	10.96	62	11.81	48	10.63	61	11.27	64
	3.1　系统开放性	2.70	46	3.19	43	2.97	46	3.72	39	3.73	41
	3.2　外部可达性	28.33	46	28.31	54	33.87	27	30.37	39	30.37	41
	3.3　关系嵌入	0.21	89	0.13	91	0.24	89	0.26	93	0.30	91
	3.4　结构嵌入	12.68	57	12.19	85	10.16	70	8.16	74	10.69	83

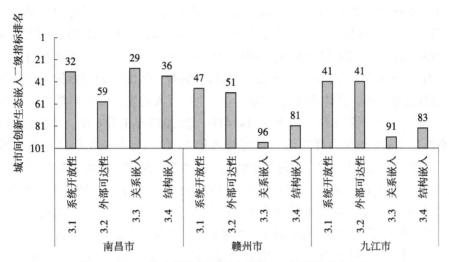

图 5-76　2019 年城市间创新生态嵌入二级指标排名情况

5.9.2　细分领域

本小节选择江西省的省会城市南昌市作为重点分析对象。

南昌市城市创新生态系统情况见表 5-54 和图 5-77。

表 5-54　2015—2019 年南昌市城市创新生态系统综合指标

指标	2015 年		2016 年		2017 年		2018 年		2019 年	
	指标得分	排名	指标得分	排名	指标得分	排名	指标得分	排名	指标得分	排名
城市创新生态系统	13.69	36	13.22	38	12.91	37	13.57	33	14.48	33
1　城市创新主体	15.59	47	14.63	44	13.98	44	14.10	41	14.87	43
2　城市内部创新生态建构	10.87	35	10.71	37	10.60	38	12.28	32	13.97	27
3　城市间创新生态嵌入	14.62	29	14.32	37	14.15	35	14.34	32	14.59	34

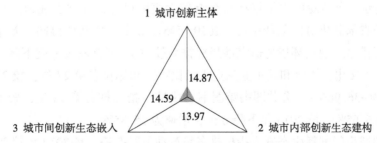

图 5-77　2019 年南昌市城市创新生态系统蛛网图

从基础数据看，南昌市的城市创新主体指标排名呈波动上升态势。其中，创新主体的动力指标排名较 2015 年有较大幅度提升，具体表现为，2019 年，"科学技术支出占比"指标排名第 24 位，较上一年上升 9 位，增速为 11.93%，较 2015 年上升 39 位，增速为 169.82%；"商业信用环境"指标排名第 55 位，较上一年下降 5 位，增速为 0.91%，较 2015 年下降 32 位，增速为-2.81%。创新主体的能力指标排名总体呈波动上升态势且增幅较小，具体表现为，2019 年，"百万人均发明专利申请量"指标排名第 46 位，较上一年下降 2 位，增速为-14.43%，较 2015 年上升 6 位，增速为 86.64%；"国家高新区 R&D 经费内部支出"指标排名第 24 位，与上一年保持一致，增速为 0.79%，较 2015 年上升 6 位，增速为 120.96%；"产业结构高级化指数"指标排名第 41 位，较上一年上升 7 位，增速为 0.77%，较 2015 年上升 7 位，增速为 2.52%；"规模以上工业企业 R&D 人员"指标排名第 41 位，较上一年上升 7 位，增速为 19.16%，较 2015 年上升 14 位，增速为 61.49%；"规模以上工业企业新产品销售收入"指标排名第 35 位，较上一年上升 8 位，增速为 24.87%，较 2015 年上升 20 位，增速为 113.85%。创新主体的活力指标排名较 2015 年有所提升，具体表现为，2019 年，"数字普惠金融指数"指标排名第 31 位，较上一年下降 4 位，增速为 4.95%，较 2015 年上升 5 位，增速为 40.87%；"新兴产业发明专利申请量"指标排名第 39 位，较上一年上升 4 位，增速为-5.48%，较 2015 年上升 12 位，增速为 99.95%。

南昌市的城市内部创新生态建构指标排名呈波动上升态势且增幅较大。其中，创新要素的多样性指标排名总体呈波动上升态势，具体表现为，2019 年，"外商、港澳台商投资企业占比"指标排名第 43 位，较上一年下降 7 位，增速为-20.28%，较 2015 年下降 3 位，增速为-26.07%；"国家高新区外籍常驻人员"指标排名第 28 位，较上一年上升 2 位，增速为 29.55%，较 2015 年上升 3 位，增速为 59.20%；"国家高新区留学归国人员"指标排名第 17 位，与上一年保持一致，较 2015 年上升 8 位。创新要素的协同性指标排名呈波动下降态势且降幅较大，具体表现为，2019 年，"产学研合作发明专利数"指标排名第 41 位，较上一年下降 11 位，增速为-9.36%，较 2015 年下降 15 位，增速为 6.90%；"产业合作发明专利数"指标排名第 42 位，较上一年下降 5 位，增速为-20.86%，较 2015 年下降 15 位，增速为-0.30%；"学研合作发明专利数"指标排名第 39 位，较上一年下降 6 位，增速为 9.52%，较 2015 年下降 7 位，增速为 109.09%。创新平台的发展水平指标排名有较大幅度提升，具体表现为，2018 年，南昌市新增 1 个省部共建协同创新中心，2019 年新增 2 个省部共建协同创新中心，有利于提升该指标排名。创新环境的适宜性指标排名较 2015 年有较大幅度下降，具体表现为，2019 年，"文化、体育和娱乐业从业人员比重"指标排名第 27 位，较 2015 年下降 15 位，增速为-36.98%；"公共图书馆图书总藏量"指标排名第 77 位，较上一年下降 3 位，增速为 6.65%，较 2015 年下降 6 位，增速为 35.35%。

南昌市的城市间创新生态嵌入指标排名呈波动下降态势，且 2019 年较 2015 年有较大幅度下降。其中，系统开放性指标排名呈上升态势，具体表现为，2019 年，"当年实际使用外资金额"指标排名第 17 位，较上一年上升 2 位，增速为 8.10%，较 2015 年上升 2 位，增速为 8.10%；"国际旅游外汇收入"指标排名第 50 位，较上一年上升 3 位，增速为 19.18%，较 2015 年上升 10 位，增速为 107.81%。外部可达性指标排名在 2019 年出现较大增幅，具体表现为，2019 年，"民用航空货邮运量"指标排名第 17 位，较上一年上升 2 位，较 2015 年上升 8 位，空运水平有所提升。关系嵌入指标排名和结构嵌入指标排名总体呈波动下降态势，且 2019 年较 2015 年降幅较大。就关系嵌入指标而言，2019 年，"先进产业嵌入深度"指标排名第 30 位，较上一年下降 7 位，较 2015 年下降 20 位；"对外联系强度"指标排名第 30 位，较上一年下降 6 位，较 2015 年下降 13 位。南昌市应该增加同其他城市在高新技术以及创新方面的合作强度。就结构嵌入指标而言，2019 年，"中介中心度"指标排名第 39 位，较上一年下降 5 位，增速为-21.41%，较 2015 年下降 16 位，增速为-55.41%；"接近中心度"指标排名第 36 位，较上一年下降 7 位，增速为-0.48%，较 2015 年下降 8 位，增速为 3.51%；"特征向量中心度"指标排名第 33 位，较上一年下降 2 位，增速为-0.45%，较 2015 年下降 5 位，增速为 16.62%。南昌市应进一步加强外部创新合作，提升在创新合作网络中的地位。

南昌市部分变化较大的指标见表 5-55。

表 5-55 南昌市部分变化较大的指标

指标	2018 年	2019 年	增速/%	2018 年排名	2019 年排名	排名变化
国家高新区留学归国人员/人	1627	1814	11.49	17	17	0
国家高新区工业总产值/千元	270112147.00	312629544.00	15.74	22	22	0
国家高新区 R&D 人员/人	28587	27487	-3.85	23	23	0
国家高新区 R&D 经费内部支出/千元	7877828.00	7940005.00	0.79	24	24	0
科学技术支出占比/%	3.64	4.07	11.93	33	24	9
先进产业嵌入深度	376.00	260.00	-30.85	23	30	-7
对外联系强度	203133529.07	169139198.62	-16.73	24	30	-6
数字普惠金融指数	265.13	278.25	4.95	27	31	-4
特征向量中心度	0.41	0.41	-0.45	31	33	-2
规模以上工业企业新产品销售收入/万元	11617859.00	14507268.00	24.87	43	35	8
接近中心度	0.54	0.54	-0.48	29	36	-7
中介中心度	271.91	213.69	-21.41	34	39	-5
新兴产业发明专利申请量/件	4504	4257	-5.48	43	39	4
产学研合作发明专利数/件	171	155	-9.36	30	41	-11
产业结构高级化指数	6.87	6.92	0.77	48	41	7
规模以上工业企业 R&D 人员/人	23215	27664	19.16	48	41	7
外商、港澳台商投资企业占比/%	10.20	8.13	-20.28	36	43	-7

指标	2018 年	2019 年	增速/%	2018 年排名	2019 年排名	排名变化
百万人均发明专利申请量/（件/百万人）	1247.74	1067.72	-14.43	44	46	-2
当年新增科技型中小企业数/个	103	78	-24.27	49	54	-5
商业信用环境	71.88	72.54	0.91	50	55	-5
医生数/人	14797	16831	13.75	62	55	7
教育支出占比/%	14.75	15.16	2.74	77	75	2

基于上述分析，江西省应该坚持强化南昌市创新"领头雁"地位，吸引长三角、粤港澳大湾区等高端科技创新资源，打造以大南昌都市圈为核心的中部地区科技创新中心。同时，江西省应该加快建设创新型市县。把南昌市、景德镇市、萍乡市等国家创新型城市作为实现科技自立自强、加快创新型省份建设的战略支点。此外，科技型人才短缺也是制约江西省发展的关键因素。江西省应该大力引进战略型人才、科技领军人才和创新创业团队，集聚国内外优秀人才以及新经济新产业的"高精尖缺"人才。

5.10　内蒙古自治区

内蒙古自治区共有 3 个城市纳入分析，分别是呼和浩特市、包头市和鄂尔多斯市。首府呼和浩特市排名高于包头市和鄂尔多斯市，且 2015—2019 年差距有所加大。包头市和鄂尔多斯市的排名逐渐趋于同一水平。

从各城市的表现来看，呼和浩特市的城市创新主体指标排名有较大幅度下降。从基础数据来看，教育支出占比居于国内较为落后水平且有较大幅度下降，这是导致创新主体的动力指标排名落后且大幅下降的关键原因。缺乏创新活力是阻碍呼和浩特市创新发展的又一重要问题，数字金融业的缓慢发展，以及新增科技型中小企业数量下降，导致创新主体的活力指标排名大幅下降。受创新平台的发展水平指标排名和创新要素的协同性指标排名变动的影响，呼和浩特市在城市内部创新生态建构方面表现突出且排名有较大幅度提升。从基础数据来看，2019 年呼和浩特市新增 2 个省部共建协同创新中心，极大地提高了创新平台的发展水平指标的排名。产学研合作发明专利数量的大幅增加，展现出呼和浩特市创新要素的协同性水平不断提升。在城市间创新生态嵌入方面，值得肯定的是，呼和浩特市在构建外部创新合作网络以及嵌入发达地区产业链方面进步巨大，关系嵌入指标排名和结构嵌入指标排名较为领先。但是仍需要加快陆运和空运交通基础设施建设，提高交通运力以及外部通达性，助力实现更高水平的创新合作。

包头市的城市创新主体指标排名一路走低，具有处于国内中等水平的创新能力，但是创新动力和活力较为落后。尤其是创新主体的动力指标，该指标排名处于靠后位置，严重落后于其他城市。从基础数据来看，政府在教育和科学技术方面的支出占比较低，以及商业信用环境较差是导致创新主体的动力指标排名落后的主要原因。新创企业数量较少且增速缓慢是影响创新主体的活力指标排名的关键。受创新平台的发展水平指标排名波动的影响，城市内部创新生态建构指标排名在 2018 年达到较高水平，但是到 2019 年又跌落至 2015—2019 年的平均水平。从基础数据来看，2018 年包头市新增 1 个省部共建协同创新中心，极大地提升了当年的创新平台的发展水平指标排名，但是，2019 年该指标值为 0，指标排名又跌落至原来的水平。城市间创新生态嵌入指标排名处于靠后位置，成为阻碍创新生态系统发展的主要因素。从基础数据来看，包头市在吸收和利用外资方面能力较差，因此系统开放性指标排名落后。由于截至当年所拥有的高铁站点数量为 0，因此外部可达性指标排名严重落后。更为重要的是，包头市创新基础薄弱，难以与其他城市建立较强的创新合作关系，并嵌入到外部先进产业链中，因此关系嵌入指标排名和结构嵌入指标排名落后且降幅较大。

鄂尔多斯市的城市创新主体指标排名处于靠后位置，在创新主体的动力、创新主体的能力和创新主体的活力 3 个方面均无突出表现。从基础数据来看，教育支出占比、科学技术支出占比以及市场潜力排名落后，是导致创新主体的动力指标排名非常靠后的主要原因。产业结构升级缓慢，国家高新区研发人员以及研发经费支出大幅下降，是造成创新主体的能力指标排名下降的关键。除此之外，鄂尔多斯市也缺乏孕育原始创新的环境，例如，高被引学者数、高被引专利数以及国家科学技术奖数这 3 个指标值均为 0。自然环境改善以及文娱业快速发展，为鄂尔多斯市营造了良好的创新环境，使得城市内部创新生态建构指标排名稍好。但是，需要重点关注的是，产学研协同创新水平低下以及缺乏国家级的大型创新平台仍是阻碍鄂尔多斯市创新生态建设的短板因素。受系统开放性指标排名以及关系嵌入指标排名大幅下降的影响，城市间创新生态嵌入指标排名降幅较大。从基础数据来看，实际利用外资金额以及外商直接投资合同项目数减少，是导致系统开放性指标排名下降的主要原因。计算机、通信以及软件等先进行业的跨城市合作发明专利数减少，是导致关系嵌入指标排名大幅下降的关键。

5.10.1　总体情况

2019 年，呼和浩特市的城市创新生态系统综合排名第 57 位，较上一年上升 6 位，较 2015 年上升 6 位；包头市的城市创新生态系统综合排名第 88 位，较上一年下降 8 位，较 2015 年下降 10 位；鄂尔多斯市的城市创新生态系统综合排名第 92 位，较上一年下降 4 位，较 2015 年下降 4 位（见图 5-78）。

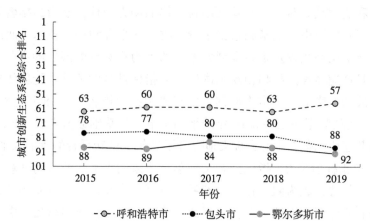

图 5-78 2015—2019 年城市创新生态系统综合排名变化

1. 城市创新主体维度

从城市创新主体维度来看，呼和浩特的城市创新主体指标排名高于包头市和鄂尔多斯市，呼和浩特市和包头市的排名 2015—2019 年呈波动下降态势，鄂尔多斯市排名基本稳定但较为落后。2019 年，呼和浩特市排名第 67 位，较上一年下降 5 位，较 2015年下降 9 位；包头市排名第 85 位，较上一年下降 6 位，较 2015 年下降 14 位；鄂尔多斯市排名第 97 位，与上一年保持一致，较 2015 年下降 1 位（见图 5-79）。

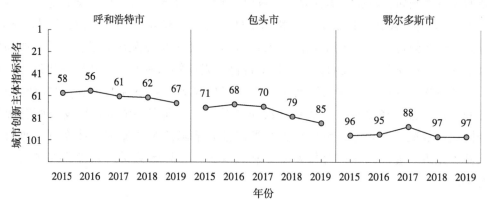

图 5-79 2015—2019 年城市创新主体指标排名变化

从城市创新主体维度下的二级指标来看，就创新主体的动力指标而言，2019 年，呼和浩特市排名第 90 位，较上一年下降 5 位，较 2015 年下降 5 位；包头市排名第 96位，较上一年下降 5 位，较 2015 年下降 4 位；鄂尔多斯市排名第 99 位，较上一年上升1 位，较 2015 年上升 1 位（见表 5-56 和图 5-80）。

就创新主体的能力指标而言，2019 年，呼和浩特市排名第 44 位，较上一年上升 1位，与 2015 年保持一致；包头市排名第 53 位，较上一年上升 5 位，较 2015 年上升 4位；鄂尔多斯市排名第 90 位，较上一年下降 15 位，较 2015 年下降 16 位（见表 5-56

和图 5-80）。

就创新主体的活力指标而言，2019 年，呼和浩特市排名第 65 位，较上一年上升 2 位，较 2015 年下降 10 位；包头市排名第 82 位，与上一年保持一致，较 2015 年下降 17 位；鄂尔多斯市排名第 83 位，与上一年保持一致，较 2015 年下降 10 位（见表 5-56 和图 5-80）。

综上所述，呼和浩特市的城市创新主体指标排名呈波动下降态势且降幅较大。其中，创新主体的动力指标排名较为落后且呈波动下降态势；创新主体的能力指标排名基本稳定且无明显波动；创新主体的活力指标排名总体呈波动下降态势，且 2019 年较 2015 年有较大幅度下降。

包头市的城市创新主体指标排名总体呈波动下降态势，且 2019 年较 2015 年降幅较大。其中，创新主体的动力指标排名呈波动下降态势，且排名较为落后；创新主体的能力指标排名总体呈波动上升态势；创新主体的活力指标排名总体呈波动下降态势，2019 年与 2015 年相比下降了 17 位。

鄂尔多斯市的城市创新主体指标排名落后且基本保持稳定。其中，创新主体的动力指标排名基本位于末位；创新主体的能力指标排名降幅较大；创新主体的活力指标排名呈波动下降态势，2019 年较 2015 年下降 10 位。

表 5-56　2015—2019 年城市创新主体指标得分及排名

城市	指标		2015 年		2016 年		2017 年		2018 年		2019 年	
			指标得分	排名	指标得分	排名	指标得分	排名	指标得分	排名	指标得分	排名
呼和浩特市	1	城市创新主体	12.55	58	12.75	56	10.32	61	9.75	62	9.62	67
	1.1	创新主体的动力	16.06	85	11.73	87	10.74	92	12.03	85	12.16	90
	1.2	创新主体的能力	10.80	44	10.84	44	10.23	45	9.94	45	9.30	44
	1.3	创新主体的活力	10.81	55	15.67	35	10.00	53	7.28	67	7.41	65
包头市	1	城市创新主体	10.02	71	9.21	68	8.70	70	7.55	79	7.40	85
	1.1	创新主体的动力	13.25	92	10.13	92	11.24	89	10.54	91	10.40	96
	1.2	创新主体的能力	8.79	57	8.40	58	8.42	55	7.69	58	7.61	53
	1.3	创新主体的活力	8.02	65	9.09	64	6.44	71	4.41	82	4.20	82
鄂尔多斯市	1	城市创新主体	6.30	96	5.18	95	6.19	88	4.88	97	4.85	97
	1.1	创新主体的动力	6.48	100	4.61	100	7.45	97	5.54	100	7.75	99
	1.2	创新主体的能力	5.64	74	5.43	74	5.27	76	4.91	75	3.26	90
	1.3	创新主体的活力	6.77	73	5.51	79	5.86	73	4.18	83	3.54	83

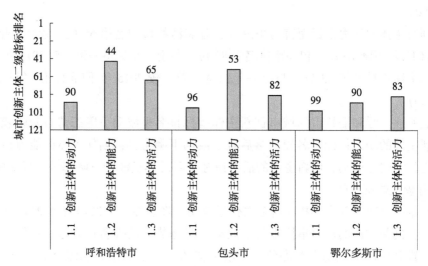

图 5-80　2019 年城市创新主体二级指标排名情况

2. 城市内部创新生态建构维度

从城市内部创新生态建构维度来看，呼和浩特市的城市内部创新生态建构指标排名高于包头市和鄂尔多斯市。2019 年，呼和浩特市排名第 44 位，较上一年上升 17 位，较 2015 年上升 18 位；包头市排名第 77 位，较上一年下降 22 位，较 2015 年下降 6 位；鄂尔多斯市排名第 79 位，较上一年上升 4 位，与 2015 年保持一致（见图 5-81）。

图 5-81　2015—2019 年城市内部创新生态建构指标排名变化

从城市内部创新生态建构维度下的二级指标来看，就创新要素的多样性指标而言，2019 年，呼和浩特市排名第 49 位，较上一年下降 6 位，较 2015 年上升 1 位；包头市排名第 78 位，较上一年下降 7 位，较 2015 年下降 10 位；鄂尔多斯市排名第 77 位，较上一年下降 3 位，较 2015 年上升 6 位（见表 5-57 和图 5-82）。

就创新要素的协同性指标而言，2019 年，呼和浩特市排名第 54 位，较上一年上升

12 位，较 2015 年上升 10 位；包头市排名第 75 位，较上一年下降 3 位，较 2015 年上升 10 位；鄂尔多斯市排名第 81 位，较上一年下降 13 位，较 2015 年下降 15 位（见表 5-57 和图 5-82）。

就创新平台的发展水平指标而言，2019 年，呼和浩特市排名第 27 位，较上一年上升 57 位，较 2015 年上升 52 位；包头市排名第 64 位，较上一年下降 29 位，较 2015 年下降 11 位；鄂尔多斯市排名第 91 位，较上一年上升 1 位，较 2015 年下降 9 位（见表 5-57 和图 5-82）。

就创新环境的适宜性指标而言，2019 年，呼和浩特市排名第 43 位，较上一年上升 5 位，较 2015 年下降 3 位；包头市排名第 69 位，较上一年上升 8 位，较 2015 年上升 6 位；鄂尔多斯市排名第 59 位，较上一年上升 19 位，较 2015 年上升 6 位（见表 5-57 和图 5-82）。

综上所述，对于呼和浩特市而言，城市内部创新生态建构指标排名呈波动上升态势且增幅较大。其中，创新要素的多样性指标排名总体呈波动上升态势，但是在 2019 年有所回落；创新要素的协同性指标排名呈波动上升态势且增幅较大；创新平台的发展水平指标排名有明显提升，2019 年较 2015 年上升 52 位；创新环境的适宜性指标排名总体呈波动下降态势，但是在 2019 年有较大幅度提升。

对于包头市而言，城市内部创新生态建构指标排名在 2019 年有较大幅度下降。其中，创新要素的多样性指标排名总体呈波动下降态势且降幅较大；创新要素的协同性指标排名 2019 年较 2015 年上升 10 位，增幅较大；创新平台的发展水平指标排名在 2019 年有较大幅度下降；创新环境的适宜性指标排名呈波动上升态势。

对于鄂尔多斯市而言，城市内部创新生态建构指标排名基本稳定。其中，创新要素的多样性指标总体呈波动上升态势，且 2019 年较 2015 年增幅较大；创新要素的协同性指标排名呈波动下降态势且降幅较大；创新平台的发展水平指标排名 2019 年较 2015 年有较大幅度下降；创新环境的适宜性指标排名呈波动上升态势，且 2019 年排名较 2018 年上升 19 位。

表 5-57　2015—2019 年城市内部创新生态建构指标得分及排名

城市	指标	2015 年		2016 年		2017 年		2018 年		2019 年	
		指标得分	排名	指标得分	排名	指标得分	排名	指标得分	排名	指标得分	排名
呼和浩特市	2　城市内部创新生态建构	6.34	62	6.33	61	6.51	59	6.17	61	10.66	44
	2.1　创新要素的多样性	6.25	50	5.42	51	6.31	52	7.74	43	7.42	49
	2.2　创新要素的协同性	0.52	64	1.15	50	1.80	49	0.86	66	1.30	54
	2.3　创新平台的发展水平	1.49	79	1.91	77	1.51	79	1.16	84	18.10	27
	2.4　创新环境的适宜性	17.11	40	16.83	41	16.44	42	14.91	48	15.82	43

续表

城市	指标	2015 年		2016 年		2017 年		2018 年		2019 年	
		指标得分	排名	指标得分	排名	指标得分	排名	指标得分	排名	指标得分	排名
包头市	2　城市内部创新生态建构	5.26	71	5.10	71	5.16	75	6.57	55	4.58	77
	2.1　创新要素的多样性	3.47	68	2.44	78	3.46	69	3.04	71	2.52	78
	2.2　创新要素的协同性	0.20	85	0.56	68	0.65	73	0.62	72	0.65	75
	2.3　创新平台的发展水平	5.71	53	5.87	59	4.84	61	12.09	35	4.14	64
	2.4　创新环境的适宜性	11.66	75	11.55	72	11.69	73	10.54	77	11.02	69
鄂尔多斯市	2　城市内部创新生态建构	4.35	79	4.44	79	4.77	79	3.68	83	4.24	79
	2.1　创新要素的多样性	2.46	83	2.39	79	2.93	75	2.82	74	2.86	77
	2.2　创新要素的协同性	0.50	66	0.56	69	1.04	59	0.80	68	0.46	81
	2.3　创新平台的发展水平	0.90	82	0.68	86	1.02	89	0.85	92	1.10	91
	2.4　创新环境的适宜性	13.56	65	14.14	58	14.09	58	10.26	78	12.54	59

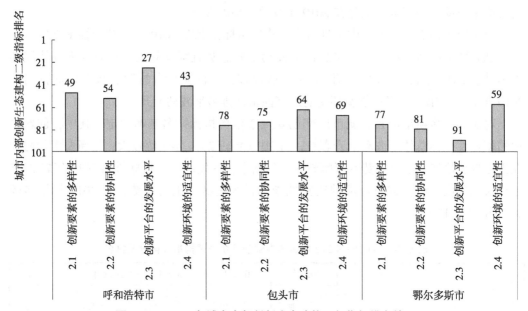

图 5-82　2019 年城市内部创新生态建构二级指标排名情况

3. 城市间创新生态嵌入维度

从城市间创新生态嵌入维度来看，呼和浩特市的城市间创新生态嵌入指标排名呈波动上升态势，且高于包头市和鄂尔多斯市。2019 年，呼和浩特市排名第 66 位，较上一年上升 4 位，较 2015 年上升 14 位；包头市排名第 97 位，较上一年下降 4 位，较

2015 年下降 8 位；鄂尔多斯市排名第 86 位，较上一年下降 13 位，较 2015 年下降 9 位（见图 5-83）。

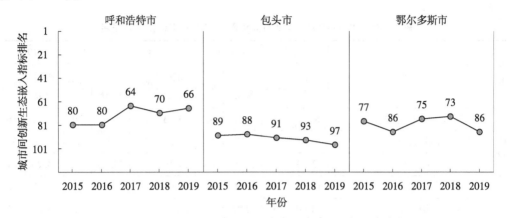

图 5-83　2015—2019 年城市间创新生态嵌入指标排名变化

从城市间创新生态嵌入维度下的二级指标来看，就系统开放性指标而言，2019 年，呼和浩特市排名第 81 位，与上一年保持一致，较 2015 年下降 6 位；包头市排名第 95 位，较上一年下降 1 位，较 2015 年下降 26 位；鄂尔多斯市排名第 64 位，较上一年下降 18 位，较 2015 年下降 11 位（见表 5-58 和图 5-84）。

就外部可达性指标而言，2019 年，呼和浩特市排名第 81 位，较上一年下降 4 位，与 2015 年保持一致；包头市排名第 99 位，较上一年下降 2 位，较 2015 年下降 2 位；鄂尔多斯市排名第 95 位，较上一年下降 1 位，较 2015 年下降 2 位（见表 5-58 和图 5-84）。

就关系嵌入指标而言，2019 年，呼和浩特市排名第 50 位，较上一年上升 7 位，较 2015 年上升 26 位；包头市排名第 88 位，较上一年上升 2 位，较 2015 年下降 5 位；鄂尔多斯市排名第 44 位，较上一年下降 18 位，较 2015 年下降 16 位（见表 5-58 和图 5-84）。

就结构嵌入指标而言，2019 年，呼和浩特市排名第 52 位，较上一年上升 4 位，较 2015 年上升 27 位；包头市排名第 89 位，较上一年下降 11 位，较 2015 年下降 14 位；鄂尔多斯市排名第 77 位，较上一年下降 2 位，较 2015 年上升 1 位（见表 5-58 和图 5-84）。

综上所述，呼和浩特市的城市间创新生态嵌入指标排名呈波动上升态势，且 2019 年较 2015 年有较大幅度上升。其中，系统开放性指标排名呈波动下降态势；外部可达性指标排名在 2019 年有小幅度下降；关系嵌入指标排名和结构嵌入指标排名总体呈波动上升态势，且 2019 年较 2015 年增幅较大。

包头市的城市间创新生态嵌入指标排名呈下降态势，且 2019 年较 2015 年有较大幅度下降。其中，系统开放性指标排名呈波动下降态势且降幅很大，外部可达性指标排名落后且波动不大，关系嵌入指标排名呈波动下降态势，结构嵌入指标排名呈波动下降态势且降幅较大。

鄂尔多斯市的城市间创新生态嵌入指标排名呈波动下降态势，且 2019 年指标排名较上一年下降 13 位。其中，系统开放性指标排名降幅较大；外部可达性指标排名呈波动下降态势，降幅较小；关系嵌入指标排名呈波动下降态势；结构嵌入指标排名除2016年外变化不大。

表 5-58　2015—2019 年城市间创新生态嵌入指标得分及排名

城市	指标	2015 年		2016 年		2017 年		2018 年		2019 年	
		指标得分	排名	指标得分	排名	指标得分	排名	指标得分	排名	指标得分	排名
呼和浩特市	3　城市间创新生态嵌入	8.48	80	9.62	80	10.03	64	9.36	70	10.97	66
	3.1　系统开放性	1.10	75	1.82	62	1.02	76	0.88	81	0.91	81
	3.2　外部可达性	22.33	81	22.31	82	24.19	73	24.14	77	24.26	81
	3.3　关系嵌入	0.50	76	0.66	64	1.53	49	1.48	57	1.85	50
	3.4　结构嵌入	10.00	79	13.68	74	13.38	51	10.96	56	16.86	52
包头市	3　城市间创新生态嵌入	7.61	89	8.46	88	7.04	91	6.66	93	7.39	97
	3.1　系统开放性	1.20	69	1.63	64	0.39	94	0.42	94	0.35	95
	3.2　外部可达性	18.50	97	18.48	97	18.50	98	18.76	97	18.80	99
	3.3　关系嵌入	0.29	83	0.27	83	0.42	83	0.33	90	0.34	88
	3.4　结构嵌入	10.45	75	13.46	77	8.84	81	7.13	78	10.09	89
鄂尔多斯市	3　城市间创新生态嵌入	8.71	77	8.64	86	9.02	75	8.88	73	8.82	86
	3.1　系统开放性	2.14	53	2.73	49	2.22	51	3.16	46	1.66	64
	3.2　外部可达性	19.05	93	19.08	93	19.11	95	19.17	94	19.19	95
	3.3　关系嵌入	3.62	28	3.19	27	5.31	21	5.08	26	2.32	44
	3.4　结构嵌入	10.03	78	9.55	94	9.46	74	8.11	75	12.12	77

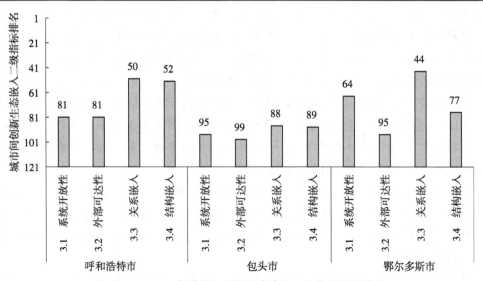

图 5-84　2019 年城市间创新生态嵌入二级指标排名情况

5.10.2　细分领域

本小节选择内蒙古自治区的首府呼和浩特市作为重点分析对象。

呼和浩特市城市创新生态系统情况见表 5-59 和图 5-85。

表 5-59　2015—2019 年呼和浩特市城市创新生态系统综合指标

指标	2015 年		2016 年		2017 年		2018 年		2019 年	
	指标得分	排名	指标得分	排名	指标得分	排名	指标得分	排名	指标得分	排名
城市创新生态系统	9.13	63	9.56	60	8.96	60	8.43	63	10.42	57
1　城市创新主体	12.55	58	12.75	56	10.32	61	9.75	62	9.62	67
2　城市内部创新生态建构	6.34	62	6.33	61	6.51	59	6.17	61	10.66	44
3　城市间创新生态嵌入	8.48	80	9.62	80	10.03	64	9.36	70	10.97	66

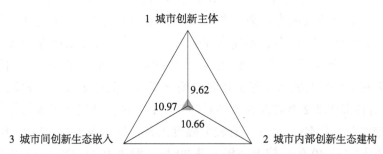

图 5-85　2019 年呼和浩特市城市创新生态系统蛛网图

从基础数据看，呼和浩特市的城市创新主体指标排名呈波动下降态势且降幅较大。其中，创新主体的动力指标排名较为落后且呈波动下降态势，具体表现为，2019 年，"科学技术支出占比"指标排名第 69 位，较上一年上升 17 位，增速为 83.69%，较 2015 年上升 20 位，增速为 143.17%；"教育支出占比"指标排名第 95 位，较上一年下降 15 位，增速为-16.28%，较 2015 年下降 6 位，增速为-12.25%；"商业信用环境"指标排名第 39 位，较上一年下降 12 位，增速为 1.06%，较 2015 年下降 19 位，增速为 -1.06%。创新主体的能力指标排名基本稳定且无明显波动，具体表现为，2019 年，"百万人均发明专利申请量"指标排名第 54 位，较上一年上升 11 位，增速为 22.19%，较 2015 年上升 11 位，增速为 155.92%；"科研、技术服务和地质勘查业从业人员"指标排名第 34 位，较上一年上升 3 位，增速为 45.79%，较 2015 年上升 2 位，增速为 31.28%；"国家高新区 R&D 经费内部支出"指标排名第 83 位，较上一年上升 1 位，增速为 113.51%，较 2015 年下降 25 位，增速为-74.75%；"规模以上工业企业 R&D 人员"指标排名第 98 位，较上一年下降 1 位，增速为-23.48%，较 2015 年下降 7 位，增速为-36.43%；"创新积累"指标排名第 79 位，与上一年保持一致，增速为 1.73%，较 2015 年下降 6 位，增速为 16.65%。创新主体的活力指标排名总体呈波动下降态势，且较 2015 年有较大幅度下降，具体表现为，2019 年，"数字普惠金融指数"指标排名第 57 位，较上一年上升 5 位，增速为 6.80%，较 2015 年下降 20 位，增速为 33.60%；"当年新增科技型中小企业数"指标排名第 93 位，较上一年下降 4 位，增速为 -52.17%，较 2015 年下降 15 位，增速为-56.00%；"当年新增企业数"指标排名第 62 位，较上一年下降 3 位，增速为 11.11%，较 2015 年下降 11 位，增速为 89.39%。

呼和浩特市的城市内部创新生态建构指标排名呈波动上升态势且增幅较大。在创新要素的多样性方面，2019 年，"外商、港澳台商投资企业占比"指标排名第 42 位，较上一年下降 5 位，增速为-17.17%，与 2015 年保持一致，增速为-16.61%；"国家高新区外籍常驻人员"指标排名第 81 位，较上一年上升 1 位，增速为 50.00%，较 2015 年下降 9 位，增速为-45.45%；"国家高新区留学归国人员"指标排名第 48 位，较上一年上升 5 位，增速为 55.97%，较 2015 年上升 16 位。创新要素的协同性指标排名呈波动上升态势且增幅较大，具体表现为，2019 年，"产学研合作发明专利数"指标排名第 54 位，较上一年上升 13 位，增速为 76.92%，较 2015 年上升 25 位，增速为 557.14%；"产业合作发明专利数"指标排名第 67 位，较上一年上升 3 位，增速为 25.71%，较 2015 年上升 10 位，增速为 309.30%；"学研合作发明专利数"指标排名第 46 位，较上一年上升 7 位，增速为 133.33%，较 2015 年上升 2 位，增速为 366.67%。创新平台的发展水平指标排名有明显提升，具体表现为，相较于 2018 年，2019 年呼和浩特市新增 2 个省部共建协同创新中心，极大地提高了该指标的排名。创新环境的适宜性指标排名在 2019 年有较大幅度提升，具体表现为，2019 年，"AQI 年平均值"指标排名第 40 位，较上一年上升 20 位，增速为 11.27%，较 2015 年上升 2 位，增速为 9.47%。

呼和浩特市的城市间创新生态嵌入指标排名呈波动上升态势，且 2019 年较 2015 年有较大幅度上升。其中，系统开放性指标排名呈波动下降态势，具体表现为，2019 年，"当年实际使用外资金额"指标排名第 87 位，较上一年上升 2 位，增速为 29.13%，较 2015 年下降 11 位。在外部可达性方面，2019 年，"截至当年所拥有的高铁站点数"指标排名第 89 位，较上一年下降 11 位，较 2015 年下降 13 位；"民用航空货邮运量"指标排名第 34 位，较上一年上升 2 位，增速为 14.79%，较 2015 年下降 1 位，增速为 27.94%。呼和浩特市应进一步完善高铁基础设施建设，提高陆运和空运水平。关系嵌入指标排名和结构嵌入指标排名总体呈波动上升态势，且 2019 年较 2015 年增幅较大。就关系嵌入指标而言，2019 年，"对外联系强度"指标排名第 51 位，较上一年上升 7 位，增速为 53.09%，较 2015 年上升 22 位；"先进产业嵌入深度"指标排名第 44 位，较上一年上升 7 位，增速为 118.06%，较 2015 年上升 27 位。呼和浩特市与其他城市在高新技术以及创新方面的合作强度明显增加。就结构嵌入指标而言，2019 年，"接近中心度"指标排名第 49 位，较上一年上升 8 位，增速为 2.47%，较 2015 年上升 25 位，增速为 7.30%；"特征向量中心度"指标排名第 52 位，较上一年上升 6 位，增速为

25.65%，较 2015 年上升 28 位，增速为 130.48%。呼和浩特市在创新合作网络中的地位有所提升。

呼和浩特市部分变化较大的指标见表 5-60。

表 5-60　呼和浩特市部分变化较大的指标

指标	2018 年	2019 年	增速/%	2018 年排名	2019 年排名	排名变化
商业信用环境	73.53	74.31	1.06	27	39	-12
AQI 年平均值	88.00	78.08	11.27	60	40	20
市场多样性	0.0128	0.0085	-33.99	37	42	-5
外商、港澳台商投资企业占比/%	10.18	8.43	-17.17	37	42	-5
先进产业嵌入深度	72.00	157.00	118.06	51	44	7
学研合作发明专利数/件	6	14	133.33	53	46	7
国家高新区留学归国人员/人	159	248	55.97	53	48	5
接近中心度	0.51	0.52	2.47	57	49	8
对外联系强度	55911669.11	85593308.98	53.09	58	51	7
特征向量中心度	0.25	0.31	25.65	58	52	6
百万人均发明专利申请量/（件/百万人）	616.26	753.01	22.19	65	54	11
产学研合作发明专利数/件	52	92	76.92	67	54	13
数字普惠金融指数	245.36	262.05	6.80	62	57	5
市场潜力	16032418.00	16465293.29	2.70	56	61	-5
当年新增企业数/个	3951	4390	11.11	59	62	-3
产业合作发明专利数/件	140	176	25.71	70	67	3
科学技术支出占比/%	0.94	1.72	83.69	86	69	17
新兴产业发明专利申请量/件	1067	1269	18.93	82	76	6
创新积累	1733.32	1763.32	1.73	79	79	0
国家高新区外籍常驻人员/人	4	6	50.00	82	81	1
国家高新区 R&D 经费内部支出/千元	82300.00	175718.00	113.51	84	83	1
国家高新区 R&D 人员/人	624	563	-9.78	84	84	0
国家高新区工业总产值/千元	11528180.00	11226848.00	-2.61	84	85	-1
国家高新区高新技术企业数/个	10	10	0.00	85	85	0
当年新增科技型中小企业数/个	23	11	-52.17	89	93	-4
教育支出占比/%	14.32	11.99	-16.28	80	95	-15
规模以上工业企业 R&D 人员/人	3450	2640	-23.48	97	98	-1

基于上述分析，创新基础相对薄弱、人才匮乏、研发投入不足以及规模以上工业企业创新能力较低等问题严重影响了内蒙古自治区的创新发展。因此，内蒙古自治区应该始终把创新摆在核心位置，深入实施"科技兴蒙"行动，通过政策引导与精准支持，尽快补齐创新短板，为科技创新营造更优质的生态环境。除此以外，内蒙古自治区应该极力破除制约创新发展的体制机制束缚，为科研人员减负松绑，为创新发展提供有效助力。

5.11　湖南省

湖南省共有5个城市纳入分析，分别是长沙市、株洲市、衡阳市、岳阳市、常德市。省会城市长沙市的城市创新生态系统综合排名明显高于其余4个城市，且2015—2019年排名呈波动上升态势。株洲市和衡阳市排名较为接近，其中株洲市排名略高于衡阳市。岳阳市和常德市排名落后且无明显增长。

从各城市的表现来看，长沙市在城市创新主体方面表现不佳，2015—2019年排名总体呈波动下降态势。从指标维度来看，长沙市拥有较高的创新主体的能力和创新主体的活力水平，但是创新主体的动力严重不足。从基础数据来看，教育支出占比低以及商业信用环境改善缓慢是导致创新主体的动力不足的关键所在。受益于创新要素的协同性水平提升以及创新环境的改善，城市内部创新生态建构指标排名在2019年有较大幅度提升。但是需要重点关注的是，长沙市的外商、港澳台商投资企业占比较低，因此创新要素的多样性指标排名落后。在城市间创新生态嵌入方面，长沙市的表现较为突出。高铁建设水平的大幅提升，提高了长沙市的外部可达性水平，为创新生态嵌入关系的建立奠定了基础。此外，基于自身较强的创新能力，长沙市能够较容易地与其他城市建立创新合作关系，并能够在创新合作网络中占据关键位置。

株洲市城市创新主体指标排名落后，尤其表现在创新主体的动力方面。从基础数据来看，株洲市的商业信用环境处于100个样本城市非常靠后的位置，商业环境亟须改善。城市内部创新生态建构指标排名有较大幅度下降，从基础数据来看，随着国家高新区对外籍人员以及留学归国人员的吸引力下降，创新要素的多样性指标排名2019年较2015年有较大幅度下降。空气质量恶化以及城市园林绿地面积减少，是导致创新环境的适宜性指标排名大幅下降的关键。城市间创新生态嵌入指标排名总体呈波动上升态势，但是关系嵌入指标排名落后，结构嵌入指标排名降幅较大。从基础数据看，株洲市在先进产业嵌入深度以及对外联系强度方面都处于落后水平，而且在创新合作网络中的话语权较低。

衡阳市的城市创新主体指标排名处于落后水平，这主要受两方面因素的影响，其一是商业信用环境较差以及科学技术支出占比较低，导致创新动力严重不足；其二是新创企业数量稀少，数字金融业发展落后是造成创新主体缺乏活力的关键。创新平台的发展水平指标排名以及创新要素的多样性指标排名下降是城市内部创新生态建构指标排名总体呈下降态势的主要原因。从基础数据来看，国家高新区外籍常驻人员数量增长缓慢是创新要素的多样性指标排名下降的关键，缺少国家级科技企业孵化器造成创新平台的发展水平指标排名大幅下降。城市间创新生态嵌入指标排名基本稳定，但是其下的二级指标排名波动较大。从基础数据来看，受高铁发展速度较慢的影响，外部可达性指标排名有较大幅度下降。值得关注的是，随着衡阳市的对外联系强度的增加，关系嵌入指标排名和结构嵌入指标排名提升幅度较大。

岳阳市在城市创新主体、城市内部创新生态建构以及城市间创新生态嵌入方面的指标排名均较为落后。在城市创新主体方面，岳阳市缺乏创新动力和创新活力，这主要是由两方面原因造成的，其一是市场多样性较差以及教育支出占比较低，其二是新兴产业创新产出较少且增长缓慢，以及新创企业数量较少。创新要素的多样性以及创新要素的协同性是影响城市内部创新生态建构指标排名的短板因素。从基础数据看，岳阳市所拥有的外商、港澳台商投资企业较少，以及缺少国家级高新区都是制约岳阳市发展的主要因素。此外，产业间、科研院所以及高等院校之间难以形成高效协同的创新合作关系也是一个主要的发展障碍。在城市间创新生态嵌入方面，岳阳市无民用机场且高铁站点数较少，因此外部通达性差。由于自身创新能力较弱，岳阳市与其他城市合作创新的机会较少，在创新合作网络中无法占据核心位置。

常德市在城市创新主体、城市内部创新生态建构和城市间创新生态嵌入 3 个方面均处于落后水平。从基础数据来看，阻碍常德市创新生态系统建设的因素可以概括为 3 个方面。其一，教育支出占比低且商业信用环境差，造成创新主体的动力指标排名处于 100 个样本城市的最后一名。其二，常德市的创新创业氛围差，创新活力严重不足，例如，A 股上市公司高新技术企业数量为 0，以及新增企业数量下降等。除此之外，常德市没有国家级高新区，这也是常德市创新水平低下的重要表征以及主要原因。其三，常德市陆运和空运水平较差，外部生态嵌入的基础条件较为薄弱。而且由于自身发展水平较低，常德市与其他城市创新合作的机会较少，因此生态嵌入等级较低且难以利用外部创新资源。

5.11.1 总体情况

2019 年，长沙市的城市创新生态系统综合排名第 17 位，较上一年上升 2 位，较 2015 年上升 2 位；株洲市的城市创新生态系统综合排名第 78 位，较上一年下降 1 位，较 2015 年下降 1 位；衡阳市的城市创新生态系统综合排名第 87 位，与上一年保持一致，较 2015 年下降 1 位；岳阳市的城市创新生态系统综合排名第 93 位，较上一年下降 1 位，较 2015 年下降 1 位；常德市的城市创新生态系统综合排名第 96 位，且与上一年保持一致，与 2015 年保持一致（见图 5-86）。

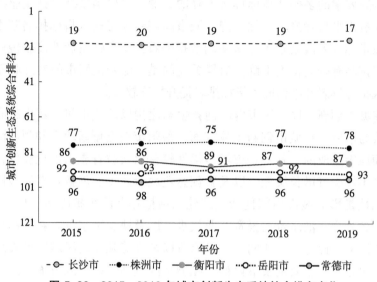

图 5-86　2015—2019 年城市创新生态系统综合排名变化

1. 城市创新主体维度

从城市创新主体维度来看，长沙市的城市创新主体指标排名在湖南省内处于领先水平，但是总体排名呈波动下降态势。株洲市排名仅次于长沙市，但是与长沙市的差距较大。衡阳市、岳阳市和常德市排名则极为落后。

2019 年，长沙市排名第 23 位，较上一年下降 3 位，较 2015 年下降 4 位；株洲市排名第 84 位，与上一年保持一致，较 2015 年下降 4 位；衡阳市排名第 92 位，较上一年下降 1 位，较 2015 年上升 5 位；岳阳市排名第 93 位，较上一年上升 2 位，较 2015 年上升 2 位；常德市排名第 99 位，较上一年下降 1 位，与 2015 年保持一致（见图 5-87）。

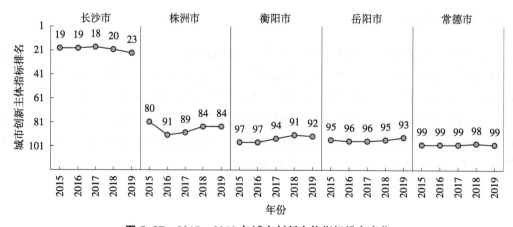

图 5-87　2015—2019 年城市创新主体指标排名变化

从城市创新主体维度下的二级指标来看，就创新主体的动力指标而言，2019 年，长沙市排名第 41 位，较上一年下降 3 位，较 2015 年下降 7 位；株洲市排名第 94 位，较上一年上升 3 位，较 2015 年上升 2 位；衡阳市排名第 93 位，较上一年上升 2 位，较 2015 年上升 4 位；岳阳市排名第 92 位，较上一年上升 6 位，较 2015 年上升 6 位；常德市排名第 100 位，较上一年下降 1 位，较 2015 年下降 1 位（见表 5-61 和图 5-88）。

就创新主体的能力指标而言，2019 年，长沙市排名第 13 位，较上一年上升 2 位，较 2015 年上升 1 位；株洲市排名第 60 位，较上一年下降 6 位，较 2015 年上升 3 位；衡阳市排名第 66 位，较上一年上升 2 位，较 2015 年上升 16 位；岳阳市排名第 76 位，较上一年下降 5 位，较 2015 年上升 1 位；常德市排名第 86 位，较上一年下降 9 位，较 2015 年下降 2 位（见表 5-61 和图 5-88）。

就创新主体的活力指标而言，2019 年，长沙市排名第 15 位，较上一年上升 1 位，较 2015 年上升 2 位；株洲市排名第 74 位，较上一年上升 7 位，较 2015 年下降 4 位；衡阳市排名第 92 位，较上一年下降 1 位，较 2015 年下降 6 位；岳阳市排名第 90 位，与上一年保持一致，较 2015 年下降 5 位；常德市排名第 95 位，与上一年保持一致，较 2015 年下降 3 位（见表 5-61 和图 5-88）。

综上所述，长沙市的城市创新主体指标排名呈波动下降态势且降幅较小。其中，创新主体的动力指标排名不高且呈下降态势，2019 年较 2015 年下降幅度较大；创新主体的能力指标排名较为领先，总体呈波动上升态势；创新主体的活力指标排名总体呈上升态势，增幅较小。

株洲市的城市创新主体指标排名呈波动下降态势且排名较为落后。其中，创新主体的动力指标排名落后且波动不大；创新主体的能力指标排名呈波动上升态势，但是在 2019 年有较大幅度下降；创新主体的活力指标排名呈波动下降趋势，但是在 2019 年较上一年出现较大幅度提升。

衡阳市的城市创新主体指标排名落后，总体呈波动上升态势。其中，创新主体的动力指标排名呈上升态势且增幅较小；创新主体的能力指标排名 2019 年较 2015 年有较大幅度上升；创新主体的活力指标排名呈波动下降态势，2019 年较 2015 年有较大幅度下降。

岳阳市的城市创新主体指标排名落后，且波动不大。其中，创新主体的动力指标排名呈波动上升态势；创新主体的能力指标排名在 2019 年有较大幅度下降；创新主体的活力指标排名呈波动下降态势，2019 年较 2015 年有较大幅度下降。

常德市的城市创新主体指标排名落后且波动不大。其中，创新主体的动力指标排名落后；创新主体的能力指标排名有所波动，在 2019 年有较大幅度下降；创新主体的活力指标排名落后且波动不大。

表 5-61 2015—2019 年城市创新主体指标得分及排名

城市	指标	2015 年		2016 年		2017 年		2018 年		2019 年	
		指标得分	排名	指标得分	排名	指标得分	排名	指标得分	排名	指标得分	排名
长沙市	1 城市创新主体	23.51	19	22.25	19	21.94	18	20.88	20	21.54	23
	1.1 创新主体的动力	26.40	34	21.05	37	20.39	38	20.68	38	23.36	41
	1.2 创新主体的能力	22.31	14	22.40	12	22.89	13	20.98	15	20.98	13
	1.3 创新主体的活力	21.81	17	23.29	17	22.54	16	20.98	16	20.28	15
株洲市	1 城市创新主体	8.70	80	6.18	91	5.84	89	6.94	84	7.56	84
	1.1 创新主体的动力	11.41	96	6.12	99	5.41	100	7.97	97	10.53	94
	1.2 创新主体的能力	7.35	63	6.90	65	6.85	61	7.95	54	6.83	60
	1.3 创新主体的活力	7.33	70	5.52	78	5.26	82	4.91	81	5.31	74
衡阳市	1 城市创新主体	6.18	97	4.71	97	5.54	94	5.59	91	5.94	92
	1.1 创新主体的动力	10.28	97	7.60	96	8.26	96	8.69	95	10.56	93
	1.2 创新主体的能力	4.45	82	4.40	82	5.66	70	5.84	68	5.54	66
	1.3 创新主体的活力	3.80	86	2.14	93	2.71	90	2.26	91	1.73	92
岳阳市	1 城市创新主体	6.41	95	4.93	96	5.06	96	5.13	95	5.87	93
	1.1 创新主体的动力	9.87	98	6.70	97	6.93	98	7.70	98	10.90	92
	1.2 创新主体的能力	5.45	77	5.10	78	5.28	75	5.16	71	4.32	76
	1.3 创新主体的活力	3.91	85	3.00	91	2.98	89	2.54	90	2.40	90
常德市	1 城市创新主体	5.22	99	4.11	99	4.77	99	4.26	98	4.02	99
	1.1 创新主体的动力	8.88	99	6.35	98	6.85	99	6.08	99	6.86	100
	1.2 创新主体的能力	4.23	84	4.23	83	5.12	77	4.88	77	3.73	86
	1.3 创新主体的活力	2.55	92	1.75	95	2.36	94	1.83	95	1.47	95

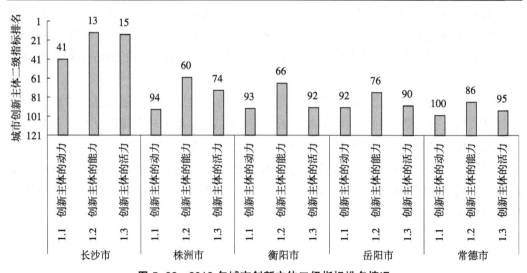

图 5-88 2019 年城市创新主体二级指标排名情况

2. 城市内部创新生态建构维度

从城市内部创新生态建构维度来看，长沙市的城市内部创新生态建构指标排名明显高于株洲市、衡阳市、常德市和岳阳市，且 2015—2019 年排名呈波动上升态势。株洲市和衡阳市排名较为接近且总体均呈下降态势；常德市和岳阳市排名处于同一水平，且基本稳定。

2019 年，长沙市排名第 20 位，较上一年上升 5 位，较 2015 年上升 1 位；株洲市排名第 76 位，较上一年下降 5 位，较 2015 年下降 11 位；衡阳市排名第 78 位，较上一年下降 1 位，较 2015 年下降 6 位；常德市排名第 83 位，较上一年下降 3 位，较2015 年上升 1 位；岳阳市排名第 85 位，较上一年下降 1 位，较 2015 年下降 2 位（见图 5-89）。

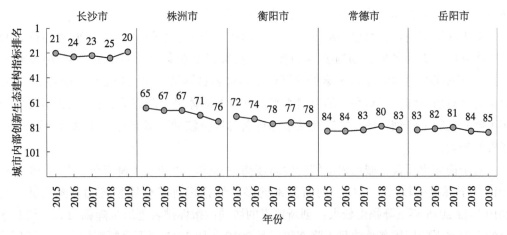

图 5-89　2015—2019 年城市内部创新生态建构指标排名变化

从城市内部创新生态建构维度下的二级指标来看，就创新要素的多样性指标而言，2019 年，长沙市排名第 46 位，较上一年上升 1 位，与 2015 年保持一致；株洲市排名第 86 位，较上一年下降 4 位，较 2015 年下降 13 位；衡阳市排名第 83 位，与上一年保持一致，较 2015 年下降 9 位；常德市排名第 85 位，较上一年上升 2 位，较 2015 年上升 1 位；岳阳市排名第 94 位，较上一年下降 3 位，较 2015 年下降 7 位（见表 5-62 和图 5-90）。

就创新要素的协同性指标而言，2019 年，长沙市排名第 17 位，较上一年上升 4 位，较 2015 年下降 2 位；株洲市排名第 79 位，较上一年下降 4 位，较 2015 年上升 2 位；衡阳市排名第 98 位，较上一年上升 1 位，较 2015 年下降 5 位；常德市排名第 88 位，较上一年上升 9 位，较 2015 年上升 8 位；岳阳市排名第 89 位，较上一年下降 1 位，较 2015 年上升 10 位（见表 5-62 和图 5-90）。

就创新平台的发展水平指标而言，2019 年，长沙市排名第 15 位，较上一年上升 3 位，较 2015 年下降 1 位；株洲市排名第 57 位，较上一年下降 2 位，较 2015 年下降 11

位；衡阳市排名第 82 位，与上一年保持一致，较 2015 年下降 10 位；常德市排名第 77 位，较上一年下降 1 位，较 2015 年上升 14 位；岳阳市排名第 85 位，较上一年上升 1 位，较 2015 年下降 3 位（见表 5-62 和图 5-90）。

就创新环境的适宜性指标而言，2019 年，长沙市排名第 17 位，较上一年上升 3 位，较 2015 年下降 3 位；株洲市排名第 71 位，较上一年下降 11 位，较 2015 年下降 4 位；衡阳市排名第 49 位，较上一年下降 4 位，较 2015 年上升 4 位；常德市排名第 65 位，较上一年下降 8 位，较 2015 年下降 3 位；岳阳市排名第 63 位，较上一年上升 2 位，较 2015 年上升 1 位（见表 5-62 和图 5-90）。

综上所述，对于长沙市而言，城市内部创新生态建构指标排名呈波动上升态势，且在 2019 年出现较大幅度提升。其中，创新要素的多样性指标排名较为落后且基本稳定；创新要素的协同性指标总体呈波动下降态势，但在 2019 年指标排名有所提升；创新平台的发展水平指标排名总体呈波动下降态势，但在 2019 年有所回升；创新环境的适宜性指标排名总体呈波动下降态势，波动幅度较小。

对于株洲市而言，城市内部创新生态建构指标排名呈下降态势，且 2019 年较 2015 年下降幅度较大。其中，创新要素的多样性指标排名整体呈下降态势，且 2019 年较 2015 年下降幅度较大；创新要素的协同性指标排名总体呈波动上升态势，但在 2019 年指标排名有所下降；创新平台的发展水平指标排名总体呈下降态势，且 2019 年较 2015 年下降幅度较大；创新环境的适宜性指标排名总体呈波动下降态势，且 2019 年较上一年降幅较大。

对于衡阳市而言，城市内部创新生态建构指标排名呈波动下降态势，且 2019 年较 2015 年下降幅度较大。其中，创新要素的多样性指标排名整体呈波动下降态势，且 2019 年较 2015 年下降幅度较大；创新要素的协同性指标排名落后且降幅较大；创新平台的发展水平指标排名总体呈下降态势，且 2019 年较 2015 年下降幅度较大；创新环境的适宜性指标排名总体呈波动上升态势，排名变化幅度较小。

对于常德市而言，城市内部创新生态建构指标排名变化幅度较小。其中，创新要素的多样性指标排名波动不大；创新要素的协同性指标排名总体呈波动上升态势，增幅较大；创新平台的发展水平指标排名总体呈波动上升态势，且 2019 年较 2015 年上升幅度较大；创新环境的适宜性指标排名总体呈波动下降态势，且在 2019 年出现较大幅度下降。

对于岳阳市而言，城市内部创新生态建构指标排名呈波动下降态势，且变化幅度较小。其中，创新要素的多样性指标排名整体呈波动下降态势，2019 年与 2015 年相比降幅较大；创新要素的协同性指标排名总体呈波动上升态势，2019 年与 2015 年相比上升 10 位；创新平台的发展水平指标排名总体呈波动下降态势且降幅较小；创新环境的适宜性指标排名波动幅度较小。

表 5-62　2015—2019 年城市内部创新生态建构指标得分及排名

城市	指标	2015 年		2016 年		2017 年		2018 年		2019 年	
		指标得分	排名	指标得分	排名	指标得分	排名	指标得分	排名	指标得分	排名
长沙市	2　城市内部创新生态建构	15.38	21	15.06	24	15.62	23	14.99	25	17.52	20
	2.1　创新要素的多样性	7.51	46	6.80	46	7.27	47	7.03	47	7.53	46
	2.2　创新要素的协同性	6.57	15	4.75	20	7.31	17	6.08	21	7.14	17
	2.3　创新平台的发展水平	22.92	14	23.45	15	22.54	15	22.60	18	31.67	15
	2.4　创新环境的适宜性	24.52	14	25.24	14	25.35	15	24.24	20	23.75	17
株洲市	2　城市内部创新生态建构	5.98	65	5.77	67	5.73	67	5.17	71	4.65	76
	2.1　创新要素的多样性	3.03	73	2.32	81	2.27	82	1.91	82	1.77	86
	2.2　创新要素的协同性	0.26	81	0.20	87	0.43	83	0.52	75	0.51	79
	2.3　创新平台的发展水平	7.49	46	7.72	50	7.13	50	5.34	55	5.74	57
	2.4　创新环境的适宜性	13.13	67	12.86	65	13.08	64	12.91	60	10.59	71
衡阳市	2　城市内部创新生态建构	5.15	72	4.87	74	4.84	78	4.70	77	4.46	78
	2.1　创新要素的多样性	2.93	74	2.35	80	1.97	85	1.72	83	1.89	83
	2.2　创新要素的协同性	0.06	93	0.09	93	0.11	97	0.05	99	0.13	98
	2.3　创新平台的发展水平	2.54	72	2.55	74	1.99	75	1.20	82	1.24	82
	2.4　创新环境的适宜性	15.07	53	14.50	56	15.31	50	15.84	45	14.60	49
常德市	2　城市内部创新生态建构	3.95	84	3.60	84	4.18	83	4.16	80	3.84	83
	2.1　创新要素的多样性	2.03	86	1.82	86	2.04	84	1.42	87	1.78	85
	2.2　创新要素的协同性	0.05	96	0.17	89	0.33	89	0.06	97	0.28	88
	2.3　创新平台的发展水平	0.00	91	0.00	94	1.75	78	1.47	76	2.01	77
	2.4　创新环境的适宜性	13.72	62	12.42	68	12.61	66	13.70	57	11.30	65
岳阳市	2　城市内部创新生态建构	4.05	83	4.02	82	4.26	81	3.58	84	3.45	85
	2.1　创新要素的多样性	1.63	87	1.22	88	1.89	86	0.97	91	0.84	94
	2.2　创新要素的协同性	0.02	99	0.24	82	0.20	93	0.23	88	0.26	89
	2.3　创新平台的发展水平	0.90	82	1.36	79	1.17	82	0.89	86	1.19	85
	2.4　创新环境的适宜性	13.65	64	13.27	60	13.79	60	12.21	65	11.52	63

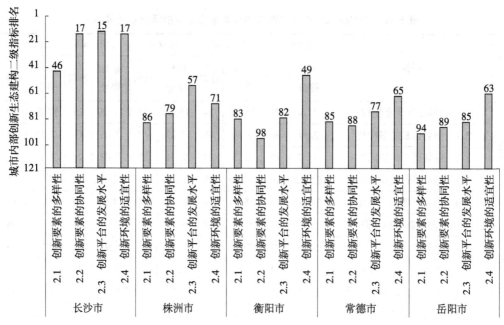

图 5-90 2019 年城市内部创新生态建构二级指标排名情况

3. 城市间创新生态嵌入维度

从城市间创新生态嵌入维度来看，长沙市的城市间创新生态嵌入指标排名明显高于株洲市、衡阳市、常德市和岳阳市。株洲市排名仅次于长沙市但是整体差距较大，衡阳市排名高于常德市和岳阳市，常德市和岳阳市排名基本处于同一水平。

2019 年，长沙市排名第 14 位，较上一年上升 1 位，较 2015 年上升 7 位；株洲市排名第 69 位，与上一年保持一致，较 2015 年上升 6 位；衡阳市排名第 80 位，较上一年上升 5 位，较 2015 年下降 2 位；常德市排名第 90 位，较上一年上升 9 位，较 2015 年上升 5 位；岳阳市排名第 96 位，较上一年下降 2 位，较 2015 年下降 6 位（见图5-91）。

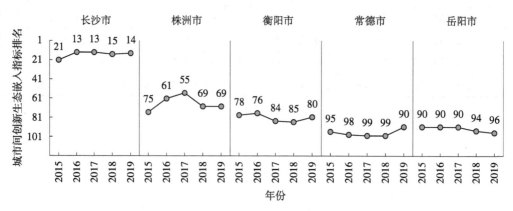

图 5-91 2015—2019 年城市间创新生态嵌入指标排名变化

从城市间创新生态嵌入维度下的二级指标来看，就系统开放性指标而言，2019 年，长沙市排名第 16 位，与上一年保持一致，且与 2015 年保持一致；株洲市排名第 57 位，较上一年上升 1 位，较 2015 年上升 3 位；衡阳市排名第 55 位，较上一年上升 1 位，与 2015 年保持一致；常德市排名第 58 位，较上一年上升 1 位，较 2015 年上升 10 位；岳阳市排名第 71 位，较上一年上升 1 位，较 2015 年上升 6 位（见表 5-63 和图 5-92）。

就外部可达性指标而言，2019 年，长沙市排名第 13 位，与上一年保持一致，较 2015 年上升 57 位；株洲市排名第 67 位，较上一年下降 4 位，较 2015 年上升 12 位；衡阳市排名第 79 位，较上一年下降 8 位，较 2015 年下降 24 位；常德市排名第 83 位，较上一年上升 16 位，较 2015 年上升 15 位；岳阳市排名第 92 位，较上一年下降 4 位，较 2015 年下降 9 位（见表 5-63 和图 5-92）。

就关系嵌入指标而言，2019 年，长沙市排名第 20 位，较上一年上升 1 位，与 2015 年保持一致；株洲市排名第 82 位，较上一年下降 5 位，较 2015 年上升 4 位；衡阳市排名第 85 位，较上一年上升 13 位，较 2015 年上升 9 位；常德市排名第 99 位，较上一年下降 2 位，较 2015 年下降 3 位；岳阳市排名第 80 位，较上一年上升 1 位，较 2015 年上升 15 位（见表 5-63 和图 5-92）。

就结构嵌入指标而言，2019 年，长沙市排名第 11 位，与上一年保持一致，且与 2015 年保持一致；株洲市排名第 69 位，较上一年下降 2 位，较 2015 年下降 13 位；衡阳市排名第 86 位，较上一年上升 12 位，较 2015 年上升 10 位；常德市排名第 95 位，与上一年保持一致，较 2015 年下降 8 位；岳阳市排名第 94 位，较上一年下降 2 位，较 2015 年下降 3 位（见表 5-63 和图 5-92）。

综上所述，长沙市城市间创新生态嵌入指标排名呈波动上升态势，且 2019 年较 2015 年有较大幅度上升。其中，系统开放性指标排名稳定；外部可达性指标排名 2019 年较 2015 年有很大幅度上升，增幅高达 57 位；关系嵌入指标排名和结构嵌入指标排名基本稳定，波动幅度较小。

株洲市城市间创新生态嵌入指标排名呈波动上升态势，且 2019 年较 2015 年有较大幅度上升。其中，系统开放性指标排名波动不大，外部可达性指标排名 2019 年较 2015 年有较大幅度上升，关系嵌入指标排名在 2019 年有较大幅度下降，结构嵌入指标排名总体呈波动下降态势且降幅较大。

衡阳市城市间创新生态嵌入指标排名呈波动下降态势，但是在 2019 年有较大幅度上升。其中，系统开放性指标排名基本稳定；外部可达性指标排名 2019 年较 2015 年有较大幅度下降；关系嵌入指标排名呈波动上升态势，且在 2019 年有较大幅度上升；结构嵌入指标排名总体呈波动上升态势，且 2019 年较 2015 年上升 10 位。

常德市城市间创新生态嵌入指标排名呈波动上升态势，上升幅度较大。其中，系统开放性指标排名 2019 年较 2015 年上升 10 位；外部可达性指标排名明显提升，上升幅度较大；关系嵌入指标排名呈波动下降态势，降幅较小；结构嵌入指标排名总体呈波动下降态势。

岳阳市城市间创新生态嵌入指标排名呈下降态势，降幅较大。其中，系统开放性指标排名 2019 年较 2015 年上升 6 位；外部可达性指标排名落后，2019 年较 2015 年下降 9 位；关系嵌入指标排名总体呈波动上升态势，2019 年较 2015 年上升 15 位；结构嵌入指标排名落后且降幅较小。

表 5-63　2015—2019 年城市间创新生态嵌入指标得分及排名

城市	指标	2015 年		2016 年		2017 年		2018 年		2019 年	
		指标得分	排名	指标得分	排名	指标得分	排名	指标得分	排名	指标得分	排名
长沙市	3　城市间创新生态嵌入	17.53	21	23.57	13	23.48	13	22.08	15	23.50	14
	3.1　系统开放性	11.11	16	11.42	17	9.26	18	10.70	16	10.90	16
	3.2　外部可达性	24.25	70	45.22	9	45.31	9	39.20	13	39.33	13
	3.3　关系嵌入	5.37	20	4.78	18	5.96	20	6.94	21	8.08	20
	3.4　结构嵌入	29.39	11	32.87	10	33.38	11	31.48	11	35.69	11
株洲市	3　城市间创新生态嵌入	9.28	75	11.04	61	11.09	55	9.73	69	10.62	69
	3.1　系统开放性	1.56	60	1.95	59	1.73	60	2.05	58	2.09	57
	3.2　外部可达性	22.62	79	29.57	47	29.57	50	26.85	63	26.85	67
	3.3　关系嵌入	0.25	86	0.27	82	0.45	80	0.56	77	0.48	82
	3.4　结构嵌入	12.70	56	12.39	84	12.61	57	9.46	67	13.07	69
衡阳市	3　城市间创新生态嵌入	8.70	78	9.98	76	8.20	84	7.33	85	9.50	80
	3.1　系统开放性	1.73	55	2.27	55	1.95	57	2.15	56	2.16	55
	3.2　外部可达性	26.39	55	26.41	61	26.49	63	25.02	71	24.99	79
	3.3　关系嵌入	0.06	94	0.13	92	0.05	97	0.07	98	0.41	85
	3.4　结构嵌入	6.65	96	11.12	88	4.32	96	2.07	98	10.45	86
常德市	3　城市间创新生态嵌入	7.00	95	7.35	98	6.33	99	5.84	99	8.08	90
	3.1　系统开放性	1.28	68	1.54	65	1.53	63	2.01	59	2.09	58
	3.2　外部可达性	18.43	98	18.43	98	18.45	99	18.52	99	23.61	83
	3.3　关系嵌入	0.05	96	0.03	98	0.07	96	0.07	97	0.13	99
	3.4　结构嵌入	8.24	87	9.39	95	5.27	92	2.77	95	6.51	95
岳阳市	3　城市间创新生态嵌入	7.59	90	8.28	90	7.06	90	6.63	94	7.55	96
	3.1　系统开放性	1.02	77	1.12	76	1.14	72	1.32	72	1.36	71
	3.2　外部可达性	21.77	83	21.77	84	21.77	84	20.99	88	21.14	92
	3.3　关系嵌入	0.06	95	0.43	74	0.47	78	0.49	81	0.49	80
	3.4　结构嵌入	7.53	91	9.80	92	4.87	93	3.73	92	7.21	94

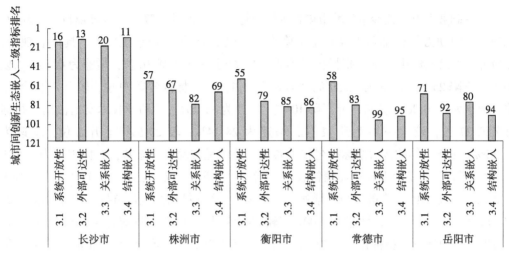

图 5-92　2019 年城市间创新生态嵌入二级指标排名情况

5.11.2　细分领域

根据 2019 年城市创新生态系统综合排名情况，本小节选择湖南省内排名前 2 位的城市——长沙市和株洲市，作为重点分析对象。

1. 长沙市

长沙市城市创新生态系统情况见表 5-64 和图 5-93。

表 5-64　2015—2019 年长沙市城市创新生态系统综合指标

指标	2015 年		2016 年		2017 年		2018 年		2019 年	
	指标得分	排名	指标得分	排名	指标得分	排名	指标得分	排名	指标得分	排名
城市创新生态系统	18.81	19	20.29	20	20.34	19	19.32	19	20.85	17
1　城市创新主体	23.51	19	22.25	19	21.94	18	20.88	20	21.54	23
2　城市内部创新生态建构	15.38	21	15.06	24	15.62	23	14.99	25	17.52	20
3　城市间创新生态嵌入	17.53	21	23.57	13	23.48	13	22.08	15	23.50	14

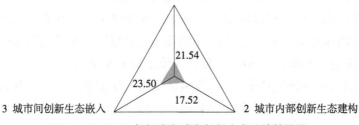

图 5-93　2019 年长沙市城市创新生态系统蛛网图

从基础数据看，长沙市的城市创新主体指标排名呈波动下降态势且降幅较小。其中，创新主体的动力指标排名不高且呈下降态势，较 2015 年下降幅度较大，具体表现为，2019 年，"商业信用环境"指标排名第 49 位，较上一年下降 16 位，增速为 0.56%，较 2015 年下降 25 位，增速为-1.39%；"教育支出占比"指标排名第 79 位，较上一年下降 5 位，增速为-1.01%，较 2015 年下降 10 位，增速为-5.19%；"科学技术支出占比"指标排名第 37 位，较上一年上升 11 位，增速为 24.14%，较 2015 年上升 2 位，增速为 32.15%。创新主体的能力指标排名较为领先，总体呈波动上升态势，具体表现为，2019 年，"规模以上工业企业新产品销售收入"指标排名第 15 位，较上一年上升 2 位，增速为 2.32%，较 2015 年下降 4 位，增速为 2.40%；"产业结构高级化指数"指标排名第 22 位，较上一年上升 2 位，增速为 1.00%，较 2015 年上升 14 位，增速为 4.50%；"百万人均发明专利申请量"指标排名第 23 位，较上一年上升 3 位，增速为-5.86%，较 2015 年上升 5 位，增速为 88.80%。创新主体的活力指标排名总体呈上升态势，2019 年，"新兴产业发明专利申请量"指标排名第 16 位，较上一年上升 3 位，增速为-0.29%，较 2015 年上升 7 位，增速为 114.73%；"数字普惠金融指数"指标排名第 22 位，较上一年上升 4 位，增速为 5.88%，较 2015 年下降 1 位，增速为 38.90%。

长沙市的城市内部创新生态建构指标排名呈波动上升态势，且在 2019 年出现较大幅度提升。其中，创新要素的多样性指标排名较为落后且基本稳定，具体表现为，2019 年，"外商、港澳台商投资企业占比"指标排名第 64 位，较上一年下降 2 位，增速为-3.41%，较 2015 年下降 2 位，增速为-15.58%；"国家高新区外籍常驻人员"指标排名第 19 位，与上一年保持一致，增速为 9.87%，较 2015 年上升 2 位，增速为 45.15%；"国家高新区留学归国人员"指标排名第 15 位，较上一年上升 1 位，增速为 7.26%，较 2015 年上升 4 位，增速为 39.33%。对于创新要素的协同性而言，2019 年，"产业合作发明专利数"指标排名第 21 位，较上一年下降 1 位，增速为 23.53%，较 2015 年下降 3 位，增速为 121.80%；"学研合作发明专利数"指标排名第 16 位，较上一年上升 4 位，增速为 75.00%，较 2015 年下降 3 位，增速为 100.00%；"产学研合作发明专利数"指标排名第 17 位，较上一年上升 1 位，增速为 32.42%，与 2015 年保持一致，增速为 126.92%。在创新平台的发展水平方面，2018 年，长沙市新增 1 个省部共建协同创新中心，2019 年新增 2 个省部共建协同创新中心，有利于提升该指标排名。创新环境的适宜性指标排名总体呈波动下降态势，波动幅度较小，具体表现为，2019 年，"AQI 年平均值"指标排名第 55 位，较上一年下降 7 位，增速为-1.83%，较 2015 年下降 12 位，增速为 4.13%；"公共图书馆图书总藏量"指标排名第 20 位，较上一年下降 3 位，增速为 2.60%，与 2015 年保持一致，增速为 39.60%。

长沙市的城市间创新生态嵌入指标排名呈波动上升态势，且 2019 年较 2015 年有较大幅度上升。其中，系统开放性指标排名稳定，具体表现为，2019 年，"当年实际使用外资金额"指标排名第 9 位，较上一年上升 2 位，增速为 10.27%，较 2015 年上升 2

位，增速为 44.67%。外部可达性指标排名较 2015 年有很大幅度上升，2019 年，"截至
当年所拥有的高铁站点数"指标排名第 5 位，与上一年保持一致，较 2015 年上升 56
位，高铁建设水平大幅提升。关系嵌入指标排名和结构嵌入指标排名基本稳定，波动
幅度较小。就关系嵌入指标而言，2019 年，"对外联系强度"指标排名第 20 位，较上
一年下降 1 位，较 2015 年上升 1 位；"先进产业嵌入深度"指标排名第 20 位，较上一
年上升 2 位，增速为 57.71%，较 2015 年上升 5 位，增速为 328.38%。长沙市同其他城
市在高新技术以及创新方面的合作强度有所提升。就结构嵌入指标而言，2019 年，"特
征向量中心度"指标排名第 16 位，较上一年下降 5 位，增速为 2.75%，较 2015 年下
降 4 位，增速为 24.97%；"中介中心度"指标排名第 10 位，较上一年上升 1 位，增速为
3.28%，较 2015 年上升 2 位，增速为 25.85%。长沙市应继续加强外部创新合作，提升在创
新合作网络中的地位。

长沙市部分变化较大的指标见表 5-65。

表 5-65　长沙市部分变化较大的指标

指标	2018 年	2019 年	增速/%	2018 年排名	2019 年排名	排名变化
当年实际使用外资金额/万美元	577997.00	637366.00	10.27	11	9	2
规模以上工业企业新产品销售收入/万元	29978601.70	30674665.20	2.32	17	15	2
特征向量中心度	0.59	0.61	2.75	11	16	−5
学研合作发明专利数/件	40	70	75.00	20	16	4
新兴产业发明专利申请量/件	13389	13350	−0.29	19	16	3
国家高新区工业总产值/千元	332895788.00	356162942.00	6.99	19	19	0
先进产业嵌入深度	402.00	634.00	57.71	22	20	2
数字普惠金融指数	266.27	281.93	5.88	26	22	4
产业结构高级化指数	7.07	7.14	1.00	24	22	2
百万人均发明专利申请量/（件/百万人）	2533.06	2384.55	−5.86	26	23	3
规模以上工业企业 R&D 人员/人	53163	49870	−6.19	22	25	−3
科学技术支出占比/%	2.78	3.45	24.14	48	37	11
城市园林绿地面积/公顷	12848.00	13324.00	3.70	38	37	1
商业信用环境	73.15	73.55	0.56	33	49	−16
AQI 年平均值	81.75	83.25	−1.83	48	55	−7
教育支出占比/%	14.96	14.81	−1.01	74	79	−5

2. 株洲市

株洲市城市创新生态系统情况见表 5-66 和图 5-94。

表 5-66　2015—2019 年株洲市城市创新生态系统综合指标

指标	2015 年		2016 年		2017 年		2018 年		2019 年	
	指标得分	排名	指标得分	排名	指标得分	排名	指标得分	排名	指标得分	排名
城市创新生态系统	7.99	77	7.66	76	7.55	75	7.28	77	7.61	78
1　城市创新主体	8.70	80	6.18	91	5.84	89	6.94	84	7.56	84
2　城市内部创新生态建构	5.98	65	5.77	67	5.73	67	5.17	71	4.65	76
3　城市间创新生态嵌入	9.28	75	11.04	61	11.09	55	9.73	69	10.62	69

图 5-94　2019 年株洲市城市创新生态系统蛛网图

从基础数据看，株洲市的城市创新主体指标排名呈波动下降态势，且排名较为落后。其中，创新主体的动力指标排名落后，具体表现为，2019 年，"商业信用环境"指标排名第 97 位，较上一年上升 3 位，增速为 3.49%，较 2015 年下降 17 位，增速为 −1.80%；"科学技术支出占比"指标排名第 16 位，较上一年上升 14 位，增速为 27.92%，较 2015 年上升 35 位，增速为 126.40%。创新主体的能力指标排名呈波动上升态势，但是在 2019 年有较大幅度下降，具体表现为，2019 年，"产业结构高级化指数"指标排名第 62 位，较上一年下降 7 位，增速为 −0.73%，较 2015 年上升 10 位，增速为 3.99%；"规模以上工业企业新产品销售收入"指标排名第 64 位，较上一年下降 2 位，增速为 3.55%，较 2015 年下降 4 位，增速为 8.59%；"普通高等学校专任教师数"指标排名第 67 位，较上一年下降 2 位，增速为 0.41%，较 2015 年下降 4 位，增速为 9.80%。创新主体的活力指标排名呈波动下降趋势，但是在 2019 年出现较大幅度提升，具体表现为，2019 年，"数字普惠金融指数"指标排名第 73 位，较上一年上升 5 位，增速为 7.43%，较 2015 年下降 4 位，增速为 41.74%；"新兴产业发明专利申请量"指标排名第 56 位，较上一年上升 8 位，增速为 18.32%，较 2015 年上升 7 位，增速为 100.75%；"当年新增科技型中小企业"指标排名第 71 位，较上一年下降 8 位，增速为 −42.19%，较 2015 年下降 7 位，增速为 −28.85%；"当年新增企业数"指标排名第 96 位，较上一年下降 3 位，增速为 16.00%，较 2015 年下降 14 位，增速为 55.79%。

株洲市的城市内部创新生态建构指标排名呈下降态势，且 2019 年较 2015 年下降幅度较大。其中，创新要素的多样性指标排名整体呈下降态势，且 2019 年较 2015 年下降幅度较大，具体表现为，2019 年，"外商、港澳台商投资企业占比"指标排名第 91 位，较上一年下降 6 位，增速为-17.62%，较 2015 年下降 6 位，增速为-45.39%；"国家高新区留学归国人员"指标排名第 38 位，较上一年下降 3 位，增速为-8.10%，较 2015 年下降 7 位，增速为-36.24%。在创新要素的协同性方面，2019 年，"学研合作发明专利数"指标排名第 74 位，较上一年下降 9 位，较 2015 年下降 21 位，增速为 100.00%；"产学研合作发明专利数"指标排名第 81 位，较上一年下降 5 位，增速为 10.81%，较 2015 年下降 2 位，增速为 192.86%；"产业合作发明专利数"指标排名第 65 位，较上一年上升 2 位，增速为 27.03%，较 2015 年上升 15 位，增速为 469.70%。创新平台的发展水平指标排名总体呈下降态势，且较 2015 年下降幅度较大，具体表现为，2019 年，"国家高新区工业总产值"指标排名第 32 位，较上一年下降 1 位，增速为 4.95%，与 2015 年保持一致，增速为 11.72%；"国家高新区高新技术企业数"指标排名第 43 位，较上一年上升 3 位，增速为 37.10%，与 2015 年保持一致，增速为 183.18%；"国家级科技企业孵化器数"指标排名第 63 位，较上一年上升 2 位，增速为 50.00%，与 2015 年保持一致。创新环境的适宜性指标排名总体呈波动下降态势，且降幅较大，具体表现为，2019 年，"AQI 年平均值"指标排名第 54 位，较上一年下降 18 位，增速为-9.88%，较 2015 年下降 19 位，增速为-2.38%；"城市园林绿地面积"指标排名第 86 位，较上一年下降 7 位，增速为-13.64%，较 2015 年下降 13 位，增速为-5.97%。

株洲市的城市间创新生态嵌入指标排名呈波动上升态势，且 2019 年较 2015 年有较大幅度上升。其中，系统开放性指标排名波动不大，具体表现为，2019 年，"当年实际使用外资金额"指标排名第 39 位，较上一年上升 4 位，增速为 13.42%，较 2015 年上升 15 位，增速为 63.09%。外部可达性指标排名 2019 年较 2015 年有较大幅度上升，具体表现为，2019 年，"截至当年所拥有的高铁站点数"指标排名第 22 位，较上一年下降 9 位，较 2015 年上升 32 位，交通基础设施建设水平大幅提升。关系嵌入指标排名在 2019 年有较大幅度下降，具体表现为，2019 年，"先进产业嵌入深度"指标排名第 71 位，较上一年下降 3 位，较 2015 年上升 5 位；"对外联系强度"指标排名第 85 位，较上一年下降 4 位，较 2015 年上升 4 位。因此，株洲市应该提升同其他城市在高新技术以及创新方面的合作强度。结构嵌入指标排名总体呈波动下降态势且降幅较大，具体表现为，2019 年，"中介中心度"指标排名第 66 位，较上一年下降 6 位，增速为-2.60%，较 2015 年下降 17 位，增速为-48.71%；"特征向量中心度"指标排名第 72 位，较上一年下降 4 位，增速为 6.83%，较 2015 年下降 14 位，增速为 23.91%；"接近中心度"指标排名第 69 位，较上一年下降 4 位，增速为 0.72%，较 2015 年下降 12 位，增速为 2.84%。株洲市应进一步加强外部创新合作，提升在创新合作网络中的地位。

株洲市部分变化较大的指标见表 5-67。

表 5-67　株洲市部分变化较大的指标

指标	2018 年	2019 年	增速/%	2018 年排名	2019 年排名	排名变化
科学技术支出占比/%	3.86	4.94	27.92	30	16	14
国家高新区 R&D 经费内部支出/千元	6148388.00	7274803.00	18.32	28	26	2
国家高新区留学归国人员/人	358	329	-8.10	35	38	-3
当年实际使用外资金额/万美元	135412.00	153591.00	13.42	43	39	4
百万人均发明专利申请量/（件/百万人）	741.19	955.72	28.94	60	48	12
AQI 年平均值	75.08	82.50	-9.88	36	54	-18
新兴产业发明专利申请量/件	2260	2674	18.32	64	56	8
公共图书馆图书总藏量/千册（件）	3272.00	3450.00	5.44	53	58	-5
规模以上工业企业 R&D 人员/人	17923	17040	-4.93	58	60	-2
产业结构高级化指数	6.83	6.78	-0.73	55	62	-7
产业合作发明专利数/件	148	188	27.03	67	65	2
中介中心度	43.69	42.55	-2.60	60	66	-6
接近中心度	0.51	0.51	0.72	65	69	-4
当年新增科技型中小企业数/个	64	37	-42.19	63	71	-8
先进产业嵌入深度	42.00	62.00	47.62	68	71	-3
特征向量中心度	0.22	0.24	6.83	68	72	-4
数字普惠金融指数	233.15	250.47	7.43	78	73	5
学研合作发明专利数/件	2	2	0.00	65	74	-9
科研、技术服务和地质勘查业从业人员/万人	0.56	0.70	25.00	76	74	2
外商、港澳台商投资企业占比/%	2.32	1.91	-17.62	85	91	-6
当年新增企业数/个	1613	1871	16.00	93	96	-3
商业信用环境	65.07	67.34	3.49	100	97	3

　　基于上述分析，湖南省应该充分依托优势学科，建设基础学科研究中心。以需求为牵引，在智能制造、生命健康、人工智能等领域布局一批重大基础研究项目，加强基础理论、技术原理研究和前沿方向探索。除此之外，湖南省应该积极实施强省会战略，增强省会城市功能，大幅提升城市吸引力和省会城市辐射带动力。同时，更要积极推进"长株潭"都市圈建设，释放区域经济协调高质量发展强劲动能。

5.12　河北省

河北省共有 6 个城市纳入分析，分别是石家庄市、唐山市、邯郸市、保定市、沧州市、廊坊市。省会城市石家庄市的城市创新生态系统综合排名明显高于其余 5 个城市，且 2015—2019 年排名呈波动上升态势。保定市、廊坊市和唐山市的排名较为接近，2015—2019 年，保定市排名下降幅度较大，廊坊市排名上升幅度较大。沧州市和邯郸市排名较为接近，其中，沧州市排名呈波动上升态势，邯郸市排名波动不大，两个城市的排名差距有所增加。

从各城市的表现来看，石家庄市的城市创新主体指标排名呈小幅波动上升态势，这尤其表现在石家庄市创新主体的能力提升方面，例如，更多重大创新成果的出现以及发明专利申请量的增加等。此外，2019 年，石家庄市新增 1 个省部共建协同创新中心，创新平台的发展水平指标排名在当年有较大幅度提升，得益于此，城市内部创新生态建构指标排名在 2019 年也有较大幅度提升。值得关注的是，石家庄市处于京津冀城市群，与北京市联系密切，因此城市间创新生态嵌入指标排名较为领先。

唐山市的城市创新主体指标排名基本稳定且处于国内中下游水平，从指标维度来看，缺乏创新活力是影响该指标排名的关键。唐山市科技型中小企业数量增长较慢，以及数字普惠金融业发展迟缓，导致创新主体的活力指标排名落后。城市内部创新生态建构指标排名在 2019 年有较大幅度提升，这主要是受创新平台的发展水平指标排名波动的影响。2019 年，唐山市的省部共建协同创新中心以及国家级科技企业孵化器数量明显增加，创新平台的发展水平以及发展速度明显提升。城市间创新生态嵌入指标排名呈波动上升态势，从指标维度来看，外部可达性指标排名的降幅较大，结构嵌入指标排名和关系嵌入指标排名有较大幅度提升。从基础数据看，由于唐山市的高铁站点数量较少且民用机场运力较小，导致城市的外部通达性较差。但是，由于唐山市与北京市具有地理接近性，拥有明显的区位优势，能够获得来自发达地区更多的创新溢出效应。

邯郸市的城市创新生态系统建设水平处于河北省内乃至全国落后水平。在城市创新主体方面，值得重点关注的是，创新主体的动力指标排名大幅下降，这主要是受商业信用环境较差以及市场多样性水平较低的影响。在城市内部创新生态建构方面，创新要素的协同性水平稍好，但是创新要素的多样性水平较低以及创新环境的适宜性较差。从基础数据来看，邯郸市没有国家级高新区，因此国家高新区外籍常驻人员和国家高新区留学归国人员指标值均为 0，再加之邯郸市的外商、港澳台商投资企业占比较低，这些因素共同导致了邯郸市的创新要素的多样性指标排名落后。除此之外，2019年邯郸市的空气质量指标排名位于全部样本城市的最后一位，拉低了创新环境的适宜性指标排名。但是邯郸市在创新要素的协同性方面有所提升，尤其表现在产业、高等院校以及科研院所之间的合作发明专利申请数量的增加。在城市间创新生态嵌入方面，邯郸市的高铁建设速度落后于国内其他城市且民用机场运量小，因此亟须提升外部可达性水平。除此之外，邯郸市既要积极加强外部合作，又要努力提升创新能力，才能在创新合作网络中拥有较高的话语权。

保定市在城市间创新生态嵌入方面表现突出，但是城市创新主体指标排名和城市内部创新生态建构指标排名较为落后。具体而言，在城市创新主体方面，虽然保定市具有相对较强的创新能力，但是创新动力和活力都亟须提升。从基础数据来看，保定市的教育支出占比具有国内领先水平，但是商业信用环境却处于全部样本城市的末位，且市场规模也仅处于国内中等水平，这就导致保定市创新主体的动力指标排名落后。得益于国家高新区的快速发展以及产业结构的优化升级，保定市的创新能力有较大幅度提升。新增科技型中小企业数量下降以及新兴产业创新产出增速较低是保定市缺乏创新活力的主要表现。在城市内部创新生态建构方面，国家高新区工业总产值下降以及国家级创新平台数量较少，使得保定市创新平台的发展水平指标排名2019年较2015年有较大幅度下降。空气质量较差以及文娱业发展落后是造成保定市创新环境的适宜性指标排名落后的主要原因。在城市间创新生态嵌入方面，通过与北京市密切合作以及深植于京津冀城市群，保定市具有较高的关系嵌入和结构嵌入水平。但是受制于自身创新能力的影响，这种创新合作的建立仅局限于特定的经济圈中，难以被拓展至距离更远以及范围更广的其他海内外城市。

对于沧州市而言，造成城市创新主体指标排名落后的主要原因在于缺乏创新活力。从基础数据来看，受数字普惠金融指数指标和新兴产业发明专利申请量指标排名落后的影响，创新主体的活力指标排名非常靠后。创新平台的发展水平低下以及创新要素的协同性差，是导致城市内部创新生态建构指标排名落后的主要原因。2019年，沧州市的"学研合作发明专利数"指标值为0，科研院所和高等院校之间的协同水平十分低下。此外，由于该城市没有国家级高新区，因此"国家高新区高新技术企业数"和"国家高新区工业总产值"指标值均为0，导致创新平台的发展水平指标排名落后。沧州市的城市间创新生态嵌入指标相对于同级其余2个指标而言，排名较为领先，这主要是因为沧州市隶属于京津冀城市群，具有较高的关系嵌入水平，而且结构嵌入指标排名也有较大幅度提升。

廊坊市的城市创新主体指标排名有较大幅度提升，这主要得益于创新主体的动力指标排名大幅提升。从基础数据看，廊坊市的教育支出占比在2019年有较大幅度提升，教育投入的增加为城市创新发展提供了动力。城市内部创新生态建构指标排名较为落后，从指标维度来看，廊坊市的创新要素的多样性水平较高，但是由于产业、高等院校以及科研院所之间的合作较少，导致不同创新主体之间的协同性水平较低。此外，受当地自然环境以及医疗卫生条件的影响，廊坊市创新环境的适宜性较差。城市间创新生态嵌入指标排名波动不大，廊坊市在吸引和利用外资方面进步巨大，系统开放性有较大幅度提升。此外，良好的区位优势也使廊坊市的对外联系强度不断增强，在创新合作网络中的地位也有所提升。

5.12.1　总体情况

2019 年，石家庄市的城市创新生态系统综合排名第 35 位，较上一年上升 4 位，较 2015 年上升 7 位；廊坊市的城市创新生态系统综合排名第 66 位，较上一年下降 4 位，较 2015 年上升 7 位；保定市的城市创新生态系统综合排名第 61 位，较上一年下降 6 位，较 2015 年下降 2 位；唐山市的城市创新生态系统综合排名第 67 位，较上一年上升 1 位，较 2015 年上升 5 位；沧州市的城市创新生态系统综合排名第 82 位，较上一年上升 2 位，较 2015 年上升 3 位；邯郸市的城市创新生态系统综合排名第 91 位，较上一年下降 2 位，较 2015 年下降 1 位（见图 5-95）。

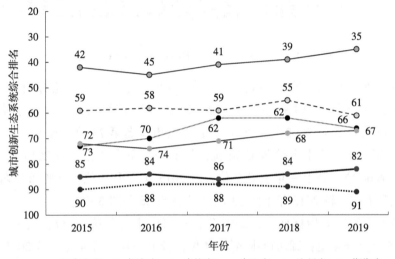

图 5-95　2015—2019 年城市创新生态系统综合排名变化

1. 城市创新主体维度

从城市创新主体维度来看，2019 年，石家庄市排名第 39 位，较上一年下降 1 位，较 2015 年上升 2 位；廊坊市排名第 61 位，较上一年上升 2 位，较 2015 年上升 14 位；保定市排名第 71 位，较上一年下降 6 位，较 2015 年下降 6 位；唐山市排名第 69 位，与上一年保持一致，较 2015 年下降 3 位；沧州市排名第 83 位，较上一年上升 2 位，较 2015 年上升 4 位；邯郸市排名第 88 位，较上一年下降 2 位，较 2015 年下降 4 位（见图 5-96）。

在河北省内，石家庄市的城市创新主体指标排名领先，总体呈小幅波动上升态势。廊坊市、保定市和唐山市排名较为接近，属于省内第二梯队，其中，廊坊市排名呈上升态势，保定市和唐山市排名总体呈波动下降态势，降幅较小；沧州市和邯郸市排名接近，属于省内第三梯队，其中邯郸市排名波动幅度较大。

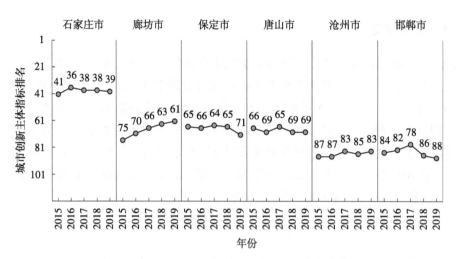

图 5-96　2015—2019 年城市创新主体指标排名变化

从城市创新主体维度下的二级指标来看，就创新主体的动力指标而言，2019 年，石家庄市排名第 44 位，较上一年下降 4 位，较 2015 年下降 4 位；廊坊市排名第 62 位，较上一年上升 12 位，较 2015 年上升 31 位；保定市排名第 73 位，较上一年下降 6 位，较 2015 年下降 9 位；唐山市排名第 56 位，较上一年下降 2 位，较 2015 年上升 4 位；沧州市排名第 66 位，较上一年上升 2 位，较 2015 年上升 7 位；邯郸市排名第 81 位，较上一年上升 1 位，较 2015 年下降 13 位（见表 5-68 和图 5-97）。

就创新主体的能力指标而言，2019 年，石家庄市排名第 31 位，较上一年上升 5 位，较 2015 年上升 4 位；廊坊市排名第 57 位，较上一年上升 4 位，较 2015 年上升 11 位；保定市排名第 58 位，较上一年上升 2 位，较 2015 年下降 4 位；唐山市排名第 72 位，较上一年上升 1 位，较 2015 年下降 2 位；沧州市排名第 71 位，较上一年上升 5 位，较 2015 年上升 16 位；邯郸市排名第 87 位，较上一年下降 7 位，较 2015 年下降 2 位（见表 5-68 和图 5-97）。

就创新主体的活力指标而言，2019 年，石家庄市排名第 43 位，较上一年上升 1 位，较 2015 年上升 1 位；廊坊市排名第 63 位，较上一年上升 1 位，较 2015 年上升 1 位；保定市排名第 80 位，较上一年下降 6 位，与 2015 年保持一致；唐山市排名第 81 位，较上一年下降 2 位，较 2015 年下降 7 位；沧州市排名第 99 位，较上一年下降 2 位，较 2015 年下降 4 位；邯郸市排名第 89 位，较上一年下降 1 位，较 2015 年下降 2 位（见表 5-68 和图 5-97）。

综上所述，石家庄市的城市创新主体指标排名总体呈小幅波动上升态势。其中，创新主体的动力指标排名呈波动下降态势，创新主体的能力指标排名呈波动上升态势，创新主体的活力指标排名增幅较小。

廊坊市的城市创新主体指标排名呈上升态势，2019 年较 2015 年上升幅度较大。其中，创新主体的动力指标排名呈波动上升态势，2019 年较 2015 年上升幅度非常大；创新主体的能力指标排名呈上升态势，2019 年较 2015 年上升幅度较大；创新主体的活力指标排名波动不大。

保定市的城市创新主体指标排名呈波动下降态势。其中，创新主体的动力指标排名呈波动下降态势，2019 年较 2015 年下降幅度较大；创新主体的能力指标排名呈波动下降态势；创新主体的活力指标排名较为落后，2019 年有较大幅度下降。

唐山市的城市创新主体指标排名下降幅度较小。其中，创新主体的动力指标排名总体呈波动上升态势，创新主体的能力指标排名总体呈波动下降态势，创新主体的活力指标排名总体呈下降态势。

沧州市的城市创新主体指标排名呈波动上升态势，增幅较小。其中，创新主体的动力指标排名呈波动上升态势；创新主体的能力指标排名总体呈上升态势且增幅较大；创新主体的活力指标排名较为落后且总体呈波动下降态势，降幅较小。

邯郸市的城市创新主体指标排名呈波动下降态势。其中，创新主体的动力指标排名呈波动下降态势且降幅较大；创新主体的能力指标排名呈波动下降态势，在 2019 年出现较大幅度下降；创新主体的活力指标排名较为落后且总体呈波动下降态势，降幅较小。

表 5-68　2015—2019 年城市创新主体指标得分及排名

城市	指标		2015 年		2016 年		2017 年		2018 年		2019 年	
			指标得分	排名	指标得分	排名	指标得分	排名	指标得分	排名	指标得分	排名
石家庄市	1	城市创新主体	16.59	41	15.61	36	14.58	38	14.60	38	15.23	39
	1.1	创新主体的动力	25.25	40	22.83	29	20.64	37	20.44	40	22.38	44
	1.2	创新主体的能力	12.29	35	11.94	38	11.22	39	11.61	36	11.74	31
	1.3	创新主体的活力	12.23	44	12.06	50	11.87	45	11.77	44	11.58	43
廊坊市	1	城市创新主体	9.26	75	8.87	70	9.24	66	9.72	63	10.84	61
	1.1	创新主体的动力	13.23	93	12.06	85	13.47	71	13.76	74	17.58	62
	1.2	创新主体的能力	6.52	68	6.58	67	6.36	65	7.35	61	7.24	57
	1.3	创新主体的活力	8.02	64	7.97	68	7.90	67	8.06	64	7.70	63
保定市	1	城市创新主体	11.09	65	9.74	66	9.55	64	9.16	65	9.18	71
	1.1	创新主体的动力	19.13	64	16.47	56	16.35	56	14.61	67	16.05	73
	1.2	创新主体的能力	9.09	54	8.44	57	6.98	60	7.38	60	7.07	58
	1.3	创新主体的活力	5.05	80	4.31	83	5.32	81	5.49	74	4.41	80
唐山市	1	城市创新主体	10.92	66	8.92	69	9.36	65	8.86	69	9.27	69
	1.1	创新主体的动力	20.37	60	15.39	63	17.01	52	16.51	54	18.49	56
	1.2	创新主体的能力	5.97	70	5.16	77	5.55	71	5.05	73	4.94	72
	1.3	创新主体的活力	6.41	74	6.23	74	5.53	78	5.01	79	4.36	81

中国城市创新生态系统竞争力评价报告2022

续表

城市	指标		2015年		2016年		2017年		2018年		2019年	
			指标得分	排名	指标得分	排名	指标得分	排名	指标得分	排名	指标得分	排名
沧州市	1	城市创新主体	7.84	87	6.80	87	7.29	83	6.92	85	7.61	83
	1.1	创新主体的动力	17.34	73	14.65	65	15.60	58	14.56	68	16.83	66
	1.2	创新主体的能力	4.02	87	4.13	85	4.56	80	4.88	76	4.96	71
	1.3	创新主体的活力	2.15	95	1.61	97	1.72	98	1.33	97	1.03	99
邯郸市	1	城市创新主体	8.32	84	7.44	82	7.82	78	6.57	86	6.73	88
	1.1	创新主体的动力	17.59	68	14.44	68	15.26	62	12.60	82	14.13	81
	1.2	创新主体的能力	4.13	85	3.68	87	4.53	81	4.37	80	3.66	87
	1.3	创新主体的活力	3.23	87	4.19	84	3.67	84	2.74	88	2.40	89

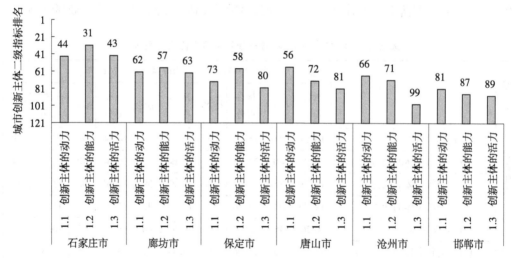

图 5-97　2019年城市创新主体二级指标排名情况

2. 城市内部创新生态建构维度

从城市内部创新生态建构维度来看，2019年，石家庄市排名第48位，较上一年上升15位，较2015年上升5位；唐山市排名第61位，较上一年上升20位，较2015年上升20位；廊坊市排名第72位，与上一年保持一致，较2015年上升5位；保定市排名第75位，较上一年下降23位，较2015年上升3位；沧州市排名第87位，与上一年保持一致，与2015年保持一致；邯郸市排名第95位，较上一年上升2位，较2015年下降3位（见图5-98）。

在河北省内，石家庄市的城市内部创新生态建构指标排名领先，排名在2019年出现较大幅度上升。唐山市、廊坊市和保定市排名较为接近，属于省内第二梯队，其中，唐山市排名在 2019 年出现较大幅度上升，廊坊市排名波动幅度较小且总体呈上升态势，保定市排名在 2018 年出现较大幅度上升但 2019 年又随之出现较大幅度下降。沧州市和邯郸市排名接近，属于省内第三梯队，其中，沧州市排名基本稳定，邯郸市排名总体呈波动下降态势且较为落后。

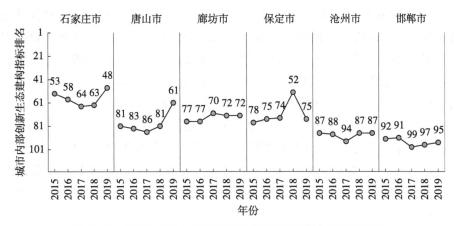

图 5-98　2015—2019 年城市内部创新生态建构指标排名变化

从城市内部创新生态建构维度下的二级指标来看，就创新要素的多样性指标而言，2019 年，石家庄市排名第 68 位，较上一年上升 7 位，较 2015 年上升 8 位；唐山市排名第 66 位，较上一年下降 3 位，较 2015 年下降 5 位；廊坊市排名第 36 位，较上一年上升 2 位，较 2015 年上升 2 位；保定市排名第 57 位，较上一年上升 2 位，较 2015 年上升 8 位；沧州市排名第 71 位，较上一年上升 6 位，较 2015 年上升 14 位；邯郸市排名第 93 位，较上一年下降 1 位，较 2015 年下降 5 位（见表 5-69 和图 5-99）。

就创新要素的协同性指标而言，2019 年，石家庄市排名第 27 位，与上一年保持一致，较 2015 年上升 4 位；唐山市排名第 61 位，较上一年上升 3 位，较 2015 年上升 25 位；廊坊市排名第 70 位，较上一年下降 9 位，较 2015 年上升 2 位；保定市排名第 43 位，较上一年上升 3 位，较 2015 年下降 10 位；沧州市排名第 87 位，较上一年下降 4 位，较 2015 年下降 4 位；邯郸市排名第 77 位，较上一年下降 4 位，较 2015 年上升 10 位（见表 5-69 和图 5-99）。

就创新平台的发展水平指标而言，2019 年，石家庄市排名第 32 位，较上一年上升 14 位，较 2015 年上升 12 位；唐山市排名第 43 位，较上一年上升 48 位，较 2015 年上升 37 位；廊坊市排名第 74 位，较上一年上升 1 位，较 2015 年下降 3 位；保定市排名第 65 位，较上一年下降 32 位，较 2015 年下降 6 位；沧州市排名第 94 位，较上一年下降 1 位，较 2015 年下降 12 位；邯郸市排名第 85 位，较上一年上升 1 位，较 2015 年下降 3 位（见表 5-69 和图 5-99）。

就创新环境的适宜性指标而言，2019 年，石家庄市排名第 64 位，较上一年上升 9 位，较 2015 年下降 8 位；唐山市排名第 66 位，较上一年上升 10 位，较 2015 年上升 16 位；廊坊市排名第 88 位，较上一年下降 1 位，较 2015 年上升 10 位；保定市排名第 82

位，较上一年上升 6 位，较 2015 年上升 12 位；沧州市排名第 78 位，较上一年上升 7 位，较 2015 年上升 1 位；邯郸市排名第 95 位，较上一年上升 2 位，较 2015 年下降 6 位（见表 5-69 和图 5-99）。

综上所述，对于石家庄市而言，城市内部创新生态建构指标排名总体呈先降后升态势，2019 年较 2018 年上升 15 位。其中，创新要素的多样性指标排名总体呈波动上升态势；创新要素的协同性指标排名较为领先，呈波动上升态势；创新平台的发展水平指标排名总体呈波动上升态势，2019 年上升幅度较大；创新环境的适宜性指标排名总体呈波动下降态势，但是 2019 年较上一年有较大幅度提升。

对于唐山市而言，城市内部创新生态建构指标排名总体呈先降后升态势，2019 年较 2015 年上升 20 位。其中，创新要素的多样性指标排名总体呈波动下降态势，2019 年较 2015 年下降 5 位；创新要素的协同性指标排名上升幅度较大，2019 年较 2015 年上升 25 位；创新平台的发展水平指标排名总体呈先降后升态势，2019 年较 2018 年上升 48 位，较 2015 年上升 37 位；创新环境的适宜性指标排名总体呈波动上升态势，且上升幅度较大。

对于廊坊市而言，城市内部创新生态建构指标排名总体呈波动上升态势。其中，创新要素的多样性指标排名较为领先，波动不大；创新要素的协同性指标排名在 2019 年有较大幅度下降；创新平台的发展水平指标排名总体呈波动下降态势，且降幅较小；创新环境的适宜性指标排名总体呈波动上升态势，2019 年较 2015 年上升 10 位。

对于保定市而言，城市内部创新生态建构指标排名整体呈波动上升态势，在 2019 年出现较大幅度下降。其中，创新要素的多样性指标排名总体呈波动上升态势；创新要素的协同性指标排名总体呈波动下降态势；创新平台的发展水平指标排名总体呈波动下降态势，且在 2019 年有较大幅度下降；创新环境的适宜性指标排名总体呈波动上升态势，且增幅较大。

对于沧州市而言，城市内部创新生态建构指标排名波动幅度较小。其中，创新要素的多样性指标排名总体呈上升态势，且增幅较大；创新要素的协同性指标排名总体呈波动下降态势；创新平台的发展水平指标排名落后，且呈下降态势；创新环境的适宜性指标排名波动较大。

对于邯郸市而言，城市内部创新生态建构指标排名落后，总体呈波动下降态势。其中，创新要素的多样性指标排名总体呈波动下降态势；创新要素的协同性指标排名总体呈波动上升态势；创新平台的发展水平指标排名总体呈波动下降态势，降幅较小；创新环境的适宜性指标排名落后。

表 5-69　2015—2019 年城市内部创新生态建构指标得分及排名

城市	指标	2015 年		2016 年		2017 年		2018 年		2019 年	
		指标得分	排名	指标得分	排名	指标得分	排名	指标得分	排名	指标得分	排名
石家庄市	2　城市内部创新生态建构	7.22	53	6.44	58	6.30	64	6.07	63	8.52	48
	2.1　创新要素的多样性	2.88	76	2.52	77	2.75	77	2.79	75	3.52	68
	2.2　创新要素的协同性	2.55	31	3.13	28	3.33	30	3.80	27	3.66	27
	2.3　创新平台的发展水平	8.72	44	8.79	44	8.53	44	6.72	46	15.51	32
	2.4　创新环境的适宜性	14.71	56	11.31	76	10.60	85	10.95	73	11.40	64
唐山市	2　城市内部创新生态建构	4.15	81	4.01	83	4.00	86	4.03	81	6.52	61
	2.1　创新要素的多样性	3.84	61	3.87	60	3.80	66	3.78	63	3.68	66
	2.2　创新要素的协同性	0.19	86	0.27	80	1.00	60	0.88	64	1.07	61
	2.3　创新平台的发展水平	1.45	80	1.13	84	1.09	88	0.89	91	10.09	43
	2.4　创新环境的适宜性	11.09	82	10.77	82	10.09	88	10.58	76	11.22	66
廊坊市	2　城市内部创新生态建构	4.58	77	4.71	77	5.40	70	5.10	72	5.17	72
	2.1　创新要素的多样性	9.23	38	8.62	41	10.12	37	9.35	38	9.84	36
	2.2　创新要素的协同性	0.35	72	0.44	72	1.35	54	1.04	61	0.78	70
	2.3　创新平台的发展水平	2.68	71	2.42	75	2.71	74	1.55	75	2.29	74
	2.4　创新环境的适宜性	6.07	98	7.37	94	7.44	96	8.45	87	7.79	88
保定市	2　城市内部创新生态建构	4.57	78	4.82	75	5.18	74	6.72	52	5.05	75
	2.1　创新要素的多样性	3.55	65	4.36	58	4.15	60	4.15	59	5.58	57
	2.2　创新要素的协同性	2.52	33	1.66	40	3.41	28	1.82	46	1.90	43
	2.3　创新平台的发展水平	5.13	59	5.36	60	5.53	58	12.61	33	4.14	65
	2.4　创新环境的适宜性	7.10	94	7.88	92	7.63	95	8.30	88	8.58	82
沧州市	2　城市内部创新生态建构	3.69	87	3.23	88	3.09	94	3.08	87	3.39	87
	2.1　创新要素的多样性	2.33	85	1.97	83	2.44	80	2.67	77	3.34	71
	2.2　创新要素的协同性	0.23	83	0.46	71	0.31	90	0.34	83	0.29	87
	2.3　创新平台的发展水平	0.90	82	0.68	86	0.58	91	0.45	93	0.40	94
	2.4　创新环境的适宜性	11.28	79	9.82	85	9.03	92	8.87	85	9.54	78
邯郸市	2　城市内部创新生态建构	2.91	92	2.89	91	2.46	99	2.18	97	2.36	95
	2.1　创新要素的多样性	1.45	88	1.08	89	1.15	89	0.86	92	1.20	93
	2.2　创新要素的协同性	0.17	87	0.21	85	0.75	69	0.60	73	0.56	77
	2.3　创新平台的发展水平	0.90	82	1.36	79	1.17	82	0.89	86	1.19	85
	2.4　创新环境的适宜性	9.12	89	8.91	89	6.77	98	6.35	97	6.48	95

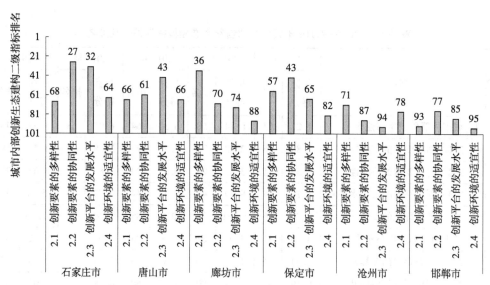

图 5-99　2019 年城市内部创新生态建构二级指标排名情况

3. 城市间创新生态嵌入维度

从城市间创新生态嵌入维度来看，2019 年，石家庄市排名第 26 位，与上一年保持一致，较 2015 年上升 4 位；保定市排名第 32 位，较上一年上升 2 位，较 2015 年上升 1 位；廊坊市排名第 59 位，较上一年下降 9 位，较 2015 年下降 2 位；唐山市排名第 60 位，较上一年上升 4 位，较 2015 年上升 8 位；沧州市排名第 77 位，较上一年上升 5 位，较 2015 年上升 2 位；邯郸市排名第 79 位，较上一年下降 2 位，较 2015 年上升 9 位（见图 5-100）。

石家庄市的城市间创新生态嵌入指标排名在河北省内领先且总体呈上升态势。保定市排名与石家庄市较为接近，同属于省内第一梯队。廊坊市和唐山市排名较为接近，属于省内第二梯队，其中，廊坊市排名在 2019 年出现较大幅度下降，唐山市排名总体呈波动上升态势。沧州市和邯郸市排名接近，属于省内第三梯队，其中，沧州市排名波动幅度较大，邯郸市排名总体呈波动上升态势且上升幅度较大。

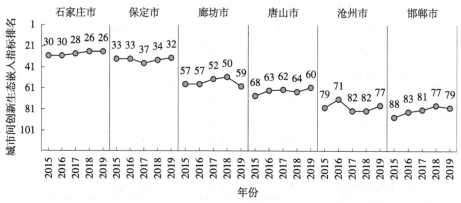

图 5-100　2015—2019 年城市间创新生态嵌入指标排名变化

从城市间创新生态嵌入维度下的二级指标来看，就系统开放性指标而言，2019 年，石家庄市排名第 50 位，较上一年上升 2 位，较 2015 年上升 9 位；保定市排名第 67 位，较上一年上升 7 位，较 2015 年上升 14 位；廊坊市排名第 62 位，较上一年上升 3 位，较 2015 年上升 12 位；唐山市排名第 49 位，较上一年上升 1 位，较 2015 年上升 8 位；沧州市排名第 76 位，较上一年上升 2 位，较 2015 年上升 10 位；邯郸市排名第 63 位，较上一年上升 3 位，较 2015 年上升 10 位（见表 5-70 和图 5-101）。

就外部可达性指标而言，2019 年，石家庄市排名第 34 位，较上一年下降 6 位，较 2015 年上升 16 位；保定市排名第 37 位，较上一年下降 3 位，较 2015 年下降 14 位；廊坊市排名第 66 位，较上一年下降 4 位，较 2015 年下降 19 位；唐山市排名第 71 位，较上一年下降 6 位，较 2015 年下降 19 位；沧州市排名第 77 位，较上一年下降 8 位，较 2015 年下降 18 位；邯郸市排名第 85 位，较上一年下降 4 位，较 2015 年下降 7 位（见表 5-70 和图 5-101）。

就关系嵌入指标而言，2019 年，石家庄市排名第 13 位，较上一年上升 1 位，较 2015 年上升 2 位；保定市排名第 23 位，较上一年上升 6 位，较 2015 年上升 6 位；廊坊市排名第 34 位，较上一年上升 5 位，较 2015 年上升 7 位；唐山市排名第 55 位，较上一年上升 4 位，较 2015 年上升 23 位；沧州市排名第 53 位，较上一年下降 9 位，较 2015 年下降 1 位；邯郸市排名第 64 位，较上一年上升 4 位，较 2015 年下降 1 位（见表 5-70 和图 5-101）。

就结构嵌入指标而言，2019 年，石家庄市排名第 21 位，较上一年上升 3 位，较 2015 年上升 1 位；保定市排名第 37 位，较上一年下降 1 位，与 2015 年保持一致；廊坊市排名第 61 位，较上一年下降 12 位，较 2015 年上升 4 位；唐山市排名第 59 位，较上一年下降 1 位，较 2015 年上升 17 位；沧州市排名第 76 位，较上一年上升 18 位，较 2015 年上升 19 位；邯郸市排名第 74 位，较上一年下降 1 位，较 2015 年上升 24 位（见表 5-70 和图 5-101）。

综上所述，石家庄市的城市间创新生态嵌入指标排名总体呈上升态势。其中，系统开放性指标排名呈波动上升趋势且增幅较大；外部可达性指标排名总体呈波动上升态势，2019 年较 2015 年有较大幅度上升；关系嵌入指标排名总体呈波动上升态势，上升幅度较小；结构嵌入指标排名总体呈波动上升态势。

保定市的城市间创新生态嵌入指标排名呈波动上升态势，上升幅度较小。其中，系统开放性指标排名呈上升趋势且增幅较大；外部可达性指标排名 2019 年较 2015 年有较大幅度下降；关系嵌入指标排名较为领先，呈波动上升态势；结构嵌入指标排名基本稳定，波动较小。

廊坊市的城市间创新生态嵌入指标排名总体呈波动下降态势。其中，系统开放性指标排名呈上升趋势且增幅较大；外部可达性指标排名总体呈下降态势，2019 年较 2015 年有较大幅度下降；关系嵌入指标排名总体呈波动上升态势；结构嵌入指标排名总体呈波动上升态势，在 2019 年有较大幅度下降。

唐山市的城市间创新生态嵌入指标排名总体呈波动上升态势。其中，系统开放性指标排名呈上升趋势且增幅较大；外部可达性指标排名总体呈下降态势，且下降幅度较大；关系嵌入指标排名总体呈上升态势，且上升幅度较大；结构嵌入指标排名总体呈波动上升态势，且上升幅度较大。

沧州市的城市间创新生态嵌入指标排名呈波动上升态势。其中，系统开放性指标排名呈上升趋势且增幅较大；外部可达性指标排名呈下降态势，且下降幅度较大；关系嵌入指标排名总体呈波动态势；结构嵌入指标排名增幅较大。

邯郸市的城市间创新生态嵌入指标排名总体呈波动上升态势。其中，系统开放性指标排名呈上升趋势且增幅较大，外部可达性指标排名总体呈下降态势，关系嵌入指标排名波动幅度较大，结构嵌入指标排名增幅较大。

表 5-70　2015—2019 年城市间创新生态嵌入指标得分及排名

城市	指标	2015 年		2016 年		2017 年		2018 年		2019 年	
		指标得分	排名	指标得分	排名	指标得分	排名	指标得分	排名	指标得分	排名
石家庄市	3　城市间创新生态嵌入	14.59	30	15.30	30	16.13	28	16.74	26	17.98	26
	3.1　系统开放性	1.56	59	2.00	58	1.74	59	2.49	52	2.64	50
	3.2　外部可达性	27.56	50	28.44	52	33.44	29	31.47	28	31.51	34
	3.3　关系嵌入	7.38	15	6.64	14	9.10	13	12.44	14	12.29	13
	3.4　结构嵌入	21.85	22	24.13	24	20.23	29	20.57	24	25.50	21
保定市	3　城市间创新生态嵌入	14.01	33	14.61	33	13.43	37	13.47	34	15.15	32
	3.1　系统开放性	0.76	81	1.09	78	0.92	77	1.26	74	1.59	67
	3.2　外部可达性	34.21	23	34.21	25	34.21	26	31.10	34	31.10	37
	3.3　关系嵌入	3.29	29	2.33	32	2.55	34	4.30	29	6.89	23
	3.4　结构嵌入	17.78	37	20.80	38	16.05	41	17.23	36	21.02	37
廊坊市	3　城市间创新生态嵌入	10.80	57	11.58	57	11.43	52	11.13	50	11.62	59
	3.1　系统开放性	1.10	74	1.33	69	1.27	67	1.68	65	1.80	62
	3.2　外部可达性	28.13	47	28.13	55	28.13	57	26.96	62	26.96	66
	3.3　关系嵌入	2.31	41	1.47	45	2.46	38	3.13	39	3.17	34
	3.4　结构嵌入	11.65	65	15.39	59	13.84	49	12.75	49	14.57	61
唐山市	3　城市间创新生态嵌入	9.92	68	10.90	63	10.37	62	10.28	64	11.46	60
	3.1　系统开放性	1.71	57	2.19	56	1.97	55	2.63	50	2.71	49
	3.2　外部可达性	27.08	52	27.07	58	27.16	59	26.38	65	26.36	71
	3.3　关系嵌入	0.43	78	0.50	69	0.75	65	1.44	59	1.54	55
	3.4　结构嵌入	10.44	76	13.83	72	11.60	62	10.67	58	15.22	59

续表

城市	指标		2015 年		2016 年		2017 年		2018 年		2019 年	
			指标得分	排名	指标得分	排名	指标得分	排名	指标得分	排名	指标得分	排名
沧州市	3	城市间创新生态嵌入	8.54	79	10.30	71	8.50	82	7.93	82	9.99	77
	3.1	系统开放性	0.59	86	0.69	86	0.79	81	1.06	78	1.13	76
	3.2	外部可达性	25.50	59	25.50	64	25.50	66	25.12	69	25.12	77
	3.3	关系嵌入	1.27	52	1.55	43	1.28	51	2.43	44	1.56	53
	3.4	结构嵌入	6.80	95	13.44	78	6.43	88	3.12	94	12.17	76
邯郸市	3	城市间创新生态嵌入	7.76	88	9.07	83	8.55	81	8.45	77	9.52	79
	3.1	系统开放性	1.13	73	1.39	68	1.26	68	1.66	66	1.74	63
	3.2	外部可达性	23.00	78	23.05	80	23.12	81	22.74	81	22.79	85
	3.3	关系嵌入	0.96	63	0.39	77	0.61	71	0.98	68	1.11	64
	3.4	结构嵌入	5.97	98	11.46	87	9.20	76	8.42	73	12.46	74

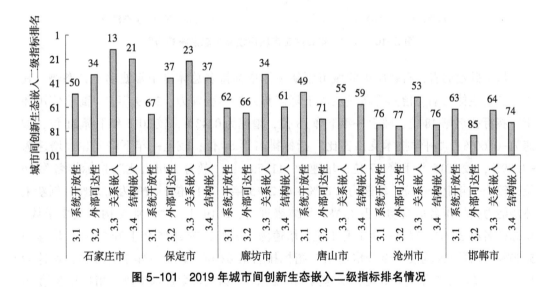

图 5-101　2019 年城市间创新生态嵌入二级指标排名情况

5.12.2　细分领域

根据 2019 年城市创新生态系统综合排名情况，本小节选择河北省内排名前 4 位的城市——石家庄市、唐山市、保定市、廊坊市，作为重点分析对象。

1. 石家庄市

石家庄市城市创新生态系统情况见表 5-71 和图 5-102。

表 5-71　2015—2019 年石家庄市城市创新生态系统综合指标

指标	2015 年		2016 年		2017 年		2018 年		2019 年	
	指标得分	排名	指标得分	排名	指标得分	排名	指标得分	排名	指标得分	排名
城市创新生态系统	12.80	42	12.45	45	12.34	41	12.47	39	13.91	35
1　城市创新主体	16.59	41	15.61	36	14.58	38	14.60	38	15.23	39
2　城市内部创新生态建构	7.22	53	6.44	58	6.30	64	6.07	63	8.52	48
3　城市间创新生态嵌入	14.59	30	15.30	30	16.13	28	16.74	26	17.98	26

图 5-102　2019 年石家庄市城市创新生态系统蛛网图

从基础数据看，石家庄市的城市创新主体指标排名总体呈小幅波动上升态势。其中，创新主体的动力指标排名呈波动下降态势，具体表现为，2019 年，"商业信用环境"指标排名第 48 位，较上一年下降 18 位，增速为 0.43%，较 2015 年下降 21 位，增速为 -0.60%；"科学技术支出占比"指标排名第 84 位，较上一年下降 4 位，增速为 -1.99%，较 2015 年下降 17 位，增速为 -11.50%；"教育支出占比"指标排名第 16 位，较上一年上升 7 位，增速为 2.60%，较 2015 年上升 14 位，增速为 2.22%。创新主体的能力指标排名呈波动上升态势，具体表现为，2019 年，"产业结构高级化指数"指标排名第 33 位，较上一年上升 1 位，增速为 1.30%，较 2015 年上升 24 位，增速为 5.50%；"百万人均发明专利申请量"指标排名第 63 位，较上一年上升 8 位，增速为 12.24%，较 2015 年上升 6 位，增速为 116.22%；"国家科学技术奖数"指标排名第 19 位，较上一年上升 7 位，增速为 100.00%，较 2015 年上升 5 位，增速为 33.33%。在创新主体的活力方面，2019 年，"新兴产业发明专利申请量"指标排名第 42 位，较上一年上升 12 位，增速为 24.08%，较 2015 年上升 15 位，增速为 122.36%；"数字普惠金融指数"指标排名第 59 位，较上一年上升 1 位，增速为 5.69%，较 2015 年上升 4 位，增速为 43.77%；"当年新增科技型中小企业数"指标排名第 54 位，较上一年下降 7 位，增速为 -27.78%，较 2015 年下降 11 位，增速为 -19.59%。

石家庄市的城市内部创新生态建构指标排名总体呈先降后升态势。在创新要素的多样性方面，2019 年，"外商、港澳台商投资企业占比"指标排名第 76 位，较上一年上升 2 位，增速为 8.80%，较 2015 年上升 8 位，增速为 0.12%；"国家高新区外籍常驻人员"指标排名第 39 位，较上一年上升 7 位，增速为 43.52%，较 2015 年上升 5 位，增速为 50.49%。创新要素的协同性指标排名较为领先，2019 年，"产业合作发明专利数"指标排名第 19 位，较上一年下降 3 位，增速为 6.27%，与 2015 年保持一致，增速为 169.64%；"学研合作发明专利数"指标排名第 46 位，较上一年下降 5 位，增速为 -12.50%，较 2015 年下降 7 位，增速为 133.33%；"产学研合作发明专利数"指标排名第 21 位，较上一年上升 3 位，增速为 34.47%，与 2015 年保持一致，增速为 86.98%。创新平台的发展水平指标排名总体呈波动上升态势，2019 年，"国家高新区高新技术企业数"指标排名第 25 位，较上一年上升 2 位，增速为 65.98%，较 2015 年上升 5 位，增速为 352.25%。更为重要的是，2019 年，石家庄市新增 1 个省部共建协同创新中心，有利于提升该指标排名。创新环境的适宜性指标排名总体呈波动下降态势，2019 年，"AQI 年平均值"指标排名第 99 位，较上一年上升 1 位，增速为 5.12%，较 2015 年下降 8 位，增速为 6.40%；"医生数"指标排名第 17 位，与上一年保持一致，增速为 6.45%，较 2015 年下降 6 位，增速为 11.54%；"公共图书馆图书总藏量"指标排名第 48 位，较上一年下降 2 位，增速为 9.64%，较 2015 年下降 9 位，增速为 23.57%；"城市园林绿地面积"指标排名第 33 位，较上一年上升 6 位，增速为 15.61%，较 2015 年上升 1 位，增速为 20.97%。

石家庄市的城市间创新生态嵌入指标排名总体呈上升态势。其中，系统开放性指标排名呈波动上升趋势且增幅较大，具体表现为，2019 年，"当年实际使用外资金额"指标排名第 37 位，较上一年上升 1 位，增速为 11.49%，较 2015 年上升 21 位，增速为 80.49%；"外商直接投资合同项目数"指标排名第 58 位，较上一年上升 4 位，增速为 28.26%，较 2015 年上升 4 位，增速为 73.53%。外部可达性指标排名总体呈波动上升态势，2019 年较 2015 年有较大幅度上升。2019 年，"截至当年所拥有的高铁站点数"指标排名第 29 位，较上一年下降 5 位，较 2015 年上升 10 位；"民用航空货邮运量"指标排名第 31 位，较上一年上升 3 位，增速为 15.35%，较 2015 年上升 5 位，增速为 110.05%；"民用航空客运量"指标排名第 24 位，与上一年保持一致，增速为 5.21%，较 2015 年上升 10 位。石家庄市的交通基础设施建设水平大幅提升。关系嵌入指标排名总体呈波动上升态势，具体表现为，2019 年，"对外联系强度"指标排名第 12 位，较上一年下降 1 位，增速为 25.57%，较 2015 年上升 1 位，增速为 271.59%；"先进产业嵌入深度"指标排名第 14 位，较上一年上升 4 位，增速为 44.82%，较 2015 年上升 8 位，增速为 380.51%。石家庄市同其他城市在高新技术以及创新方面的合作强度有所提升。在结构嵌入方面，2019 年，"中介中心度"指标排名第 37 位，较上一年上升 2 位，增速为 22.19%，较 2015 年下降 9 位，增速为 -29.60%；"接近中心度"指标排名第 23 位，较上一年上升 3 位，增速为 1.64%，较 2015 年下降 1 位，增速为 4.28%；"特征向量中心度"指标排名第 21 位，较上一年上升 2 位，增速为 10.60%，与 2015 年保持一致，增速为 31.17%。石家庄市在创新合作网络中的地位有所提升。

石家庄市部分变化较大的指标见表5-72。

表5-72　石家庄市部分变化较大的指标

指标	2018年	2019年	增速/%	2018年排名	2019年排名	排名变化
先进产业嵌入深度	647.00	937.00	44.82	18	14	4
教育支出占比/%	19.88	20.40	2.60	23	16	7
医生数/人	31000	33000	6.45	17	17	0
国家科学技术奖数/个	4	8	100.00	26	19	7
国家高新区高新技术企业数/个	485	805	65.98	27	25	2
科研、技术服务和地质勘查业从业人员/万人	3.93	3.47	−11.70	21	28	−7
国家高新区R&D经费内部支出/千元	6132757.00	5996947.00	−2.21	29	29	0
产业结构高级化指数	6.97	7.06	1.30	34	33	1
A股上市公司高新技术企业数（上市公司本身）/个	9	10	11.11	38	36	2
中介中心度	204.93	250.41	22.19	39	37	2
当年实际使用外资金额/万美元	145171.00	161846.00	11.49	38	37	1
国家级科技企业孵化器数/个	8	9	12.50	35	38	−3
国家高新区外籍常驻人员/人	108	155	43.52	46	39	7
新兴产业发明专利申请量/件	3310	4107	24.08	54	42	12
学研合作发明专利数/件	16	14	−12.50	41	46	−5
商业信用环境	73.35	73.66	0.43	30	48	−18
当年新增科技型中小企业数/个	108	78	−27.78	47	54	−7
规模以上工业企业新产品销售收入/万元	6257008.20	8665152.40	38.49	64	55	9
百万人均发明专利申请量/（件/百万人）	473.32	531.27	12.24	71	63	8
规模以上工业企业R&D人员/人	19565	14319	−26.81	56	67	−11
外商、港澳台商投资企业占比/%	3.24	3.53	8.80	78	76	2
科学技术支出占比/%	1.20	1.17	−1.99	80	84	−4
AQI年平均值	122.00	115.75	5.12	100	99	1

2. 唐山市

唐山市城市创新生态系统情况见表5-73和图5-103。

表 5-73　2015—2019 年唐山市城市创新生态系统综合指标

指标	2015 年		2016 年		2017 年		2018 年		2019 年	
	指标得分	排名	指标得分	排名	指标得分	排名	指标得分	排名	指标得分	排名
城市创新生态系统	8.33	72	7.94	74	7.91	71	7.72	68	9.08	67
1　城市创新主体	10.92	66	8.92	69	9.36	65	8.86	69	9.27	69
2　城市内部创新生态建构	4.15	81	4.01	83	4.00	86	4.03	81	6.52	61
3　城市间创新生态嵌入	9.92	68	10.90	63	10.37	62	10.28	64	11.46	60

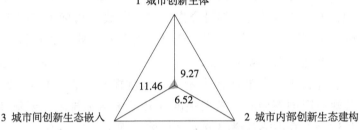

图 5-103　2019 年唐山市城市创新生态系统蛛网图

从基础数据看，唐山市的城市创新主体指标排名下降幅度较小。其中，创新主体的动力指标排名总体呈波动上升态势，具体表现为，2019 年，"教育支出占比"指标排名第 20 位，较上一年上升 9 位，增速为 0.96%，较 2015 年上升 4 位，增速为 -5.97%；"市场多样性"指标排名第 65 位，较上一年下降 7 位，增速为 -30.39%，较 2015 年上升 9 位，增速为 -51.16%；"商业信用环境"指标排名第 81 位，较上一年下降 11 位，增速为 0.71%，较 2015 年下降 3 位，增速为 2.77%。创新主体的能力指标排名总体呈波动下降态势，具体表现为，2019 年，"科研、技术服务和地质勘查业从业人员"指标排名第 64 位，较上一年上升 19 位，增速为 53.85%，较 2015 年上升 5 位，增速为 -2.44%；"百万人均发明专利申请量"指标排名第 71 位，较上一年上升 8 位，增速为 13.91%，较 2015 年上升 8 位，增速为 160.02%；"产业结构高级化指数"指标排名第 89 位，较上一年下降 8 位，增速为 0.22%，较 2015 年下降 11 位，增速为 2.12%；"国家高新区 R&D 经费内部支出"指标排名第 79 位，较上一年上升 3 位，增速为 69.83%，较 2015 年下降 4 位，增速为 74.98%；"国家高新区 R&D 人员"指标排名第 75 位，较上一年上升 3 位，增速为 25.44%，较 2015 年下降 3 位，增速为 30.18%。创新主体的活力指标排名总体呈下降态势，具体表现为，2019 年，"新兴产业发明专利申请量"指标排名第 62 位，较上一年上升 9 位，增速为 16.11%，较 2015 年上升 13 位，增速为 155.92%；"当年新增科技型中小企业数"指标排名第 91 位，较上一年下降 6 位，增速为 -48.15%，较 2015 年下降 13 位，增速为 -44.00%；"A 股上市公司高新技术企业数（上市公司本身）"指标排名第 67 位，较上一年下降 9 位，增速为

-20.00%，较 2015 年上升 14 位；"数字普惠金融指数"指标排名第 83 位，较上一年下降 1 位，增速为 5.05%，较 2015 年下降 6 位，增速为 40.75%。

唐山市的城市内部创新生态建构指标排名总体呈先降后升态势且增幅较大。其中，创新要素的多样性指标排名总体呈波动下降态势。2019 年，"外商、港澳台商投资企业占比"指标排名第 65 位，较上一年下降 7 位，增速为-15.84%，较 2015 年下降 9 位，增速为-28.79%；"国家高新区外籍常驻人员"指标排名第 58 位，较上一年上升 2 位，增速为 12.96%，较 2015 年下降 6 位，增速为 15.09%；"国家高新区留学归国人员"指标排名第 75 位，较上一年下降 1 位，增速为 12.96%，较 2015 年下降 6 位，增速为 45.24%。创新要素的协同性指标排名上升幅度较大，2019 年，"产业合作发明专利数"指标排名第 41 位，较上一年上升 7 位，增速为 25.91%，较 2015 年上升 34 位；"学研合作发明专利数"指标排名第 74 位，较上一年下降 2 位，较 2015 年下降 8 位；"产学研合作发明专利数"指标排名第 49 位，较上一年上升 2 位，增速为 35.44%，较 2015 年上升 19 位。创新平台的发展水平指标排名总体呈先降后升态势，且在 2019 年有较大幅度提升。这是因为，2019 年唐山市新增 1 个省部共建协同创新中心，较大幅度提升了该指标排名。创新环境的适宜性指标排名总体呈波动上升态势且增幅较大，具体表现为，2019 年，"AQI 年平均值"指标排名第 74 位，较上一年上升 6 位，增速为 5.58%，较 2015 年上升 15 位，增速为 20.00%；"公共图书馆图书总藏量"指标排名第 41 位，较上一年上升 17 位，增速为 61.75%，较 2015 年上升 14 位；"当年申请的绿色发明专利数"指标排名第 60 位，较上一年上升 6 位，增速为-32.87%，较 2015 年上升 11 位，增速为 47.85%；"文化、体育和娱乐业从业人员比重"指标排名第 63 位，较上一年上升 2 位，增速为 22.55%，较 2015 年下降 8 位，增速为-8.46%；"医院床位数"指标排名第 39 位，较上一年下降 2 位，增速为 3.20%，较 2015 年下降 7 位，增速为 16.03%。

唐山市的城市间创新生态嵌入指标排名总体呈波动上升态势。其中，系统开放性指标排名呈上升趋势且增幅较大，具体表现为，2019 年，"当年实际使用外资金额"指标排名第 34 位，较上一年上升 1 位，增速为 10.38%，较 2015 年上升 8 位，增速为 46.33%；"国际旅游外汇收入"指标排名第 67 位，较上一年下降 1 位，增速为 11.81%，较 2015 年上升 5 位，增速为 71.30%。外部可达性指标排名总体呈下降态势，且下降幅度较大。2019 年，"截至当年所拥有的高铁站点数"指标排名第 79 位，较上一年下降 9 位，较 2015 年下降 25 位；"民用航空客运量"指标排名第 70 位，较上一年下降 2 位，增速为-10.53%，较 2015 年下降 3 位，增速为 104.00%。唐山市的交通基础设施建设水平有待提升。关系嵌入指标排名总体呈上升态势，且上升幅度较大，具体表现为，2019 年，"对外联系强度"指标排名第 52 位，较上一年上升 3 位，增速为 37.01%，较 2015 年上升 23 位，增速为 634.91%；"先进产业嵌入深度"指标排名第 70 位，较上一年上升 2 位，增速为 75.68%，较 2015 年上升 18 位。唐山市同其他城市在高新技术以及创新方面的合作强度有所提升。结构嵌入指标排名总体呈波动上升态势，且上升幅度较大。2019 年，"中介中心度"指标排名第 52 位，较上一年上升 12 位，较 2015 年上升 29 位；"接近中心度"指标排名第 57 位，较上一年上升 3 位，增速为 2.02%，较 2015 年上升 17 位，增速为 6.53%；"特征向量中心度"指标排名第 58 位，较上一年下降 1 位，增速为 9.88%，较 2015 年上升 17 位，增速为 85.42%。唐山市在创新合作网络中的地位有所提升。

唐山市部分变化较大的指标见表 5-74。

表 5-74　唐山市部分变化较大的指标

指标	2018 年	2019 年	增速/%	2018 年排名	2019 年排名	排名变化
规模以上工业企业新产品销售收入/万元	11679300.00	15962800.00	36.68	42	30	12
产业合作发明专利数/件	274	345	25.91	48	41	7
规模以上工业企业 R&D 人员/人	23370	27409	17.28	47	42	5
当年新增企业数/个	4935	6328	28.23	49	45	4
产学研合作发明专利数/件	79	107	35.44	51	49	2
国家高新区高新技术企业数/个	115	201	74.78	59	52	7
中介中心度	41.36	87.35	111.17	64	52	12
接近中心度	0.51	0.52	2.02	60	57	3
特征向量中心度	0.25	0.28	9.88	57	58	-1
新兴产业发明专利申请量/件	1695	1968	16.11	71	62	9
国家级科技企业孵化器数/个	1	3	200.00	81	63	18
科研、技术服务和地质勘查业从业人员/万人	0.52	0.80	53.85	83	64	19
市场多样性	0.0030	0.0021	-30.39	58	65	-7
外商、港澳台商投资企业占比/%	5.20	4.38	-15.84	58	65	-7
A 股上市公司高新技术企业数（上市公司本身）/个	5	4	-20.00	58	67	-9
先进产业嵌入深度	37.00	65.00	75.68	72	70	2
百万人均发明专利申请量/（件/百万人）	333.51	379.89	13.91	79	71	8
学研合作发明专利数/件	1	2	100.00	72	74	-2
AQI 年平均值	103.08	97.33	5.58	80	74	6
商业信用环境	70.06	70.56	0.71	70	81	-11
产业结构高级化指数	6.59	6.61	0.22	81	89	-8
当年新增科技型中小企业数/个	27	14	-48.15	85	91	-6

3. 保定市

保定市城市创新生态系统情况见表 5-75 和图 5-104。

表 5-75　2015—2019 年保定市城市创新生态系统综合指标

指标	2015 年		2016 年		2017 年		2018 年		2019 年	
	指标得分	排名	指标得分	排名	指标得分	排名	指标得分	排名	指标得分	排名
城市创新生态系统	9.89	59	9.72	58	9.39	59	9.78	55	9.79	61
1　城市创新主体	11.09	65	9.74	66	9.55	64	9.16	65	9.18	71
2　城市内部创新生态建构	4.57	78	4.82	75	5.18	74	6.72	52	5.05	75
3　城市间创新生态嵌入	14.01	33	14.61	33	13.43	37	13.47	34	15.15	32

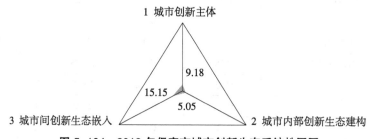

图 5-104　2019 年保定市城市创新生态系统蛛网图

从基础数据看，保定市的城市创新主体指标排名呈波动下降态势。其中，创新主体的动力指标排名呈波动下降态势，具体表现为，2019 年，"教育支出占比"指标排名第 11 位，较上一年上升 3 位，增速为 1.80%，较 2015 年上升 8 位，增速为-0.73%；"商业信用环境"指标排名第 94 位，较上一年下降 8 位，增速为-0.57%，较 2015 年下降 29 位，增速为-1.93%；"市场潜力"指标排名第 51 位，较上一年下降 1 位，增速为 8.35%，较 2015 年下降 3 位，增速为 28.58%。创新主体的能力指标排名呈波动下降态势，具体表现为，2019 年，"产业结构高级化指数"指标排名第 63 位，较上一年上升 16 位，增速为 2.38%，较 2015 年上升 20 位，增速为 5.22%；"规模以上工业企业 R&D 人员"指标排名第 57 位，较上一年下降 4 位，增速为-14.18%，较 2015 年下降 11 位，增速为-21.59%；"国家高新区 R&D 人员"指标排名第 46 位，较上一年下降 14 位，增速为-41.99%，较 2015 年下降 15 位，增速为-33.35%。创新主体的活力指标排名较为落后，2019 年有较大幅度下降，具体表现为，2019 年，"当年新增企业数"指标排名第 38 位，较上一年下降 7 位，增速为-14.10%，较 2015 年上升 7 位，增速为 176.93%；"当年新增科技型中小企业数"指标排名第 85 位，较上一年下降 12 位，增速为-51.22%，较 2015 年下降 1 位，增速为-13.04%；"新兴产业发明专利申请量"指标排名第 59 位,较上一年上升 8 位,增速为 7.47%,较 2015 年上升 9 位,增速为 114.71%。

保定市的城市内部创新生态建构指标排名整体呈波动上升态势,在 2019 年出现较大幅度下降。其中,创新要素的多样性指标排名总体呈波动上升态势,具体表现为,2019 年,"国家高新区外籍常驻人员"指标排名第 27 位,与上一年保持一致,增速为 22.44%,较 2015 年上升 40 位;"国家高新区留学归国人员"指标排名第 33 位,较上一年上升 35 位,增速为 516.87%,较 2015 年上升 7 位,增速为 93.21%。创新要素的协同性指标排名总体呈波动下降态势,具体表现为,2019 年,"学研合作发明专利数"指标排名第 57 位,较上一年下降 4 位,增速为 16.67%,较 2015 年下降 29 位,增速为 -46.15%;"产学研合作发明专利数"指标排名第 39 位,较上一年下降 7 位,增速为 1.20%,较 2015 年下降 3 位,增速为 97.65%。创新平台的发展水平指标排名总体呈波动下降态势,且在 2019 年有较大幅度下降,具体表现为,2019 年,"国家高新区工业总产值"指标排名第 50 位,较上一年下降 11 位,增速为 -16.88%,较 2015 年下降 3 位,增速为 -2.80%。此外,2018 年保定市新增 1 个省部共建协同创新中心,而 2019 年新增数量为 0,拉低了该指标的排名。创新环境的适宜性指标排名总体呈波动上升态势,且增幅较大,具体表现为,2019 年,"AQI 年平均值"指标排名第 93 位,较上一年上升 4 位,增速为 5.48%,较 2015 年下降 7 位,增速为 25.50%;"文化、体育和娱乐业从业人员比重"指标排名第 96 位,较上一年下降 8 位,增速为 -16.05%,较 2015 年下降 8 位,增速为 -13.73%。

保定市的城市间创新生态嵌入指标排名呈波动上升态势,上升幅度较小。其中,系统开放性指标排名呈上升趋势且增幅较大,具体表现为,2019 年,"当年实际使用外资金额"指标排名第 53 位,较上一年上升 14 位,增速为 42.45%,较 2015 年上升 24 位,增速为 124.10%;"外商直接投资合同项目数"指标排名第 74 位,较上一年下降 3 位,增速为 8.70%,较 2015 年上升 6 位,增速为 92.31%。外部可达性指标排名 2019 年较 2015 年有较大幅度下降,具体表现为,2019 年,"截至当年所拥有的高铁站点数"指标排名第 15 位,较上一年下降 1 位,较 2015 年下降 7 位,高铁建设水平亟须提升。关系嵌入指标排名较为领先,呈波动上升态势,具体表现为,2019 年,"先进产业嵌入深度"指标排名第 24 位,较上一年上升 6 位,较 2015 年上升 15 位;"对外联系强度"指标排名第 22 位,较上一年上升 6 位,增速为 94.17%,较 2015 年上升 3 位,增速为 339.31%。保定市同其他城市在高新技术以及创新方面的合作强度有所提升。结构嵌入指标排名基本稳定,波动较小。2019 年,"接近中心度"指标排名第 37 位,较上一年下降 1 位,增速为 1.41%,较 2015 年下降 5 位,增速为 3.52%;"特征向量中心度"指标排名第 36 位,与上一年保持一致,增速为 2.87%,较 2015 年上升 4 位,增速为 37.65%;"中介中心度"指标排名第 38 位,较上一年上升 6 位,增速为 88.78%,较 2015 年下降 2 位,增速为 55.09%。保定市应继续提升在创新合作网络中的地位。

保定市部分变化较大的指标见表 5-76。

表 5-76 保定市部分变化较大的指标

指标	2018 年	2019 年	增速/%	2018 年排名	2019 年排名	排名变化
教育支出占比/%	20.96	21.33	1.80	14	11	3
先进产业嵌入深度	171.00	517.00	202.34	30	24	6
国家高新区外籍常驻人员/人	410	502	22.44	27	27	0
产业合作发明专利数/件	319	580	81.82	41	32	9
国家高新区留学归国人员/人	83	512	516.87	68	33	35
国家高新区高新技术企业数/个	317	443	39.75	35	35	0
当年新增企业数/个	9123	7837	-14.10	31	38	-7
产学研合作发明专利数/件	166	168	1.20	32	39	-7
国家高新区 R&D 经费内部支出/千元	4552867.00	2824112.00	-37.97	32	43	-11
规模以上工业企业新产品销售收入/万元	11910914.00	11699114.00	-1.78	40	45	-5
国家高新区 R&D 人员/人	17274	10020	-41.99	32	46	-14
A 股上市公司高新技术企业数（上市公司本身）/个	7	7	0.00	48	49	-1
国家高新区工业总产值/千元	132560773.00	110182869.00	-16.88	39	50	-11
当年实际使用外资金额/万美元	68392.00	97422.00	42.45	67	53	14
学研合作发明专利数/件	6	7	16.67	53	57	-4
规模以上工业企业 R&D 人员/人	20500	17594	-14.18	53	57	-4
新兴产业发明专利申请量/个	1902	2044	7.47	67	59	8
产业结构高级化指数	6.62	6.77	2.38	79	63	16
外商直接投资合同项目数/个	23	25	8.70	71	74	-3
当年新增科技型中小企业数/个	41	20	-51.22	73	85	-12
AQI 年平均值	115.67	109.33	5.48	97	93	4
商业信用环境	68.59	68.20	-0.57	86	94	-8

4. 廊坊市

廊坊市城市创新生态系统情况见表 5-77 和图 5-105。

表 5-77　2015—2019 年廊坊市城市创新生态系统综合指标

指标	2015 年		2016 年		2017 年		2018 年		2019 年	
	指标得分	排名	指标得分	排名	指标得分	排名	指标得分	排名	指标得分	排名
城市创新生态系统	8.21	73	8.39	70	8.69	62	8.65	62	9.21	66
1　城市创新主体	9.26	75	8.87	70	9.24	66	9.72	63	10.84	61
2　城市内部创新生态建构	4.58	77	4.71	77	5.40	70	5.10	72	5.17	72
3　城市间创新生态嵌入	10.80	57	11.58	57	11.43	52	11.13	50	11.62	59

图 5-105　2019 年廊坊市城市创新生态系统蛛网图

从基础数据看，廊坊市的城市创新主体指标排名呈上升态势，2019 年较 2015 年上升幅度较大。其中，创新主体的动力指标排名呈波动上升态势，2019 年较 2015 年上升幅度非常大，具体表现为，2019 年，"商业信用环境"指标排名第 56 位，较上一年下降 10 位，增速为 0.41%，较 2015 年上升 16 位，增速为 4.63%；"教育支出占比"指标排名第 23 位，较上一年上升 27 位，增速为 11.17%，较 2015 年上升 50 位，增速为 25.64%。创新主体的能力指标排名呈上升态势，具体表现为，2019 年，"产业结构高级化指数"指标排名第 29 位，较上一年上升 2 位，增速为 0.90%，较 2015 年上升 21 位，增速为 5.09%；"百万人均发明专利申请量"指标排名第 66 位，较上一年上升 7 位，增速为-0.33%，较 2015 年上升 11 位，增速为 191.08%；"普通高等学校专任教师数"指标排名第 38 位，与上一年保持一致，增速为 3.88%，较 2015 年上升 6 位，增速为 32.87%。创新主体的活力指标排名波动不大，具体表现为，2019 年，"当年新增企业数"指标排名第 48 位，较上一年上升 9 位，增速为 42.79%，较 2015 年上升 13 位，增速为 211.78%；"新兴产业发明专利申请量"指标排名第 66 位，较上一年上升 7 位，增速为-0.37%，较 2015 年上升 15 位，增速为 207.94%；"当年新增科技型中小企业数"指标排名第 97 位，较上一年下降 1 位，增速为-50.00%，较 2015 年下降 7 位，增速为-82.35%。

廊坊市的城市内部创新生态建构指标排名总体呈波动上升态势。其中，创新要素的多样性指标排名较为领先，波动不大，具体表现为，2019 年，"国家高新区外籍常驻人员"指标排名第 33 位,较上一年上升 5 位,增速为 16.88%,较 2015 年上升 1 位,增速为 8.43%;"国家高新区留学归国人员"指标排名第 56 位,较上一年上升 5 位,增速为 38.18%,较 2015 年提升 1 位,增速为 46.15%。创新要素的协同性指标排名在 2019 年有较大幅度下降,具体表现为,2019 年,"学研合作发明专利数"指标排名第 68 位,较上一年下降 16 位,增速为-42.86%,较 2015 年下降 2 位;"产学研合作发明专利数"指标排名第 74 位,较上一年下降 3 位,增速为 15.22%,较 2015 年下降 9 位,增速为 130.43%。创新平台的发展水平指标排名总体呈波动下降态势,且降幅较小,具体表现为,2019 年,"国家高新区工业总产值"指标排名第 78 位,与上一年保持一致,增速为 8.51%,较 2015 年下降 16 位,增速为-45.29%;"国家级科技企业孵化器数"指标排名第 59 位,较上一年下降 6 位,较 2015 年上升 4 位。创新环境的适宜性指标排名总体呈波动上升态势,较 2015 年上升 10 位,具体表现为,2019 年,"AQI 年平均值"指标排名第 71 位,较上一年下降 1 位,增速为 0.09%,较 2015 年上升 19 位,增速为 22.52%;"医生数"指标排名第 62 位,较上一年上升 8 位,增速为 19.41%,较 2015 年上升 17 位,增速为 71.41%。

廊坊市的城市间创新生态嵌入指标排名总体呈波动下降态势。其中,系统开放性指标排名呈上升趋势且增幅较大,具体表现为,2019 年,"当年实际使用外资金额"指标排名第 51 位,较上一年上升 2 位,增速为 11.55%,较 2015 年上升 19 位,增速为 65.62%;"外商直接投资合同项目数"指标排名第 65 位,较上一年上升 6 位,增速为 69.57%,与 2015 年保持一致。外部可达性指标排名总体呈下降态势,2019 年较 2015 年有较大幅度下降,具体表现为,2019 年,"截至当年所拥有的高铁站点数"指标排名第 63 位,较上一年下降 7 位,较 2015 年下降 24 位。廊坊市的高铁建设水平亟须改善。关系嵌入指标排名总体呈波动上升态势,具体表现为,2019 年,"对外联系强度"指标排名第 29 位,较上一年上升 6 位,增速为 33.07%,较 2015 年上升 11 位,增速为 258.68%;"先进产业嵌入深度"指标排名第 52 位,较上一年下降 4 位,增速为 19.32%,较 2015 年下降 15 位,增速为 56.72%。廊坊市需要提高同其他城市在高新技术方面的合作强度。结构嵌入指标排名总体呈波动上升态势,在 2019 年有较大幅度下降,具体表现为,2019 年,"特征向量中心度"指标排名第 60 位,较上一年下降 12 位,增速为-8.65%,较 2015 年上升 3 位,增速为 56.84%;"接近中心度"指标排名第 65 位,较上一年下降 15 位,增速为 0.04%,较 2015 年下降 2 位,增速为 4.60%;"中介中心度"指标排名第 82 位,较上一年下降 7 位,增速为-43.39%,较 2015 年下降 12 位,增速为 1.61%。廊坊市应继续加强外部创新合作,提升在创新合作网络中的地位。

廊坊市部分变化较大的指标见表 5-78。

表 5-78　廊坊市部分变化较大的指标

指标	2018 年	2019 年	增速/%	2018 年排名	2019 年排名	排名变化
教育支出占比/%	17.40	19.34	11.17	50	23	27
对外联系强度	127633801.76	169839789.64	33.07	35	29	6
产业结构高级化指数	7.02	7.08	0.90	31	29	2
国家高新区外籍常驻人员/人	154	180	16.88	38	33	5
普通高等学校专任教师数/人	7790	8092	3.88	38	38	0
产业合作发明专利数/件	266	294	10.53	50	46	4
当年新增企业数/个	4022	5743	42.79	57	48	9
当年实际使用外资金额/万美元	99107.00	110554.00	11.55	53	51	2
先进产业嵌入深度	88.00	105.00	19.32	48	52	-4
国家高新区留学归国人员/人	110	152	38.18	61	56	5
商业信用环境	72.21	72.50	0.41	46	56	-10
特征向量中心度	0.30	0.27	-8.65	48	60	-12
医生数/人	13542	16171	19.41	70	62	8
接近中心度	0.51	0.51	0.04	50	65	-15
外商直接投资合同项目数/个	23	39	69.57	71	65	6
百万人均发明专利申请量/（件/百万人）	454.07	452.59	-0.33	73	66	7
新兴产业发明专利申请量/件	1635	1629	-0.37	73	66	7
学研合作发明专利数/件	7	4	-42.86	52	68	-16
AQI 年平均值	95.58	95.50	0.09	70	71	-1
产学研合作发明专利数/件	46	53	15.22	71	74	-3
国家高新区工业总产值/千元	24444161.00	26524315.00	8.51	78	78	0
国家高新区 R&D 人员/人	875	958	9.49	82	80	2
A 股上市公司高新技术企业数（上市公司本身）/个	0	1	—	92	84	8
当年新增科技型中小企业数/个	6	3	-50.00	96	97	-1

基于上述分析，河北省应该坚持"内育外引"原则构建创新生态体系。一方面，河北省应深入实施创新驱动发展战略，加快创新成果转化应用，提升企业技术创新能力以及全省的科技创新水平。另一方面，河北省应该有机嵌入雄安新区规划、京津冀城市群等重大战略部署中，实现与发达地区的创新生态互鉴、创新链条互补、创新主体互动，通过利用创新合作网络中优质创新要素，力争在创新合作、协同发展中创造更大价值。

5.13 浙江省

浙江省共有 8 个城市纳入分析，分别是杭州市、宁波市、温州市、嘉兴市、湖州市、绍兴市、金华市、台州市。根据 2019 年城市创新生态系统综合排名情况，本节选择浙江省内除杭州市外❶排名前 5 位的城市——宁波市、嘉兴市、绍兴市、温州市和金华市，作为重点分析对象。

从浙江省内来看，省会城市杭州市的城市创新生态系统综合排名明显高于其余城市，且 2015—2019 年排名整体呈波动上升态势。宁波市排名仅次于杭州市，但是仍与之存在较大的差距。温州市和嘉兴市排名较为接近，温州市排名呈下降态势且降幅较大，与之相反，嘉兴市排名呈上升态势。绍兴市的指标排名明显高于金华市，但是两城市之间的差距有所缩小。

对于宁波市而言，城市创新主体排名领先且 2015—2019 年总体呈波动上升态势。从基础数据来看，2019 年，宁波市的“当年新增科技型中小企业数”指标在 100 个样本城市中位列第一，具有较高的创新创业活力。城市内部创新生态建构指标排名基本稳定，其中，创新要素的协同性指标排名增幅较大，创新平台的发展水平指标排名有较大幅度下降。从基础数据来看，2019 年，宁波市的高等院校和科研院所合作发明专利申请量大幅增加。此外，2018 年和 2019 年各新增 1 个省部共建协同创新中心，相比于同期其他城市而言，数量较少。城市间创新生态嵌入指标排名总体呈波动下降态势。从基础数据来看，由于宁波市当年实际利用外资金额总量下降，导致宁波市的系统开放性指标排名有较大幅度下降。但是，值得注意的是，宁波市的对外联系强度指标排名和先进产业嵌入深度指标排名在 2019 年有较大幅度上升，与其他城市在高新技术产业以及创新方面的联系更加紧密。

嘉兴市的城市创新主体指标排名领先于城市内部创新生态建构指标排名和城市间创新生态嵌入指标排名，其中，城市内部创新生态建构指标排名最为落后，与其他两个指标的排名差距较大。在城市创新主体方面，嘉兴市具有较高的创新活力，但是创新动力和创新能力仍需提升。从基础数据来看，该城市的数字普惠金融业发展较快且科技型中小企业数量增长迅速，为城市发展注入了活力。但是，教育支出占比下降以及市场规模的增长速度较慢也造成创新主体的动力指标排名相对较低。而且，需要关注的是，国家高新区发展降速已经成为影响该城市创新能力提升的关键。在城市内部创新生态建构方面，嘉兴市的创新要素的协同性水平较高，尤其是产业、高等院校和科研院所之间的协同性水平快速提升。嘉兴市缺少国家级科创平台，因此创新平台的发展水平指标排名落后且降幅较大。在城市间创新生态嵌入方面，嘉兴市在引进和利

---

❶ 由于在“4.1 领先城市”中，对杭州市的城市创新生态系统指标排名进行了详细说明，因此本节不再重复分析该城市的具体情况。

用外资方面具有明显的优势，且在引入海外优秀人才方面的大力投入，有利于提升系统开放性指标的排名。但是受高铁发展速度的影响，外部可达性指标排名仅处于全部样本城市的中等水平，有待进一步提升。

对于绍兴市而言，城市创新主体指标排名尤为领先，从浙江省内来看，排名仅次于杭州市和宁波市。然而，城市内部创新生态建构和城市间创新生态嵌入指标排名仅处于 100 个样本城市的中间水平，与城市创新主体指标排名之间存在较大差距。从基础数据来看，绍兴市拥有较高的创新主体的动力和活力水平，但是创新主体的能力仍需提高。地方财政在教育和科学技术方面的大力投入，为本地创新发展注入了动力。数字普惠金融业的快速发展以及科技型中小企业的不断涌现均为绍兴市的创新发展注入了活力。但是高素质的科研人员数量较少以及缺乏能够产生突破性创新成果的人力和物力基础，成为制约绍兴市创新能力提升的关键因素。国家级创新平台数量较少是影响城市内部创新生态建构指标排名的关键。在城市间创新生态嵌入方面，高铁建设速度较为迟缓且无民用机场成为影响外部可达性指标排名的主要原因。

对于温州市而言，在城市创新主体方面，拥有较高的创新活力，但是创新动力和能力仍需提升。新增科技型中小企业数量较多以及数字普惠金融业发展加快，为温州市发展注入了活力。但是由于缺乏多样性的市场环境以及财政科学技术支出占比较低，导致温州市缺乏创新动力。此外，国家高新区发展水平较低且国家科学技术奖数量较少，成为制约创新能力提升的主要因素。城市内部创新生态建构水平较低是影响温州市城市创新生态系统综合排名的关键因素，从基础数据来看，外商、港澳台商投资企业占比少且国家高新区对外籍科研人员的吸引力不够，成为影响创新要素的多样性指标排名的关键，由此引发的连带效应影响了城市内部创新生态建构指标排名。在城市间创新生态嵌入方面，温州市具有较高的外部可达性，但是系统开放性和关系嵌入水平低下。发达的陆运和空运交通基础设施建设水平极大地提高了温州市的外部通达性，但是由于其在高精尖行业的创新能力不足，因此难以与国内外发达地区在高新技术方面建立紧密的合作关系。

与温州市类似，城市内部创新生态建构水平较低是制约金华市创新生态建设的主要因素。从指标维度来看，金华市具有较高的创新环境的适宜性水平，尤其表现在自然环境良好以及文娱业较为发达。但是，创新平台的发展水平较为落后且缺乏多样性的创新要素。金华市没有建立国家高新区，因此"国家高新区高新技术企业数"和"国家高新区工业总产值"指标值为 0，拉低了创新平台的发展水平指标的排名。值得肯定的是，金华市的城市创新主体指标排名和城市间创新生态嵌入指标排名处于全部样本城市的中上游水平。在城市创新主体方面，金华市具有较高的创新活力，但是创新动力和创新能力较为不足。从基础数据来看，金华市具有较高的创新创业活力，新创企业以及科技型中小企业数量增长速度较快。受限于市场环境的多样性以及市场潜力，金华市的创新动力有待提升。此外，缺乏国家高新区成为影响金华市创新能力提升的主要因素。在城市间创新生态嵌入方面，外商直接投资合同项目数量较多，极大地提升了系统开放性指标的排名，但是由于金华市创新能力较低，无法与发达地区在高新技术产业领域开展紧密的创新合作，关系嵌入指标排名有待提升。

5.13.1 总体情况

2019 年，杭州市的城市创新生态系统综合排名第 6 位，较上一年上升 1 位，较 2015 年上升 1 位；宁波市的城市创新生态系统综合排名第 19 位，较上一年上升 2 位，较 2015 年上升 2 位；嘉兴市的城市创新生态系统综合排名第 34 位，与上一年保持一致，较 2015 年上升 4 位；绍兴市的城市创新生态系统综合排名第 44 位，较上一年上升 1 位，较 2015 年下降 4 位；温州市的城市创新生态系统综合排名第 45 位，较上一年下降 10 位，较 2015 年下降 13 位；金华市的城市创新生态系统综合排名第 48 位，较上一年下降 1 位，较 2015 年下降 1 位（见图 5-106）。

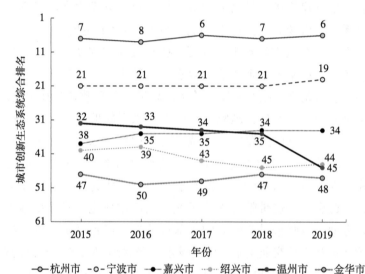

图 5-106　2015—2019 年城市创新生态系统综合排名变化

1. 城市创新主体维度

从城市创新主体维度来看，2019 年，宁波市排名第 10 位，较上一年上升 4 位，较 2015 年上升 3 位；嘉兴市排名第 29 位，较上一年下降 1 位，较 2015 年上升 1 位；金华市排名第 30 位，较上一年上升 3 位，较 2015 年上升 2 位；温州市排名第 28 位，较上一年下降 2 位，较 2015 年下降 5 位；绍兴市排名第 25 位，较上一年上升 4 位，与 2015 年保持一致（见图 5-107）。

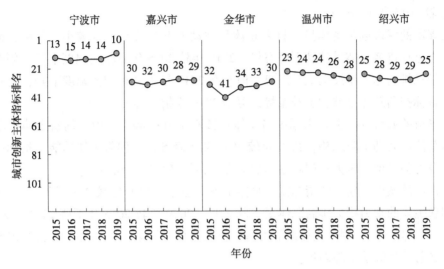

图 5-107　2015—2019 年城市创新主体指标排名变化

　　总体而言，宁波市的城市创新主体指标排名高于嘉兴市、金华市、温州市和绍兴市，嘉兴市和金华市排名基本处于同一水平，整体排名低于温州市和绍兴市。从排名变化情况来看，宁波市、嘉兴市、金华市排名总体呈波动上升态势，温州市排名总体呈下降态势。

　　从城市创新主体维度下的二级指标来看，就创新主体的动力指标而言，2019 年，宁波市排名第 22 位，较上一年上升 7 位，较 2015 年下降 3 位；嘉兴市排名第 33 位，较上一年下降 2 位，较 2015 年下降 5 位；金华市排名第 34 位，与上一年保持一致，较 2015 年下降 5 位；温州市排名第 39 位，较上一年下降 6 位，较 2015 年下降 21 位；绍兴市排名第 23 位，较上一年上升 5 位，较 2015 年下降 1 位（见表 5-79 和图 5-108）。

　　就创新主体的能力指标而言，2019 年，宁波市排名第 18 位，较上一年上升 1 位，较 2015 年上升 1 位；嘉兴市排名第 37 位，较上一年下降 6 位，较 2015 年上升 2 位；金华市排名第 42 位，较上一年上升 6 位，较 2015 年上升 17 位；温州市排名第 32 位，较上一年下降 3 位，较 2015 年上升 4 位；绍兴市排名第 40 位，较上一年上升 3 位，较 2015 年下降 6 位（见表 5-79 和图 5-108）。

　　就创新主体的活力指标而言，2019 年，宁波市排名第 8 位，与上一年保持一致，较 2015 年上升 4 位；嘉兴市排名第 27 位，较上一年下降 4 位，较 2015 年上升 2 位；金华市排名第 25 位，较上一年上升 2 位，较 2015 年上升 1 位；温州市排名第 21 位，较上一年下降 4 位，较 2015 年下降 5 位；绍兴市排名第 23 位，较上一年上升 7 位，较 2015 年下降 2 位（见表 5-79 和图 5-108）。

　　综上所述，宁波市的城市创新主体指标排名总体呈波动上升态势。其中，创新主体的动力指标排名总体呈波动下降态势，但是在 2019 年出现较大幅度上升；创新主体的能力指标排名总体基本稳定；创新主体的活力指标排名领先，总体呈上升态势，

2019 年较 2015 年上升 4 位。

嘉兴市的城市创新主体指标排名总体呈波动上升态势且增幅较小。其中，创新主体的动力指标排名总体呈波动下降态势，2019 年较 2015 年有较大幅度下降；创新主体的能力指标排名总体呈波动上升态势，但是在 2019 年排名有较大幅度下降；创新主体的活力指标排名总体呈波动上升态势，但是 2019 年指标排名略有回落。

金华市的城市创新主体指标排名总体呈波动上升态势。其中，创新主体的动力指标排名总体呈波动下降态势，2019 年较 2015 年下降 5 位；创新主体的能力指标排名总体呈上升态势且增幅较大；创新主体的活力指标排名总体波动不大。

温州市的城市创新主体指标排名总体呈下降态势，2019 年较 2015 年下降 5 位。其中，创新主体的动力指标排名总体呈下降态势，2019 年较 2015 年下降 21 位，2019 年较 2018 年下降 6 位；创新主体的能力指标排名总体呈波动上升态势；创新主体的活力指标排名总体呈波动下降态势。

绍兴市的城市创新主体指标排名有所波动，2019 年较上一年上升 4 位。其中，创新主体的动力指标排名波动较大，创新主体的能力指标排名总体呈波动下降态势，创新主体的活力指标排名总体呈波动下降态势。

表 5-79　2015—2019 年城市创新主体指标得分及排名

城市	指标		2015 年		2016 年		2017 年		2018 年		2019 年	
			指标得分	排名	指标得分	排名	指标得分	排名	指标得分	排名	指标得分	排名
宁波市	1	城市创新主体	25.59	13	24.00	15	23.02	14	24.60	14	28.11	10
	1.1	创新主体的动力	30.51	19	25.09	23	23.38	29	24.11	29	31.17	22
	1.2	创新主体的能力	19.69	19	18.67	20	18.23	20	18.83	19	18.65	18
	1.3	创新主体的活力	26.57	12	28.24	11	27.46	10	30.85	8	34.51	8
嘉兴市	1	城市创新主体	18.78	30	17.08	32	17.09	30	17.59	28	17.37	29
	1.1	创新主体的动力	27.51	28	21.78	34	21.95	34	23.05	31	24.85	33
	1.2	创新主体的能力	11.58	39	11.47	41	11.26	37	11.90	31	10.83	37
	1.3	创新主体的活力	17.24	29	17.99	27	18.06	22	17.82	23	16.43	27
金华市	1	城市创新主体	17.92	32	15.05	41	15.48	34	16.40	33	17.01	30
	1.1	创新主体的动力	27.25	29	19.83	44	21.28	35	22.52	34	24.75	34
	1.2	创新主体的能力	8.52	59	8.75	54	9.11	50	9.34	48	9.61	42
	1.3	创新主体的活力	18.00	26	16.58	29	16.05	30	17.35	27	16.67	25

续表

城市	指标	2015 年		2016 年		2017 年		2018 年		2019 年	
		指标得分	排名	指标得分	排名	指标得分	排名	指标得分	排名	指标得分	排名
温州市	1　城市创新主体	21.80	23	20.38	24	18.85	24	18.43	26	17.50	28
	1.1　创新主体的动力	30.63	18	24.76	24	23.48	28	22.78	33	23.45	39
	1.2　创新主体的能力	12.27	36	12.33	35	11.92	32	12.24	29	11.49	32
	1.3　创新主体的活力	22.49	16	24.05	15	21.16	17	20.27	17	17.54	21
绍兴市	1　城市创新主体	20.65	25	18.42	28	17.17	29	17.28	29	19.13	25
	1.1　创新主体的动力	29.86	22	22.70	31	22.84	31	24.50	28	30.53	23
	1.2　创新主体的能力	12.34	34	12.28	36	11.04	41	10.28	43	10.11	40
	1.3　创新主体的活力	19.74	21	20.28	22	17.64	25	17.05	30	16.76	23

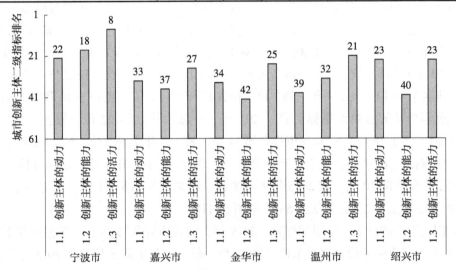

图 5-108　2019 年城市创新主体二级指标排名情况

2. 城市内部创新生态建构维度

从城市内部创新生态建构维度来看，2019 年，宁波市排名第 25 位，较上一年下降 1 位，较 2015 年上升 1 位；嘉兴市排名第 45 位，较上一年下降 3 位，较 2015 年下降 3 位；金华市排名第 67 位，较上一年下降 2 位，较 2015 年上升 9 位；温州市排名第 53 位，较上一年下降 12 位，较 2015 年下降 1 位；绍兴市排名第 56 位，较上一年下降 5 位，较 2015 年下降 5 位（见图 5-109）。

宁波市的城市内部创新生态建构指标排名远高于嘉兴市、金华市、温州市、绍兴市，且 2015—2019 年总体波动不大。嘉兴市、温州市和绍兴市的排名基本属于同一梯队，其中嘉兴市排名略高于其余 2 个城市。金华市排名整体呈波动上升态势且增幅较大，但是与其他 4 个城市相比，仍存在较大差距。

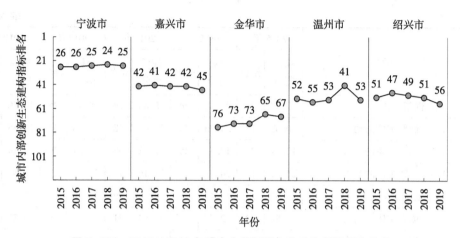

图 5-109 2015—2019 年城市内部创新生态建构指标排名变化

从城市内部创新生态建构维度下的二级指标来看，就创新要素的多样性指标而言，2019 年，宁波市排名第 23 位，较上一年上升 2 位，较 2015 年上升 1 位；嘉兴市排名第 32 位，较上一年下降 1 位，较 2015 年下降 1 位；金华市排名第 70 位，与上一年保持一致，较 2015 年下降 3 位；温州市排名第 84 位，较上一年下降 3 位，较 2015 年下降 5 位；绍兴市排名第 43 位，较上一年下降 2 位，较 2015 年下降 6 位（见表 5-80 和图 5-110）。

就创新要素的协同性指标而言，2019 年，宁波市排名第 22 位，较上一年上升 8 位，较 2015 年上升 12 位；嘉兴市排名第 24 位，较上一年上升 2 位，较 2015 年上升 33 位；金华市排名第 64 位，较上一年下降 6 位，较 2015 年上升 4 位；温州市排名第 48 位，较上一年下降 10 位，较 2015 年下降 8 位；绍兴市排名第 44 位，较上一年上升 9 位，较 2015 年上升 16 位（见表 5-80 和图 5-110）。

就创新平台的发展水平指标而言，2019 年，宁波市排名第 38 位，较上一年下降 16 位，较 2015 年下降 4 位；嘉兴市排名第 59 位，较上一年下降 5 位，较 2015 年下降 11 位；金华市排名第 85 位，较上一年上升 1 位，较 2015 年下降 3 位；温州市排名第 67 位，较上一年下降 33 位，较 2015 年上升 1 位；绍兴市排名第 69 位，较上一年下降 4 位，较 2015 年下降 3 位（见表 5-80 和图 5-110）。

就创新环境的适宜性指标而言，2019 年，宁波市排名第 21 位，较上一年上升 2 位，较 2015 年上升 6 位；嘉兴市排名第 46 位，较上一年上升 3 位，较 2015 年上升 13 位；金华市排名第 34 位，较上一年上升 1 位，较 2015 年上升 23 位；温州市排名第 24 位，较上一年上升 1 位，较 2015 年上升 1 位；绍兴市排名第 51 位，较上一年下降 1 位，较 2015 年上升 1 位（见表 5-80 和图 5-110）。

综上所述，对于宁波市而言，城市内部创新生态建构指标排名总体波动不大，排名基本保持稳定。其中，创新要素的多样性指标排名总体呈波动上升态势，增幅较小；创新要素的协同性指标排名总体呈波动上升态势，增幅较大，2019 年指标排名较上一年上升 8 位，较 2015 年上升 22 位；创新平台的发展水平指标排名总体呈波动下降态势，2019

年指标排名较上一年下降 16 位；创新环境的适宜性指标排名总体呈上升态势。

对于嘉兴市而言，城市内部创新生态建构指标排名总体呈波动下降态势且降幅较小。其中，创新要素的多样性指标排名基本稳定且变动幅度较小，创新要素的协同性指标排名总体呈波动上升态势且上升幅度较大，创新平台的发展水平指标排名总体呈波动下降态势且降幅较大，创新环境的适宜性指标排名总体呈上升态势且增幅较大。

对于金华市而言，城市内部创新生态建构指标排名总体呈波动上升态势且增幅较大。其中，创新要素的多样性指标排名总体呈波动下降态势且降幅较小；创新要素的协同性指标排名总体呈波动上升态势且增幅较小，但是 2019 年指标排名较上一年出现较大幅度下降；创新平台的发展水平指标排名总体呈波动下降态势且降幅较小；创新环境的适宜性指标排名总体呈上升态势且增幅很大。

对于温州市而言，城市内部创新生态建构指标排名呈波动下降态势，2019 年排名较上一年有较大幅度下降。其中，创新要素的多样性指标排名总体呈波动下降态势；创新要素的协同性指标排名总体呈波动下降态势，2019 年排名较上一年下降 10 位，较 2015 年下降 8 位；创新平台的发展水平指标排名总体呈波动下降态势，2019 年排名较上一年有很大幅度下降；创新环境的适宜性指标排名较其余 3 个二级指标而言，较为领先，2015—2019 年排名基本保持稳定，波动幅度较小。

对于绍兴市而言，城市内部创新生态建构指标排名总体呈波动下降态势，2019 年较 2015 排名下降 5 位。其中，创新要素的多样性指标排名总体呈波动下降态势，降幅较大，2019 年较 2015 年下降 6 位；创新要素的协同性指标排名总体呈波动上升态势，增幅较大，2019 年指标排名较上一年上升 9 位，较 2015 年上升 16 位；创新平台的发展水平指标排名总体呈波动下降态势；创新环境的适宜性指标排名基本稳定，波动幅度较小。

表 5-80　2015—2019 年城市内部创新生态建构指标得分及排名

城市	指标	2015 年		2016 年		2017 年		2018 年		2019 年	
		指标得分	排名	指标得分	排名	指标得分	排名	指标得分	排名	指标得分	排名
宁波市	2　城市内部创新生态建构	12.46	26	12.85	26	14.49	25	16.03	24	15.00	25
	2.1　创新要素的多样性	16.24	24	15.73	27	19.79	24	18.47	25	19.58	23
	2.2　创新要素的协同性	2.30	34	1.85	38	4.25	27	3.47	30	4.95	22
	2.3　创新平台的发展水平	10.47	34	12.31	26	12.46	24	19.63	22	12.72	38
	2.4　创新环境的适宜性	20.83	27	21.51	23	21.48	23	22.55	23	22.73	21
嘉兴市	2　城市内部创新生态建构	8.91	42	9.33	41	9.59	42	9.47	42	9.88	45
	2.1　创新要素的多样性	13.69	31	14.17	30	14.99	32	13.77	31	14.82	32
	2.2　创新要素的协同性	0.72	57	1.41	43	1.49	52	3.83	26	4.41	24
	2.3　创新平台的发展水平	7.07	48	7.16	52	6.98	51	5.38	54	5.36	59
	2.4　创新环境的适宜性	14.15	59	14.56	55	14.90	52	14.91	49	14.91	46

续表

城市	指标	2015 年		2016 年		2017 年		2018 年		2019 年	
		指标得分	排名	指标得分	排名	指标得分	排名	指标得分	排名	指标得分	排名
金华市	2　城市内部创新生态建构	4.88	76	4.99	73	5.21	73	5.86	65	5.69	67
	2.1　创新要素的多样性	3.48	67	3.07	66	3.21	71	3.10	70	3.37	70
	2.2　创新要素的协同性	0.45	68	0.59	66	0.86	65	1.13	58	0.99	64
	2.3　创新平台的发展水平	0.90	82	0.68	86	1.17	82	0.89	86	1.19	85
	2.4　创新环境的适宜性	14.69	57	15.63	48	15.59	47	18.30	35	17.19	34
温州市	2　城市内部创新生态建构	7.30	52	6.77	55	7.15	53	9.71	41	7.20	53
	2.1　创新要素的多样性	2.78	79	1.83	85	2.20	83	1.92	81	1.79	84
	2.2　创新要素的协同性	1.78	40	0.88	57	1.06	58	2.45	38	1.60	48
	2.3　创新平台的发展水平	3.41	68	3.47	67	4.18	62	12.14	34	3.78	67
	2.4　创新环境的适宜性	21.22	25	20.90	25	21.17	25	22.32	25	21.60	24
绍兴市	2　城市内部创新生态建构	7.36	51	7.49	47	7.35	49	6.82	51	6.91	56
	2.1　创新要素的多样性	10.22	37	9.85	35	9.86	38	8.28	41	8.15	43
	2.2　创新要素的协同性	0.66	60	0.85	59	1.66	51	1.35	53	1.87	44
	2.3　创新平台的发展水平	3.45	66	3.96	65	2.83	72	3.05	65	3.14	69
	2.4　创新环境的适宜性	15.13	52	15.31	51	15.03	51	14.61	50	14.49	51

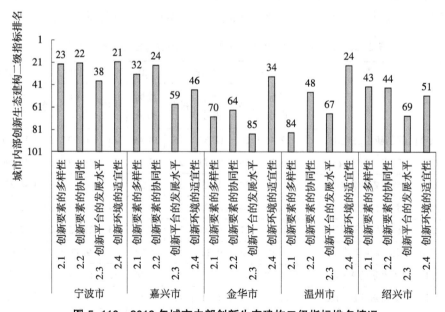

图 5-110　2019 年城市内部创新生态建构二级指标排名情况

3. 城市间创新生态嵌入维度

从城市间创新生态嵌入维度来看，2019 年，宁波市排名第 28 位，较上一年下降 3 位，较 2015 年下降 6 位；嘉兴市排名第 33 位，较上一年上升 3 位，较 2015 年上升 8 位；绍兴市排名第 50 位，较上一年下降 3 位，较 2015 年下降 3 位；温州市排名第 38 位，较上一年上升 6 位，较 2015 年下降 4 位；金华市排名第 42 位，较上一年下降 2 位，较 2015 年下降 4 位（见图 5-111）。

从浙江省内来看，宁波市的城市间创新生态嵌入指标排名稳居前列，但是 2015—2019 年呈波动下降态势。嘉兴市和温州市的排名较为接近且基本处于同一水平，其中，嘉兴市指标排名有较大幅度提升，温州市排名总体呈波动下降态势，但是在 2019 年有较大幅度提升。绍兴市和金华市的指标排名低于其余 3 个城市，其中，金华市排名整体高于绍兴市且排名有一定差距。

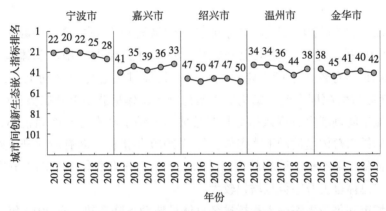

图 5-111　2015—2019 年城市间创新生态嵌入指标排名变化

从城市间创新生态嵌入维度下的二级指标来看，就系统开放性指标而言，2019 年，宁波市排名第 24 位，较上一年下降 6 位，较 2015 年下降 7 位；嘉兴市排名第 20 位，较上一年上升 9 位，较 2015 年上升 10 位；绍兴市排名第 46 位，较上一年上升 5 位，较 2015 年下降 2 位；温州市排名第 53 位，较上一年上升 7 位，较 2015 年下降 8 位；金华市排名第 33 位，较上一年上升 5 位，较 2015 年上升 6 位（见表 5-81 和图 5-112）。

就外部可达性指标而言，2019 年，宁波市排名第 22 位，与上一年保持一致，较 2015 年下降 4 位；嘉兴市排名第 54 位，较上一年下降 2 位，较 2015 年下降 16 位；绍兴市排名第 64 位，较上一年下降 3 位，较 2015 年下降 19 位；温州市排名第 21 位，与上一年保持一致，较 2015 年下降 5 位；金华市排名第 44 位，较上一年下降 1 位，较 2015 年下降 15 位（见表 5-81 和图 5-112）。

就关系嵌入指标而言，2019 年，宁波市排名第 26 位，较上一年上升 1 位，较 2015 年上升 18 位；嘉兴市排名第 31 位，较上一年上升 3 位，较 2015 年上升 12 位；绍兴市排名第 43 位，较上一年上升 7 位，较 2015 年上升 7 位；温州市排名第 62 位，较上一年下降 6 位，较 2015 年下降 15 位；金华市排名第 52 位，较上一年上升 9 位，较 2015 年上升 4 位（见表 5-81 和图 5-112）。

就结构嵌入指标而言，2019 年，宁波市排名第 27 位，较上一年上升 2 位，较 2015 年上升 3 位；嘉兴市排名第 39 位，较上一年上升 5 位，较 2015 年上升 14 位；绍兴市排名第 45 位，与上一年保持一致，较 2015 年上升 6 位；温州市排名第 48 位，较上一年上升 16 位，较 2015 年上升 10 位；金华市排名第 49 位，较上一年下降 2 位，较 2015 年下降 3 位（见表 5-81 和图 5-112）。

综上所述，宁波市城市间创新生态嵌入指标排名总体呈波动下降态势。其中，系统开放性指标排名总体呈波动下降态势，2019 年较 2015 年下降 7 位；外部可达性指标排名总体呈下降态势，降幅较小；关系嵌入指标排名总体呈波动上升态势，2019 年较 2015 年有较大幅度上升；结构嵌入指标排名总体呈波动上升态势且增幅较小。

嘉兴市城市间创新生态嵌入指标排名总体呈波动上升态势，增幅较大。其中，系统开放性指标排名总体呈波动上升态势；外部可达性指标排名总体呈下降态势，2019 年较 2015 年有较大幅度下降；关系嵌入指标排名总体呈波动上升态势，2019 年较 2015 年有较大幅度上升；结构嵌入指标排名总体呈波动上升态势且增幅较大。

绍兴市城市间创新生态嵌入指标排名总体呈波动下降态势且降幅较小。其中，系统开放性指标排名总体呈波动下降态势，但是 2019 年指标排名有所回升；外部可达性指标排名总体呈下降态势，降幅较大；关系嵌入指标排名总体呈波动上升态势；结构嵌入指标排名总体呈上升态势且增幅较大。

温州市城市间创新生态嵌入指标排名总体呈波动下降态势，在 2019 年指标排名有所回升。其中，系统开放性指标排名总体呈波动下降态势，但是在 2019 年有较大幅度提升；外部可达性指标排名总体呈波动下降态势；关系嵌入指标排名总体呈波动下降态势，2019 年较 2015 年下降 15 位；结构嵌入指标排名总体呈波动上升态势，2019 年指标排名有较大幅度提升，较上一年上升 16 位，较 2015 年上升 10 位。

金华市城市间创新生态嵌入指标排名总体呈波动下降态势，降幅较小。其中，系统开放性指标排名总体呈波动上升态势；外部可达性指标排名总体呈下降态势，2019 年较 2015 年下降 15 位；关系嵌入指标排名总体呈波动上升态势，2019 年排名较上一年上升 9 位；结构嵌入指标排名总体呈波动下降态势且降幅较小。

表 5-81　2015—2019 年城市间创新生态嵌入指标得分及排名

城市	指标	2015 年		2016 年		2017 年		2018 年		2019 年	
		指标得分	排名	指标得分	排名	指标得分	排名	指标得分	排名	指标得分	排名
宁波市	3　城市间创新生态嵌入	17.30	22	19.00	20	17.82	22	16.99	25	17.78	28
	3.1　系统开放性	10.18	17	11.79	16	9.87	17	8.71	18	7.00	24
	3.2　外部可达性	36.91	18	37.44	20	36.77	20	34.56	22	34.59	22
	3.3　关系嵌入	2.13	44	1.88	37	2.38	39	4.93	27	4.63	26
	3.4　结构嵌入	19.99	30	24.88	23	22.27	24	19.75	29	24.91	27
嘉兴市	3　城市间创新生态嵌入	12.77	41	14.53	35	13.01	39	13.28	36	15.06	33
	3.1　系统开放性	5.25	30	5.76	28	5.23	28	6.10	29	7.57	20
	3.2　外部可达性	30.21	38	30.21	44	30.21	46	28.66	52	28.66	54
	3.3　关系嵌入	2.14	43	2.17	33	2.77	32	3.53	34	3.41	31
	3.4　结构嵌入	13.47	53	19.98	41	13.81	50	14.84	44	20.61	39
绍兴市	3　城市间创新生态嵌入	11.62	47	12.66	50	12.18	47	11.63	47	12.81	50
	3.1　系统开放性	3.00	44	3.52	40	4.00	37	2.56	51	3.26	46
	3.2　外部可达性	28.38	45	28.38	53	28.38	56	27.21	61	27.21	64
	3.3　关系嵌入	1.39	50	1.46	46	1.29	50	1.93	50	2.32	43
	3.4　结构嵌入	13.71	51	17.30	48	15.07	45	14.81	45	18.44	45
温州市	3　城市间创新生态嵌入	13.71	34	14.60	34	13.79	36	12.08	44	13.88	38
	3.1　系统开放性	2.81	45	2.89	47	3.15	41	1.88	60	2.35	53
	3.2　外部可达性	37.81	16	37.88	18	37.69	17	34.79	21	34.84	21
	3.3　关系嵌入	1.59	47	1.05	56	1.18	52	1.56	56	1.14	62
	3.4　结构嵌入	12.61	58	16.57	50	13.16	53	10.07	64	17.19	48
金华市	3　城市间创新生态嵌入	13.07	38	13.28	45	12.97	41	12.33	40	13.53	42
	3.1　系统开放性	3.52	39	4.84	35	5.58	27	3.85	38	5.43	33
	3.2　外部可达性	32.26	29	32.24	32	32.17	37	29.94	43	30.04	44
	3.3　关系嵌入	1.18	56	1.11	53	0.98	57	1.38	61	1.58	52
	3.4　结构嵌入	15.34	46	14.94	62	13.15	54	14.14	47	17.09	49

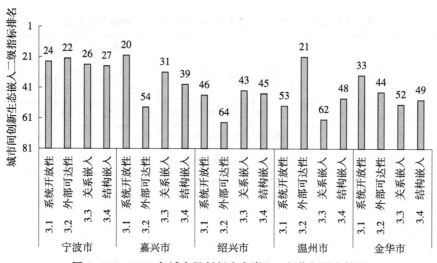

图 5-112　2019 年城市间创新生态嵌入二级指标排名情况

5.13.2　细分领域

1. 宁波市

宁波市城市创新生态系统情况见表 5-82和图 5-113。

表 5-82　2015—2019 年宁波市城市创新生态系统综合指标

指标	2015 年		2016 年		2017 年		2018 年		2019 年	
	指标得分	排名	指标得分	排名	指标得分	排名	指标得分	排名	指标得分	排名
城市创新生态系统	18.45	21	18.61	21	18.45	21	19.20	21	20.30	19
1　城市创新主体	25.59	13	24.00	15	23.02	14	24.60	14	28.11	10
2　城市内部创新生态建构	12.46	26	12.85	26	14.49	25	16.03	24	15.00	25
3　城市间创新生态嵌入	17.30	22	19.00	20	17.82	22	16.99	25	17.78	28

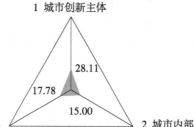

图 5-113　2019 年宁波市城市创新生态系统蛛网图

从基础数据看，宁波市的城市创新主体指标排名总体呈波动上升态势。其中，创新主体的动力指标排名总体呈波动下降态势，但是在 2019 年出现较大幅度上升，具体表现为，2019 年，"商业信用环境"指标排名第 21 位，较上一年上升 8 位，增速为 3.70%；"科学技术支出占比"指标排名第 12 位，较上一年上升 5 位，增速为 43.04%。创新主体的能力指标排名基本稳定，2019 年，"产业结构高级化指数"指标排名第 37 位，较上一年上升 6 位，增速为 1.01%，较 2015 年下降 4 位，增速为 1.56%；"国家高新区 R&D 人员"指标排名第 18 位，较上一年上升 2 位，增速为 18.27%，较 2015 年上升 14 位，增速为 166.78%；"国家高新区 R&D 经费内部支出"指标排名第 17 位，较上一年上升 4 位，增速为 35.68%，较 2015 年上升 20 位，增速为 264.89%。创新主体的活力指标排名领先，总体呈上升态势，具体表现为，2019 年，"当年新增科技型中小企业数"指标排名第 1 位，较上一年上升 2 位，增速为 15.52%，较 2015 年上升 9 位，增速为 238.49%；"A 股上市公司高新技术企业数（上市公司本身）"指标排名第 8 位，较上一年上升 1 位，增速为 15.00%，较 2015 年上升 4 位，增速为 76.92%。

宁波市的城市内部创新生态建构指标排名总体波动不大。其中，创新要素的多样性指标排名总体呈波动上升态势，增幅较小，具体表现为，2019 年，"外商、港澳台商投资企业占比"指标排名第 23 位，较上一年上升 2 位，增速为-8.17%，较 2015 年下降 3 位，增速为-29.23%；"国家高新区留学归国人员"指标排名第 18 位，与上一年保持一致，较 2015 年上升 11 位，增速为 170.25%；"国家高新区外籍常驻人员"指标排名第 12 位，与上一年保持一致，较 2015 年上升 20 位，增速为 713.79%。创新要素的协同性指标排名总体呈波动上升态势，增幅较大，具体表现为，2019 年，"学研合作发明专利数"指标排名第 31 位，较上一年上升 15 位，增速为 218.18%，较 2015 年上升 5 位，增速为 250.00%；"产学研合作发明专利数"指标排名第 27 位，较上一年下降 4 位，增速为-3.39%，较 2015 年上升 7 位，增速为 130.30%；"产业合作发明专利数"指标排名第 14 位，较上一年上升 3 位，增速为 90.17%，较 2015 年上升 21 位，增速为 692.77%。创新平台的发展水平指标排名总体呈波动下降态势，2018 年和 2019 年均只有 1 个省部共建协同创新中心在宁波市建立，相较于其他城市而言，数量较少，因此该指标排名降幅较大。创新环境的适宜性指标排名总体呈上升态势，具体表现为，2019 年，"公共图书馆图书总藏量"指标排名第 14 位，较上一年上升 7 位，增速为 26.04%，较 2015 年上升 8 位，增速为 79.56%；"AQI 年平均值"指标排名第 19 位，较上一年上升 2 位，增速为-3.25%，较 2015 年上升 12 位，增速为 12.70%。

宁波市的城市间创新生态嵌入指标排名总体呈波动下降态势。其中，系统开放性指标排名总体呈波动下降态势，具体表现为，2019 年，"当年实际使用外资金额"指标排名第 26 位，较上一年下降 12 位，增速为-45.29%，较 2015 年下降 11 位，增速为-44.18%；"国际旅游外汇收入"指标排名第 30 位，较上一年上升 1 位，增速为

-4.25%，较 2015 年下降 8 位，增速为-49.62%。外部可达性指标排名总体呈下降态势，降幅较小，具体表现为，2019 年，"截至当年所拥有的高铁站点数"指标排名第 29 位，较上一年下降 5 位，较 2015 年下降 14 位；"民用航空货邮运量"指标排名第 20 位，较上一年下降 3 位，增速为 0.42%，较 2015 年下降 7 位，增速为-9.30%。关系嵌入指标排名总体呈波动上升态势，2019 年较 2015 年有较大幅度上升，具体表现为，2019 年，"对外联系强度"指标排名第 24 位，较上一年上升 2 位，增速为 22.58%，较 2015 年上升 19 位，增速为 425.45%；"先进产业嵌入深度"指标排名第 27 位，较上一年上升 1 位，增速为 24.70%，较 2015 年上升 10 位，增速为 367.16%。宁波市同其他城市在高新技术以及创新方面的合作强度明显提升。结构嵌入指标排名总体呈波动上升态势且增幅较小，具体表现为，2019 年，"接近中心度"指标排名第 27 位，较上一年上升 5 位，增速为 2.36%，较 2015 年上升 2 位，增速为 5.70%；"特征向量中心度"指标排名第 22 位，较上一年上升 3 位，增速为 15.46%，较 2015 年上升 5 位，增速为 38.29%。宁波市在创新合作网络中的地位有所提升。

宁波市部分变化较大的指标见表 5-83。

表 5-83　宁波市部分变化较大的指标

指标	2018 年	2019 年	增速/%	2018 年排名	2019 年排名	排名变化
当年新增科技型中小企业数/个	1553	1794	15.52	3	1	2
科学技术支出占比/%	4.91	7.02	43.04	17	12	5
国家高新区外籍常驻人员/人	1374	1416	3.06	12	12	0
公共图书馆图书总藏量/千册（件）	9864.30	12432.90	26.04	21	14	7
产业合作发明专利数/件	1038	1974	90.17	17	14	3
国家高新区 R&D 经费内部支出/千元	8170027.00	11085095.00	35.68	21	17	4
国家高新区留学归国人员/人	1335	1808	35.43	18	18	0
国家高新区 R&D 人员/人	33836	40019	18.27	20	18	2
AQI 年平均值	66.58	68.75	-3.25	21	19	2
商业信用环境	73.37	76.08	3.70	29	21	8
国家高新区工业总产值/千元	268491650.00	342621098.00	27.61	23	21	2
对外联系强度	182591547.07	223816176.84	22.58	26	24	2
国家科学技术奖数/个	4	5	25.00	26	26	0
产学研合作发明专利数/件	236	228	-3.39	23	27	-4
先进产业嵌入深度	251.00	313.00	24.70	28	27	1
高被引学者数/人	4	4	0.00	30	29	1
城市园林绿地面积/公顷	15308.00	15861.00	3.61	31	29	2
学研合作发明专利数/件	11	35	218.18	46	31	15

续表

指标	2018 年	2019 年	增速/%	2018 年排名	2019 年排名	排名变化
产业结构高级化指数	6.89	6.96	1.01	43	37	6
教育支出占比/%	14.02	14.22	1.42	83	84	-1

2. 嘉兴市

嘉兴市城市创新生态系统情况见表 5-84 和图 5-114。

表 5-84　2015—2019 年嘉兴市城市创新生态系统综合指标

指标	2015 年		2016 年		2017 年		2018 年		2019 年	
	指标得分	排名	指标得分	排名	指标得分	排名	指标得分	排名	指标得分	排名
城市创新生态系统	13.48	38	13.65	35	13.23	35	13.45	34	14.10	34
1　城市创新主体	18.78	30	17.08	32	17.09	30	17.59	28	17.37	29
2　城市内部创新生态建构	8.91	42	9.33	41	9.59	42	9.47	42	9.88	45
3　城市间创新生态嵌入	12.77	41	14.53	35	13.01	39	13.28	36	15.06	33

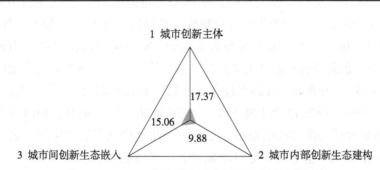

图 5-114　2019 年嘉兴市城市创新生态系统蛛网图

从基础数据看，嘉兴市的城市创新主体指标排名总体呈波动上升态势且增幅较小。其中，创新主体的动力指标排名总体呈波动下降态势，2019 年较 2015 年有较大幅度下降，具体表现为，2019 年，"教育支出占比"指标排名第 51 位，较上一年下降 32 位，增速为-16.29%，较 2015 年下降 28 位，增速为-18.40%；"商业信用环境"指标排名第 25 位，较上一年上升 10 位，增速为 3.92%，较 2015 年上升 17 位，增速为 5.93%。创新主体的能力指标排名总体呈波动上升态势，但是在 2019 年排名有较大幅度下降，具体表现为，2019 年，"国家高新区 R&D 人员"指标排名第 61 位，较上一年下降 7 位，增速为-8.91%，较 2015 年下降 9 位，增速为-0.65%；"国家高新区 R&D 经费内部支出"指标排名第 60 位，较上一年下降 4 位，增速为 7.83%，较 2015 年下降 4 位，增速为 47.84%；"百万人均发明专利申请量"指标排名第 21 位，较上一年下降 8 位，增速为-43.54%，较 2015 年上升 6 位，增速为 93.56%；"科研、技术服务和地质勘查业从业人员"指标排名第 48 位，较上一年下降 3 位，增速为-3.52%，较 2015 年上升 12 位，增速为 47.31%。创新主体的活力指标排名总体呈波动上升态势，但是 2019 年指标排名略有回落，具体表现为，"新兴产业发明专利申请量"指标排名第 32 位，较上一年下降 6 位，增速为-35.30%，较 2015 年上升 11 位，增速为 120.45%；"A 股上市公司高新技术企业数（上市公司本身）"指标排名第 22 位，较上一年下降 1 位，增速为-4.35%，与 2015 年保持一致。

嘉兴市的城市内部创新生态建构指标排名总体呈波动下降态势且降幅较小。其中，创新要素的多样性指标排名基本稳定且变动幅度较小，具体表现为，2019 年，"国家高新区留学归国人员"指标排名第 66 位，与上一年保持一致，增速为 9.52%，较 2015 年下降 5 位，增速为 43.75%；"外商、港澳台商投资企业占比"指标排名第 25 位，较上一年上升 3 位，增速为-6.58%，与 2015 年保持一致，增速为-23.47%；"国家高新区外籍常驻人员"指标排名第 30 位，较上一年上升 1 位，增速为 1.73%，较 2015 年上升 8 位，增速为 60.96%。创新要素的协同性指标排名总体呈波动上升态势且上升幅度较大，具体表现为，2019 年，"产业合作发明专利数"指标排名第 28 位，与上一年保持一致，增速为 5.20%，较 2015 年上升 9 位，增速为 161.64%；"产学研合作发明专利数"指标排名第 38 位，较上一年上升 15 位，增速为 119.48%，较 2015 年上升 10 位，增速为 252.08%；"学研合作发明专利数"指标排名第 17 位，较上一年上升 2 位，增速为 57.14%，由于 2015 年的指标值为 0，所以 2019 年排名较 2015 年有较大幅度提升，上升 49 位。创新平台的发展水平指标排名总体呈波动下降态势且降幅较大，具体表现为，2019 年，"国家高新区高新技术企业数"指标排名第 72 位，较上一年下降 4 位，增速为 4.05%，较 2015 年下降 13 位，增速为 60.42%。而且，2018 年和 2019 年，嘉兴市均无新增省部共建协同创新中心建立，因此也拉低了该指标的排名。创新环境的适宜性指标排名总体呈上升态势且增幅较大，具体表现为，2019 年，"AQI 年平均值"指标排名第 35 位，较上一年上升 7 位，增速为 5.93%，较 2015 年上升 15 位，增速为 18.44%；"当年申请的绿色发明专利数"指标排名第 33 位，较上一年下降 8 位，较 2015 年上升 5 位，增速为 41.34%。

嘉兴市的城市间创新生态嵌入指标排名总体呈波动上升态势，增幅较大。其中，系统开放性指标排名总体呈波动上升态势，具体表现为，2019 年，"当年实际使用外资金额"指标排名第 15 位，较上一年上升 6 位，增速为 31.39%，较 2015 年上升 8 位，增速为 53.69%。外部可达性指标排名总体呈下降态势，2019 年较 2015 年有较大幅度下降，具体表现为，2019 年，"截至当年所拥有的高铁站点数"指标排名第 52 位，较上一年下降 7 位，较 2015 年下降 23 位，嘉兴市的交通基础设施建设水平有待提升。关系嵌入指标排名总体呈波动上升态势，2019 年较 2015 年有较大幅度上升，具体表现为，2019 年，"对外联系强度"指标排名第 31 位，较上一年上升 6 位，增速为

33.24%，较 2015 年上升 14 位，增速为 299.35%；"先进产业嵌入深度"指标排名第 29 位，较上一年下降 2 位，增速为 7.36%，较 2015 年上升 2 位，增速为 225.88%。嘉兴市同其他城市在高新技术以及创新方面的合作强度有所提升。结构嵌入指标排名总体呈波动上升态势且增幅较大，具体表现为，2019 年，"接近中心度"指标排名第 41 位，较上一年上升 6 位，增速为 2.41%，较 2015 年上升 11 位，增速为 7.20%；"特征向量中心度"指标排名第 35 位，较上一年上升 7 位，增速为 17.72%，较 2015 年上升 17 位，增速为 89.89%。嘉兴市在创新合作网络中的地位有所提升。

嘉兴市部分变化较大的指标见表 5-85。

表 5-85　嘉兴市部分变化较大的指标

指标	2018 年	2019 年	增速/%	2018 年排名	2019 年排名	排名变化
当年实际使用外资金额/万美元	313980.00	412541.00	31.39	21	15	6
学研合作发明专利数/件	42	66	57.14	19	17	2
科学技术支出占比/%	4.05	4.31	6.29	25	19	6
商业信用环境	72.86	75.71	3.92	35	25	10
产业合作发明专利数/件	577	607	5.20	28	28	0
国家高新区外籍常驻人员/人	231	235	1.73	31	30	1
对外联系强度	118508645.00	157899699.69	33.24	37	31	6
创新积累	10181.86	11052.58	8.55	36	35	1
AQI 年平均值	78.75	74.08	5.93	42	35	7
特征向量中心度	0.34	0.40	17.72	42	35	7
产学研合作发明专利数/件	77	169	119.48	53	38	15
接近中心度	0.52	0.53	2.41	47	41	6
产业结构高级化指数	6.87	6.87	0.09	50	47	3
科研、技术服务和地质勘查业从业人员/万人	1.42	1.37	-3.52	45	48	-3
教育支出占比/%	20.41	17.09	-16.29	19	51	-32
中介中心度	66.42	73.05	9.98	50	56	-6
当年新增企业数/个	3821	4697	22.93	60	60	0
国家高新区 R&D 人员/人	5194	4731	-8.91	54	61	-7
国家高新区高新技术企业数/个	74	77	4.05	68	72	-4
普通高等学校专任教师数/人	3134	3946	25.91	79	73	6
城市园林绿地面积/公顷	5648.00	6641.00	17.58	81	75	6

3. 绍兴市

绍兴市城市创新生态系统情况见表 5-86 和图 5-115。

表 5-86　2015—2019 年绍兴市城市创新生态系统综合指标

指标	2015 年		2016 年		2017 年		2018 年		2019 年	
	指标得分	排名	指标得分	排名	指标得分	排名	指标得分	排名	指标得分	排名
城市创新生态系统	13.21	40	12.86	39	12.23	43	11.91	45	12.95	44
1　城市创新主体	20.65	25	18.42	28	17.17	29	17.28	29	19.13	25
2　城市内部创新生态建构	7.36	51	7.49	47	7.35	49	6.82	51	6.91	56
3　城市间创新生态嵌入	11.62	47	12.66	50	12.18	47	11.63	47	12.81	50

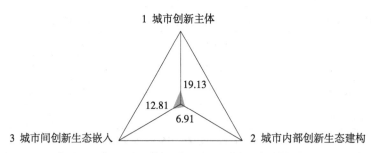

图 5-115　2019 年绍兴市城市创新生态系统蛛网图

从基础数据看，绍兴市的城市创新主体指标排名有所波动。其中，创新主体的动力指标排名波动较大，具体表现为，2019 年，"商业信用环境"指标排名第 35 位，较上一年上升 18 位，增速为 4.19%，较 2015 年上升 15 位，增速为 5.53%；"市场潜力"指标排名第 42 位，较上一年上升 3 位，增速为 17.18%，较 2015 年上升 2 位，增速为 45.12%。创新主体的能力指标排名总体呈波动下降态势，具体表现为，2019 年，"科研、技术服务和地质勘查业从业人员"指标排名第 75 位，较上一年下降 6 位，增速为 3.08%，较 2015 年下降 9 位，增速为-19.28%；"产业结构高级化指数"指标排名第 42 位，较上一年下降 3 位，增速为 0.10%，较 2015 年下降 5 位，增速为 1.43%；"高被引专利数"指标排名第 36 位，较上一年下降 5 位，增速为-51.06%，较 2015 年下降 10 位，增速为-58.18%。创新主体的活力指标排名总体呈波动下降态势，具体表现为，2019 年，"中国 500 强企业数"指标排名第 23 位，较上一年下降 1 位，增速为 0.00%，较 2015 年下降 8 位，增速为-16.67%；"数字普惠金融指数"指标排名第 23 位，较上一年上升 11 位，增速为 7.51%，较 2015 年下降 4 位，增速为 37.78%；"当年新增企业数"指标排名第 50 位，较上一年上升 4 位，增速为 25.16%，较 2015 年上升 7 位，增速为 166.19%。

绍兴市的城市内部创新生态建构指标排名总体呈波动下降态势，2015—2019 年排名下降 5 位。其中，创新要素的多样性指标排名总体呈波动下降态势，降幅较大，具体表现为，2019 年，"外商、港澳台商投资企业占比"指标排名第 37 位，较上一年下降 2 位，增速为-14.67%，较 2015 年下降 6 位，增速为-43.14%；"国家高新区留学归国人员"指标排名第 71 位，较上一年上升 3 位，增速为 44.44%，较 2015 年下降 1 位，增速为 116.67%。创新要素的协同性指标排名总体呈波动上升态势，增幅较大，具体表现为，2019 年，"产业合作发明专利数"指标排名第 37 位，较上一年上升 1 位，增速为 22.65%，较 2015 年上升 12 位，增速为 231.34%；"产学研合作发明专利数"指标排名第 32 位，较上一年上升 6 位，增速为 44.44%，较 2015 年上升 9 位，增速为191.04%。创新平台的发展水平指标排名总体呈波动下降态势，具体表现为，2019 年，"国家级科技企业孵化器数"指标排名第 63 位，较上一年下降 3 位，较 2015 年下降 19 位。创新环境的适宜性指标排名基本稳定，波动幅度较小，具体表现为，2019 年，"AQI 年平均值"指标排名第 31 位，较上一年上升 8 位，增速为 4.49%，较 2015 年上升 8 位，增速为 13.99%；"医生数"指标排名第 58 位，较上一年下降 4 位，增速为 4.15%，较 2015 年下降 1 位，增速为 26.34%；"公共图书馆图书总藏量"指标排名第 33 位，较上一年上升 4 位，增速为 32.80%，较 2015 年上升 2 位，增速为 68.53%。

绍兴市的城市间创新生态嵌入指标排名总体呈波动下降态势且降幅较小。其中，系统开放性指标排名总体呈波动下降态势，但是 2019 年指标排名有所回升，具体表现为，2019 年，"当年实际使用外资金额"指标排名第 40 位，较上一年上升 4 位，增速为 12.88%，较 2015 年上升 15 位，增速为 62.02%；"外商直接投资合同项目数"指标排名第 27 位，较上一年上升 6 位，增速为 24.78%，较 2015 年下降 2 位，增速为46.43%。外部可达性指标排名总体呈下降态势，降幅较大，具体表现为，2019 年，"截至当年所拥有的高铁站点数"指标排名第 63 位，较上一年下降 7 位，较 2015 年下降 24 位。绍兴市亟须提升陆运和空运交通基础设施建设水平。关系嵌入指标排名总体呈波动上升态势，具体表现为，2019 年，"对外联系强度"指标排名第 47 位，较上一年上升 2 位，增速为 29.14%，较 2015 年上升 4 位，增速为 200.12%；"先进产业嵌入深度"指标排名第 28 位，较上一年上升 15 位，增速为 182.57%，较 2015 年上升 25位，增速为 833.33%。绍兴市同其他城市在高新技术以及创新方面的合作强度有较大幅度提升。结构嵌入指标排名总体呈上升态势且增幅较大，具体表现为，2019 年，"接近中心度"指标排名第 45 位，与上一年保持一致，增速为 0.50%，较 2015 年上升 9位，增速为 5.65%；"特征向量中心度"指标排名第 46 位，较上一年下降 3 位，增速为 0.66%，较 2015 年上升 4 位，增速为 53.09%。绍兴市在创新合作网络中的地位有所提升。

绍兴市部分变化较大的指标见表 5-87。

表 5-87 绍兴市部分变化较大的指标

指标	2018 年	2019 年	增速/%	2018 年排名	2019 年排名	排名变化
教育支出占比/%	21.61	20.52	−5.05	9	13	−4
当年新增科技型中小企业数/个	489	345	−29.45	14	19	−5
数字普惠金融指数	262.11	281.78	7.51	34	23	11
先进产业嵌入深度	109.00	308.00	182.57	43	28	15
AQI 年平均值	76.17	72.75	4.49	39	31	8
产学研合作发明专利数/件	135	195	44.44	38	32	6
商业信用环境	71.66	74.66	4.19	53	35	18
产业合作发明专利数/件	362	444	22.65	38	37	1
当年实际使用外资金额/万美元	135141.00	152543.00	12.88	44	40	4
接近中心度	0.52	0.53	0.50	45	45	0
国家高新区高新技术企业数/个	150	249	66.00	55	48	7
当年新增企业数/个	4296	5377	25.16	54	50	4
国家高新区 R&D 人员/人	5052	6288	24.47	55	54	1
国家高新区 R&D 经费内部支出/千元	1106534.00	1636054.00	47.85	57	55	2
医生数/人	15662	16312	4.15	54	58	−4
学研合作发明专利数/件	1	6	500.00	72	59	13
国家高新区工业总产值/千元	67599835.00	76085915.00	12.55	60	60	0
国家级科技企业孵化器数/个	3	3	0.00	60	63	−3
医院床位数/张	21651	22001	1.62	71	73	−2
科研、技术服务和地质勘查业从业人员/万人	0.65	0.67	3.08	69	75	−6

4. 温州市

温州市城市创新生态系统情况见表 5-88 和图 5-116。

表 5-88 2015—2019 年温州市城市创新生态系统综合指标

指标	2015 年		2016 年		2017 年		2018 年		2019 年	
	指标得分	排名	指标得分	排名	指标得分	排名	指标得分	排名	指标得分	排名
城市创新生态系统	14.27	32	13.92	33	13.27	34	13.40	35	12.86	45
1 城市创新主体	21.80	23	20.38	24	18.85	24	18.43	26	17.50	28

续表

指标	2015 年		2016 年		2017 年		2018 年		2019 年	
	指标得分	排名	指标得分	排名	指标得分	排名	指标得分	排名	指标得分	排名
2 城市内部创新生态建构	7.30	52	6.77	55	7.15	53	9.71	41	7.20	53
3 城市间创新生态嵌入	13.71	34	14.60	34	13.79	36	12.08	44	13.88	38

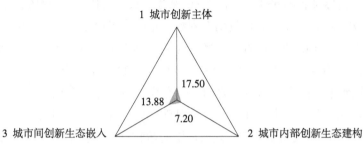

图 5-116 2019 年温州市城市创新生态系统蛛网图

从基础数据看，温州市的城市创新主体指标排名总体呈下降态势。在创新主体的动力方面，2019 年，"教育支出占比"指标排名第 30 位，较上一年下降 22 位，增速为 -11.81%，较 2015 年下降 27 位，增速为-26.58%；"科学技术支出占比"指标排名第 63 位，较上一年下降 4 位，增速为 3.93%，较 2015 年下降 10 位，增速为 3.03%；"商业信用环境"指标排名第 42 位，较上一年下降 8 位，增速为 1.52%，较 2015 年下降 8 位，增速为 2.53%。创新主体的能力指标排名总体呈波动上升态势，具体表现为，2019 年，"国家高新区 R&D 经费内部支出"指标排名第 52 位，较上一年上升 1 位，增速为 10.12%，较 2015 年上升 9 位，增速为 233.59%；"国家高新区 R&D 人员"指标排名第 47 位，与上一年保持一致，增速为 9.07%，较 2015 年上升 11 位，增速为 183.32%；"创新积累"指标排名第 22 位，较上一年上升 1 位，增速为 7.79%，较 2015 年上升 12 位，增速为 146.79%；"国家科学技术奖数"指标排名第 61 位，较上一年下降 13 位，较 2015 年下降 22 位。创新主体的活力指标排名总体呈波动下降态势，具体表现为，2019 年，"当年新增科技型中小企业数"指标排名第 16 位，较上一年下降 7 位，增速为-41.17%，较 2015 年下降 8 位，增速为-29.88%；"数字普惠金融指数"指标排名第 18 位，较上一年下降 3 位，增速为 4.66%，较 2015 年下降 7 位，增速为 35.65%；"新兴产业发明专利申请量"指标排名第 35 位，较上一年下降 1 位，增速为-21.75%，较 2015 年上升 4 位，增速为 73.18%；"A 股上市公司高新技术企业数（上市公司本身）"指标排名第 33 位，较上一年上升 3 位，增速为 10.00%，较 2015 年上升 7 位，增速为 37.50%。

温州市的城市内部创新生态建构指标排名呈波动下降态势，2019 年排名较上一年有较大幅度下降。其中，创新要素的多样性指标排名总体呈波动下降态势，具体表现为，2019 年，"国家高新区外籍常驻人员"指标排名第 66 位，较上一年下降 5 位，增速为-18.37%，较 2015 年下降 31 位，增速为-73.68%；"外商、港澳台商投资企业占比"指标排名第 93 位，较上一年下降 7 位，增速为-18.39%，较 2015 年下降 12 位，增速为-51.78%；"国家高新区留学归国人员"指标排名第 26 位，较上一年上升 1 位，增速为 15.78%，较 2015 年上升 45 位。创新要素的协同性指标排名总体呈波动下降态势，2019 年排名较上一年下降 10 位，较 2015 年下降 8 位，具体表现为，2019 年，"产学研合作发明专利数"指标排名第 63 位，与上一年保持一致，增速为 21.05%，较 2015 年下降 11 位，增速为 72.50%；"学研合作发明专利数"指标排名第 38 位，较上一年下降 10 位，增速为-17.24%，较 2015 年下降 6 位，增速为 118.18%；"产业合作发明专利数"指标排名第 62 位，较上一年下降 7 位，增速为-14.41%，较 2015 年下降 6 位，增速为 84.91%。创新平台的发展水平指标排名总体呈波动下降态势，2019 年排名较上一年有很大幅度下降。2018 年，温州市新增 1 个省部共建协同创新中心，而 2019 年则无新增，所以导致该指标排名在 2019 年出现大幅度下降。创新环境的适宜性指标排名较其余 3 个二级指标而言较为领先，2015—2019 年排名基本保持稳定，波动幅度较小，具体表现为，2019 年，"医院床位数"指标排名第 35 位，较上一年下降 2 位，增速为 2.40%，较 2015 年下降 10 位，增速为 8.90%；"AQI 年平均值"指标排名第 12 位，较上一年上升 2 位，增速为 2.57%，较 2015 年上升 10 位，增速为 16.84%。

温州市的城市间创新生态嵌入指标排名总体呈波动下降态势，在 2019 年指标排名有所回升。其中，系统开放性指标排名总体呈波动下降态势，但是在 2019 年有较大幅度提升，具体表现为，2019 年，"外商直接投资合同项目数"指标排名第 48 位，较上一年下降 1 位，增速为 29.21%，较 2015 年上升 8 位，增速为 161.36%；"当年实际使用外资金额"指标排名第 62 位，较上一年上升 15 位，增速为 44.99%，较 2015 年上升 22 位，增速为 151.77%。外部可达性指标排名总体呈波动下降态势，具体表现为，2019 年，"截至当年所拥有的高铁站点数"指标排名第 15 位，较上一年下降 1 位，较 2015 年下降 7 位。温州市的交通基础设施建设水平需要进一步提升。关系嵌入指标排名总体呈波动下降态势，2019 年较 2015 年下降 15 位，具体表现为，2019 年，"对外联系强度"指标排名第 65 位，较上一年下降 13 位，增速为-11.53%，较 2015 年下降 18 位，增速为 68.66%；"先进产业嵌入深度"指标排名第 59 位，与上一年保持一致，增速为 63.46%，较 2015 年下降 11 位，增速为 88.89%。温州市亟须提升同其他城市在高新技术以及创新方面的合作强度。结构嵌入指标排名总体呈波动上升态势，且在 2019 年有较大幅度提升，具体表现为，2019 年，"中介中心度"指标排名第 65 位，较上一年上升 9 位，增速为 59.15%，较 2015 年下降 7 位，增速为 63.41%；"接近中心度"指标排名第 49 位，较上一年上升 16 位，增速为 3.03%，较 2015 年上升 10 位，增速为 5.65%；"特征向量中心度"指标排名第 48 位，较上一年上升 14 位，增速为 37.07%，较 2015 年上升 7 位，增速为 68.11%。温州市在创新合作网络中的地位有较大幅度提升。

温州市部分变化较大的指标见表 5-89。

表 5-89　温州市部分变化较大的指标

指标	2018 年	2019 年	增速/%	2018 年排名	2019 年排名	排名变化
规模以上工业企业 R&D 人员/人	64350	73380	14.03	15	11	4
AQI 年平均值	61.67	60.08	2.57	14	12	2
创新积累	15333.69	16528.63	7.79	23	22	1
国家高新区留学归国人员/人	621	719	15.78	27	26	1
教育支出占比/%	21.62	19.07	-11.81	8	30	-22
医院床位数/张	37414	38313	2.40	33	35	-2
学研合作发明专利数/件	29	24	-17.24	28	38	-10
国家高新区高新技术企业数/个	300	394	31.33	38	38	0
商业信用环境	73.03	74.14	1.52	34	42	-8
国家高新区 R&D 人员/人	9175	10007	9.07	47	47	0
特征向量中心度	0.24	0.33	37.07	62	48	14
外商直接投资合同项目数/个	89	115	29.21	47	48	-1
接近中心度	0.51	0.52	3.03	65	49	16
国家高新区 R&D 经费内部支出/千元	1629349.00	1794315.00	10.12	53	52	1
先进产业嵌入深度	52.00	85.00	63.46	59	59	0
国家高新区工业总产值/千元	70050993.00	77103371.00	10.07	59	59	0
国家科学技术奖数/个	1	1	0.00	48	61	-13
当年实际使用外资金额/万美元	52307.00	75842.00	44.99	77	62	15
产学研合作发明专利数/件	57	69	21.05	63	63	0
科学技术支出占比/%	2.09	2.17	3.93	59	63	-4
对外联系强度	62692467.15	55466440.26	-11.53	52	65	-13
国家高新区外籍常驻人员/人	49	40	-18.37	61	66	-5
外商、港澳台商投资企业占比/%	2.31	1.89	-18.39	86	93	-7

5. 金华市

金华市城市创新生态系统情况见表 5-90和图 5-117。

表 5-90　2015—2019 年金华市城市创新生态系统综合指标

指标	2015 年		2016 年		2017 年		2018 年		2019 年	
	指标得分	排名	指标得分	排名	指标得分	排名	指标得分	排名	指标得分	排名
城市创新生态系统	11.96	47	11.11	50	11.22	49	11.53	47	12.08	48
1　城市创新主体	17.92	32	15.05	41	15.48	34	16.40	33	17.01	30
2　城市内部创新生态建构	4.88	76	4.99	73	5.21	73	5.86	65	5.69	67
3　城市间创新生态嵌入	13.07	38	13.28	45	12.97	41	12.33	40	13.53	42

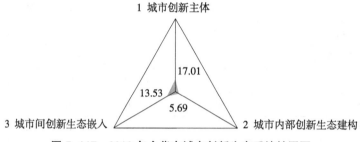

图 5-117　2019 年金华市城市创新生态系统蛛网图

从基础数据看，金华市的城市创新主体指标排名总体呈波动上升态势。其中，创新主体的动力指标排名总体呈波动下降态势，具体表现为，2019 年，"教育支出占比"指标排名第 29 位，较上一年下降 7 位，增速为-4.36%，较 2015 年下降 14 位，增速为-12.58%；"商业信用环境"指标排名第 22 位，较上一年下降 3 位，增速为 1.73%，较 2015 年上升 15 位，增速为 5.83%；"科学技术支出占比"指标排名第 32 位，与上一年保持一致，增速为 1.33%，较 2015 年下降 6 位，增速为 7.70%；"市场多样性"指标排名第 66 位，较上一年下降 2 位，增速为-14.06%，较 2015 年下降 7 位，增速为-51.29%。创新主体的能力指标排名总体呈上升态势且增幅较大，具体表现为，2019 年，"国家科学技术奖数"指标排名第 37 位，较上一年上升 11 位，增速为 200.00%，较 2015 年上升 13 位，增速为 200.00%；"创新积累"指标排名第 41 位，与上一年保持一致，增速为 14.14%，较 2015 年上升 15 位，增速为 169.70%；"普通高等学校专任教师数"指标排名第 63 位，较上一年上升 1 位，增速为 6.84%，较 2015 年上升 24 位，增速为 154.69%；"百万人均发明专利申请量"指标排名第 32 位，较上一年上升 2 位，增速为-14.41%，较 2015 年上升 30 位，增速为 242.62%。创新主体的活力指标排名总体波动不大，具体表现为，2019 年，"当年新增科技型中小企业数"指标排名第 30 位，较上一年下降 9 位，增速为-41.46%，较 2015 年下降 13 位，增速为-35.29%；"当年新增企业数"指标排名第 36 位，较上一年上升 1 位，增速为 25.95%，较 2015 年上升 8 位，增速为 213.36%；"新兴产业发明专利申请量"指标排名第 45 位，较上一年下降 3

位，增速为-16.33%，较 2015 年上升 20 位，增速为 237.04%。

金华市的城市内部创新生态建构指标排名总体呈波动上升态势且增幅较大。其中，创新要素的多样性指标排名总体呈波动下降态势且降幅较小，具体表现为，2019 年，"外商、港澳台商投资企业占比"指标排名第 66 位，较上一年下降 2 位，增速为 -6.99%，较 2015 年下降 7 位，增速为-28.92%。除此之外，2015—2019 年，金华市没有建立国家级高新区，因此"国家高新区外籍常驻人员"和"国家高新区留学归国人员"指标值为 0，拉低了创新要素的多样性指标排名。创新要素的协同性指标排名总体呈波动上升态势且增幅较小，但是 2019 年指标排名较上一年出现较大幅度下降，具体表现为，2019 年，"产学研合作发明专利数"指标排名第 62 位，较上一年下降 6 位，增速为-1.41%，较 2015 年下降 13 位，增速为 52.17%；"产业合作发明专利数"指标排名第 54 位，较上一年下降 3 位，增速为-7.66%，较 2015 年上升 9 位，增速为 161.96%；"学研合作发明专利数"指标排名第 54 位，较上一年下降 1 位，增速为 33.33%，较 2015 年上升 12 位。创新平台的发展水平指标排名总体呈波动下降态势且降幅较小，具体表现为，2019 年，"国家级科技企业孵化器数"指标排名第 63 位，较上一年上升 2 位，增速为 50.00%，与 2015 年保持一致。此外，2015—2019 年，金华市没有建立国家级高新区，因此"国家高新区高新技术企业数"和"国家高新区工业总产值"指标值为 0，拉低了创新平台的发展水平指标的排名。创新环境的适宜性指标排名总体呈上升态势且增幅很大，具体表现为，2019 年，"AQI 年平均值"指标排名第 20 位，较上一年上升 7 位，较 2015 年上升 18 位，增速为 17.36%；"文化、体育和娱乐业从业人员比重"指标排名第 22 位，较上一年下降 1 位，增速为-4.38%，较 2015 年上升 26 位，增速为 113.03%；"当年申请的绿色发明专利数"指标排名第 44 位，较上一年下降 7 位，增速为-57.75%，较 2015 年上升 16 位，增速为 113.23%。

金华市的城市间创新生态嵌入指标排名总体呈波动下降态势，降幅较小。其中，系统开放性指标排名总体呈波动上升态势，具体表现为，2019 年，"当年实际使用外资金额"指标排名第 90 位，较上一年下降 7 位，增速为-32.01%，较 2015 年下降 4 位，增速为-21.05%；"外商直接投资合同项目数"指标排名第 9 位，较上一年上升 2 位，增速为-3.38%，较 2015 年上升 18 位，增速为 412.11%。外部可达性指标排名总体呈下降态势，2019 年较 2015 年下降 15 位，具体表现为，2019 年，"截至当年所拥有的高铁站点数"指标排名第 29 位，较上一年下降 5 位，较 2015 年下降 14 位；"民用航空客运量"指标排名第 54 位，较上一年下降 2 位，增速为 23.78%，较 2015 年下降 8 位，增幅为 69.17%。金华市的陆运和空运交通基础设施建设水平仍需提升。关系嵌入指标排名总体呈波动上升态势，具体表现为，2019 年，"对外联系强度"指标排名第 55 位，较上一年上升 4 位，增速为 39.00%，较 2015 年下降 2 位，增速为 171.15%；"先进产业嵌入深度"指标排名第 50 位，较上一年上升 8 位，增速为 122.64%，较 2015 年上升 17 位，增速为 637.50%。金华市同其他城市在高新技术以及创新方面的合作强度明显提升。结构嵌入指标排名总体呈波动下降态势且降幅较小，具体表现为，2019 年，

"中介中心度"指标排名第 60 位，较上一年下降 6 位，增速为−5.33%，较 2015 年下降 4 位，增速为 47.67%；"特征向量中心度"指标排名第 51 位，较上一年下降 5 位，增速为 0.72%，较 2015 年下降 6 位，增速为 25.35%；"接近中心度"指标排名第 48 位，较上一年下降 2 位，增速为 0.49%，较 2015 年下降 5 位，增速为 4.30%。2015—2019 年，金华市在创新合作网络中的地位有所下降。

金华市部分变化较大的指标见表 5-91。

表 5-91　金华市部分变化较大的指标

指标	2018 年	2019 年	增速/%	2018 年排名	2019 年排名	排名变化
商业信用环境	74.77	76.06	1.73	19	22	−3
教育支出占比/%	19.94	19.07	−4.36	22	29	−7
当年新增科技型中小企业数/个	357	209	−41.46	21	30	−9
百万人均发明专利申请量/（件/百万人）	1631.90	1396.75	−14.41	34	32	2
当年新增企业数/个	7377	9291	25.95	37	36	1
创新积累	7430.52	8480.94	14.14	41	41	0
新兴产业发明专利数/件	4709	3940	−16.33	42	45	−3
先进产业嵌入深度	53.00	118.00	122.64	58	50	8
特征向量中心度	0.3170	0.3193	0.72	46	51	−5
产业合作发明专利数/件	261	241	−7.66	51	54	−3
学研合作发明专利数/件	6	8	33.33	53	54	−1
对外联系强度	54501304.02	75758314.74	39.00	59	55	4
中介中心度	57.78	54.70	−5.33	54	60	−6
产学研合作发明专利数/件	71	70	−1.41	56	62	−6
普通高等学校专任教师数/人	4651	4969	6.84	64	63	1
外商、港澳台商投资企业占比/%	4.57	4.25	−6.99	64	66	−2

基于上述分析，浙江省应该坚持科技创新自立自强，通过大力提高企业科技创新能力，持续优化创新生态。此外，还应该充分利用浙江大学、西湖大学等高端创新载体，全力支持之江实验室、西湖实验室建设，以及加快推进"杭州城西科创大走廊"创新策源地建设。同时，浙江省应该全省域参与、全方位融入长三角一体化建设，为长三角一体化高质量发展做出更多贡献。

5.14　广东省

广东省共有 10 个城市纳入分析，分别是深圳市、广州市、东莞市、珠海市、佛山市、惠州市、中山市、江门市、湛江市、茂名市。根据 2019 年城市创新生态系统综合排名情况，本节选择广东省内除广州市和深圳市外❶排名前 5 位的城市——东莞市、珠海市、佛山市、惠州市、中山市，作为重点分析对象。

从广东省内来看，深圳市和广州市的城市创新生态系统综合排名遥遥领先于其他城市，属于省内第一梯队，且 2015—2019 年排名持续领先。东莞市、珠海市、佛山市的排名基本处于同一水平，与深圳市和广州市存在较大差距。其中，2015—2019 年珠海市排名总体呈波动上升态势，东莞市和佛山市排名整体呈波动下降态势。中山市和惠州市排名落后于其余 5 个城市，其中，惠州市排名明显高于中山市，且差距有所增大。

东莞市的城市创新主体指标排名在 2019 年有所下降，具体而言，东莞市具有较高的创新主体的动力水平，但是创新主体的能力和创新主体的活力仍需提升。从基础数据来看，市场环境的多样性以及教育投入增加为创新发展提供了动力。科研从业人员占比下降以及普通高等学校专任教师数量偏少是影响创新能力提升的主要因素。中国 500 强企业数量较少以及新增科技型中小企业数量下降，是制约东莞市创新主体活力指标提升的关键因素。城市内部创新生态建构指标排名较为领先，从基础指标来看，虽然东莞市具有较高的创新要素的多样性水平，但是创新要素的协同性亟须提升。东莞市拥有较高比例的外商、港澳台商投资企业，这有利于提升创新要素的多样性水平，然而，产业、高等院校以及科研院所之间的合作仍需进一步加强。城市间创新生态嵌入指标排名 2019 年较 2015 年有较大幅度提升。从基础数据来看，东莞市的高铁建设速度较快，陆运交通极为便利，但是东莞市目前仍旧没有机场，空运交通水平有待提升。

珠海市的城市创新主体指标排名领先于同一级的其他 2 个指标，主要表现在创新主体的动力方面，尤其是新兴产业的创新产出增加、科学技术投入的力度加大和商业信用环境的不断改善。然而，珠海市亟须提升创新主体的活力，尤其是要提高科技型中小企业的增长速度，营造良好的创新创业氛围。在城市内部创新生态建构方面，珠海市具有较高比例的外商、港澳台商投资企业，创新要素的多样性指标排名处于全国领先地位。而且，随着高等院校和科研院所之间的创新合作强度增加，创新要素的协同性指标排名大幅提升。在城市间创新生态嵌入方面，外部可达性是制约该指标排名提升的关键因素。珠海市仍需大力提升陆运和空运基础设施建设水平，为建立更加紧密的创新合作关系提供良好的基础条件。

佛山市的城市创新主体指标排名落后于东莞市和珠海市，2015—2019 年总体呈波动上升态势，这主要表现在创新主体的动力方面。从基础数据来看，佛山市的教育投入和科学技术投入有较大幅度提升，商业信用环境明显改善。城市内部创新生态建构指标排名也处于广东省内领先水平，这主要是受创新要素的协同性指标排名的影响。

---

❶　由于在"4.1 领先城市"中，对深圳市和广州市的城市创新生态系统的指标排名进行了详细说明，因此本节不再重复分析这两个城市的具体情况。

从基础数据来看，企业间合作强度的增加提升了佛山市的产业间的协同性水平。城市间创新生态嵌入指标排名仅次于深圳市和广州市，领先于广东省内其他城市。从基础数据来看，佛山市具有较高的外部可达性水平，随着外部创新合作关系的加强，佛山市在创新合作网络中的地位也有所提升。

惠州市的城市间创新生态嵌入指标排名较为落后，在100个样本城市中仅处于中间水平。虽然惠州市具备良好的构建生态嵌入关系的基础条件，例如拥有较高的系统开放性和外部可达性水平，但是受制于自身创新水平的影响，对外联系强度和先进产业嵌入深度仍需提升。在城市创新主体方面，惠州市具有较高的创新主体的动力水平，但是创新主体的能力不强且创新主体的活力不足。从基础数据来看，惠州市具有多样性的市场环境，教育和科学技术投入逐年增加以及商业环境不断改善均为创新发展提供了动力。但是由于科研从业人员较少且产业结构升级较慢，创新能力有待提升。此外，新创企业增长速度较慢以及新兴产业创新产出较少是影响惠州市创新活力的关键。受创新平台的发展水平指标排名波动的影响，城市内部创新生态建构指标排名有较大幅度下降。国家高新区增速放缓以及国家级创新平台数量较少导致惠州市创新平台的发展水平指标排名大幅下降。此外，值得肯定的是，惠州市创新要素的多样性指标排名尤为领先，这主要是因为惠州市的外商、港澳台商投资企业占比高，以及国家高新区对外籍人员和留学归国人员具有较强的吸引力。

与惠州市类似，中山市的城市间创新生态嵌入指标排名也落后于城市创新主体指标和城市内部创新生态建构指标。从基础数据来看，中山市的外部可达性指标排名有较大幅度下降，关系嵌入指标排名和结构嵌入指标排名较低。在城市创新主体方面，政府在科学技术方面的大力投入，使得中山市的创新主体的动力指标排名较为领先。但是，由于中山市缺少高素质的研发人员，导致创新主体的能力指标排名较为落后且有较大幅度下降。城市内部创新生态建构指标排名总体呈波动下降态势且降幅较大。从基础数据来看，缺少国家级的创新平台是造成创新平台的发展水平指标排名大幅下降的关键。此外，自然环境条件变差是导致创新环境的适宜性指标排名出现较大幅度下降的主要原因。

5.14.1 总体情况

2019年，深圳市的城市创新生态系统综合排名第3位，2015—2019年排名无波动；广州市的城市创新生态系统综合排名第4位，排名无波动；东莞市的城市创新生态系统综合排名第15位，较上一年下降2位，较2015年下降1位；珠海市的城市创新生态系统综合排名第18位，较上一年下降1位，较2015年上升2位；佛山市的城市创新生态系统综合排名第20位，较上一年下降4位，较2015年下降2位；惠州市的城市创新生态系统综合排名第28位，较上一年下降1位，较2015年下降1位；中山市的城市创新生态系统综合排名第40位，较上一年下降4位，较2015年下降6位（见图5-118）。

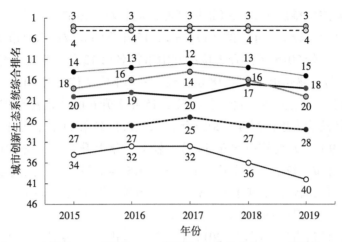

图 5-118   2015—2019 年城市创新生态系统综合排名变化

1. 城市创新主体维度

从城市创新主体维度来看，2019 年，东莞市排名第 13 位，较上一年下降 4 位，较 2015 年下降 2 位；珠海市排名第 14 位，较上一年上升 1 位，较 2015 年上升 3 位；佛山市排名第 18 位，较上一年下降 1 位，较 2015 年上升 6 位；惠州市排名第 27 位，较上一年下降 2 位，较 2015 年上升 1 位；中山市排名第 33 位，较上一年下降 3 位，较 2015 年上升 1 位（见图 5-119）。

东莞市和珠海市的城市创新主体指标排名基本处于同一水平，其中，东莞市排名略高于珠海市，但是在 2019 年有所下降，珠海市排名总体呈波动上升态势。佛山市排名略高于惠州市和中山市，且保持波动上升态势。惠州市和中山市的排名较为接近，2015—2019 年，这两个城市的指标排名均表现出先上升后下降的特征，且都在 2017 年达到顶峰。

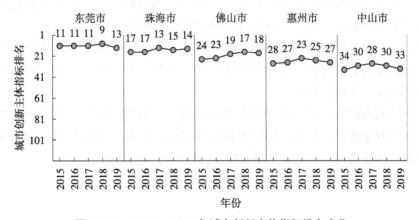

图 5-119   2015—2019 年城市创新主体指标排名变化

从城市创新主体维度下的二级指标来看，就创新主体的动力指标而言，2019年，东莞市排名第9位，较上一年下降3位，较2015年下降6位；珠海市排名第6位，较上一年上升1位，较2015年上升3位；佛山市排名第13位，较上一年上升4位，较2015年上升25位；惠州市排名第18位，较上一年下降7位，较2015年下降6位；中山市排名第26位，较上一年下降5位，较2015年上升6位（见表5-92和图5-120）。

就创新主体的能力指标而言，2019年，东莞市排名第11位，较上一年下降1位，较2015年上升9位；珠海市排名第19位，较上一年上升3位，较2015年上升4位；佛山市排名第22位，较上一年下降4位，较2015年下降1位；惠州市排名第35位，较上一年下降5位，较2015年上升8位；中山市排名第45位，较上一年下降3位，较2015年下降7位（见表5-92和图5-120）。

就创新主体的活力指标而言，2019年，东莞市排名第19位，较上一年上升1位，较2015年上升6位；珠海市排名第31位，较上一年下降6位，较2015年下降3位；佛山市排名第24位，较上一年下降5位，较2015年下降2位；惠州市排名第47位，较上一年下降1位，较2015年上升4位；中山市排名第34位，较上一年上升3位，较2015年上升3位（见表5-92和图5-120）。

综上所述，东莞市的城市创新主体指标排名总体呈波动下降态势。其中，创新主体的动力指标排名总体呈下降态势，2019年较2015年排名下降；创新主体的能力指标排名总体呈波动上升态势且增幅较大；创新主体的活力指标排名总体呈波动上升态势。

珠海市的城市创新主体指标排名总体呈波动上升态势，增幅较小。其中，创新主体的动力指标排名领先，总体呈上升态势，且上升幅度较小；创新主体的能力指标排名总体呈上升态势；创新主体的活力指标排名总体呈波动下降态势，2019年较上一年有较大幅度下降。

佛山市的城市创新主体指标排名总体呈波动上升态势，2019年较2015年上升6位。其中，创新主体的动力指标排名呈上升态势且增幅较大，创新主体的能力指标排名总体呈波动下降态势，创新主体的活力指标排名总体呈波动下降态势。

惠州市的城市创新主体指标排名波动幅度较小。其中，创新主体的动力指标排名总体呈波动下降态势，创新主体的能力指标排名总体呈波动上升态势，创新主体的活力指标排名总体呈波动上升态势。

中山市的城市创新主体指标排名基本保持稳定。其中，创新主体的动力指标排名总体呈波动上升态势，创新主体的能力指标排名总体呈波动下降态势，创新主体的活力指标排名总体呈波动上升态势且增幅较小。

表 5-92　2015—2019 年城市创新主体指标得分及排名

城市	指标	2015 年		2016 年		2017 年		2018 年		2019 年	
		指标得分	排名	指标得分	排名	指标得分	排名	指标得分	排名	指标得分	排名
东莞市	1　城市创新主体	28.80	11	28.15	11	26.93	11	27.94	9	26.30	13
	1.1　创新主体的动力	48.79	3	43.05	5	40.29	6	39.92	6	37.43	9
	1.2　创新主体的能力	19.47	20	21.73	14	23.05	12	25.54	10	23.09	11
	1.3　创新主体的活力	18.15	25	19.69	23	17.45	26	18.36	20	18.40	19
珠海市	1　城市创新主体	24.23	17	23.51	17	24.38	13	24.02	15	25.64	14
	1.1　创新主体的动力	40.17	9	34.74	8	39.18	7	37.70	7	43.41	6
	1.2　创新主体的能力	15.15	23	16.37	23	15.87	22	16.93	22	17.92	19
	1.3　创新主体的活力	17.38	28	19.41	24	18.09	21	17.42	25	15.61	31
佛山市	1　城市创新主体	20.67	24	20.43	23	21.65	19	22.07	17	23.06	18
	1.1　创新主体的动力	25.54	38	24.40	26	26.44	21	28.23	17	35.58	13
	1.2　创新主体的能力	17.43	21	18.15	21	19.83	17	18.90	18	16.91	22
	1.3　创新主体的活力	19.06	22	18.74	25	18.69	19	19.09	19	16.71	24
惠州市	1　城市创新主体	19.74	28	18.48	27	19.14	23	18.70	25	18.08	27
	1.1　创新主体的动力	36.48	12	30.81	14	33.18	9	32.77	11	32.32	18
	1.2　创新主体的能力	11.29	43	12.40	34	12.71	29	11.97	30	10.95	35
	1.3　创新主体的活力	11.44	51	12.24	49	11.53	47	11.36	46	10.96	47
中山市	1　城市创新主体	17.53	34	17.30	30	17.58	28	17.09	30	16.92	33
	1.1　创新主体的动力	26.68	32	26.00	20	27.68	17	27.68	21	29.05	26
	1.2　创新主体的能力	11.65	38	11.64	40	11.72	33	10.41	42	9.03	45
	1.3　创新主体的活力	14.26	37	14.25	43	13.34	39	13.18	37	12.68	34

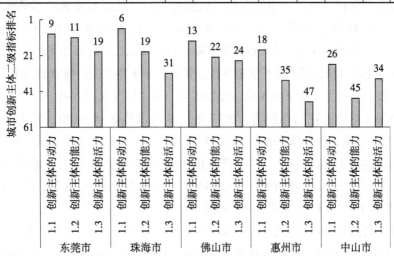

图 5-120　2019 年城市创新主体二级指标排名情况

2. 城市内部创新生态建构维度

从城市内部创新生态建构维度来看，2019年，东莞市排名第13位，与上一年保持一致，与2015年保持一致；珠海市排名第22位，与上一年保持一致，较2015年下降3位；佛山市排名第24位，较上一年下降8位，较2015年下降10位；惠州市排名第29位，较上一年下降2位，较2015年下降7位；中山市排名第37位，较上一年下降3位，较2015年下降8位（见图5-121）。

东莞市、珠海市和佛山市的城市内部创新生态建构指标排名基本处于同一水平，且领先于惠州市和中山市。其中，东莞市排名基本稳定，珠海市和佛山市排名总体呈波动下降态势。惠州市和中山市的排名基本处于同一水平，且均呈波动下降态势。

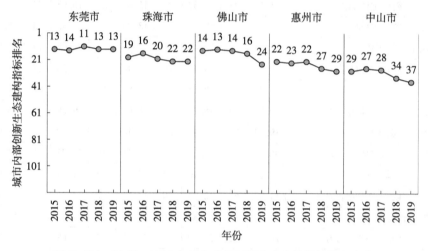

图 5-121　2015—2019 年城市内部创新生态建构指标排名变化

从城市内部创新生态建构维度下的二级指标来看，就创新要素的多样性指标而言，2019年，东莞市排名第10位，较上一年下降4位，较2015年下降5位；珠海市排名第5位，与上一年保持一致，较2015年下降1位；佛山市排名第27位，较上一年下降1位，较2015年下降4位；惠州市排名第9位，较上一年下降1位，与2015年保持一致；中山市排名第15位，较上一年下降3位，较2015年下降1位（见表5-93和图5-122）。

就创新要素的协同性指标而言，2019年，东莞市排名第26位，较上一年下降16位，较2015年下降6位；珠海市排名第18位，较上一年上升5位，较2015年上升32位；佛山市排名第16位，较上一年下降9位，较2015年下降11位；惠州市排名第63位，较上一年上升13位，较2015年上升11位；中山市排名第46位，较上一年上升3位，较2015年上升24位（见表5-93和图5-122）。

就创新平台的发展水平指标而言，2019年，东莞市排名第23位，较上一年上升5位，较2015年上升8位；珠海市排名第42位，较上一年下降6位，较2015年下降1位；佛山市排名第25位，较上一年下降2位，较2015年下降5位；惠州市排名第49

位，较上一年下降 7 位，较 2015 年下降 16 位；中山市排名第 54 位，较上一年下降 3 位，较 2015 年下降 9 位（见表 5-93 和图 5-122）。

就创新环境的适宜性指标而言，2019 年，东莞市排名第 11 位，与上一年保持一致，较 2015 年下降 2 位；珠海市排名第 35 位，较上一年上升 1 位，较 2015 年上升 2 位；佛山市排名第 30 位，较上一年下降 2 位，较 2015 年下降 7 位；惠州市排名第 38 位，较上一年上升 4 位，较 2015 年下降 4 位；中山市排名第 55 位，较上一年下降 8 位，较 2015 年下降 11 位（见表 5-93 和图 5-122）。

综上所述，对于东莞市而言，城市内部创新生态建构指标排名 2015—2019 年基本保持稳定，排名波动幅度较小。其中，创新要素的多样性指标排名领先于其他 3 个二级指标，排名整体呈波动下降态势，2019 年较 2015 年下降 5 位；创新要素的协同性指标排名总体呈波动下降态势，且在 2019 年出现了较大幅度下降；创新平台的发展水平指标排名总体呈波动上升态势，增幅较大；创新环境的适宜性指标排名总体呈下降态势，降幅较小。

对于珠海市而言，城市内部创新生态建构指标排名总体呈波动下降态势，降幅较小。其中，创新要素的多样性指标排名领先，且波动幅度较小；创新要素的协同性指标排名总体呈波动上升态势且增幅很大；创新平台的发展水平指标排名总体呈波动下降态势；创新环境的适宜性指标排名总体呈波动上升态势，增幅较小。

对于佛山市而言，城市内部创新生态建构指标排名总体呈波动下降态势，且降幅较大，2019 年较 2015 年下降 10 位。其中，创新要素的多样性指标排名整体呈波动下降态势，降幅较小；创新要素的协同性指标排名总体呈波动下降态势，降幅较大，2019 年指标排名较上一年下降 9 位，较 2015 年下降 11 位；创新平台的发展水平指标排名总体呈波动下降态势，2019 年较 2015 年下降 5 位；创新环境的适宜性指标排名总体呈波动下降态势。

对于惠州市而言，城市内部创新生态建构指标排名总体呈波动下降态势，且降幅较大。其中，创新要素的多样性指标排名领先，且波动幅度较小；创新要素的协同性指标排名总体呈波动上升态势，增幅较大，2019 年指标排名较上一年上升 13 位；创新平台的发展水平指标排名总体呈波动下降态势，下降幅度较大；创新环境的适宜性指标排名总体呈波动下降态势，降幅较小。

对于中山市而言，城市内部创新生态建构指标排名总体呈波动下降态势，降幅较大。其中，创新要素的多样性指标排名呈波动下降态势，降幅较小；创新要素的协同性指标排名总体呈波动上升态势且增幅较大，2019 年较 2015 年上升 24 位；创新平台的发展水平指标排名总体呈波动下降态势，2019 年较 2015 年下降 9 位；创新环境的适宜性指标排名总体呈波动下降态势，降幅较大。

表 5-93　2015—2019 年城市内部创新生态建构指标得分及排名

城市	指标	2015 年		2016 年		2017 年		2018 年		2019 年	
		指标得分	排名	指标得分	排名	指标得分	排名	指标得分	排名	指标得分	排名
东莞市	2　城市内部创新生态建构	19.93	13	21.30	14	24.37	11	22.86	13	19.97	13
	2.1　创新要素的多样性	34.24	5	34.31	6	33.18	9	32.79	6	28.96	10
	2.2　创新要素的协同性	4.20	20	5.16	19	17.33	9	14.72	10	3.71	26
	2.3　创新平台的发展水平	11.30	31	15.45	21	18.56	19	16.34	28	20.76	23
	2.4　创新环境的适宜性	29.99	9	30.29	9	28.40	11	27.60	11	26.45	11
珠海市	2　城市内部创新生态建构	15.79	19	19.74	16	16.85	20	16.62	22	16.60	22
	2.1　创新要素的多样性	35.48	4	33.70	7	35.40	5	35.05	5	33.27	5
	2.2　创新要素的协同性	0.87	50	15.52	7	2.35	39	4.32	23	5.80	18
	2.3　创新平台的发展水平	9.12	41	12.46	25	11.81	28	9.66	36	10.24	42
	2.4　创新环境的适宜性	17.67	37	17.27	39	17.84	36	17.44	36	17.08	35
佛山市	2　城市内部创新生态建构	19.25	14	21.33	13	22.13	14	18.63	16	15.62	24
	2.1　创新要素的多样性	17.81	23	18.53	21	18.65	26	16.91	26	17.05	27
	2.2　创新要素的协同性	20.90	5	22.45	5	25.84	6	18.65	7	7.79	16
	2.3　创新平台的发展水平	16.94	20	23.86	14	24.16	13	18.69	23	19.50	25
	2.4　创新环境的适宜性	21.34	23	20.47	27	19.87	29	20.27	28	18.15	30
惠州市	2　城市内部创新生态建构	15.30	22	15.07	23	15.64	22	14.24	27	13.55	29
	2.1　创新要素的多样性	31.65	9	29.92	11	32.13	10	31.54	8	29.02	9
	2.2　创新要素的协同性	0.34	74	0.34	76	0.69	71	0.51	76	1.00	63
	2.3　创新平台的发展水平	10.86	33	11.56	30	11.46	30	8.02	42	7.78	49
	2.4　创新环境的适宜性	18.34	34	18.46	33	18.28	34	16.90	42	16.41	38
中山市	2　城市内部创新生态建构	12.07	29	12.74	27	12.51	28	11.91	34	11.19	37
	2.1　创新要素的多样性	23.65	14	24.39	14	25.84	16	24.81	12	23.83	15
	2.2　创新要素的协同性	0.37	70	1.12	52	1.20	57	1.62	49	1.65	46
	2.3　创新平台的发展水平	7.69	45	9.64	38	8.24	45	6.13	51	5.99	54
	2.4　创新环境的适宜性	16.58	44	15.80	45	14.75	54	15.07	47	13.29	55

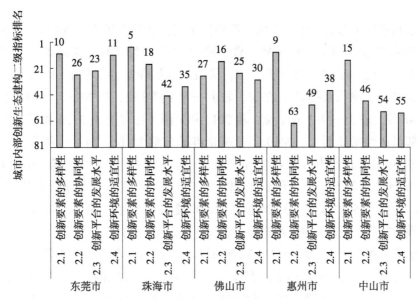

图 5-122　2019 年城市内部创新生态建构二级指标排名情况

3. 城市间创新生态嵌入维度

从城市间创新生态嵌入维度来看，2019 年，东莞市排名第 21 位，较上一年下降 4
位，较 2015 年上升 6 位；珠海市排名第 22 位，与上一年保持一致，较 2015 年上升 4
位；佛山市排名第 20 位，与上一年保持一致，较 2015 年下降 4 位；惠州市排名第 44
位，较上一年下降 9 位，较 2015 年上升 7 位；中山市排名第 54 位，较上一年上升 4
位，较 2015 年下降 10 位（见图 5-123）。

从广东省内来看，东莞市、珠海市和佛山市的城市间创新生态嵌入指标排名较为
接近。其中，珠海市和东莞市排名总体呈波动上升态势，佛山市排名总体呈下降态势。
惠州市和中山市排名较为接近，其中，惠州市排名整体先升后降，排名波动幅度较大，
中山市排名总体呈波动下降态势且降幅较大。

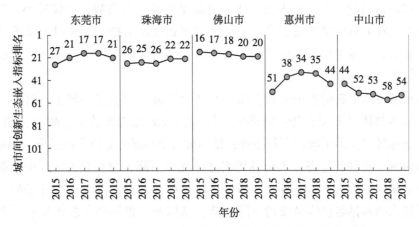

图 5-123　2015—2019 年城市间创新生态嵌入指标排名变化

从城市间创新生态嵌入维度下的二级指标来看，就系统开放性指标而言，2019 年，东莞市排名第 17 位，与上一年保持一致，较 2015 年下降 5 位；珠海市排名第 15 位，较上一年下降 2 位，较 2015 年上升 4 位；佛山市排名第 25 位，较上一年下降 2 位，较 2015 年下降 7 位；惠州市排名第 27 位，较上一年下降 8 位，较 2015 年下降 1 位；中山市排名第 48 位，较上一年上升 1 位，较 2015 年下降 1 位（见表 5-94 和图 5-124）。

就外部可达性指标而言，2019 年，东莞市排名第 18 位，与上一年保持一致，较 2015 年上升 39 位；珠海市排名第 42 位，较上一年下降 1 位，较 2015 年下降 14 位；佛山市排名第 14 位，较上一年上升 1 位，较 2015 年上升 1 位；惠州市排名第 27 位，较上一年下降 2 位，较 2015 年上升 24 位；中山市排名第 53 位，较上一年下降 2 位，较 2015 年下降 17 位（见表 5-94 和图 5-124）。

就关系嵌入指标而言，2019 年，东莞市排名第 22 位，较上一年下降 6 位，较 2015 年上升 16 位；珠海市排名第 16 位，较上一年上升 4 位，较 2015 年上升 9 位；佛山市排名第 25 位，较上一年下降 6 位，较 2015 年下降 1 位；惠州市排名第 57 位，较上一年下降 8 位，较 2015 年下降 3 位；中山市排名第 60 位，较上一年下降 9 位，较 2015 年上升 11 位（见表 5-94 和图 5-124）。

就结构嵌入指标而言，2019 年，东莞市排名第 23 位，较上一年下降 5 位，较 2015 年上升 8 位；珠海市排名第 32 位，较上一年下降 2 位，较 2015 年上升 2 位；佛山市排名第 20 位，较上一年上升 2 位，较 2015 年上升 1 位；惠州市排名第 67 位，较上一年下降 6 位，较 2015 年上升 10 位；中山市排名第 57 位，较上一年上升 9 位，较 2015 年下降 9 位（见表 5-94 和图 5-124）。

综上所述，东莞市城市间创新生态嵌入指标排名总体呈波动上升态势。其中，系统开放性指标排名整体呈下降态势；外部可达性指标排名总体呈波动上升态势，2019 年较 2015 年有很大幅度上升；关系嵌入指标排名总体呈波动上升态势；结构嵌入指标排名总体呈波动上升态势，增幅较大。

珠海市城市间创新生态嵌入指标排名总体呈波动上升态势，增幅较小。其中，系统开放性指标排名总体呈波动上升态势，外部可达性指标排名总体呈下降态势，关系嵌入指标排名较为领先且总体呈波动上升态势，结构嵌入指标排名总体呈波动上升态势且上升幅度较小。

佛山市城市间创新生态嵌入指标排名总体呈下降态势且降幅较小。其中，系统开放性指标排名整体呈下降态势；外部可达性指标排名总体波动幅度较小，基本稳定；关系嵌入指标排名总体呈波动下降态势；结构嵌入指标排名总体先降后升，增幅较小。

惠州市城市间创新生态嵌入指标排名总体先升后降，增幅较大。其中，系统开放性指标排名整体呈波动下降态势，外部可达性指标排名总体呈波动上升态势且增幅较大，关系嵌入指标排名总体呈波动下降态势，结构嵌入指标排名总体呈波动上升态势且增幅较大。

中山市城市间创新生态嵌入指标排名总体呈波动下降态势且降幅较大。其中，系统开放性指标排名波动幅度较小，外部可达性指标排名总体呈下降态势，关系嵌入指标排名总体呈波动上升态势且波动幅度较大，结构嵌入指标排名总体呈波动下降态势且降幅较大。

表 5-94　2015—2019 年城市间创新生态嵌入指标得分及排名

城市	指标	2015 年		2016 年		2017 年		2018 年		2019 年	
		指标得分	排名	指标得分	排名	指标得分	排名	指标得分	排名	指标得分	排名
东莞市	3　城市间创新生态嵌入	15.76	27	18.69	21	20.81	17	19.83	17	19.51	21
	3.1　系统开放性	14.71	12	13.37	15	11.13	16	9.72	17	10.20	17
	3.2　外部可达性	26.14	57	30.30	42	40.03	14	35.75	18	35.75	18
	3.3　关系嵌入	2.40	38	3.10	28	4.59	23	9.03	16	6.89	22
	3.4　结构嵌入	19.79	31	27.97	20	27.50	18	24.83	18	25.19	23
珠海市	3　城市间创新生态嵌入	16.15	26	17.97	25	16.65	26	18.10	22	18.83	22
	3.1　系统开放性	9.29	19	10.95	19	12.79	14	15.12	13	12.41	15
	3.2　外部可达性	32.30	28	32.31	30	32.26	35	30.32	41	30.33	42
	3.3　关系嵌入	4.08	25	4.78	17	3.83	27	7.45	20	10.21	16
	3.4　结构嵌入	18.94	34	23.82	27	17.73	39	19.50	30	22.34	32
佛山市	3　城市间创新生态嵌入	19.05	16	21.07	17	20.02	18	18.94	20	19.52	20
	3.1　系统开放性	9.54	18	8.58	21	8.47	22	7.70	23	6.78	25
	3.2　外部可达性	38.69	15	44.25	11	44.27	10	38.72	15	38.93	14
	3.3　关系嵌入	4.61	24	6.40	15	7.55	17	7.56	19	4.76	25
	3.4　结构嵌入	23.35	21	25.07	22	19.80	32	21.80	22	27.61	20
惠州市	3　城市间创新生态嵌入	11.23	51	14.25	38	14.17	34	13.29	35	13.43	44
	3.1　系统开放性	5.96	26	5.79	27	7.22	24	8.27	19	5.86	27
	3.2　外部可达性	27.35	51	35.69	22	35.69	23	32.57	25	32.57	27
	3.3　关系嵌入	1.21	54	0.72	61	1.58	46	1.96	49	1.46	57
	3.4　结构嵌入	10.40	77	14.81	65	12.18	60	10.34	61	13.83	67
中山市	3　城市间创新生态嵌入	12.04	44	12.40	52	11.35	53	10.73	58	12.06	54
	3.1　系统开放性	2.56	47	2.28	54	2.82	47	2.66	49	2.75	48
	3.2　外部可达性	30.46	36	30.46	41	30.46	44	28.91	51	28.91	53
	3.3　关系嵌入	0.59	71	0.76	60	0.68	67	1.88	51	1.27	60
	3.4　结构嵌入	14.56	48	16.11	53	11.42	63	9.46	66	15.31	57

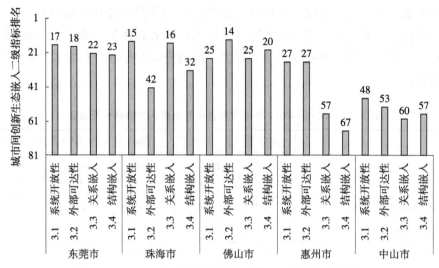

图 5-124　2019 年城市间创新生态嵌入二级指标排名情况

5.14.2　细分领域

1. 东莞市

东莞市城市创新生态系统情况见表 5-95 和图 5-125。

表 5-95　2015—2019 年东莞市城市创新生态系统综合指标

指标	2015 年		2016 年		2017 年		2018 年		2019 年	
	指标得分	排名	指标得分	排名	指标得分	排名	指标得分	排名	指标得分	排名
城市创新生态系统	21.50	14	22.71	13	24.03	12	23.54	13	21.93	15
1　城市创新主体	28.80	11	28.15	11	26.93	11	27.94	9	26.30	13
2　城市内部创新生态建构	19.93	13	21.30	14	24.37	11	22.86	13	19.97	13
3　城市间创新生态嵌入	15.76	27	18.69	21	20.81	17	19.83	17	19.51	21

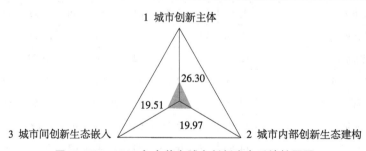

图 5-125　2019 年东莞市城市创新生态系统蛛网图

从基础数据看，东莞市的城市创新主体指标排名总体呈波动下降态势。其中，创新主体的动力指标排名总体呈下降态势，2019 年较 2015 年排名下降 6 位，具体表现为，2019 年，"科学技术支出占比"指标排名第 48 位，较上一年下降 33 位，增速为 -42.83%，较 2015 年下降 42 位，增速为 -44.60%；"教育支出占比"指标排名第 10 位，较上一年上升 10 位，增速为 5.79%，较 2015 年下降 2 位，增速为 -4.64%；"商业信用环境"指标排名第 26 位，较上一年上升 2 位，增速为 3.00%，较 2015 年上升 13 位，增速为 5.54%。创新主体的能力指标排名总体呈波动上升态势，增幅较大，具体表现为，2019 年，"科研、技术服务和地质勘查业从业人员"指标排名第 16 位，较上一年上升 23 位，增速为 202.75%，较 2015 年上升 31 位，增速为 293.57%；"国家高新区 R&D 经费内部支出"指标排名第 12 位，较上一年上升 4 位，增速为 70.69%，较 2015 年上升 22 位，增速为 387.31%；"国家高新区 R&D 人员"指标排名第 29 位，较上一年上升 7 位，增速为 13.30%，较 2015 年上升 16 位，增速为 83.43%；"普通高等学校专任教师数"指标排名第 56 位，较上一年上升 1 位，增速为 4.82%，较 2015 年下降 14 位，增速为 -12.97%。创新主体的活力指标排名总体呈波动上升态势，具体表现为，2019 年，"新兴产业发明专利申请量"指标排名第 12 位，较上一年下降 1 位，增速为 -10.76%，较 2015 年上升 5 位，增速为 104.87%；"A 股上市公司高新技术企业数（上市公司本身）"指标排名第 16 位，较上一年上升 2 位，增速为 19.23%，较 2015 年上升 5 位，增速为 63.16%；"数字普惠金融指数"指标排名第 24 位，较上一年上升 1 位，增速为 5.67%，较 2015 年上升 7 位，增速为 40.73%；"当年新增企业数"指标排名第 19 位，较上一年上升 5 位，增速为 64.40%，较 2015 年上升 10 位，增速为 304.76%。

东莞市的城市内部创新生态建构指标排名 2015—2019 年基本保持稳定，排名波动幅度较小。其中，创新要素的多样性指标排名领先于其他 3 个二级指标，排名整体呈波动下降态势，具体表现为，2019 年，"国家高新区外籍常驻人员"指标排名第 40 位，较上一年下降 6 位，增速为 -14.04%，较 2015 年下降 4 位，增速为 2.00%；"外商、港澳台商投资企业占比"指标排名第 4 位，较上一年下降 1 位，增速为 -23.92%，较 2015 年下降 3 位，增速为 -40.66%；"国家高新区留学归国人员"指标排名第 27 位，较上一年上升 23 位，增速为 232.80%，较 2015 年上升 14 位，增速为 139.16%。创新要素的协同性指标排名总体呈波动下降态势，且在 2019 年出现了较大幅度下降，具体表现为，2019 年，"学研合作发明专利数"指标排名第 26 位，较上一年下降 21 位，增速为 -75.98%，较 2015 年下降 8 位，增速为 86.96%；"产学研合作发明专利数"指标排名第 35 位，较上一年下降 15 位，增速为 -52.71%，较 2015 年下降 4 位，增速为 63.39%；"产业合作发明专利数"指标排名第 23 位，较上一年下降 2 位，增速为 1.97%，较 2015 年上升 1 位，增速为 106.93%。创新平台的发展水平指标排名总体呈波动上升态势且增幅较大，具体表现为，2019 年，"国家高新区高新技术企业数"指标排名第 40 位，较上一年下降 1 位，增速为 4.03%，较 2015 年上升 7 位，增速为 198.08%；"国家级科技企业孵化器数"指标排名第 11 位，较上一年上升 6 位，增速为 53.33%，较 2015 年上升 16 位，增速为 283.33%；"国家高新区工业总产值"指标排名第 10 位，较上一年上升 2 位，增速为 28.21%，较 2015 年上升 24 位，增速为 244.03%。创新环境的适宜性指标排名总体呈下降态势且降幅较小，具体表现为，2019 年，"AQI 年平均值"指标排名第 33 位，较上一年下降 8 位，增速为 -7.26%，较 2015 年下降 13 位，增速为 -5.48%；"公共图书馆图书总藏量"指标排名第 17 位，较上一年下降 1 位，增速为 5.11%，较 2015 年下降 4 位，增速为 13.53%；"医院床位数"指标排名第 49 位，较上一年上升 1 位，增速为 6.42%，较 2015 年下降 4 位，增速为 20.46%；"文化、体育和娱乐业从业人员比重"指标排名第 6 位，较上一年上升 13 位，增速为 64.49%，较 2015 年上升 5 位，增速为 16.54%。

东莞市的城市间创新生态嵌入指标排名总体呈波动上升态势。其中，系统开放性指标排名整体呈下降态势，具体表现为，2019 年，"当年实际使用外资金额"指标排名第 45 位，较上一年上升 1 位，增速为 1.45%，较 2015 年下降 32 位，增速为 -75.73%；"外商直接投资合同项目数"指标排名第 7 位，与上一年保持一致，增速为 -26.57%，较 2015 年上升 5 位，增速为 134.17%；"国际旅游外汇收入"指标排名第 14 位，较上一年下降 3 位，增速为 -2.39%，较 2015 年下降 5 位，增速为 0.87%。外部可达性指标排名总体呈波动上升态势，2019 年较 2015 年有很大幅度上升，具体表现为，2019 年，"截至当年所拥有的高铁站点数"指标排名第 10 位，较上一年下降 1 位，较 2015 年上升 51 位。东莞市以高铁为代表的交通基础设施建设水平明显提高，极大地提高了外部可达性水平。但是，东莞市目前仍旧没有机场，因此空运交通水平亟须提升。关系嵌入指标排名总体呈波动上升态势，具体表现为，2019 年，"先进产业嵌入深度"指标排名第 17 位，较上一年下降 5 位，增速为 -21.47%，较 2015 年上升 13 位，增速为 757.47%；"对外联系强度"指标排名第 23 位，较上一年下降 5 位，增速为 12.99%，较 2015 年上升 19 位，增速为 534.06%。东莞市同其他城市在高新技术以及创新方面的合作强度有所提升。结构嵌入指标排名总体呈波动上升态势，具体表现为，2019 年，"特征向量中心度"指标排名第 25 位，较上一年下降 8 位，增速为 -10.80%，较 2015 年上升 4 位，增速为 32.31%；"中介中心度"指标排名第 26 位，较上一年上升 1 位，增速为 16.37%，较 2015 年上升 9 位，增速为 206.18%；"接近中心度"指标排名第 21 位，较上一年下降 3 位，增速为 -0.60%，较 2015 年上升 13 位，增速为 7.47%。东莞市在创新合作网络中的地位有较大幅度提升。

东莞市部分变化较大的指标见表 5-96。

表 5-96　东莞市部分变化较大的指标

指标	2018 年	2019 年	增速/%	2018 年排名	2019 年排名	排名变化
规模以上工业企业 R&D 人员/人	111969	124459	11.15	5	3	2
规模以上工业企业新产品销售收入/万元	90096775.90	91549451.70	1.61	3	3	0

续表

指标	2018 年	2019 年	增速/%	2018 年排名	2019 年排名	排名变化
教育支出占比/%	20.31	21.48	5.79	20	10	10
国家高新区工业总产值/千元	426907810.00	547336347.00	28.21	12	10	2
国家级科技企业孵化器数/个	15	23	53.33	17	11	6
国家高新区 R&D 经费内部支出/千元	9467424.00	16159890.00	70.69	16	12	4
国际旅游外汇收入/百万美元	1630.12	1591.08	-2.39	11	14	-3
科研、技术服务和地质勘查业从业人员/万人	1.82	5.51	202.75	39	16	23
先进产业嵌入深度	950.00	746.00	-21.47	12	17	-5
当年新增企业数/个	11441	18809	64.40	24	19	5
接近中心度	0.5591	0.5557	-0.60	18	21	-3
对外联系强度	256447971.83	289769338.45	12.99	18	23	-5
特征向量中心度	0.52	0.46	-10.80	17	25	-8
商业信用环境	73.39	75.60	3.00	28	26	2
国家高新区留学归国人员/人	189	629	232.80	50	27	23
国家高新区 R&D 人员/人	15728	17820	13.30	36	29	7
AQI 年平均值	68.83	73.83	-7.26	25	33	-8
产学研合作发明专利数/件	387	183	-52.71	20	35	-15
当年新增科技型中小企业数/个	267	163	-38.95	29	36	-7
国家高新区外籍常驻人员/人	178	153	-14.04	34	40	-6
科学技术支出占比/%	5.14	2.94	-42.83	15	48	-33
普通高等学校专任教师数/人	5454	5717	4.82	57	56	1

2. 珠海市

珠海市城市创新生态系统情况见表 5-97 和图 5-126。

表 5-97　2015—2019 年珠海市城市创新生态系统综合指标

指标	2015 年		2016 年		2017 年		2018 年		2019 年	
	指标得分	排名	指标得分	排名	指标得分	排名	指标得分	排名	指标得分	排名
城市创新生态系统	18.72	20	20.40	19	19.29	20	19.58	17	20.36	18
1　城市创新主体	24.23	17	23.51	17	24.38	13	24.02	15	25.64	14

续表

指标	2015 年		2016 年		2017 年		2018 年		2019 年	
	指标得分	排名	指标得分	排名	指标得分	排名	指标得分	排名	指标得分	排名
2 城市内部创新生态建构	15.79	19	19.74	16	16.85	20	16.62	22	16.60	22
3 城市间创新生态嵌入	16.15	26	17.97	25	16.65	26	18.10	22	18.83	22

图 5-126　2019 年珠海市城市创新生态系统蛛网图

　　从基础数据看，珠海市的城市创新主体指标排名总体呈波动上升态势，增幅较小。其中，创新主体的动力指标排名领先，总体呈上升态势，且上升幅度较小，具体表现为，2019 年，"科学技术支出占比"指标排名第 8 位，较上一年下降 3 位，增速为 −0.15%，较 2015 年下降 6 位，增速为 7.80%；"教育支出占比"指标排名第 53 位，较上一年上升 37 位，增速为 26.81%，较 2015 年上升 37 位，增速为 24.43%；"商业信用环境"指标排名第 5 位，较上一年上升 9 位，增速为 4.74%，较 2015 年上升 38 位，增速为 10.70%。创新主体的能力指标排名总体呈上升态势，具体表现为，2019 年，"规模以上工业企业新产品销售收入"指标排名第 33 位，较上一年上升 1 位，增速为 6.99%，较 2015 年上升 8 位，增速为 47.40%；"科研、技术服务和地质勘查业从业人员"指标排名第 46 位，较上一年上升 1 位，增速为 5.34%，较 2015 年上升 10 位，增速为 32.69%；"规模以上工业企业 R&D 人员"指标排名第 33 位，较上一年上升 6 位，增速为 11.12%，较 2015 年上升 26 位，增速为 110.94%；"国家高新区 R&D 经费内部支出"指标排名第 16 位，较上一年下降 3 位，增速为 0.79%，较 2015 年下降 4 位，增速为 43.56%。创新主体的活力指标排名总体呈波动下降态势，2019 年较上一年有较大幅度下降，具体表现为，2019 年，"当年新增企业数"指标排名第 53 位，较上一年下降 20 位，增速为 −43.15%，较 2015 年下降 11 位，增速为 60.28%；"A 股上市公司高新技术企业数（上市公司本身）"指标排名第 29 位，较上一年下降 4 位，增速为 −10.53%，较 2015 年下降 6 位，增速为 6.25%；"数字普惠金融指数"指标排名第 12 位，较上一年下降 1 位，增速为 4.52%，较 2015 年下降 3 位，增速为 36.69%；"新兴产业发明专利申请量"指标排名第 18 位，较上一年上升 5 位，增速为 17.06%，较 2015 年上升 14 位，增速为 242.94%。

　　对于珠海市而言，城市内部创新生态建构指标排名总体呈波动下降态势，降幅较小。其中，创新要素的多样性指标排名领先，且波动幅度较小，具体表现为，2019 年，"外商、港澳台商投资企业占比"指标排名第 3 位，较上一年下降 2 位，增速为 -17.75%，较 2015 年下降 1 位，增速为-30.75%；"国家高新区外籍常驻人员"指标排名第 26 位，与上一年保持一致，增速为 0.78%，较 2015 年下降 9 位，增速为-29.60%；"国家高新区留学归国人员"指标排名第 28 位，较上一年上升 3 位，增速为 15.54%，较 2015 年上升 2 位，增速为 12.39%。创新要素的协同性指标排名总体呈波动上升态势且增幅很大，具体表现为，2019 年，"产学研合作发明专利数"指标排名第 58 位，较上一年下降 1 位，增速为 20.59%，较 2015 年上升 11 位，增速为 331.58%；"产业合作发明专利数"指标排名第 10 位，与上一年保持一致，增速为 27.40%，较 2015 年上升 11 位，增速为 517.63%；"学研合作发明专利数"指标排名第 19 位，较上一年上升 12 位，增速为 165.22%，较 2015 年上升 47 位。创新环境的适宜性指标排名总体呈波动上升态势，增幅较小，具体表现为，2019 年，"公共图书馆图书总藏量"指标排名第 76 位，较上一年上升 9 位，增速为 32.11%，较 2015 年上升 6 位，增速为 66.56%；"城市园林绿地面积"指标排名第 31 位，较上一年上升 3 位，增速为 9.87%，较 2015 年上升 12 位，增速为 51.81%；"当年申请的绿色发明专利数"指标排名第 22 位，较上一年上升 6 位，增速为-31.77%，较 2015 年上升 21 位，增速为 147.00%；"AQI 年平均值"指标排名第 12 位，较上一年上升 1 位，增速为 1.50%，较 2015 年下降 2 位，增速为-6.81%。

　　珠海市城市间创新生态嵌入指标排名总体呈波动上升态势，增幅较小。其中，系统开放性指标排名总体呈波动上升态势，具体表现为，2019 年，"外商直接投资合同项目数"指标排名第 6 位，较上一年下降 2 位，增速为-70.40%，较 2015 年上升 3 位，增速为 81.20%；"当年实际使用外资金额"指标排名第 25 位，较上一年上升 4 位，增速为 1.35%，较 2015 年上升 5 位，增速为 11.31%。外部可达性指标排名总体呈下降态势，具体表现为，2019 年，"民用航空货邮运量"指标排名第 60 位，较上一年下降 15 位，增速为-67.51%，较 2015 年下降 18 位，增速为-76.35%；"截至当年所拥有的高铁站点数"指标排名第 35 位，较上一年下降 4 位，较 2015 年下降 16 位；"民用航空客运量"指标排名第 49 位，较上一年下降 2 位，增速为 13.64%，较 2015 年下降 11 位，增速为 49.70%。珠海市的陆运和空运交通基础设施建设水平仍需提升。关系嵌入指标排名较为领先且总体呈波动上升态势，具体表现为，2019 年，"对外联系强度"指标排名第 16 位，较上一年上升 6 位，增速为 99.57%，较 2015 年上升 15 位，增速为 650.33%；"先进产业嵌入深度"指标排名第 13 位，较上一年上升 2 位，增速为 41.85%，较 2015 年上升 5 位，增速为 324.39%。珠海市同其他城市在高新技术以及创新方面的合作强度明显提升。在结构嵌入方面，2019 年，"特征向量中心度"指标排名第 34 位，较上一年下降 2 位，增速为 0.10%，较 2015 年下降 2 位，增速为 22.64%；"接近中心度"指标排名第 29 位，较上一年上升 2 位，增速为 1.15%，较 2015 年上升

6位，增速为5.53%。

珠海市部分变化较大的指标见表5-98。

表5-98　珠海市部分变化较大的指标

指标	2018年	2019年	增速/%	2018年排名	2019年排名	排名变化
商业信用环境	75.38	78.95	4.74	14	5	9
科学技术支出占比/%	7.95	7.94	-0.15	5	8	-3
产业合作发明专利数/件	2007	2557	27.40	10	10	0
国家高新区R&D经费内部支出/千元	11420795.00	11510765.00	0.79	13	16	-3
国家高新区高新技术企业数/个	878	978	11.39	17	16	1
对外联系强度	219362517.98	437774223.34	99.57	22	16	6
新兴产业发明专利申请量/件	9662	11310	17.06	23	18	5
学研合作发明专利数/件	23	61	165.22	31	19	12
国家高新区外籍常驻人员/人	512	516	0.78	26	26	0
A股上市公司高新技术企业数（上市公司本身）/个	19	17	-10.53	25	29	-4
城市园林绿地面积/公顷	14146.00	15542.00	9.87	34	31	3
国家级科技企业孵化器数/个	8	10	25.00	35	31	4
规模以上工业企业新产品销售收入/万元	14180173.50	15171751.50	6.99	34	33	1
规模以上工业企业R&D人员/人	30808	34234	11.12	39	33	6
科研、技术服务和地质勘查业从业人员/万人	1.31	1.38	5.34	47	46	1
教育支出占比/%	13.35	16.92	26.81	90	53	37
产学研合作发明专利数/件	68	82	20.59	57	58	-1

3. 佛山市

佛山市城市创新生态系统情况见表5-99和图5-127。

表5-99　2015—2019年佛山市城市创新生态系统综合指标

指标	2015年		2016年		2017年		2018年		2019年	
	指标得分	排名	指标得分	排名	指标得分	排名	指标得分	排名	指标得分	排名
城市创新生态系统	19.66	18	20.94	16	21.27	14	19.88	16	19.40	20
1　城市创新主体	20.67	24	20.43	23	21.65	19	22.07	17	23.06	18

续表

指标	2015 年		2016 年		2017 年		2018 年		2019 年	
	指标得分	排名	指标得分	排名	指标得分	排名	指标得分	排名	指标得分	排名
2 城市内部创新生态建构	19.25	14	21.33	13	22.13	14	18.63	16	15.62	24
3 城市间创新生态嵌入	19.05	16	21.07	17	20.02	18	18.94	20	19.52	20

图 5-127 2019 年佛山市城市创新生态系统蛛网图

从基础数据看，佛山市的城市创新主体指标排名总体呈波动上升态势，2019 年较 2015 年上升 6 位。其中，创新主体的动力指标排名呈上升态势且增幅较大，具体表现为，2019 年，"教育支出占比"指标排名第 52 位，较上一年下降 15 位，增速为 -7.68%，较 2015 年上升 11 位，增速为 6.03%；"科学技术支出占比"指标排名第 3 位，较上一年上升 6 位，增速为 53.82%，较 2015 年上升 17 位，增速为 175.52%；"商业信用环境"指标排名第 20 位，较上一年上升 4 位，增速为 2.70%，较 2015 年上升 28 位，增速为 7.31%。创新主体的能力指标排名总体呈波动下降态势，具体表现为，2019 年，"产业结构高级化指数"指标排名第 49 位，较上一年上升 2 位，增速为 0.07%，较 2015 年下降 5 位，增速为 1.40%；2015—2019 年，"高被引学者数"指标值为 0，拉低了该指标排名；"百万人均发明专利申请量"指标排名第 11 位，较上一年下降 4 位，增速为 -49.20%，较 2015 年上升 1 位，增速为 30.16%。创新主体的活力指标排名总体呈波动下降态势，具体表现为，2019 年，"当年新增科技型中小企业数"指标排名第 30 位，较上一年下降 7 位，增速为 -39.94%，较 2015 年下降 12 位，增速为 -34.28%；"新兴产业发明专利申请量"指标排名第 21 位，较上一年下降 9 位，增速为 -45.13%，与 2015 年保持一致，增速为 64.75%；"当年新增企业数"指标排名第 22 位，较上一年上升 4 位，增速为 28.78%，较 2015 年上升 10 位，增速为 243.69%。

佛山市的城市内部创新生态建构指标排名总体呈波动下降态势，且降幅较大，2019 年较 2015 年排名下降 10 位。其中，创新要素的多样性指标排名整体呈波动下降态势，降幅较小，具体表现为，2019 年，"外商、港澳台商投资企业占比"指标排名第 29 位，较上一年下降 6 位，增速为 -24.50%，较 2015 年下降 5 位，增速为 -35.33%；"国家高新区留学归国人员"指标排名第 13 位，较上一年上升 6 位，增速为 123.70%，较 2015 年上升 5 位，增速为 48.47%；"国家高新区外籍常驻人员"指标排名第 14 位，较上一年上升 7 位，增速为 68.39%，较 2015 年上升 7 位，增速为 102.38%。创新要素的协同性指标排名总体呈波动下降态势，降幅较大，具体表现为，2019 年，"学研合作发明专利数"指标排名第 24 位，较上一年下降 18 位，增速为 -74.14%，较 2015 年下降 21 位，增速为 -60.18%；"产业合作发明专利数"指标排名第 6 位，较上一年下降 2 位，增速为 -9.69%，较 2015 年下降 2 位，增速为 6.88%；"产学研合作发明专利数"指标排名第 20 位，较上一年下降 4 位，增速为 -22.66%，较 2015 年上升 8 位，增速为 162.70%。创新平台的发展水平指标排名总体呈波动下降态势，2019 年较 2015 年下降 5 位，具体表现为，2019 年，"国家高新区工业总产值"指标排名第 16 位，较上一年下降 1 位，增速为 3.34%，较 2015 年下降 2 位，增速为 17.08%，除此之外，2018 年和 2019 年，佛山市均无省部共建协同创新中心建立，拉低了该指标排名。创新环境的适宜性指标排名总体呈波动下降态势，具体表现为，2019 年，"AQI 年平均值"指标排名第 32 位，较上一年下降 3 位，增速为 -2.44%，较 2015 年下降 16 位，增速为 -13.40%；"医院床位数"指标排名第 42 位，较上一年下降 2 位，增速为 2.96%，较 2015 年下降 9 位，增速为 16.26%；"当年申请的绿色发明专利数"指标排名第 26 位，较上一年下降 13 位，增速为 -71.11%，较 2015 年下降 4 位，增速为 -4.32%。

佛山市的城市间创新生态嵌入指标排名总体呈下降态势且降幅较小。其中，系统开放性指标排名整体呈下降态势，具体表现为，2019 年，"当年实际使用外资金额"指标排名第 63 位，较上一年上升 5 位，增速为 11.81%，较 2015 年下降 37 位，增速为 -68.13%；"外商直接投资合同项目数"指标排名第 15 位，较上一年下降 2 位，增速为 -6.52%，较 2015 年上升 5 位，增速为 194.96%。外部可达性指标排名总体波动幅度较小，基本稳定，具体表现为，2019 年，"民用航空货邮运量"指标排名第 62 位，较上一年上升 1 位，增速为 19.86%，较 2015 年下降 4 位，增速为 30.17%；"民用航空客运量"指标排名第 64 位，较上一年上升 5 位，较 2015 年上升 1 位。关系嵌入指标排名总体呈波动下降态势，具体表现为，2019 年，"对外联系强度"指标排名第 27 位，较上一年下降 7 位，增速为 -15.51%，与 2015 年保持一致，增速为 190.41%；"先进产业嵌入深度"指标排名第 23 位，较上一年下降 6 位，增速为 -20.50%，较 2015 年下降 9 位，增速为 102.61%。结构嵌入指标排名总体先降后升，增幅较小，具体表现为，2019 年，"特征向量中心度"指标排名第 20 位，较上一年上升 2 位，增速为 10.02%，与 2015 年保持一致，增速为 23.98%；"接近中心度"指标排名第 20 位，较上一年上升 2 位，增速为 2.13%，较 2015 年上升 1 位，增速为 5.40%；"中介中心度"指标排名第 18 位，较上一年上升 12 位，增速为 122.33%，较 2015 年上升 3 位，增速为 64.89%。佛山市在创新合作网络中的地位有所提升。

佛山市部分变化较大的指标见表 5-100。

表 5-100　佛山市部分变化较大的指标

指标	2018 年	2019 年	增速/%	2018 年排名	2019 年排名	排名变化
科学技术支出占比/%	6.78	10.43	53.82	9	3	6
国家高新区高新技术企业数/个	1508	1772	17.51	10	9	1
国家高新区留学归国人员/人	1038	2322	123.70	19	13	6
国家级科技企业孵化器数/个	17	21	23.53	14	13	1
国家高新区外籍常驻人员/人	756	1273	68.39	21	14	7
产学研合作发明专利数/件	428	331	-22.66	16	20	-4
商业信用环境	74.09	76.09	2.70	24	20	4
新兴产业发明专利申请量/件	19506	10702	-45.13	12	21	-9
当年新增企业数/个	10574	13617	28.78	26	22	4
先进产业嵌入深度	683.00	543.00	-20.50	17	23	-6
当年申请的绿色发明专利数/件	3139	907	-71.11	13	26	-13
对外联系强度	232535325.24	196473736.48	-15.51	20	27	-7
市场多样性	0.05	0.03	-48.75	23	29	-6
外商、港澳台商投资企业占比/%	18.35	13.86	-24.50	23	29	-6
当年新增科技型中小企业数/个	348	209	-39.94	23	30	-7
AQI 年平均值	71.58	73.33	-2.44	29	32	-3
医生数/人	20001	20937	4.68	39	39	0
医院床位数/张	34508	35530	2.96	40	42	-2
产业结构高级化指数	6.86	6.87	0.07	51	49	2
教育支出占比/%	18.38	16.97	-7.68	37	52	-15
普通高等学校专任教师数/人	3528	3770	6.86	76	75	1

4. 惠州市

惠州市城市创新生态系统情况见表 5-101 和图 5-128。

表 5-101　2015—2019 年惠州市城市创新生态系统综合指标

指标	2015 年		2016 年		2017 年		2018 年		2019 年	
	指标得分	排名	指标得分	排名	指标得分	排名	指标得分	排名	指标得分	排名
城市创新生态系统	15.42	27	15.93	27	16.32	25	15.41	27	15.02	28
1　城市创新主体	19.74	28	18.48	27	19.14	23	18.70	25	18.08	27

续表

指标	2015 年		2016 年		2017 年		2018 年		2019 年	
	指标得分	排名	指标得分	排名	指标得分	排名	指标得分	排名	指标得分	排名
2　城市内部创新生态建构	15.30	22	15.07	23	15.64	22	14.24	27	13.55	29
3　城市间创新生态嵌入	11.23	51	14.25	38	14.17	34	13.29	35	13.43	44

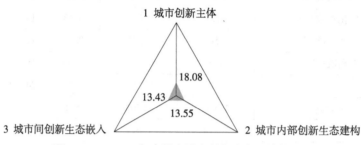

图 5-128　2019 年惠州市城市创新生态系统蛛网图

　　从基础数据看，惠州市的城市创新主体指标排名波动幅度较小。其中，创新主体的动力指标排名总体呈波动下降态势，具体表现为，2019 年，"科学技术支出占比"指标排名第 22 位，较上一年上升 2 位，增速为 0.53%，较 2015 年下降 5 位，增速为 0.58%；"市场多样性"指标排名第 7 位，较上一年下降 2 位，增速为-49.62%，较 2015 年下降 4 位，增速为-72.31%；"商业信用环境"指标排名第 38 位，较上一年下降 13 位，增速为 0.76%，较 2015 年上升 8 位，增速为 4.92%；"教育支出占比"指标排名第 22 位，较上一年上升 3 位，增速为-1.16%，较 2015 年上升 11 位，增速为-0.58%。创新主体的能力指标排名总体呈波动上升态势，具体表现为，2019 年，"国家高新区 R&D 人员"指标排名第 32 位，较上一年下降 2 位，增速为-13.22%，较 2015 年上升 15 位，增速为 90.19%；"国家高新区 R&D 经费内部支出"指标排名第 32 位，较上一年下降 1 位，增速为 8.56%，较 2015 年上升 17 位，增速为 178.22%；"规模以上工业企业 R&D 人员"指标排名第 22 位，较上一年上升 2 位，增速为 12.14%，较 2015 年上升 20 位，增速为 130.93%；"科研、技术服务和地质勘查业从业人员"指标排名第 52 位，较上一年上升 17 位，增速为 60.00%，较 2015 年上升 34 位，增速为 108.00%；"产业结构高级化指数"指标排名第 64 位，较上一年下降 3 位，增速为-0.27%，较 2015 年下降 8 位，增速为 0.84%；"百万人均发明专利申请量"指标排名第 40 位，较上一年上升 5 位，增速为-0.97%，较 2015 年下降 10 位，增速为-0.06%。创新主体的活力指标排名总体呈波动上升态势，具体表现为，2019 年，"当年新增科技型中小企业数"指标排名第 48 位，较上一年下降 13 位，增速为-39.51%，较 2015 年下降 12 位，增速为-10.91%；"新兴产业发明专利申请量"指标排名第 49 位，较上一年上升 4 位，增速为 5.62%，较 2015 年下降 12 位，增速为 22.99%；"A 股上市公司高新技术企业数（上市公司本身）"指标排名第 43 位，较上一年下降 1 位，较 2015 年上升 12 位，增速为 60.00%；"当年新增企业数"指标排名第 42 位，较上一年上升 6 位，增速为 50.07%，较 2015 年上升 30 位，增速为 401.82%。

惠州市的城市内部创新生态建构指标排名总体呈波动下降态势，且降幅较大。其中，创新要素的多样性指标排名领先，且波动幅度较小，具体表现为，2019 年，"外商、港澳台商投资企业占比"指标排名第 7 位，较上一年下降 2 位，增速为 -21.50%，较 2015 年下降 4 位，增速为 -36.68%；"国家高新区外籍常驻人员"指标排名第 21 位，较上一年上升 2 位，增速为 24.84%，较 2015 年上升 5 位，增速为 88.18%；"国家高新区留学归国人员"指标排名第 44 位，较上一年下降 3 位，增速为 17.58%，较 2015 年上升 7 位，增速为 82.42%。创新要素的协同性指标排名总体呈波动上升态势，增幅较大，2019 年指标排名较上一年上升 13 位，具体表现为，2019 年，"产学研合作发明专利数"指标排名第 66 位，较上一年上升 7 位，增速为 58.54%，较 2015 年上升 9 位，增速为 282.35%；"学研合作发明专利数"指标排名第 51 位，较上一年上升 21 位，较 2015 年上升 15 位。创新平台的发展水平指标排名总体呈波动下降态势，下降幅度较大，具体表现为，2019 年，"国家高新区工业总产值"指标排名第 30 位，较上一年下降 4 位，增速为 -11.24%，较 2015 年下降 10 位，增速为 -13.86%；2018 年和 2019 年均无省部共建协同创新中心建立，因此拉低了该指标的排名。创新环境的适宜性指标排名总体呈波动下降态势，降幅较小，具体表现为，2019 年，"医生数"指标排名第 72 位，与上一年保持一致，增速为 4.90%，较 2015 年下降 5 位，增速为 19.59%；"公共图书馆图书总藏量"指标排名第 75 位，较上一年下降 5 位，增速为 2.61%，较 2015 年下降 3 位，增速为 39.92%；"AQI 年平均值"指标排名第 8 位，较上一年上升 1 位，增速为 2.59%，较 2015 年下降 1 位，增速为 -4.31%；"医院床位数"指标排名第 94 位，较上一年下降 2 位，增速为 2.75%，较 2015 年下降 14 位，增速为 7.61%。

惠州市的城市间创新生态嵌入指标排名总体先升后降，增幅较大。其中，系统开放性指标排名整体呈波动下降态势，具体表现为，2019 年，"当年实际使用外资金额"指标排名第 55 位，较上一年下降 1 位，增速为 1.20%，较 2015 年下降 10 位，增速为 -13.83%；"外商直接投资合同项目数"指标排名第 18 位，较上一年下降 13 位，增速为 -80.56%，较 2015 年上升 3 位，增速为 66.67%。外部可达性指标排名总体呈波动上升态势且增幅较大，具体表现为，2019 年，"截至当年所拥有的高铁站点数"指标排名第 15 位，较上一年下降 1 位，较 2015 年上升 39 位，以高铁为代表的陆运交通基础设施建设水平有明显提升。关系嵌入指标排名总体呈波动下降态势，具体表现为，2019 年，"对外联系强度"指标排名第 60 位，较上一年下降 10 位，增速为 -9.81%，较 2015 年下降 3 位，增速为 150.38%；"先进产业嵌入深度"指标排名第 41 位，与上一年保持一致，增速为 27.13%，较 2015 年上升 10 位，增速为 343.24%。惠州市应继续提高同其他城市在高新技术以及创新方面的合作强度。结构嵌入指标排名总体呈波动上升态势且增幅较大，具体表现为，2019 年，"特征向量中心度"指标排名第 67 位，较上一年下降 3 位，增速为 4.48%，较 2015 年上升 7 位，增速为 60.49%；"接近中心度"指标排名第 60 位，较上一年下降 7 位，增速为 0.74%，较 2015 年上升 18 位，增速为 6.38%。惠州市应继续提升在创新合作网络中的地位，积极与先进地区建立合作关系，提升自身创新能力。

惠州市部分变化较大的指标见表 5-102。

表 5-102　惠州市部分变化较大的指标

指标	2018 年	2019 年	增速/%	2018 年排名	2019 年排名	排名变化
教育支出占比/%	19.65	19.42	-1.16	25	22	3
规模以上工业企业 R&D 人员/人	50199	56291	12.14	24	22	2
国家高新区工业总产值/千元	241754946.00	214578021.00	-11.24	26	30	-4
国家高新区 R&D 人员/人	19987	17345	-13.22	30	32	-2
国家高新区 R&D 经费内部支出/千元	4601708.00	4995514.00	8.56	31	32	-1
商业信用环境	73.90	74.46	0.76	25	38	-13
百万人均发明专利申请量/（件/百万人）	1243.83	1231.79	-0.97	45	40	5
先进产业嵌入深度	129.00	164.00	27.13	41	41	0
当年新增企业数/个	4969	7457	50.07	48	42	6
A 股上市公司高新技术企业数（上市公司本身）/个	8	8	0.00	42	43	-1
国家高新区留学归国人员/人	256	301	17.58	41	44	-3
当年新增科技型中小企业数/个	162	98	-39.51	35	48	-13
新兴产业发明专利申请量/件	3419	3611	5.62	53	49	4
学研合作发明专利数/件	1	11	1000.00	72	51	21
科研、技术服务和地质勘查业从业人员/万人	0.65	1.04	60.00	69	52	17
对外联系强度	68491130.24	61773319.87	-9.81	50	60	-10
接近中心度	0.51	0.52	0.74	53	60	-7
产业结构高级化指数	6.79	6.77	-0.27	61	64	-3
产学研合作发明专利数/件	41	65	58.54	73	66	7
特征向量中心度	0.23	0.24	4.48	64	67	-3
产业合作发明专利数/件	175	166	-5.14	64	69	-5
医院床位数/张	15916	16354	2.75	92	94	-2

5. 中山市

中山市城市创新生态系统情况见表 5-103 和图 5-129。

表 5-103　2015—2019 年中山市城市创新生态系统综合指标

指标	2015 年		2016 年		2017 年		2018 年		2019 年	
	指标得分	排名	指标得分	排名	指标得分	排名	指标得分	排名	指标得分	排名
城市创新生态系统	13.88	34	14.15	32	13.81	32	13.24	36	13.39	40
1　城市创新主体	17.53	34	17.30	30	17.58	28	17.09	30	16.92	33
2　城市内部创新生态建构	12.07	29	12.74	27	12.51	28	11.91	34	11.19	37
3　城市间创新生态嵌入	12.04	44	12.40	52	11.35	53	10.73	58	12.06	54

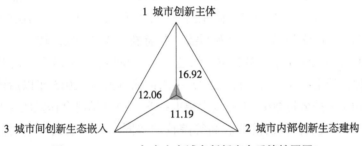

图 5-129　2019 年中山市城市创新生态系统蛛网图

从基础数据看，中山市的城市创新主体指标排名基本保持稳定。其中，创新主体的动力指标排名总体呈波动上升态势，具体表现为，2019 年，"商业信用环境"指标排名第 73 位，较上一年下降 12 位，增速为 0.26%，较 2015 年上升 2 位，增速为3.20%；"科学技术支出占比"指标排名第 7 位，较上一年下降 4 位，增速为-13.65%，较 2015 年上升 7 位，增速为 73.15%；"教育支出占比"指标排名第 41 位，较上一年上升 26 位，增速为 11.73%，较 2015 年上升 7 位，增速为-1.35%。创新主体的能力指标排名总体呈波动下降态势，具体表现为，2019 年，"国家高新区 R&D 经费内部支出"指标排名第 49 位，较上一年下降 1 位，增速为 9.36%，较 2015 年下降 9位，增速为-16.55%；"国家高新区 R&D 人员"指标排名第 41 位，较上一年上升 4位，增速为 21.80%，较 2015 年下降 3 位，增速为 18.10%；"规模以上工业企业 R&D人员"指标排名第 39 位，较上一年下降 10 位，增速为-14.87%，较 2015 年下降 14位，增速为-19.00%；"科研、技术服务和地质勘查业从业人员"指标排名第 70 位，较上一年上升 15 位，增速为 58.33%，较 2015 年上升 26 位，增速为 117.14%。创新主体的活力指标排名总体呈波动上升态势且增幅较小，具体表现为，2019 年，"当年新增科技型中小企业数"指标排名第 52 位，较上一年下降 4 位，增速为-18.27%，较 2015

年下降 15 位，增速为-22.02%；"新兴产业发明专利申请量"指标排名第 52 位，较上一年下降 9 位，增速为-26.78%，较 2015 年下降 8 位，增速为 35.50%；"数字普惠金融指数"指标排名第 21 位，较上一年上升 1 位，增速为 5.34%，较 2015 年上升 2 位，增速为 39.34%；"当年新增企业数"指标排名第 51 位，较上一年上升 13 位，增速为 44.34%，较 2015 年上升 20 位，增速为 248.21%。

中山市的城市内部创新生态建构指标排名总体呈波动下降态势，降幅较大。其中，创新要素的多样性指标排名呈波动下降态势，降幅较小，具体表现为，2019 年，"国家高新区留学归国人员"指标排名第 50 位，较上一年下降 2 位，增速为 13.47%，较 2015 年下降 5 位，增速为-6.41%；"外商、港澳台商投资企业占比"指标排名第 13 位，较上一年下降 3 位，增速为-17.94%，较 2015 年下降 2 位，增速为-27.98%；"国家高新区外籍常驻人员"指标排名第 17 位，与上一年保持一致，增速为 10.43%，较 2015 年下降 1 位，增速为 46.25%。创新要素的协同性指标排名总体呈波动上升态势且增幅较大，2019 年较 2015 年上升 24 位，具体表现为，2019 年，"产业合作发明专利数"指标排名第 56 位，较上一年下降 12 位，增速为-20.89%，较 2015 年下降 6 位，增速为 77.69%；"产学研合作发明专利数"指标排名第 70 位，较上一年下降 15 位，增速为-20.83%，2015 年下降 3 位，增速为 159.09%；"学研合作发明专利数"指标排名第 35 位，较上一年上升 9 位，2015 年该指标值为 0，2015 年以后该指标值逐渐增加，因此 2019 年排名较 2015 年有较大幅度提升，但是学研合作发明专利数相较于本省其他城市，仍旧较低，科研院所和高等院校的协同水平亟须提升。创新平台的发展水平指标排名总体呈波动下降态势，具体表现为，2019 年，"国家高新区工业总产值"指标排名第 37 位，较上一年下降 3 位，增速为-4.22%，较 2015 年下降 7 位，增速为-23.17%；"国家高新区高新技术企业数"指标排名第 32 位，较上一年下降 2 位，增速为 8.60%，较 2015 年上升 7 位，增速为 295.76%。除此之外，2018 年和 2019 年，中山市无省部共建协同创新中心建立，这也拉低了该指标的排名。创新环境的适宜性指标排名总体呈波动下降态势，具体表现为，2019 年，"AQI 年平均值"指标排名第 25 位，较上一年下降 9 位，增速为-11.86%，较 2015 年下降 14 位，增速为-25.81%；"文化、体育和娱乐业从业人员比重"指标排名第 39 位，较上一年上升 5 位，增速为 24.36%，较 2015 年下降 3 位，增速为-2.45%；"公共图书馆图书总藏量"指标排名第 43 位，较上一年上升 22 位，增速为 89.16%，较 2015 年上升 32 位，增速为 186.57%。

中山市的城市间创新生态嵌入指标排名总体呈波动下降态势且降幅较大。其中，系统开放性指标排名波动幅度较小，具体表现为，2019 年，"国际旅游外汇收入"指标排名第 39 位，较上一年上升 1 位，增速为 12.12%，较 2015 年下降 4 位，增速为 2.30%；"当年实际使用外资金额"指标排名第 76 位，与上一年保持一致，增速为 4.62%，较 2015 年下降 1 位，增速为 20.73%；"外商直接投资合同项目数"指标排名第 23 位，较上一年下降 6 位，增速为-46.92%，较 2015 年上升 3 位，增速为 61.46%。外部可达性指标排名总体呈下降态势，具体表现为，2019 年，"截至当年所拥有的高铁站点数"指标排名第 52 位，较上一年下降 7 位，较 2015 年下降 23 位。中山市以高铁为代表的交通基础设施建设水平有待提升，此外，中山市无大型民用机场，这也是影响其外部可达性的短板因素。关系嵌入指标排名总体呈波动上升态势且波动幅度较大，具体表现为，2019 年，"先进产业嵌入深度"指标排名第 49 位，较上一年下降 14 位，增速为-16.34%，较 2015 年上升 4 位，增速为 287.88%；"对外联系强度"指标排名第 63 位，较上一年下降 10 位，增速为-7.72%，较 2015 年上升 15 位，增速为507.62%。中山市应继续提升同其他城市在高新技术以及创新方面的合作强度，借力外部资源实现自身发展。结构嵌入指标排名总体呈波动下降态势，具体表现为，2019 年，"特征向量中心度"指标排名第 59 位，较上一年上升 8 位，增速为 23.67%，较 2015年下降 11 位，增速为 18.52%；"接近中心度"指标排名第 57 位，较上一年上升 12位，增速为 2.44%，较 2015 年下降 10 位，增速为 3.41%。相较于 2015 年，2019 年中山市在创新合作网络中的地位有所下降，但是较上一年地位又有所提升。因此，中山市应该继续保持增长态势，不断提升在创新合作网络中的话语权，并努力占据关键位置。

中山市部分变化较大的指标见表 5-104。

表 5-104　中山市部分变化较大的指标

指标	2018 年	2019 年	增速/%	2018 年排名	2019 年排名	排名变化
科学技术支出占比/%	9.37	8.09	-13.65	3	7	-4
AQI 年平均值	63.92	71.50	-11.86	16	25	-9
国家高新区高新技术企业数/个	430	467	8.60	30	32	-2
学研合作发明专利数/件	13	26	100.00	44	35	9
国家高新区工业总产值/千元	147128222.00	140925614.00	-4.22	34	37	-3
规模以上工业企业 R&D 人员/人	36620	31176	-14.87	29	39	-10
国家高新区 R&D 人员/人	11162	13595	21.80	45	41	4
教育支出占比/%	16.07	17.95	11.73	67	41	26
公共图书馆图书总藏量/千册（件）	2580.00	4880.30	89.16	65	43	22
国家高新区 R&D 经费内部支出/千元	2092968.00	2288780.00	9.36	48	49	-1
先进产业嵌入深度	153.00	128.00	-16.34	35	49	-14
国家高新区留学归国人员/人	193	219	13.47	48	50	-2
国家级科技企业孵化器数/个	5	6	20.00	48	50	-2
当年新增企业数/个	3708	5352	44.34	64	51	13
当年新增科技型中小企业数/个	104	85	-18.27	48	52	-4
新兴产业发明专利申请量/件	4504	3298	-26.78	43	52	-9
产业合作发明专利数/件	292	231	-20.89	44	56	-12

指标	2018 年	2019 年	增速/%	2018 年排名	2019 年排名	排名变化
接近中心度	0.51	0.52	2.44	69	57	12
特征向量中心度	0.22	0.28	23.67	67	59	8
对外联系强度	61082516.40	56365809.53	−7.72	53	63	−10
产学研合作发明专利数/件	72	57	−20.83	55	70	−15
科研、技术服务和地质勘查业从业人员/万人	0.48	0.76	58.33	85	70	15
商业信用环境	70.98	71.16	0.26	61	73	−12
城市园林绿地面积/公顷	6163.00	6320.00	2.55	76	79	−3

基于上述分析，广东省要坚持把科技自立自强作为发展的战略支撑，深化科技体制改革，构建"基础研究+技术攻关+成果产业化+科技金融"的全过程创新生态链，加快建设更高水平的科技创新强省。一方面，广东省应该以粤港澳大湾区国际科技创新中心为引领，全面推进粤港澳大湾区综合性国家科学中心、国家技术创新中心建设，打造学科集中、区域集聚的世界一流重大科技基础设施群。另一方面，广东省也需要制定更加积极、开放、有效的人才政策，培育引进具有国际水平的战略科技人才、科技领军人才、青年科技人才和高水平创新团队。

5.15　河南省

河南省共有 10 个城市纳入分析，分别是郑州市、洛阳市、许昌市、南阳市、新乡市、焦作市、商丘市、驻马店市、信阳市、周口市。根据 2019 年城市创新生态系统综合排名情况，本节选择河南省内排名前 5 位的城市——郑州市、洛阳市、许昌市、南阳市、新乡市，作为重点分析对象。

从河南省内来看，省会城市郑州市的城市创新生态系统综合排名远高于省内其他城市，且排名基本稳定。洛阳市排名仅次于郑州市，虽然排名有小幅提升，但是仍与省会城市存在较大差距。许昌市、南阳市和新乡市的排名基本处于同一水平，其中，南阳市排名有较大幅度提升，新乡市排名有小幅下降，许昌市排名基本保持稳定。

从河南省内各城市的表现来看，郑州市的城市创新主体指标排名处于全国上游水平，较为领先。从指标维度来看，该城市的创新主体的动力指标排名有较大幅度提升，但是相比于创新主体的能力和创新主体的活力指标，排名依旧落后。具体来说，地方财政中用于教育支出的比例较低是创新主体的动力不足的主要原因。城市内部创新生态建构指标排名有较大幅度下降，这主要反映在创新要素的多样性方面。从基础数据来看，国家级高新区对留学归国人员和外籍人员的吸引力大幅下降是造成创新要素的多样性指标排名出现较大降幅的主要原因。城市间创新生态嵌入指标排名总体上高于城市创新主体指标，表现突出。从基础数据来看，郑州市具有较高的外部通达性，而且对外联系强度以及先进产业嵌入深度均有明显提升。此外，随着外部联系增多，郑州市在创新合作网络中能够占据关键位置并拥有一定话语权。

洛阳市在城市创新主体、城市内部创新生态建构和城市间创新生态嵌入 3 个方面表现较为均衡，无明显的发展偏向性。从基础数据来看，洛阳市政府在科学技术方面的大力投入，为创新发展提供了充足的动力。2019 年，洛阳市新增 1 个省部共建协同创新中心，因此城市内部创新生态建构指标排名在 2019 年有较大幅度提升。值得关注的是，洛阳市的高铁建设速度较慢，外部可达性指标排名非常靠后，这已经成为制约洛阳市建立外部创新合作关系、提升对外联系强度的关键因素。

对于许昌市而言，尤其需要关注的是，城市内部创新生态建构指标在 100 个样本城市中排名最后一位，这严重阻碍了许昌市的创新生态建设。从指标维度来看，除了创新要素的协同性，创新要素的多样性、创新平台的发展水平以及创新环境的适宜性指标排名均处于落后水平。从基础数据来看，外商、港澳台商投资企业占比低，无国家级高新区建立，以及"国家高新区外籍常驻人员"和"国家高新区留学归国人员"两个指标值均为 0，是导致创新要素的多样性指标排名落后的主要原因；许昌市仅有 1 个国家级科技企业孵化器，创新平台的发展水平严重低下；许昌市的自然环境、生活环境以及医疗卫生条件均处于全国落后水平，亟须提高创新环境的适宜性以吸引更多的优质创新要素在此集聚。

对于南阳市而言，城市创新主体指标排名较为领先，这主要体现在创新主体的动力方面。从基础数据来看，商业环境改善以及政府在教育方面的大力投入为创新发展注入了动力。在城市内部创新生态建构方面，南阳市在各个维度的表现均较为落后。从基础数据来看，一方面，南阳市的国家级高新区体量小且发展较慢，因此在带动城市创新发展方面发挥的作用有限；另一方面，由于缺少国家级创新平台以及创新环境的适宜性较低，难以吸引优质创新要素在此集聚。在城市间创新生态嵌入方面，南阳市在各个子维度均无突出表现。南阳市一方面应尽量提高交通基础设施建设水平，为建立外部联系奠定良好的基础；另一方面，应该借助自身独特的优势，加强与省会城市以及省内发达城市的创新合作，利用外部资源促进自身创新发展。

新乡市的城市创新主体指标排名总体呈上升态势，相比较于同一级的其他 2 个指标，较为领先。从基础数据来看，科学技术方面投入的增加以及商业环境的改善为创新发展提供了动力。但是，由于缺乏高素质的科研人员以及重大创新成果，创新能力严重不足。新创企业数量少且增长缓慢也表明了新乡市缺乏创新活力。城市内部创新生态建构指标和城市间创新生态嵌入指标排名处于河南省内乃至全国靠后的位置。在城市内部创新生态建构方面，高等院校和科研院所之间的创新合作成果较少，造成创新要素的协同性指标排名有较大幅度下降。此外，创新环境的适宜性指标排名靠后，新乡市应该加强自然环境和文化环境建设，坚持绿色可持续发展道路。在城市间创新生态嵌入方面，新乡市具有相对较高的系统开放性水平，但是外部可达性指标排名、关系嵌入指标排名和结构嵌入指标排名落后。从基础数据来看，截至2019年新乡市仅拥有1个高铁站点且无民用机场，交通基础设施建设水平严重落后于同期其他城市。受制于本地落后的创新发展水平，新乡市难以在先进产业领域与其他城市建立合作关系，在创新合作网络中处于边缘位置。

5.15.1　总体情况

2019年，郑州市的城市创新生态系统综合排名第23位，较上一年上升1位，较2015年下降1位；洛阳市的城市创新生态系统综合排名第59位，较上一年上升1位，较2015年上升2位；许昌市的城市创新生态系统综合排名第81位，较上一年上升1位，较2015年上升1位；南阳市的城市创新生态系统综合排名第85位，较上一年上升5位，较2015年上升6位；新乡市的城市创新生态系统综合排名第86位，与上一年保持一致，较2015年下降2位（见图5-130）。

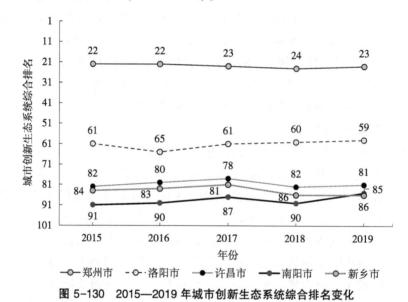

图5-130　2015—2019年城市创新生态系统综合排名变化

1. 城市创新主体维度

从城市创新主体维度来看，2019年，郑州市排名第20位，较上一年上升2位，较2015年上升2位；洛阳市排名第55位，较上一年下降1位，较2015年上升6位；许昌市排名第77位，与上一年保持一致，较2015年上升5位；南阳市排名第68位，较上一年上升14位，较2015年上升20位；新乡市排名第74位，较上一年上升1位，较2015年上升5位（见图5-131）。

省会城市郑州市的城市创新主体指标排名远高于河南省内其他城市，洛阳市次之。虽然洛阳市指标排名保持波动上升态势且增幅较大，但是仍与郑州市存在较大差距。

许昌市、南阳市和新乡市的指标排名处于同一水平。其中，南阳市指标排名在 2019 年有较大幅度提升，新乡市和许昌市排名保持增长态势。

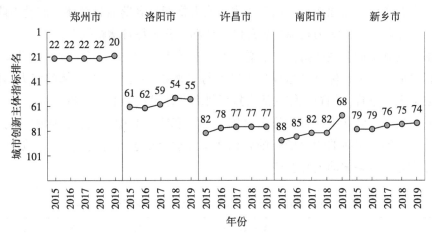

图 5-131　2015—2019 年城市创新主体指标排名变化

从城市创新主体维度下的二级指标来看，就创新主体的动力指标而言，2019 年，郑州市排名第 37 位，较上一年上升 11 位，较 2015 年上升 16 位；洛阳市排名第 49 位，较上一年上升 3 位，较 2015 年上升 20 位；许昌市排名第 68 位，较上一年上升 1 位，较 2015 年上升 13 位；南阳市排名第 47 位，较上一年上升 10 位，较 2015 年上升 30 位；新乡市排名第 65 位，较上一年上升 1 位，较 2015 年上升 19 位（见表 5-105 和图 5-132）。

就创新主体的能力指标而言，2019 年，郑州市排名第 17 位，较上一年下降 1 位，较 2015 年下降 4 位；洛阳市排名第 47 位，与上一年保持一致，较 2015 年上升 1 位；许昌市排名第 91 位，较上一年下降 7 位，较 2015 年下降 10 位；南阳市排名第 83 位，较上一年上升 7 位，较 2015 年上升 6 位；新乡市排名第 73 位，较上一年上升 5 位，较 2015 年上升 3 位（见表 5-105 和图 5-132）。

就创新主体的活力指标而言，2019 年，郑州市排名第 13 位，较上一年上升 1 位，较 2015 年上升 6 位；洛阳市排名第 59 位，较上一年下降 3 位，较 2015 年上升 3 位；许昌市排名第 73 位，较上一年上升 3 位，较 2015 年上升 8 位；南阳市排名第 84 位，较上一年上升 2 位，较 2015 年上升 6 位；新乡市排名第 77 位，较上一年上升 3 位，较 2015 年上升 6 位（见表 5-105 和图 5-132）。

综上所述，郑州市的城市创新主体指标排名总体呈上升态势且增幅较小。其中，创新主体的动力指标排名增幅较大；创新主体的能力指标排名总体呈波动下降态势，降幅较小；创新主体的活力指标排名总体呈上升态势且增幅较大。

洛阳市的城市创新主体指标排名总体呈波动上升态势且增幅较大。其中，创新主体的动力指标排名总体呈波动上升态势且增幅较大；创新主体的能力指标排名波动较小，基本保持稳定；创新主体的活力指标排名总体呈波动上升态势，增幅较小，2019

年排名有小幅回落。

　　许昌市的城市创新主体指标排名总体呈上升态势。其中，创新主体的动力指标排名呈波动上升态势，增幅较大；创新主体的能力指标排名落后且总体呈波动下降态势，降幅较大；创新主体的活力指标排名总体呈波动上升态势且增幅较大。

　　南阳市的城市创新主体指标排名总体呈上升态势，2019年指标排名提升明显。其中，创新主体的动力指标排名总体呈上升态势且增幅较大，创新主体的能力指标排名总体呈波动上升态势，创新主体的活力指标排名总体呈波动上升态势。

　　新乡市的城市创新主体指标排名总体呈上升态势。其中，创新主体的动力指标排名增幅较大，创新主体的能力指标排名总体呈波动上升态势且增幅较小，创新主体的活力指标排名总体呈波动上升态势。

表 5-105　2015—2019 年城市创新主体指标得分及排名

城市	指标	2015 年		2016 年		2017 年		2018 年		2019 年	
		指标得分	排名	指标得分	排名	指标得分	排名	指标得分	排名	指标得分	排名
郑州市	1　城市创新主体	21.90	22	20.55	22	20.50	22	20.54	22	22.24	20
	1.1　创新主体的动力	21.58	53	16.92	53	17.16	49	18.39	48	24.58	37
	1.2　创新主体的能力	23.30	13	21.29	16	20.74	15	19.93	16	19.28	17
	1.3　创新主体的活力	20.81	19	23.46	16	23.61	14	23.30	14	22.86	13
洛阳市	1　城市创新主体	12.11	61	10.54	62	10.83	59	11.72	54	12.39	55
	1.1　创新主体的动力	17.58	69	14.07	74	14.76	65	16.71	52	20.15	49
	1.2　创新主体的能力	10.01	48	9.42	49	9.47	46	9.41	47	8.42	47
	1.3　创新主体的活力	8.74	62	8.12	67	8.28	63	9.05	56	8.58	59
许昌市	1　城市创新主体	8.69	82	7.87	78	7.84	77	7.94	77	8.38	77
	1.1　创新主体的动力	16.56	81	12.33	84	12.85	80	14.41	69	16.60	68
	1.2　创新主体的能力	4.52	81	4.49	81	4.60	79	3.99	84	3.20	91
	1.3　创新主体的活力	4.98	81	6.78	71	6.08	72	5.42	76	5.33	73
南阳市	1　城市创新主体	7.78	88	7.02	85	7.41	82	7.44	82	9.33	68
	1.1　创新主体的动力	16.82	77	14.07	73	15.46	60	16.30	57	20.63	47
	1.2　创新主体的能力	3.66	89	3.48	90	3.10	90	2.91	90	3.85	83
	1.3　创新主体的活力	2.87	90	3.50	86	3.66	85	3.10	86	3.51	84
新乡市	1　城市创新主体	8.70	79	7.75	79	7.88	76	8.20	75	9.02	74
	1.1　创新主体的动力	16.06	84	12.92	81	13.08	76	14.81	66	17.29	65
	1.2　创新主体的能力	5.47	76	5.35	75	5.52	73	4.88	78	4.78	73
	1.3　创新主体的活力	4.58	83	4.97	82	5.04	83	4.91	80	4.98	77

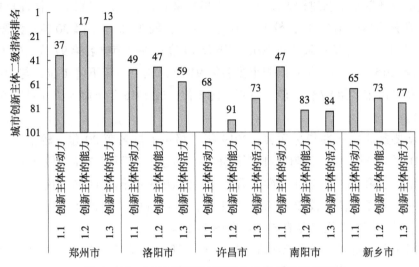

图 5-132　2019 年城市创新主体二级指标排名情况

2. 城市内部创新生态建构维度

从城市内部创新生态建构维度来看，2019 年，郑州市排名第 34 位，较上一年上升 1 位，较 2015 年下降 9 位；洛阳市排名第 59 位，较上一年上升 17 位，较 2015 年上升 9 位；许昌市排名第 100 位，较上一年下降 1 位，较 2015 年下降 1 位；南阳市排名第 93 位，较上一年下降 5 位，较 2015 年下降 7 位；新乡市排名第 90 位，较上一年上升 1 位，与 2015 年保持一致（见图 5-133）。

省会城市郑州市的城市内部创新生态建构指标排名遥遥领先于河南省内其他城市，但是 2015—2019 年指标排名整体呈波动下降态势且降幅较大。洛阳市排名仅次于郑州市，在 2019 年出现较大幅度提升。许昌市、南阳市和新乡市的指标排名基本处于同一水平，排名基本稳定，与省内的发达城市以及全国其他城市相比存在较大的差距。

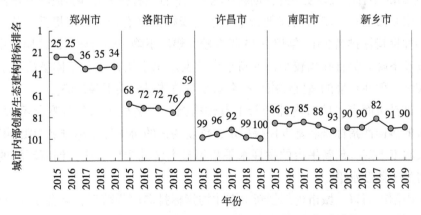

图 5-133　2015—2019 年城市内部创新生态建构指标排名变化

从城市内部创新生态建构维度下的二级指标来看，就创新要素的多样性指标而言，2019年，郑州市排名第73位，较上一年上升3位，较2015年下降30位；洛阳市排名第88位，与上一年保持一致，较2015年下降19位；许昌市排名第97位，较上一年上升1位，较2015年下降1位；南阳市排名第91位，较上一年下降1位，与2015年保持一致；新乡市排名第87位，较上一年下降3位，较2015年下降5位（见表5-106和图5-134）。

就创新要素的协同性指标而言，2019年，郑州市排名第20位，较上一年上升2位，较2015年上升1位；洛阳市排名第56位，较上一年下降5位，较2015年下降5位；许昌市排名第66位，较上一年上升5位，较2015年下降19位；南阳市排名第90位，较上一年下降6位，较2015年上升1位；新乡市排名第80位，较上一年下降6位，较2015年下降28位（见表5-106和图5-134）。

就创新平台的发展水平指标而言，2019年，郑州市排名第24位，较上一年上升2位，较2015年下降8位；洛阳市排名第31位，较上一年上升16位，较2015年上升18位；许昌市排名第94位，较上一年下降1位，较2015年下降3位；南阳市排名第92位，较上一年下降7位，较2015年下降17位；新乡市排名第75位，较上一年下降6位，较2015年下降8位（见表5-106和图5-134）。

就创新环境的适宜性指标而言，2019年，郑州市排名第29位，较上一年下降2位，较2015年上升4位；洛阳市排名第86位，较上一年下降4位，较2015年下降16位；许昌市排名第99位，与上一年保持一致，较2015年下降4位；南阳市排名第92位，较上一年下降8位，较2015年下降18位；新乡市排名第93位，较上一年上升5位，较2015年上升3位（见表5-106和图5-134）。

综上所述，对于郑州市而言，城市内部创新生态建构指标排名处于波动下降态势，降幅较大。其中，创新要素的多样性指标排名2019年较2015年有很大幅度下降；创新要素的协同性指标排名领先于其余3个二级指标，增幅较小；创新平台的发展水平指标排名2019年较2015年有较大幅度下降；创新环境的适宜性指标排名总体呈波动上升态势。

对于洛阳市而言，城市内部创新生态建构指标排名有较大幅度提升。其中，创新要素的多样性指标排名2019年较2015年有较大幅度下降，创新要素的协同性指标排名总体呈波动下降态势且降幅较小，创新平台的发展水平指标排名总体呈波动上升态势且增幅较大，创新环境的适宜性指标排名落后且总体呈波动下降态势。

对于许昌市而言，城市内部创新生态建构指标排名处于末位且变化不大。其中，创新要素的多样性指标排名基本保持稳定，创新要素的协同性指标排名2019年较2015年有较大幅度下降，创新平台的发展水平指标排名波动幅度较小，创新环境的适宜性指标排名处于落后水平。

对于南阳市而言，城市内部创新生态建构指标排名较为落后，且有较大幅度下降。其中，创新要素的多样性指标排名落后且基本保持稳定，创新要素的协同性指标排名在2019年有较大幅度下降，创新平台的发展水平指标排名总体呈下降态势且降幅较大，创新环境的适宜性指标排名落后且下降幅度较大。

对于新乡市而言，城市内部创新生态建构指标排名较为落后。其中，创新要素的多样性指标排名总体呈波动下降态势，创新要素的协同性指标排名 2019 年较 2015 年有较大幅度下降，创新平台的发展水平指标排名高于其余 3 个二级指标，总体呈波动下降态势，创新环境的适宜性指标排名落后且有所波动。

表 5-106　2015—2019 年城市内部创新生态建构指标得分及排名

城市	指标	2015 年		2016 年		2017 年		2018 年		2019 年	
		指标得分	排名	指标得分	排名	指标得分	排名	指标得分	排名	指标得分	排名
郑州市	2　城市内部创新生态建构	12.87	25	13.06	25	11.07	36	11.43	35	11.95	34
	2.1　创新要素的多样性	8.56	43	8.81	39	5.55	54	2.68	76	3.28	73
	2.2　创新要素的协同性	3.71	21	3.15	27	4.73	23	5.05	22	5.57	20
	2.3　创新平台的发展水平	20.31	16	20.37	18	13.19	22	17.41	26	19.71	24
	2.4　创新环境的适宜性	18.90	33	19.91	28	20.81	26	20.59	27	19.23	29
洛阳市	2　城市内部创新生态建构	5.82	68	5.04	72	5.33	72	4.81	76	6.66	59
	2.1　创新要素的多样性	3.42	69	1.89	84	1.46	88	1.41	88	1.70	88
	2.2　创新要素的协同性	0.86	51	1.31	46	1.97	47	1.55	51	1.29	56
	2.3　创新平台的发展水平	6.31	49	7.81	49	8.96	40	6.72	47	15.73	31
	2.4　创新环境的适宜性	12.68	70	9.14	88	8.93	93	9.57	82	7.91	86
许昌市	2　城市内部创新生态建构	2.19	99	2.31	96	3.18	92	1.60	99	1.63	100
	2.1　创新要素的多样性	0.65	96	0.33	96	0.31	98	0.19	98	0.53	97
	2.2　创新要素的协同性	1.05	47	1.00	54	1.30	55	0.67	71	0.92	66
	2.3　创新平台的发展水平	0.00	91	0.68	86	0.58	91	0.45	93	0.40	94
	2.4　创新环境的适宜性	7.04	95	7.25	95	10.52	86	5.10	99	4.66	99
南阳市	2　城市内部创新生态建构	3.75	86	3.34	87	4.04	85	2.81	88	2.44	93
	2.1　创新要素的多样性	1.16	91	0.68	91	0.79	91	0.97	90	1.32	91
	2.2　创新要素的协同性	0.11	91	0.16	91	0.46	80	0.30	84	0.22	90
	2.3　创新平台的发展水平	2.00	75	1.74	78	1.41	81	1.02	85	0.95	92
	2.4　创新环境的适宜性	11.72	74	10.79	81	13.49	62	8.94	84	7.26	92
新乡市	2　城市内部创新生态建构	3.42	90	3.17	90	4.21	82	2.62	91	2.82	90
	2.1　创新要素的多样性	2.53	82	2.31	82	2.66	78	1.68	84	1.70	87
	2.2　创新要素的协同性	0.83	52	0.30	78	0.71	70	0.52	74	0.46	80
	2.3　创新平台的发展水平	3.42	67	3.97	64	3.63	66	2.29	69	2.21	75
	2.4　创新环境的适宜性	6.90	96	6.11	98	9.85	89	6.00	98	6.92	93

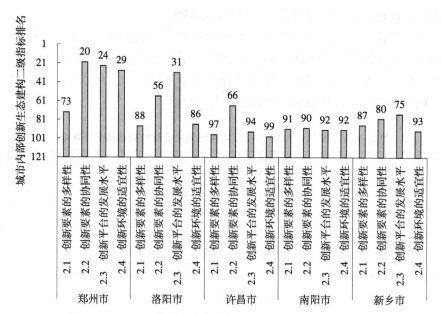

图 5-134　2019 年城市内部创新生态建构二级指标排名情况

3. 城市间创新生态嵌入维度

从城市间创新生态嵌入维度来看，2019 年，郑州市排名第 17 位，较上一年上升 2 位，与 2015 年保持一致；洛阳市排名第 62 位，较上一年下降 3 位，较 2015 年上升 2 位；许昌市排名第 61 位，较上一年上升 5 位，较 2015 年下降 6 位；南阳市排名第 87 位，较上一年上升 5 位，较 2015 年上升 5 位；新乡市排名第 89 位，较上一年上升 1 位，较 2015 年下降 3 位（见图 5-135）。

从河南省内来看，省会城市郑州市的排名明显高于省内其他城市，2015—2019 年排名波动幅度较小。洛阳市和许昌市的排名基本处于同一水平，与郑州市存在较大差距。新乡市和南阳市的排名基本处于同一水平，与洛阳市和许昌市的排名差距较大。

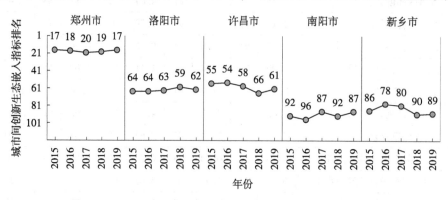

图 5-135　2015—2019 年城市间创新生态嵌入指标排名变化

从城市间创新生态嵌入维度下的二级指标来看，就系统开放性指标而言，2019 年，郑州市排名第 26 位，较上一年下降 1 位，较 2015 年上升 2 位；洛阳市排名第 29 位，较上一年上升 4 位，较 2015 年上升 4 位；许昌市排名第 77 位，较上一年下降 2 位，较 2015 年上升 2 位；南阳市排名第 82 位，较上一年下降 3 位，较 2015 年下降 2 位；新乡市排名第 65 位，较上一年下降 1 位，较 2015 年上升 6 位（见表 5-107 和图 5-136）。

就外部可达性指标而言，2019 年，郑州市排名第 17 位，与上一年保持一致，较 2015 年下降 5 位；洛阳市排名第 94 位，较上一年下降 3 位，较 2015 年下降 4 位；许昌市排名第 78 位，较上一年上升 9 位，较 2015 年上升 8 位；南阳市排名第 87 位，较上一年上升 5 位，较 2015 年上升 4 位；新乡市排名第 91 位，较上一年下降 5 位，较 2015 年下降 6 位（见表 5-107 和图 5-136）。

就关系嵌入指标而言，2019 年，郑州市排名第 17 位，较上一年上升 1 位，较 2015 年上升 6 位；洛阳市排名第 30 位，较上一年下降 2 位，与 2015 年保持一致；许昌市排名第 40 位，较上一年上升 1 位，较 2015 年下降 19 位；南阳市排名第 76 位，较上一年下降 1 位，较 2015 年下降 3 位；新乡市排名第 83 位，与上一年保持一致，较 2015 年下降 1 位（见表 5-107 和图 5-136）。

就结构嵌入指标而言，2019 年，郑州市排名第 16 位，较上一年上升 1 位，较 2015 年上升 1 位；洛阳市排名第 55 位，较上一年下降 4 位，较 2015 年下降 1 位；许昌市排名第 51 位，较上一年下降 5 位，较 2015 年下降 9 位；南阳市排名第 85 位，较上一年下降 1 位，较 2015 年下降 2 位；新乡市排名第 87 位，较上一年上升 2 位，较 2015 年下降 5 位（见表 5-107 和图 5-136）。

综上所述，郑州市的城市间创新生态嵌入指标排名领先于河南省内其他城市，且 2015—2019 年基本保持稳定。其中，系统开放性指标排名总体呈波动上升态势，排名波动幅度较小；外部可达性指标排名呈下降态势；关系嵌入指标排名呈上升态势；结构嵌入指标排名波动幅度较小，基本保持稳定。

洛阳市的城市间创新生态嵌入指标排名总体呈波动上升态势，2019 年排名有小幅下降。其中，系统开放性指标排名领先于其余 3 个二级指标，整体呈波动上升态势；外部可达性指标排名落后，且总体呈下降态势，降幅较小；关系嵌入指标排名基本保持稳定，有所波动；结构嵌入指标排名在 2019 年有所下降。

许昌市的城市间创新生态嵌入指标排名有较大幅度下降。其中，系统开放性指标排名总体呈波动上升态势，排名波动幅度较小；外部可达性指标排名有较大幅度提升；关系嵌入指标排名 2019 年较 2015 年有很大幅度下降；结构嵌入指标排名总体先升后降。

南阳市的城市间创新生态嵌入指标排名总体呈波动上升态势。其中，系统开放性指标排名整体呈波动下降态势，降幅较小；外部可达性指标排名总体呈波动上升态势；关系嵌入指标排名总体呈波动下降态势，且降幅较小；结构嵌入指标排名低于关系嵌入指标排名，有较小幅度下降。

新乡市的城市间创新生态嵌入指标排名总体呈波动下降态势，降幅较小。其中，系统开放性指标排名2019年较2015年有较大幅度提升；外部可达性指标排名总体呈下降态势；关系嵌入指标排名基本保持稳定，波动幅度较小；结构嵌入指标排名处于落后水平，2019年较2015年有所下降。

表5-107　2015—2019年城市间创新生态嵌入指标得分及排名

城市	指标	2015年		2016年		2017年		2018年		2019年	
		指标得分	排名	指标得分	排名	指标得分	排名	指标得分	排名	指标得分	排名
郑州市	3　城市间创新生态嵌入	18.97	17	20.45	18	19.27	20	19.24	19	21.13	17
	3.1　系统开放性	5.54	28	6.52	24	5.22	29	6.95	25	6.69	26
	3.2　外部可达性	39.51	12	40.71	15	39.38	16	35.97	17	36.15	17
	3.3　关系嵌入	5.05	23	4.04	22	5.25	22	7.74	18	8.55	17
	3.4　结构嵌入	25.79	17	30.52	16	27.25	19	26.28	17	33.16	16
洛阳市	3　城市间创新生态嵌入	10.24	64	10.85	64	10.05	63	10.65	59	11.35	62
	3.1　系统开放性	4.37	33	5.04	34	4.33	33	5.54	33	5.76	29
	3.2　外部可达性	20.42	90	20.45	90	20.44	91	20.16	91	20.20	94
	3.3　关系嵌入	3.21	30	3.05	29	2.46	36	4.38	28	3.48	30
	3.4　结构嵌入	12.97	54	14.87	64	12.96	55	12.54	51	15.97	55
许昌市	3　城市间创新生态嵌入	10.85	55	12.01	54	10.96	58	9.93	66	11.43	61
	3.1　系统开放性	0.82	79	0.98	79	0.77	82	1.11	75	1.08	77
	3.2　外部可达性	21.46	86	21.46	86	21.46	86	21.07	87	25.07	78
	3.3　关系嵌入	5.30	21	3.70	23	3.87	26	2.87	41	2.54	40
	3.4　结构嵌入	15.82	42	21.90	33	17.75	38	14.68	46	17.02	51
南阳市	3　城市间创新生态嵌入	7.40	92	7.46	96	7.38	87	6.68	92	8.64	87
	3.1　系统开放性	0.77	80	0.85	81	0.68	83	0.95	79	0.90	82
	3.2　外部可达性	19.48	91	19.46	91	19.49	92	19.51	92	22.56	87
	3.3　关系嵌入	0.56	73	0.50	70	0.49	76	0.62	75	0.62	76
	3.4　结构嵌入	8.80	83	9.04	96	8.87	80	5.63	84	10.48	85
新乡市	3　城市间创新生态嵌入	7.98	86	9.83	78	8.62	80	6.83	90	8.42	89
	3.1　系统开放性	1.18	71	1.42	67	1.17	71	1.70	64	1.65	65
	3.2　外部可达性	21.60	85	21.60	85	21.60	85	21.21	86	21.21	91
	3.3　关系嵌入	0.29	82	0.24	85	0.37	85	0.43	83	0.45	83
	3.4　结构嵌入	8.85	82	16.05	55	11.31	64	3.96	89	10.36	87

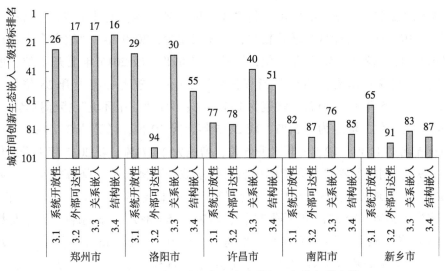

图 5-136 2019 年城市间创新生态嵌入二级指标排名情况

5.15.2 细分领域

1. 郑州市

郑州市城市创新生态系统情况见表 5-108和图 5-137。

表 5-108 2015—2019 年郑州市城市创新生态系统综合指标

指标	2015 年		2016 年		2017 年		2018 年		2019 年	
	指标得分	排名	指标得分	排名	指标得分	排名	指标得分	排名	指标得分	排名
城市创新生态系统	17.91	22	18.02	22	16.95	23	17.07	24	18.44	23
1 城市创新主体	21.90	22	20.55	22	20.50	22	20.54	22	22.24	20
2 城市内部创新生态建构	12.87	25	13.06	25	11.07	36	11.43	35	11.95	34
3 城市间创新生态嵌入	18.97	17	20.45	18	19.27	20	19.24	19	21.13	17

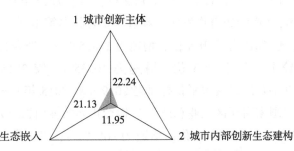

图 5-137 2019 年郑州市城市创新生态系统蛛网图

从基础数据看，郑州市的城市创新主体指标排名总体呈上升态势且增幅较小。其中，创新主体的动力指标排名增幅较大，具体表现为，2019年，"教育支出占比"指标排名第90位，较上一年上升6位，增速为7.09%，较2015年上升1位，增速为-3.11%；"科学技术支出占比"指标排名第39位，较上一年上升23位，增速为61.63%，较2015年上升20位，增速为105.34%；"商业信用环境"指标排名第18位，较上一年上升3位，增速为2.51%，较2015年上升10位，增速为3.73%；"市场潜力"指标排名第11位，较上一年上升6位，增速为24.74%，较2015年上升9位，增速为61.59%。创新主体的能力指标排名总体呈波动下降态势，降幅较小，具体表现为，2019年，"国家高新区R&D经费内部支出"指标排名第38位，较上一年上升1位，增速为2.57%，较2015年下降24位，增速为-54.38%；"国家科学技术奖数"指标排名第25位，较上一年下降11位，增速为-25.00%，较2015年下降15位，增速为-60.00%；"国家高新区R&D人员"指标排名第33位，较上一年上升2位，增速为8.38%，较2015年下降15位，增速为-31.00%；"产业结构高级化指数"指标排名第17位，较上一年上升1位，增速为1.30%，较2015年上升7位，增速为3.36%；"百万人均发明专利申请量"指标排名第30位，较上一年下降8位，增速为-42.25%，较2015年上升11位，增速为114.78%；"高被引专利数"指标排名第31位，较上一年上升3位，增速为-25.00%，较2015年上升13位，增速为20.00%。创新主体的活力指标排名总体呈上升态势且增幅较大，具体表现为，2019年，"新兴产业发明专利申请量"指标排名第22位，较上一年下降6位，增速为-40.48%，较2015年上升6位，增速为141.51%；"数字普惠金融指数"指标排名第15位，较上一年上升1位，增速为5.78%，较2015年上升11位，增速为42.72%。

郑州市的城市内部创新生态建构指标排名处于波动下降态势，降幅较大。其中，创新要素的多样性指标排名2019年较2015年有很大幅度下降，具体表现为，2019年，"国家高新区外籍常驻人员"指标排名第44位，较上一年上升3位，增速为28.71%，较2015年下降26位，增速为-81.89%；"国家高新区留学归国人员"指标排名第31位，较上一年下降1位，较2015年下降22位，增速为-80.43%。创新要素的协同性指标排名领先于其余3个二级指标，增幅较小，具体表现为，2019年，"学研合作发明专利数"指标排名第37位，较上一年下降2位，增速为25.00%，较2015年下降11位，增速为78.57%；"产学研合作发明专利数"指标排名第14位，与上一年保持一致，增速为27.84%，较2015年上升4位，增速为158.56%；"产业合作发明专利数"指标排名第20位，较上一年上升3位，增速为40.35%，较2015年上升8位，增速为214.94%。创新平台的发展水平指标排名2019年较2015年有较大幅度下降，具体表现为，2019年，"国家高新区工业总产值"指标排名第42位，较上一年上升2位，增速为11.46%，较2015年下降31位，增速为-66.09%；"国家高新区高新技术企业数"指标排名第13位，较上一年上升2位，增速为55.28%，较2015年上升14位，增速为

621.15%。创新环境的适宜性指标排名总体呈波动上升态势，具体表现为，2019 年，"城市园林绿地面积"指标排名第 19 位，较上一年上升 2 位，增速为 7.66%，较 2015 年上升 7 位，增速为 41.69%；"AQI 年平均值"指标排名第 97 位，较上一年上升 1 位，增速为 3.02%，较 2015 年上升 1 位，增速为 16.84%；"当年申请的绿色发明专利数"指标排名第 18 位，较上一年下降 3 位，增速为-53.01%，较 2015 年上升 11 位，增速为 96.02%。

郑州市的城市间创新生态嵌入指标排名领先于河南省内其他城市，且 2015—2019 年基本保持稳定。其中，系统开放性指标排名总体呈波动上升态势，排名波动幅度较小，具体表现为，2019 年，"当年实际使用外资金额"指标排名第 14 位，较上一年上升 1 位，增速为 4.62%，较 2015 年上升 3 位，增速为 15.13%；"外商直接投资合同项目数"指标排名第 51 位，较上一年下降 2 位，增速为 2.44%，较 2015 年上升 2 位，增速为 44.83%。外部可达性指标排名呈下降态势，具体表现为，2019 年，"截至当年所拥有的高铁站点数"指标排名第 8 位，与上一年保持一致，较 2015 年下降 6 位；"民用航空客运量"指标排名第 31 位，较上一年下降 3 位，增速为-11.07%，较 2015 年下降 2 位，增速为 56.49%；"民用航空货邮运量"指标排名第 12 位，较上一年下降 2 位，增速为-27.01%，较 2015 年上升 4 位，增速为 123.30%。郑州市应继续提升陆运和空运交通基础设施建设水平，提高外部通达性，为建立创新合作关系奠定基础。关系嵌入指标排名呈上升态势，具体表现为，2019 年，"先进产业嵌入深度"指标排名第 21 位，较上一年下降 1 位，增速为 34.40%，较 2015 年上升 2 位，增速为 227.37%；"对外联系强度"指标排名第 17 位，与上一年保持一致，增速为 46.50%，较 2015 年上升 5 位，增速为 323.57%。郑州市同其他城市在高新技术以及创新方面的合作强度有所提升。结构嵌入指标排名波动幅度较小，基本保持稳定，具体表现为，2019 年，"中介中心度"指标排名第 21 位，较上一年下降 6 位，增速为-39.80%，较 2015 年下降 5 位，增速为 7.05%；"特征向量中心度"指标排名第 15 位，较上一年上升 3 位，增速为 22.12%，较 2015 年上升 3 位，增速为 38.77%。郑州市在创新合作网络中占据较为重要的地位，且与其他城市保持密切的合作关系，能够通过利用外部资源实现自身的发展。

郑州市部分变化较大的指标见表 5-109。

表 5-109　郑州市部分变化较大的指标

指标	2018 年	2019 年	增速/%	2018 年排名	2019 年排名	排名变化
市场潜力	42680900.00	53240000.00	24.74	17	11	6
国家高新区高新技术企业数/个	966	1500	55.28	15	13	2
数字普惠金融指数	272.83	288.59	5.78	16	15	1

续表

指标	2018年	2019年	增速/%	2018年排名	2019年排名	排名变化
规模以上工业企业新产品销售收入/万元	40755918.80	28747813.60	-29.46	10	16	-6
产业结构高级化指数	7.12	7.21	1.30	18	17	1
商业信用环境	74.63	76.50	2.51	21	18	3
城市园林绿地面积/公顷	21544.00	23194.00	7.66	21	19	2
产业合作发明专利数/件	736	1033	40.35	23	20	3
新兴产业发明专利申请量/件	16510	9827	-40.48	16	22	-6
规模以上工业企业R&D人员/人	43360	53513	23.42	28	24	4
国家科学技术奖数/个	8	6	-25.00	14	25	-11
A股上市公司高新技术企业数（上市公司本身）/个	17	17	0.00	27	29	-2
国家高新区留学归国人员/人	554	554	0.00	30	31	-1
高被引专利数/件	40	30	-25.00	34	31	3
国家高新区R&D人员/人	16001	17342	8.38	35	33	2
学研合作发明专利数/件	20	25	25.00	35	37	-2
国家高新区R&D经费内部支出/千元	3335186.00	3420916.00	2.57	39	38	1
科学技术支出占比/%	2.05	3.32	61.63	62	39	23
国家高新区工业总产值/千元	116151405.00	129465031.00	11.46	44	42	2
国家高新区外籍常驻人员/人	101	130	28.71	47	44	3
教育支出占比/%	12.07	12.93	7.09	96	90	6

2. 洛阳市

洛阳市城市创新生态系统情况见表5-110和图5-138。

表5-110　2015—2019年洛阳市城市创新生态系统综合指标

指标	2015年		2016年		2017年		2018年		2019年	
	指标得分	排名	指标得分	排名	指标得分	排名	指标得分	排名	指标得分	排名
城市创新生态系统	9.39	61	8.81	65	8.74	61	9.06	60	10.13	59
1　城市创新主体	12.11	61	10.54	62	10.83	59	11.72	54	12.39	55
2　城市内部创新生态建构	5.82	68	5.04	72	5.33	72	4.81	76	6.66	59
3　城市间创新生态嵌入	10.24	64	10.85	64	10.05	63	10.65	59	11.35	62

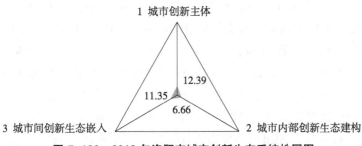

图 5-138　2019 年洛阳市城市创新生态系统蛛网图

　　从基础数据看，洛阳市的城市创新主体指标排名总体呈波动上升态势且增幅较大。其中，创新主体的动力指标排名总体呈波动上升态势且增幅较大，具体表现为，2019年，"商业信用环境"指标排名第 64 位，较上一年上升 7 位，增速为 2.97%，较 2015年上升 21 位，增速为 5.39%；"科学技术支出占比"指标排名第 25 位，较上一年上升16 位，增速为 26.09%，较 2015 年上升 32 位，增速为 115.65%。创新主体的能力指标排名波动较小，基本保持稳定，具体表现为，2019 年，"百万人均发明专利申请量"指标排名第 65 位，较上一年上升 4 位，增速为-20.14%，较 2015 年下降 9 位，增速为-4.82%；"科研、技术服务和地质勘查业从业人员"指标排名第 36 位，较上一年下降2 位，增速为 5.05%，较 2015 年下降 7 位，增速为-13.58%；"规模以上工业企业R&D 人员"指标排名第 43 位，较上一年上升 7 位，增速为 19.59%，较 2015 年上升 7位，增速为 36.28%；"产业结构高级化指数"指标排名第 45 位，较上一年下降 4 位，增速为-0.35%，较 2015 年上升 8 位，增速为 2.36%；"规模以上工业企业新产品销售收入"指标排名第 58 位，较上一年上升 1 位，增速为 13.81%，较 2015 年上升 13 位，增速为 117.82%。创新主体的活力指标排名总体呈波动上升态势，增幅较小，2019 年排名有小幅回落，具体表现为，2019 年，"数字普惠金融指数"指标排名第 60 位，较上一年下降 3 位，增速为 5.07%，较 2015 年上升 7 位，增速为 46.19%；"当年新增科技型中小企业数"指标排名第 43 位，较上一年上升 1 位，增速为-10.08%，较 2015 年上升 11 位，增速为 52.86%；"新兴产业发明专利申请量"指标排名第 57 位，与上一年保持一致，增速为-10.56%，较 2015 年下降 9 位，增速为 6.61%。

　　洛阳市的城市内部创新生态建构指标排名有较大幅度提升。其中，创新要素的多样性指标排名 2019 年较 2015 年有较大幅度下降，具体表现为，2019 年，"国家高新区外籍常驻人员"指标排名第 78 位，较上一年上升 2 位，增速为 66.67%，较 2015 年下降 50 位，增速为-95.84%；"国家高新区留学归国人员"指标排名第 43 位，较上一年下降 5 位，增速为-3.51%，较 2015 年下降 11 位，增速为-39.60%。创新要素的协同性指标排名总体呈波动下降态势且降幅较小，具体表现为，2019 年，"学研合作发明专利数"指标排名第 65 位，与上一年保持一致，增速为 150.00%，较 2015 年上升 1 位；"产业合作发明专利数"指标排名第 31 位，较上一年下降 4 位，增速为-7.48%，较2015 年下降 8 位，增速为 50.91%；"产学研合作发明专利数"指标排名第 59 位，较上一年下降 15 位，增速为-24.76%，较 2015 年上升 2 位，增速为 203.85%。创新平台的发展水平指标排名总体呈波动上升态势且增幅较大，具体表现为，2019 年，"国家高新区工业总产值"指标排名第 33 位，较上一年上升 3 位，增速为 23.15%，较 2015 年上升 5 位，增速为 18.95%；"国家高新区高新技术企业数"指标排名第 34 位，与上一年保持一致，增速为 29.36%，较 2015 年上升 11 位，增速为 323.81%；"国家级科技企业孵化器数"指标排名第 40 位，较上一年下降 1 位，增速为 14.29%，较 2015 年上升 23 位，增速为 700.00%。2018 年洛阳市无省部共建协同创新中心成立，2019 年新增 1 个省部共建协同创新中心，因此提高了该指标的排名。创新环境的适宜性指标排名落后且总体呈波动下降态势，具体表现为，2019 年，"AQI 年平均值"指标排名第 96 位，较上一年下降 7 位，增速为-4.42%；较 2015 年下降 21 位，增速为-6.74%；"公共图书馆图书总藏量"指标排名第 45 位，较上一年上升 3 位，增速为 22.20%，较 2015 年上升 14 位，增速为 109.87%。

洛阳市的城市间创新生态嵌入指标排名总体呈波动上升态势，2019 年排名有小幅下降。其中，系统开放性指标排名领先于其余 3 个二级指标，整体呈波动上升态势，具体表现为，2019 年，"当年实际使用外资金额"指标排名第 22 位，较上一年上升 1 位，增速为 3.96%，较 2015 年上升 2 位，增速为 13.88%；"国际旅游外汇收入"指标排名第 25 位，较上一年上升 4 位，增速为 48.56%，较 2015 年上升 9 位，增速为 107.66%。外部可达性指标排名落后，且总体呈下降态势，降幅较小，具体表现为，2019 年，"截至当年所拥有的高铁站点数"指标排名第 89 位，较上一年下降 11 位，较 2015 年下降 28 位；"民用航空客运量"指标排名第 58 位，与上一年保持一致，增速为 17.56%，较 2015 年下降 3 位，增速为 113.89%；"民用航空货邮运量"指标排名第 63 位，较上一年上升 1 位，增速为-13.12%，较 2015 年下降 3 位，增速为-23.71%。关系嵌入指标排名基本保持稳定，有所波动，具体表现为，2019 年，"对外联系强度"指标排名第 33 位，较上一年下降 3 位，增速为 2.79%，较 2015 年下降 1 位，增速为 157.26%；"先进产业嵌入深度"指标排名第 26 位，较上一年下降 1 位，增速为 9.42%，较 2015 年上升 1 位，增速为 172.73%。洛阳市要继续提高同其他城市在高新技术以及创新方面的合作强度。结构嵌入指标排名在 2019 年有所下降，具体表现为，2019 年，"特征向量中心度"指标排名第 55 位，较上一年下降 6 位，增速为 1.88%，较 2015 年下降 1 位，增速为 49.24%；"接近中心度"指标排名第 54 位，较上一年下降 4 位，增速为 1.18%，与 2015 年保持一致，增速为 4.60%；"中介中心度"指标排名第 61 位，较上一年上升 10 位，增速为 74.11%，较 2015 年上升 2 位，增速为 140.16%。洛阳市亟须提高在创新合作网络中的地位，加强同其他城市的合作关系，进而带动自身创新能力的提升。

洛阳市部分变化较大的指标见表 5-111。

表 5-111　洛阳市部分变化较大的指标

指标	2018 年	2019 年	增速/%	2018 年排名	2019 年排名	排名变化
科学技术支出占比/%	3.18	4.01	26.09	41	25	16
产业合作发明专利数/件	628	581	-7.48	27	31	-4
国家高新区高新技术企业数/个	344	445	29.36	34	34	0
科研、技术服务和地质勘查业从业人员/万人	2.18	2.29	5.05	34	36	-2
A 股上市公司高新技术企业数（上市公司本身）/个	8	9	12.50	42	38	4
国家高新区留学归国人员/人	313	302	-3.51	38	43	-5
规模以上工业企业 R&D 人员/人	22610	27039	19.59	50	43	7
当年新增科技型中小企业数/个	119	107	-10.08	44	43	1
产业结构高级化指数	6.91	6.89	-0.35	41	45	-4
公共图书馆图书总藏量/千册（件）	3806.70	4651.60	22.20	48	45	3
创新积累	6741.58	6516.34	-3.34	45	46	-1
教育支出占比/%	18.19	17.43	-4.19	40	48	-8
特征向量中心度	0.29	0.30	1.88	49	55	-6
新兴产业发明专利申请量/件	2812	2515	-10.56	57	57	0
规模以上工业企业新产品销售收入/万元	6921073.00	7876870.80	13.81	59	58	1
产学研合作发明专利数/件	105	79	-24.76	44	59	-15
数字普惠金融指数	247.82	260.38	5.07	57	60	-3
中介中心度	31.23	54.38	74.11	71	61	10
商业信用环境	69.87	71.94	2.97	71	64	7
百万人均发明专利申请量/（件/百万人）	571.62	456.51	-20.14	69	65	4
国家高新区外籍常驻人员/人	9	15	66.67	80	78	2
AQI 年平均值	107.50	112.25	-4.42	89	96	-7

　　基于上述分析，河南省要把创新驱动、科教兴省、人才强省战略摆在首位。这就要求河南省要健全创新人才培养的支持机构，构建更加开放的引才机制，全面提升人才服务水平，集聚一批具有国际视野、站在各行各业各领域前沿的一流人才。河南省应该坚持将制造业高质量发展作为主攻方向，以创新为途径促转型，围绕产业链部署创新链，围绕创新链完善服务链，使科技创新和产业升级统筹协调。同时也应该重点培育战略性新兴产业，积极建设成为新兴工业大省。

5.16 江苏省

江苏省共有 13 个城市纳入分析，分别是苏州市、南京市、无锡市、常州市、南通市、徐州市、镇江市、扬州市、盐城市、泰州市、连云港市、淮安市、宿迁市。根据 2019 年城市创新生态系统综合排名情况，本节选择江苏省内除苏州市和南京市外❶排名前 5 位的城市——无锡市、常州市、南通市、徐州市、镇江市，作为重点分析对象。

苏州市和南京市的城市创新生态系统综合排名接近，且领先于江苏省内其他城市。无锡市、常州市、南通市的排名较为接近，其城市创新生态建设水平与南京市和苏州市相比存在较大差距。其中，无锡市的排名 2019 年较 2015 年有较大幅度下降，常州市和南通市的排名基本保持稳定。徐州市和镇江市的指标排名基本处于同一水平，其中，徐州市排名有较大幅度提升，镇江市排名有明显下降。

从江苏省内各城市的表现来看，无锡市的城市创新主体指标排名基本保持稳定，具有较高的创新主体的活力。城市内部创新生态建构指标排名总体呈波动下降态势且降幅较大，这主要是因为，2018 年和 2019 年无锡市均无省部共建协同创新中心建立，因此创新平台的发展水平指标排名有较大幅度下降。值得关注的是，无锡市对外籍科研人员以及留学归国人才具有较高的吸引力，这为创新生态系统的建构提供了多样化的创新要素。在城市间创新生态嵌入方面，无锡市应该注重提高与发达地区的联系强度并加强在先进产业方面的合作关系。

常州市的城市创新主体指标排名较为领先，从江苏省内来看，2019 年，该指标排名仅次于苏州市、南京市和无锡市。从指标维度来看，由于科技型创业企业数量减少，常州市创新主体的动力指标排名较为落后，仅处于 100 个样本城市的中间水平，与创新主体的能力指标排名和创新主体的活力指标排名存在较大差距。在城市内部创新生态建构方面，常州市在创新要素的多样性和创新平台的发展水平方面表现突出，但是创新要素的协同性和创新环境的适宜性仍需提升。受外部可达性指标排名下降的影响，城市间创新生态嵌入指标排名总体呈波动下降态势，常州市应该提升高铁以及民用机场建设水平，为外部创新合作关系的建立奠定良好的基础条件。

南通市的城市创新主体指标排名总体呈下降态势，南通市具有较高的创新主体的活力，但是创新主体的能力较低且创新主体的动力不足。由于 2018—2019 年南通市无省部共建协同创新中心建立，创新平台的发展水平指标排名出现较大幅度下降，这使得城市内部创新生态建构指标排名在 2019 年出现较大幅度下降。此外，南通市高铁建设速度不断加快，极大地提升了南通市的外部可达性水平。而且，随着本地

---

❶ 由于在"4.1 领先城市"中，对苏州市和南京市的城市创新生态构建水平进行了详细说明，因此本节不再重复描述这两个城市的具体情况。

创新发展水平提高以及对外联系强度增加，南通市在城市间创新合作网络中的地位也不断提升。

徐州市的城市创新主体指标、城市内部创新生态建构指标以及城市间创新生态嵌入指标排名均有较大幅度提升，城市创新生态系统建设展现出向好发展的态势。在城市创新主体方面，徐州市的创新活力明显提升，这主要表现在徐州市的科技型创业企业数量大幅增加，数字金融业快速发展以及新兴产业创新成果不断涌现。在城市内部创新生态建构方面，创新平台的发展水平指标排名有较大幅度提升，目前在 100 个样本城市中处于上游水平。2019 年，徐州市新增 2 个省部共建协同创新中心，极大地助力了城市创新生态建设。在城市间创新生态嵌入方面，徐州市的对外联系强度明显提高，且能够通过嵌入先进产业领域，获取高质量的创新要素，并且在创新合作网络中的地位也随之提高。

2015—2019 年，镇江市的城市创新主体指标排名和城市间创新生态嵌入指标排名均有较大幅度下降。在城市创新主体方面，创新主体的动力和创新主体的能力明显下降。从基础数据来看，政府在教育方面的投入占比减少是导致创新主体的动力下降的主要原因。规模以上工业企业研发人员数量以及规模以上工业企业新产品销售收入减少是导致创新主体的能力下降的关键因素。在城市内部创新生态建构方面，得益于科研院所和高等院校间合作发明专利申请量的增加，镇江市创新要素的协同性指标排名有较大幅度提升。但是，提高国家级高新区的发展速度，以及改善创新环境以吸纳更多高质量创新要素集聚仍是镇江市的当务之急。在城市间创新生态嵌入方面，镇江市对外资的吸引力有待加强。此外，提高对外联系强度以及努力嵌入外部高端产业链应该成为未来的发展策略之一。

5.16.1　总体情况

2019 年，苏州市的城市创新生态系统综合排名第 5 位，与上一年保持一致，较 2015 年上升 3 位；南京市的城市创新生态系统综合排名第 7 位，较上一年下降 1 位，较 2015 年下降 1 位；无锡市的城市创新生态系统综合排名第 21 位，较上一年上升 1 位，较 2015 年下降 6 位；常州市的城市创新生态系统综合排名第 27 位，较上一年上升 2 位，较 2015 年下降 1 位；南通市的城市创新生态系统综合排名第 32 位，较上一年下降 2 位，较 2015 年下降 1 位；徐州市的城市创新生态系统综合排名第 38 位，较上一年上升 12 位，较 2015 年上升 14 位；镇江市的城市创新生态系统综合排名第 49 位，较上一年下降 6 位，较 2015 年下降 5 位（见图 5-139）。

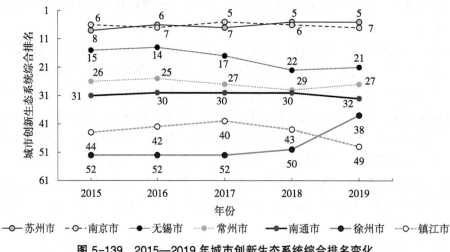

图 5-139　2015—2019 年城市创新生态系统综合排名变化

1. 城市创新主体维度

从城市创新主体维度来看，2019 年，无锡市排名第 19 位，较上一年下降 1 位，较 2015 年下降 3 位；常州市排名第 26 位，较上一年上升 1 位，较 2015 年上升 1 位；南通市排名第 32 位，较上一年下降 1 位，较 2015 年下降 3 位；徐州市排名第 42 位，较上一年上升 2 位，较 2015 年上升 10 位；镇江市排名第 49 位，较上一年下降 7 位，较 2015 年下降 10 位（见图 5-140）。

无锡市、常州市和南通市的城市创新主体排名领先于徐州市和镇江市。其中，无锡市和南通市排名呈下降态势，常州市排名基本稳定。徐州市和镇江市的排名基本处于同一水平，徐州市排名呈上升态势且增幅较大，镇江市排名呈波动下降态势且降幅较大。

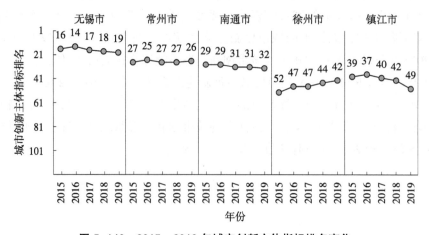

图 5-140　2015—2019 年城市创新主体指标排名变化

从城市创新主体维度下的二级指标来看，就创新主体的动力指标而言，2019 年，无锡市排名第 29 位，较上一年上升 1 位，较 2015 年上升 1 位；常州市排名第 42 位，较上一年下降 3 位，与 2015 年保持一致；南通市排名第 32 位，与上一年保持一致，较 2015 年下降 9 位；徐州市排名第 46 位，较上一年上升 3 位，较 2015 年下降 2 位；镇江市排名第 54 位，较上一年下降 9 位，较 2015 年下降 9 位（见表 5-112 和图 5-141）。

就创新主体的能力指标而言，2019 年，无锡市排名第 20 位，较上一年上升 1 位，较 2015 年下降 5 位；常州市排名第 24 位，与上一年保持一致，较 2015 年下降 2 位；南通市排名第 41 位，较上一年下降 4 位，较 2015 年下降 12 位；徐州市排名第 56 位，较上一年上升 1 位，较 2015 年下降 1 位；镇江市排名第 48 位，较上一年下降 2 位，较 2015 年下降 18 位（见表 5-112 和图 5-141）。

就创新主体的活力指标而言，2019 年，无锡市排名第 14 位，较上一年下降 1 位，较 2015 年下降 3 位；常州市排名第 22 位，较上一年下降 1 位，较 2015 年上升 1 位；南通市排名第 28 位，较上一年上升 1 位，较 2015 年上升 6 位；徐州市排名第 26 位，较上一年上升 5 位，较 2015 年上升 19 位；镇江市排名第 39 位，较上一年下降 4 位，与 2015 年保持一致（见表 5-112 和图 5-141）。

综上所述，无锡市的城市创新主体指标排名总体呈波动下降态势，降幅较小。其中，创新主体的动力指标排名基本保持稳定；创新主体的能力指标排名总体呈波动下降态势；创新主体的活力指标排名总体呈波动下降态势，降幅较小。

常州市的城市创新主体指标排名基本保持稳定，波动幅度较小。其中，创新主体的动力指标排名有所波动；创新主体的能力指标排名波动较小，2019 年较 2015 年有小幅下降；创新主体的活力指标排名总体呈波动上升态势，增幅较小。

南通市的城市创新主体指标排名总体呈下降态势，降幅较小。其中，2019 年，创新主体的动力指标排名较 2015 年有较大幅度下降，创新主体的能力指标排名较 2015 年有较大幅度下降，创新主体的活力指标排名总体呈波动上升态势。

徐州市的城市创新主体指标排名总体呈上升态势，增幅较大。其中，创新主体的动力指标排名总体呈波动下降态势，降幅较小；创新主体的能力指标排名波动不大；创新主体的活力指标排名总体呈上升态势，增幅较大。

镇江市的城市创新主体指标排名总体呈波动下降态势，降幅较大。其中，创新主体的动力指标排名总体呈波动下降态势，降幅较大；创新主体的能力指标排名总体呈下降态势，降幅较大；创新主体的活力指标排名有所波动。

表 5-112 2015—2019 年城市创新主体指标得分及排名

城市	指标	2015 年		2016 年		2017 年		2018 年		2019 年	
		指标得分	排名	指标得分	排名	指标得分	排名	指标得分	排名	指标得分	排名
无锡市	1　城市创新主体	25.02	16	24.08	14	22.36	17	21.61	18	22.52	19
	1.1　创新主体的动力	26.90	30	22.65	33	23.06	30	23.56	30	27.21	29
	1.2　创新主体的能力	21.28	15	20.59	18	19.31	18	17.27	21	17.61	20
	1.3　创新主体的活力	26.88	11	29.00	10	24.71	12	24.00	13	22.74	14
常州市	1　城市创新主体	19.98	27	18.79	25	17.60	27	17.84	27	18.18	26
	1.1　创新主体的动力	24.63	42	18.93	47	19.60	42	20.59	39	23.29	42
	1.2　创新主体的能力	16.63	22	16.99	22	15.01	23	14.63	24	14.10	24
	1.3　创新主体的活力	18.67	23	20.47	21	18.19	20	18.29	21	17.15	22
南通市	1　城市创新主体	19.27	29	17.58	29	16.84	31	17.06	31	16.99	32
	1.1　创新主体的动力	29.42	23	23.47	28	22.73	32	22.81	32	24.95	32
	1.2　创新主体的能力	13.24	29	12.82	31	11.20	40	11.30	37	9.74	41
	1.3　创新主体的活力	15.14	34	16.45	30	16.59	28	17.07	29	16.27	28
徐州市	1　城市创新主体	14.98	52	14.26	47	13.80	47	13.76	44	14.89	42
	1.1　创新主体的动力	24.12	44	19.06	46	18.35	45	17.49	49	20.89	46
	1.2　创新主体的能力	8.87	55	8.54	56	8.11	57	7.73	57	7.28	56
	1.3　创新主体的活力	11.94	45	15.18	39	14.94	32	16.07	31	16.51	26
镇江市	1　城市创新主体	16.76	39	15.36	37	14.18	40	14.00	42	13.18	49
	1.1　创新主体的动力	23.57	45	18.01	49	17.29	47	19.02	45	19.18	54
	1.2　创新主体的能力	13.21	30	13.21	30	11.23	38	9.79	46	8.30	48
	1.3　创新主体的活力	13.50	39	14.87	40	14.03	34	13.21	35	12.05	39

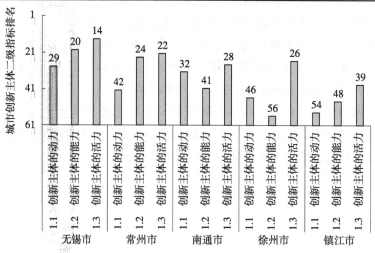

图 5-141 2019 年城市创新主体二级指标排名情况

2. 城市内部创新生态建构维度

从城市内部创新生态建构维度来看，2019 年，无锡市排名第 21 位，较上一年下降 3 位，较 2015 年下降 9 位；常州市排名第 32 位，较上一年下降 3 位，较 2015 年下降 8 位；南通市排名第 40 位，较上一年下降 10 位，较 2015 年下降 7 位；徐州市排名第 36 位，较上一年上升 26 位，较 2015 年上升 23 位；镇江市排名第 46 位，较上一年下降 2 位，较 2015 年上升 1 位（见图 5-142）。

总体而言，无锡市、常州市和南通市的排名较为接近，且均呈波动下降态势。徐州市和镇江市的排名较为接近，其中，徐州市的排名在 2019 年有较大幅度提升，镇江市的排名在 2017 年以后开始下滑。

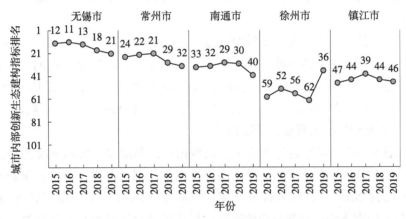

图 5-142   2015—2019 年城市内部创新生态建构指标排名变化

从城市内部创新生态建构维度下的二级指标来看，就创新要素的多样性指标而言，2019 年，无锡市排名第 17 位，较上一年下降 3 位，较 2015 年下降 5 位；常州市排名第 25 位，较上一年下降 6 位，较 2015 年下降 8 位；南通市排名第 31 位，较上一年下降 3 位，较 2015 年下降 2 位；徐州市排名第 53 位，较上一年上升 2 位，较 2015 年上升 11 位；镇江市排名第 33 位，较上一年下降 1 位，较 2015 年下降 1 位（见表 5-113 和图 5-143）。

就创新要素的协同性指标而言，2019 年，无锡市排名第 21 位，较上一年下降 3 位，较 2015 年下降 2 位；常州市排名第 41 位，较上一年下降 4 位，较 2015 年下降 5 位；南通市排名第 25 位，较上一年下降 10 位，较 2015 年下降 3 位；徐州市排名第 40 位，较上一年上升 17 位，较 2015 年上升 4 位；镇江市排名第 19 位，较上一年上升 1 位，较 2015 年上升 18 位（见表 5-113 和图 5-143）。

就创新平台的发展水平指标而言，2019 年，无锡市排名第 22 位，较上一年下降 1 位，较 2015 年下降 15 位；常州市排名第 28 位，较上一年下降 3 位，较 2015 年下降 13 位；南通市排名第 47 位，较上一年下降 8 位，较 2015 年下降 19 位；徐州市排名第 21

位，较上一年上升24位，较2015年上升30位；镇江市排名第55位，较上一年下降3位，较2015年上升3位（见表5-113和图5-143）。

就创新环境的适宜性指标而言，2019年，无锡市排名第33位，较上一年下降1位，较2015年下降3位；常州市排名第56位，较上一年上升6位，较2015年下降6位；南通市排名第40位，较上一年下降2位，较2015年上升9位；徐州市排名第58位，较上一年上升9位，较2015年下降10位；镇江市排名第72位，较上一年上升8位，较2015年上升4位（见表5-113和图5-143）。

综上所述，对于无锡市而言，城市内部创新生态建构指标排名2019年较2015年有较大幅度下降。其中，创新要素的多样性指标排名领先于其余3个二级指标，总体呈波动下降态势；创新要素的协同性指标排名总体呈波动下降态势，降幅较小；创新平台的发展水平指标排名2019年较2015年降幅较大；创新环境的适宜性指标排名波动不大。

对于常州市而言，城市内部创新生态建构指标排名2019年较2015年有较大幅度下降。其中，创新要素的多样性指标排名整体呈下降态势，降幅较大；创新要素的协同性指标排名总体呈波动下降态势；创新平台的发展水平指标排名总体呈下降态势，2019年较2015年有较大幅度下降；创新环境的适宜性指标排名总体呈波动下降态势，但是在2019年指标排名出现较大幅度提升。

对于南通市而言，城市内部创新生态建构指标排名总体呈波动下降态势，在2019年有较大幅度下降。其中，创新要素的多样性指标排名总体波动不大；创新要素的协同性指标排名在2019年有较大幅度下降；创新平台的发展水平指标排名2019年较2015年有较大幅度下降；创新环境的适宜性指标排名总体呈波动上升态势，2019年较2015年上升幅度较大。

对于徐州市而言，城市内部创新生态建构指标排名总体呈波动上升态势且增幅较大。其中，创新要素的多样性指标排名总体呈上升态势且增幅较大，创新要素的协同性指标排名在2019年有较大幅度提升，创新平台的发展水平指标排名总体呈波动上升态势且增幅较大，创新环境的适宜性指标排名总体呈波动下降态势且降幅较大。

对于镇江市而言，城市内部创新生态建构指标排名波动幅度较小。其中，创新要素的多样性指标排名基本保持稳定；创新要素的协同性指标排名2019年较2015年有较大幅度提升；创新平台的发展水平指标排名总体呈波动上升态势，增幅较小；创新环境的适宜性指标排名在2019年有较大幅度提升。

表 5-113　2015—2019 年城市内部创新生态建构指标得分及排名

城市	指标		2015 年		2016 年		2017 年		2018 年		2019 年	
			指标得分	排名	指标得分	排名	指标得分	排名	指标得分	排名	指标得分	排名
无锡市	2	城市内部创新生态建构	21.34	12	22.98	11	22.47	13	17.46	18	16.74	21
	2.1	创新要素的多样性	26.73	12	35.21	5	34.73	7	23.16	14	23.29	17
	2.2	创新要素的协同性	4.36	19	7.47	15	8.97	15	6.99	18	5.22	21
	2.3	创新平台的发展水平	34.70	7	29.35	10	27.07	11	21.00	21	20.89	22
	2.4	创新环境的适宜性	19.56	30	19.91	29	19.10	30	18.68	32	17.54	33
常州市	2	城市内部创新生态建构	14.99	24	15.12	22	15.83	21	13.40	29	12.71	32
	2.1	创新要素的多样性	20.45	17	20.96	17	22.60	19	20.79	19	18.13	25
	2.2	创新要素的协同性	2.13	36	1.98	36	3.17	31	2.49	37	2.23	41
	2.3	创新平台的发展水平	22.18	15	22.39	16	22.21	16	17.78	25	17.52	28
	2.4	创新环境的适宜性	15.21	50	15.13	52	15.35	49	12.53	62	12.98	56
南通市	2	城市内部创新生态建构	11.36	33	11.62	32	12.45	29	12.86	30	11.08	40
	2.1	创新要素的多样性	14.70	29	15.05	29	15.96	29	15.91	28	15.03	31
	2.2	创新要素的协同性	3.50	22	2.42	33	4.61	25	9.17	15	4.29	25
	2.3	创新平台的发展水平	11.92	28	13.09	23	12.35	25	9.05	39	8.73	47
	2.4	创新环境的适宜性	15.31	49	15.94	43	16.90	41	17.29	38	16.26	40
徐州市	2	城市内部创新生态建构	6.58	59	7.01	52	6.80	56	6.16	62	11.38	36
	2.1	创新要素的多样性	3.71	64	3.42	64	4.71	57	4.75	55	6.05	53
	2.2	创新要素的协同性	1.23	44	0.79	61	0.92	63	1.14	57	2.24	40
	2.3	创新平台的发展水平	5.99	51	8.79	43	9.06	39	6.73	45	24.66	21
	2.4	创新环境的适宜性	15.39	48	15.05	54	12.50	67	12.02	67	12.56	58
镇江市	2	城市内部创新生态建构	7.75	47	8.65	44	10.39	39	9.15	44	8.94	46
	2.1	创新要素的多样性	12.30	32	12.31	32	15.11	31	13.71	32	13.59	33
	2.2	创新要素的协同性	2.13	37	1.38	44	7.06	18	6.94	20	5.79	19
	2.3	创新平台的发展水平	5.14	58	8.34	47	8.04	47	5.88	52	5.80	55
	2.4	创新环境的适宜性	11.42	76	12.58	67	11.37	79	10.09	80	10.58	72

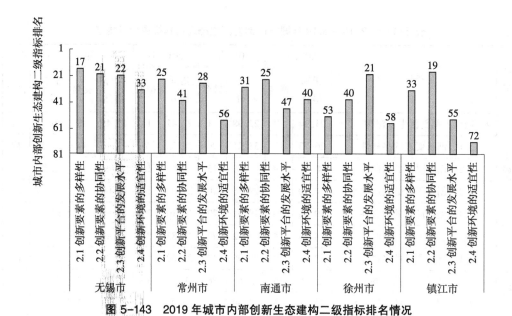

图 5-143 2019 年城市内部创新生态建构二级指标排名情况

3. 城市间创新生态嵌入维度

从城市间创新生态嵌入维度来看，2019 年，无锡市排名第 24 位，较上一年上升 3 位，较 2015 年下降 1 位；常州市排名第 31 位，较上一年上升 2 位，较 2015 年下降 3 位；南通市排名第 30 位，与上一年保持一致，较 2015 年上升 13 位；徐州市排名第 35 位，较上一年上升 6 位，较 2015 年上升 14 位；镇江市排名第 41 位，较上一年下降 2 位，较 2015 年下降 6 位（见图 5-144）。

从江苏省内来看，无锡市、常州市和南通市的城市间创新生态嵌入指标排名领先于徐州市和镇江市。从排名波动情况看，南通市和徐州市的排名有较大幅度提升；与之相反，无锡市、常州市和镇江市的排名则有所下降。

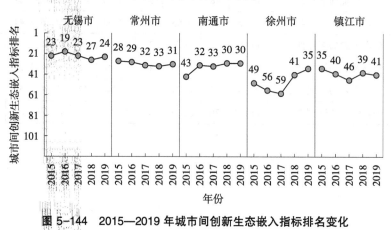

图 5-144 2015—2019 年城市间创新生态嵌入指标排名变化

从城市间创新生态嵌入维度下的二级指标来看，就系统开放性指标而言，2019年，无锡市排名第19位，较上一年上升3位，较2015年上升6位；常州市排名第34位，较上一年上升2位，较2015年上升3位；南通市排名第37位，与上一年保持一致，较2015年下降5位；徐州市排名第42位，较上一年上升1位，较2015年上升6位；镇江市排名第68位，较上一年下降5位，较2015年下降16位（见表5-114和图5-145）。

就外部可达性指标而言，2019年，无锡市排名第30位，较上一年上升6位，较2015年下降6位；常州市排名第39位，较上一年下降2位，较2015年下降12位；南通市排名第36位，较上一年下降1位，较2015年上升22位；徐州市排名第68位，较上一年上升4位，较2015年下降4位；镇江市排名第32位，较上一年下降5位，较2015年下降10位（见表5-114和图5-145）。

就关系嵌入指标而言，2019年，无锡市排名第33位，较上一年上升4位，较2015年下降6位；常州市排名第35位，较上一年上升3位，与2015年保持一致；南通市排名第36位，较上一年下降4位，较2015年下降5位；徐州市排名第42位，较上一年上升5位，较2015年上升16位；镇江市排名第65位，较上一年下降3位，较2015年下降4位（见表5-114和图5-145）。

就结构嵌入指标而言，2019年，无锡市排名第17位，较上一年上升2位，较2015年上升2位；常州市排名第31位，较上一年上升3位，较2015年下降4位；南通市排名第29位，较上一年上升2位，较2015年上升15位；徐州市排名第26位，较上一年上升7位，较2015年上升14位；镇江市排名第41位，较上一年下降2位，与2015年保持一致（见表5-114和图5-145）。

综上所述，无锡市的城市间创新生态嵌入指标排名总体呈波动下降态势，波动幅度较小。其中，系统开放性指标排名2019年较2015年有较大幅度提升；外部可达性指标排名总体呈波动下降态势；关系嵌入指标排名总体呈波动下降态势；结构嵌入指标排名较为领先，整体呈波动上升态势，增幅较小。

常州市的城市间创新生态嵌入指标排名总体呈波动下降态势，降幅较小。其中，系统开放性指标排名整体呈波动上升态势，波动幅度较小；外部可达性指标排名有较大幅度下降；关系嵌入指标排名基本保持稳定，2019年指标排名较上一年有所提升；结构嵌入指标排名总体呈波动下降态势。

南通市的城市间创新生态嵌入指标排名总体呈波动上升态势且增幅较大。其中，系统开放性指标排名呈波动下降态势，外部可达性指标排名有较大幅度上升，关系嵌入指标排名总体呈波动下降态势，结构嵌入指标排名整体呈上升态势且增幅较大。

徐州市的城市间创新生态嵌入指标排名先降后升且幅度较大。其中，系统开放性指标排名呈波动上升态势，外部可达性指标排名总体呈波动下降态势，关系嵌入指标排名先降后升且幅度较大，结构嵌入指标排名整体呈波动上升态势且增幅较大。

镇江市的城市间创新生态嵌入指标排名总体呈波动下降态势。其中，系统开放性指标排名2019年较2015年有较大幅度下降，外部可达性指标排名总体呈下降态势且降幅较大，关系嵌入指标排名总体呈波动下降态势，结构嵌入指标排名有所波动。

表 5-114 2015—2019 年城市间创新生态嵌入指标得分及排名

城市	指标	2015 年		2016 年		2017 年		2018 年		2019 年	
		指标得分	排名	指标得分	排名	指标得分	排名	指标得分	排名	指标得分	排名
无锡市	3 城市间创新生态嵌入	17.14	23	19.05	19	17.79	23	16.35	27	18.69	24
	3.1 系统开放性	6.14	25	7.78	22	6.85	25	7.73	22	7.81	19
	3.2 外部可达性	33.99	24	33.31	26	33.13	31	30.86	36	31.68	30
	3.3 关系嵌入	3.78	27	3.45	24	3.44	28	3.28	37	3.18	33
	3.4 结构嵌入	24.64	19	31.65	13	27.73	17	23.53	19	32.11	17
常州市	3 城市间创新生态嵌入	14.69	28	15.80	29	14.54	32	14.32	33	15.48	31
	3.1 系统开放性	3.57	37	5.14	32	4.21	36	4.69	36	5.38	34
	3.2 外部可达性	32.31	27	32.26	31	32.34	34	30.64	37	30.81	39
	3.3 关系嵌入	2.48	35	2.51	31	3.18	30	3.18	38	2.84	35
	3.4 结构嵌入	20.41	27	23.30	30	18.42	35	18.77	34	22.88	31
南通市	3 城市间创新生态嵌入	12.30	43	14.77	32	14.40	33	14.71	30	15.54	30
	3.1 系统开放性	4.51	32	5.25	31	4.23	34	4.68	37	4.89	37
	3.2 外部可达性	25.81	58	32.87	29	32.79	33	31.07	35	31.14	36
	3.3 关系嵌入	3.17	31	1.61	40	2.36	41	3.61	32	2.83	36
	3.4 结构嵌入	15.69	44	19.34	43	18.22	36	19.46	31	23.31	29
徐州市	3 城市间创新生态嵌入	11.44	49	11.68	56	10.95	59	12.22	41	14.44	35
	3.1 系统开放性	2.27	48	2.94	46	2.57	48	3.36	43	3.67	42
	3.2 外部可达性	24.82	64	24.85	67	24.93	68	24.68	72	26.79	68
	3.3 关系嵌入	1.10	58	0.56	66	0.67	68	2.04	47	2.38	42
	3.4 结构嵌入	17.57	40	18.38	45	15.64	44	18.80	33	24.94	26
镇江市	3 城市间创新生态嵌入	13.45	35	13.77	40	12.47	46	12.68	39	13.62	41
	3.1 系统开放性	2.15	52	2.54	50	2.07	54	1.71	63	1.58	68
	3.2 外部可达性	34.35	22	34.35	24	34.35	25	31.63	27	31.63	32
	3.3 关系嵌入	0.96	61	0.46	72	0.62	70	1.33	62	1.09	65
	3.4 结构嵌入	16.35	41	17.73	46	12.85	56	16.05	39	20.19	41

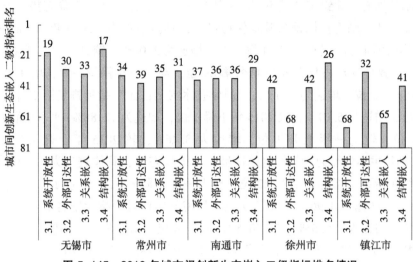

图 5-145　2019 年城市间创新生态嵌入二级指标排名情况

5.16.2　细分领域

1. 无锡市

无锡市城市创新生态系统情况见表 5-115 和图 5-146。

表 5-115　2015—2019 年无锡市城市创新生态系统综合指标

指标	2015 年		2016 年		2017 年		2018 年		2019 年	
	指标得分	排名	指标得分	排名	指标得分	排名	指标得分	排名	指标得分	排名
城市创新生态系统	21.16	15	22.04	14	20.87	17	18.47	22	19.32	21
1　城市创新主体	25.02	16	24.08	14	22.36	17	21.61	18	22.52	19
2　城市内部创新生态建构	21.34	12	22.98	11	22.47	13	17.46	18	16.74	21
3　城市间创新生态嵌入	17.14	23	19.05	19	17.79	23	16.35	27	18.69	24

图 5-146　2019 年无锡市城市创新生态系统蛛网图

从基础数据看，无锡市的城市创新主体指标排名总体呈波动下降态势，降幅较小。其中，创新主体的动力指标排名基本保持稳定，具体表现为，2019年，"商业信用环境"指标排名第43位，较上一年下降3位，增速为2.09%，较2015年上升6位，增速为4.74%；"教育支出占比"指标排名第69位，与上一年保持一致，增速为0.99%，较2015年上升5位，增速为3.63%；"科学技术支出占比"指标排名第17位，较上一年上升1位，增速为5.01%，较2015年下降1位，增速为12.88%；"市场潜力"指标排名第21位，较上一年上升1位，增速为8.46%，较2015年上升1位，增速为39.89%。创新主体的能力指标排名总体呈波动下降态势，具体表现为，2019年，"产业结构高级化指数"指标排名第32位，较上一年下降6位，增速为0.13%，较2015年下降10位，增速为0.96%；"百万人均发明专利申请量"指标排名第15位，较上一年上升2位，增速为-16.55%，较2015年下降10位，增速为-30.91%；"高被引专利数"指标排名第41位，较上一年下降6位，增速为-48.72%，较2015年下降7位，增速为-44.44%；"创新积累"指标排名第19位，与上一年保持一致，增速为-2.93%，较2015年下降5位，增速为9.99%；"科研、技术服务和地质勘查业从业人员"指标排名第45位，较上一年下降1位，增速为-10.32%，较2015年下降3位，增速为-10.90%；"国家高新区R&D人员"指标排名第16位，较上一年上升5位，增速为35.61%，较2015年上升1位，增速为65.90%；"国家科学技术奖数"指标排名第14位，较上一年上升8位，增速为140.00%，较2015年上升9位，增速为71.43%。创新主体的活力指标排名总体呈波动下降态势，降幅较小，具体表现为，2019年，"新兴产业发明专利申请量"指标排名第19位，较上一年上升2位，增速为-8.42%，较2015年下降8位，增速为-16.94%；"A股上市公司高新技术企业数（上市公司本身）"指标排名第9位，较上一年下降1位，较2015年下降2位，增速为22.86%；"当年新增科技型中小企业数"指标排名第15位，较上一年上升1位，增速为-13.39%，较2015年下降1位，增速为16.62%；"当年新增企业数"指标排名第20位，较上一年下降1位，增速为7.36%，与2015年保持一致，增速为85.16%；"中国500强企业数"指标排名第6位，较上一年上升2位，增速为7.69%，较2015年上升1位，增速为-6.67%；"数字普惠金融指数"指标排名第13位，与上一年保持一致，增速为4.85%，较2015年上升3位，增速为40.35%。

无锡市的城市内部创新生态建构指标排名2019年较2015年有较大幅度下降。其中，创新要素的多样性指标排名领先于其余3个二级指标，总体呈波动下降态势，具体表现为，2019年，"国家高新区留学归国人员"指标排名第19位，较上一年下降5位，增速为-19.95%，较2015年下降9位，增速为-34.61%；"外商、港澳台商投资企业占比"指标排名第21位，较上一年下降1位，增速为-9.00%，较2015年下降4位，增速为-26.52%；"国家高新区外籍常驻人员"指标排名第10位，较上一年下降1位，增速为-1.30%，较2015年下降3位，增速为15.72%。创新要素的协同性指标排名总体呈波动下降态势，降幅较小，具体表现为，2019年，"产学研合作发明专利数"

指标排名第 18 位，较上一年上升 1 位，增速为 10.58%，较 2015 年下降 3 位，增速为 63.20%；"学研合作发明专利数"指标排名第 22 位，较上一年下降 5 位，增速为 -18.97%，较 2015 年下降 2 位，增速为 176.47%；"产业合作发明专利数"指标排名第 27 位，较上一年下降 1 位，增速为 -3.80%，较 2015 年上升 2 位，增速为 88.24%。创新平台的发展水平指标排名 2019 年较 2015 年降幅较大，具体表现为，2019 年，"国家高新区高新技术企业数"指标排名第 24 位，与上一年保持一致，增速为 43.13%，较 2015 年下降 12 位，增速为 67.98%；"国家级科技企业孵化器数"指标排名第 13 位，较上一年下降 2 位，增速为 5.00%，较 2015 年下降 7 位，增速为 5.00%；"国家高新区工业总产值"指标排名第 9 位，与上一年保持一致，增速为 6.66%，较 2015 年下降 1 位，增速为 27.98%。此外，2018 年和 2019 年无锡市均无省部共建协同创新中心建立，因此该指标排名有较大幅度下降。创新环境的适宜性指标排名波动不大，具体表现为，2019 年，"当年申请的绿色发明专利数"指标排名第 17 位，较上一年上升 3 位，增速为 -39.24%，较 2015 年下降 8 位，增速为 -46.58%；"文化、体育和娱乐业从业人员比重"指标排名第 49 位，较上一年下降 3 位，增速为 -17.07%；较 2015 年下降 7 位，增速为 -31.92%；"城市园林绿地面积"指标排名第 26 位，较上一年上升 1 位，增速为 1.15%；较 2015 年下降 6 位，增速为 4.35%；"医院床位数"指标排名第 28 位，较上一年下降 1 位，增速为 6.21%；较 2015 年上升 1 位，增速为 25.45%；"AQI 年平均值"指标排名第 56 位，较上一年下降 6 位，增速为 -0.81%；较 2015 年上升 5 位，增速为 11.81%；"医生数"指标排名第 36 位，较上一年上升 1 位，增速为 10.29%，较 2015 年上升 5 位，增速为 39.29%；"公共图书馆图书总藏量"指标排名第 23 位，较上一年上升 1 位，增速为 5.02%，较 2015 年上升 5 位，增速为 72.67%。

　　无锡市的城市间创新生态嵌入指标排名总体呈波动下降态势，波动幅度较小。其中，系统开放性指标排名 2019 年较 2015 年有较大幅度提升，具体表现为，2019 年，"当年实际使用外资金额"指标排名第 18 位，较上一年下降 1 位，增速为 -1.94%，较 2015 年上升 1 位，增速为 13.04%；"国际旅游外汇收入"指标排名第 28 位，与上一年保持一致，增速为 4.74%，较 2015 年上升 1 位，增速为 44.94%；"外商直接投资合同项目数"指标排名第 17 位，较上一年上升 4 位，增速为 -4.38%，较 2015 年上升 7 位，增速为 95.75%。外部可达性指标排名总体呈波动下降态势，具体表现为，2019 年，"截至当年所拥有的高铁站点数"指标排名第 35 位，较上一年下降 4 位，较 2015 年下降 16 位。以高铁为代表的陆运交通基础设施建设水平有待提高。"民用航空客运量"指标排名第 37 位，较上一年上升 9 位，增速为 76.72%，较 2015 年下降 2 位，增速为 43.86%；"民用航空货邮运量"指标排名第 14 位，较上一年上升 4 位，增速为 68.42%，较 2015 年上升 3 位，增速为 56.28%。关系嵌入指标排名总体呈波动下降态势，具体表现为，2019 年，"对外联系强度"指标排名第 32 位，较上一年上升 4 位，增速为 21.31%，较 2015 年下降 8 位，增速为 104.39%；"先进产业嵌入深度"指标排名第 32 位，较上一年上升 5 位，增速为 55.63%，较 2015 年下降 4 位，增速为

85.04%。无锡市应该加强同其他城市在高新技术以及创新方面的合作，借此提升自身的创新水平。结构嵌入指标排名较为领先，整体呈波动上升态势，增幅较小，具体表现为，2019 年，"中介中心度"指标排名第 19 位，较上一年上升 10 位，增速为 87.89%，与 2015 年保持一致，增速为 26.80%；"接近中心度"指标排名第 17 位，较上一年上升 2 位，增速为 4.46%，较 2015 年上升 2 位，增速为 8.10%；"特征向量中心度"指标排名第 17 位，较上一年上升 2 位，增速为 20.76%，较 2015 年上升 2 位，增速为 37.79%。无锡市需要进一步提高在创新合作网络中的地位，加强同其他城市的合作关系，进而带动自身创新能力的提升。

无锡市部分变化较大的指标见表 5-116。

表 5-116　无锡市部分变化较大的指标

指标	2018 年	2019 年	增速/%	2018 年排名	2019 年排名	排名变化
国家高新区高新技术企业数/个	568	813	43.13	24	24	0
产业结构高级化指数	7.06	7.07	0.13	26	32	−6
百万人均发明专利申请量/（件/百万人）	3797.38	3168.79	−16.55	17	15	2
国家高新区留学归国人员/人	2150	1721	−19.95	14	19	−5
新兴产业发明专利申请量/件	11991	10981	−8.42	21	19	2
对外联系强度	124441853.41	150954769.90	21.31	36	32	4
先进产业嵌入深度	151.00	235.00	55.63	37	32	5
学研合作发明专利数/件	58	47	−18.97	17	22	−5
国家高新区 R&D 人员/人	31498	42715	35.61	21	16	5
AQI 年平均值	82.75	83.42	−0.81	50	56	−6
医生数/人	21004	23166	10.29	37	36	1
公共图书馆图书总藏量/千册（件）	8526.60	8954.60	5.02	24	23	1

2. 常州市

常州市城市创新生态系统情况见表 5-117 和图 5-147。

表 5-117　2015—2019 年常州市城市创新生态系统综合指标

指标	2015 年		2016 年		2017 年		2018 年		2019 年	
	指标得分	排名	指标得分	排名	指标得分	排名	指标得分	排名	指标得分	排名
城市创新生态系统	16.55	26	16.57	25	15.99	27	15.19	29	15.46	27
1　城市创新主体	19.98	27	18.79	25	17.60	27	17.84	27	18.18	26

续表

指标	2015 年		2016 年		2017 年		2018 年		2019 年	
	指标得分	排名	指标得分	排名	指标得分	排名	指标得分	排名	指标得分	排名
2　城市内部创新生态建构	14.99	24	15.12	22	15.83	21	13.40	29	12.71	32
3　城市间创新生态嵌入	14.69	28	15.80	29	14.54	32	14.32	33	15.48	31

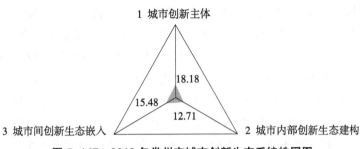

图 5-147　2019 年常州市城市创新生态系统蛛网图

从基础数据看，常州市的城市创新主体指标排名基本保持稳定，波动幅度较小。其中，创新主体的动力指标排名有所波动，具体表现为，2019 年，"商业信用环境"指标排名第 32 位，较上一年上升 25 位，增速为 4.98%，较 2015 年上升 22 位，增速为6.57%；"教育支出占比"指标排名第 61 位，较上一年下降 12 位，增速为-6.35%，与 2015 年保持一致，增速为-0.05%；"科学技术支出占比"指标排名第 23 位，较上一年下降 1 位，增速为-4.29%，较 2015 年下降 10 位，增速为-12.83%。创新主体的能力指标排名波动较小，2019 年较 2015 年有小幅度下降，具体表现为，2019 年，"产业结构高级化指数"指标排名第 34 位，较上一年下降 4 位，增速为-0.33%，较 2015年下降 9 位，增速为 0.51%；"创新积累"指标排名第 29 位，较上一年下降 2 位，增速为 0.46%，较 2015 年下降 5 位，增速为 22.03%；"百万人均发明专利申请量"指标排名第 17 位，较上一年上升 3 位，增速为-8.24%，较 2015 年下降 4 位，增速为14.01%；"国家高新区 R&D 经费内部支出"指标排名第 19 位，较上一年上升 3 位，增速为 18.69%，较 2015 年上升 5 位，增速为 103.88%；"普通高等学校专任教师数"指标排名第 46 位，较上一年上升 3 位，增速为 12.99%，较 2015 年上升 8 位，增速为26.65%；"科研、技术服务和地质勘查业从业人员"指标排名第 41 位，与上一年保持一致，增速为-4.52%，较 2015 年上升 9 位，增速为 36.29%。创新主体的活力指标排名总体呈波动上升态势，增幅较小，具体表现为，2019 年，"新兴产业发明专利申请量"指标排名第 24 位，较上一年上升 1 位，增速为-5.53%，较 2015 年下降 2 位，增速为 29.94%；"A 股上市公司高新技术企业数（上市公司本身）"指标排名第 14 位，较上一年上升 2 位，增速为 10.34%；较 2015 年下降 2 位，增速为 23.08%；"当年新增科技型中小企业数"指标排名第 34 位，较上一年下降 2 位，增速为-21.15%，与

2015 年保持一致，增速为 30.16%；"数字普惠金融指数"指标排名第 11 位，较上一年下降 1 位，增速为 4.99%，较 2015 年上升 4 位，增速为 42.00%。

常州市的城市内部创新生态建构指标排名 2019 年较 2015 年有较大幅度下降。其中，创新要素的多样性指标排名整体呈下降态势，降幅较大，具体表现为，2019 年，"国家高新区外籍常驻人员"指标排名第 11 位，较上一年下降 1 位，增速为-17.71%；较 2015 年下降 2 位，增速为 8.98%；"外商、港澳台商投资企业占比"指标排名第 28 位，较上一年下降 1 位，增速为-20.31%，较 2015 年下降 1 位，增速为-27.08%；"国家高新区留学归国人员"指标排名第 14 位，较上一年下降 1 位，增速为-15.07%，较 2015 年上升 3 位，增速为 14.56%。创新要素的协同性指标排名总体呈波动下降态势，具体表现为，2019 年，"学研合作发明专利数"指标排名第 49 位，较上一年下降 1 位，增速为 30.00%，较 2015 年下降 10 位，增速为 116.67%；"产学研合作发明专利数"指标排名第 36 位，较上一年下降 5 位，增速为 6.47%，较 2015 年下降 7 位，增速为 54.70%；"产业合作发明专利数"指标排名第 30 位，较上一年下降 6 位，增速为 -9.32%，较 2015 年下降 5 位，增速为 60.00%。创新平台的发展水平指标排名总体呈下降态势，2019 年较 2015 年有较大幅度下降，具体表现为，2019 年，"国家高新区高新技术企业数"指标排名第 23 位，较上一年下降 4 位，增速为 19.64%，较 2015 年下降 8 位，增速为 86.24%。此外，2018 年和 2019 年常州市均无新增省部共建协同创新中心，拉低了该指标排名。创新环境的适宜性指标排名总体呈波动下降态势，但是在 2019 年指标排名出现较大幅度提升，具体表现为，2019 年，"公共图书馆图书总藏量"指标排名第 39 位，较上一年下降 4 位，增速为-4.91%，较 2015 年上升 6 位，增速为 61.55%；"医院床位数"指标排名第 70 位，较上一年上升 3 位，增速为 10.08%，与 2015 年保持一致，增速为 24.86%；"AQI 年平均值"指标排名第 64 位，较上一年上升 4 位，增速为 7.29%，较 2015 年下降 7 位，增速为 7.12%；"当年申请的绿色发明专利数"指标排名第 19 位，较上一年上升 5 位，增速为-40.33%，较 2015 年下降 2 位，增速为-24.80%。

常州市的城市间创新生态嵌入指标排名总体呈波动下降态势，降幅较小。其中，系统开放性指标排名整体呈波动上升态势，波动幅度较小，具体表现为，2019 年，"外商直接投资合同项目数"指标排名第 19 位，较上一年上升 4 位，增速为 7.87%，较 2015 年下降 3 位，增速为 50.59%；"国际旅游外汇收入"指标排名第 46 位，较上一年上升 1 位，增速为 1.39%，较 2015 年上升 5 位，增速为 48.94%；"当年实际使用外资金额"指标排名第 24 位，较上一年上升 4 位，增速为 8.52%，较 2015 年上升 10 位，增速为 52.74%。外部可达性指标排名有较大幅度下降，具体表现为，2019 年，"截至当年所拥有的高铁站点数"指标排名第 35 位，较上一年下降 4 位，较 2015 年下降 16 位，以高铁为代表的陆运交通基础设施建设水平有待提高；"民用航空客运量"指标排名第 38 位，较上一年下降 1 位，增速为 21.62%，较 2015 年下降 1 位，增速为 123.76%；"民用航空货邮运量"指标排名第 36 位，较上一年上升 2 位，增速为

17.72%，较 2015 年上升 3 位，增速为 88.21%。关系嵌入指标排名基本保持稳定，2019 年指标排名较上一年有所提升，具体表现为，2019 年，"对外联系强度"指标排名第 35 位，较上一年上升 3 位，增速为 21.92%，较 2015 年下降 1 位，增速为 155.54%；"先进产业嵌入深度"指标排名第 43 位，较上一年下降 13 位，增速为 -5.26%，与 2015 年保持一致，增速为 237.50%。常州市应该继续加强同其他城市在高新技术以及创新方面的合作，借此提升自身的创新水平。结构嵌入指标排名总体呈波动下降态势，具体表现为，2019 年，"接近中心度"指标排名第 31 位，较上一年上升 3 位，增速为 1.59%，较 2015 年下降 7 位，增速为 3.66%；"特征向量中心度"指标排名第 30 位，较上一年下降 2 位，增速为 4.77%，较 2015 年下降 4 位，增速为 23.15%；"中介中心度"指标排名第 36 位，较上一年上升 6 位，增速为 54.75%，较 2015 年上升 1 位，增速为 89.36%。

常州市部分变化较大的指标见表 5-118。

表 5-118　常州市部分变化较大的指标

指标	2018 年	2019 年	增速/%	2018 年排名	2019 年排名	排名变化
数字普惠金融指数	279.53	293.47	4.99	10	11	-1
百万人均发明专利申请量/（件/百万人）	3329.58	3055.32	-8.24	20	17	3
国家高新区 R&D 经费内部支出/千元	8025142.00	9525300.00	18.69	22	19	3
科学技术支出占比/%	4.27	4.09	-4.29	22	23	-1
国家高新区高新技术企业数/个	713	853	19.64	19	23	-4
当年实际使用外资金额/万美元	242189.00	262812.00	8.52	28	24	4
创新积累	12369.12	12425.75	0.46	27	29	-2
产业合作发明专利数/件	644	584	-9.32	24	30	-6
特征向量中心度	0.41	0.43	4.77	28	30	-2
接近中心度	0.53	0.54	1.59	34	31	3
商业信用环境	71.34	74.90	4.98	57	32	25
产业结构高级化指数	7.03	7.00	-0.33	30	34	-4
产学研合作发明专利数/件	170	181	6.47	31	36	-5
中介中心度	179.16	277.25	54.75	42	36	6
科研、技术服务和地质勘查业从业人员/万人	1.77	1.69	-4.52	41	41	0
先进产业嵌入深度	171.00	162.00	-5.26	30	43	-13

续表

指标	2018 年	2019 年	增速/%	2018 年排名	2019 年排名	排名变化
普通高等学校专任教师数/人	5989	6767	12.99	49	46	3
学研合作发明专利数/件	10	13	30.00	48	49	−1
教育支出占比/%	17.42	16.31	−6.35	49	61	−12
AQI 年平均值	93.75	86.92	7.29	68	64	4

3. 南通市

南通市城市创新生态系统情况见表 5-119 和图 5-148。

表 5-119　2015—2019 年南通市城市创新生态系统综合指标

指标	2015 年		2016 年		2017 年		2018 年		2019 年	
	指标得分	排名	指标得分	排名	指标得分	排名	指标得分	排名	指标得分	排名
城市创新生态系统	14.31	31	14.66	30	14.56	30	14.87	30	14.53	32
1　城市创新主体	19.27	29	17.58	29	16.84	31	17.06	31	16.99	32
2　城市内部创新生态建构	11.36	33	11.62	32	12.45	29	12.86	30	11.08	40
3　城市间创新生态嵌入	12.30	43	14.77	32	14.40	33	14.71	30	15.54	30

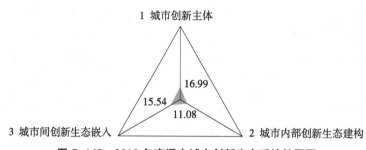

图 5-148　2019 年南通市城市创新生态系统蛛网图

从基础数据看，南通市的城市创新主体指标排名总体呈下降态势，降幅较小。其中，创新主体的动力指标排名 2019 年较 2015 年有较大幅度下降，具体表现为，2019年，"教育支出占比"指标排名第 44 位，较上一年上升 11 位，增速为 4.62%，较 2015年下降 32 位，增速为-19.38%；"科学技术支出占比"指标排名第 38 位，较上一年下降 17 位，增速为-21.20%，较 2015 年下降 10 位，增速为 4.74%；"市场潜力"指标排名第 26 位，较上一年上升 2 位，增速为 8.84%，较 2015 年上升 3 位，增速为41.28%；"商业信用环境"指标排名第 46 位，较上一年下降 5 位，增速为 1.92%，较2015 年上升 5 位，增速为 4.65%。创新主体的能力指标排名 2019 年较 2015 年有较大幅度下降，具体表现为，2019 年，"国家高新区 R&D 经费内部支出"指标排名第 50 位，较上一年下降 8 位，增速为 -22.42%，较 2015 年下降 21 位，增速为 -53.12%；"产业结构高级化指数"指标排名第 56 位，较上一年下降 10 位，增速为 -0.55%，较 2015 年下降 15 位，增速为 0.76%；"国家高新区 R&D 人员"指标排名第 57 位，较上一年上升 3 位，增速为 26.92%，较 2015 年下降 7 位，增速为 -13.40%；"科研、技术服务和地质勘查业从业人员"指标排名第 46 位，较上一年上升 3 位，增速为 15.00%，较 2015 年下降 7 位，增速为 -28.50%；"普通高等学校专任教师数"指标排名第 61 位，较上一年下降 2 位，增速为 5.08%，较 2015 年下降 5 位，增速为 8.86%；"创新积累"指标排名第 36 位，较上一年下降 1 位，增速为 0.36%，较 2015 年下降 5 位，增速为 33.56%；"高被引学者数"指标排名第 32 位，较上一年上升 6 位，增速为 200.00%，较 2015 年上升 7 位，增速为 200.00%；"国家科学技术奖数"指标排名第 37 位，较上一年下降 11 位，增速为 -25.00%，较 2015 年上升 28 位。创新主体的活力指标排名总体呈波动上升态势，具体表现为，2019 年，"当年新增科技型中小企业数"指标排名第 23 位，较上一年下降 2 位，增速为 -22.97%，较 2015 年上升 6 位，增速为 53.63%；"中国 500 强企业数"指标排名第 10 位，与上一年保持一致，较 2015 年上升 12 位，增速为 80.00%；"数字普惠金融指数"指标排名第 29 位，较上一年下降 1 位，增速为 5.96%，较 2015 年上升 18 位，增速为 46.66%。

南通市的城市内部创新生态建构指标排名总体呈波动下降态势，在 2019 年有较大幅度下降。其中，创新要素的多样性指标排名总体波动不大，具体表现为，2019 年，"外商、港澳台商投资企业占比"指标排名第 24 位，较上一年下降 3 位，增速为 -18.09%，较 2015 年下降 3 位，增速为 -29.21%；"国家高新区外籍常驻人员"指标排名第 50 位，较上一年下降 2 位，增速为 19.59%，较 2015 年上升 4 位，增速为 213.51%；"国家高新区留学归国人员"指标排名第 34 位，较上一年下降 1 位，增速为 4.76%，较 2015 年上升 18 位，增速为 203.45%。创新要素的协同性指标排名在 2019 年有较大幅度下降，具体表现为，2019 年，"学研合作发明专利数"指标排名第 21 位，较上一年下降 10 位，增速为 -52.73%，较 2015 年下降 1 位，增速为 205.88%；"产学研合作发明专利数"指标排名第 23 位，较上一年下降 1 位，增速为 1.58%，较 2015 年下降 1 位，增速为 66.88%；"产业合作发明专利数"指标排名第 33 位，较上一年下降 1 位，增速为 12.05%，较 2015 年上升 1 位，增速为 122.31%。创新平台的发展水平指标排名 2019 年较 2015 年有较大幅度下降，具体表现为，2019 年，"国家高新区高新技术企业数"指标排名第 53 位，较上一年上升 4 位，增速为 41.35%，较 2015 年下降 4 位，增速为 89.90%；"国家级科技企业孵化器数"指标排名第 21 位，较上一年下降 3 位，增速为 7.69%，与 2015 年保持一致，增速为 75.00%；"国家高新区工业总产值"指标排名第 36 位，较上一年下降 1 位，增速为 0.01%，较 2015 年上升 7 位，增速为 12.29%。2018 年和 2019 年南通市无省部共建协同创新中心建立，拉低了创新平台的发展水平指标的排名。创新环境的适宜性指标排名总体呈波动上升态势，2019 年较2015年上升幅度较大，具体表现为，2019年，"文化、体育和娱乐业从业人员比重"指标排名第65位，较上一年下降5位，增速为6.19%，较2015年上升6位，增速为29.05%；"AQI年平均值"指标排名第37位，与上一年保持一致，增速为0.44%，较2015年上升12位，增速为17.37%。

南通市的城市间创新生态嵌入指标排名总体呈波动上升态势且增幅较大。其中，系统开放性指标排名呈波动下降态势，具体表现为，2019年，"外商直接投资合同项目数"指标排名第29位，较上一年下降4位，增速为-9.18%，较2015年下降15位，增速为-15.24%；"国际旅游外汇收入"指标排名第52位，较上一年下降1位，增速为3.75%，与2015年保持一致，增速为22.21%；"当年实际使用外资金额"指标排名第23位，较上一年上升4位，增速为3.25%，较2015年上升4位，增速为15.10%。外部可达性指标排名有较大幅度上升，具体表现为，2019年，"截至当年所拥有的高铁站点数"指标排名第35位，较上一年下降4位，较2015年上升41位，南通市以高铁为代表的陆运交通基础设施建设水平有较大幅度提高；"民用航空客运量"指标排名第35位，较上一年下降1位，增速为25.63%；较2015年上升7位，增速为200.00%；"民用航空货邮运量"指标排名第35位，较上一年下降5位，增速为-25.01%，较2015年下降1位，增速为34.83%。关系嵌入指标排名总体呈波动下降态势，具体表现为，2019年，"对外联系强度"指标排名第34位，较上一年下降1位，增速为6.28%，较2015年下降8位，增速为104.05%；"先进产业嵌入深度"指标排名第46位，较上一年下降13位，增速为-17.79%，较2015年下降6位，增速为127.12%。南通市应该加强同其他城市在高新技术以及创新方面的合作，进一步提升自身的创新水平。结构嵌入指标排名整体呈上升态势，具体表现为，2019年，"接近中心度"指标排名第29位，较上一年上升1位，增速为1.00%，较2015年上升14位，增速为8.03%；"特征向量中心度"指标排名第27位，较上一年下降1位，增速为5.67%，较2015年上升15位，增速为67.16%；"中介中心度"指标排名第34位，较上一年下降2位，增速为0.63%，较2015年上升30位，增速为1285.79%。南通市在创新合作网络中的地位明显提高。

南通市部分变化较大的指标见表5-120。

表5-120 南通市部分变化较大的指标

指标	2018年	2019年	增速/%	2018年排名	2019年排名	排名变化
当年实际使用外资金额/万美元	258140.00	266528.00	3.25	27	23	4
当年新增科技型中小企业数/个	357	275	-22.97	21	23	-2
特征向量中心度	0.42	0.44	5.67	26	27	-1
接近中心度	0.5379	0.5433	1.00	30	29	1
数字普惠金融指数	264.52	280.28	5.96	28	29	-1

指标	2018 年	2019 年	增速/%	2018 年排名	2019 年排名	排名变化
对外联系强度	137277206.96	145904704.30	6.28	33	34	−1
国家高新区留学归国人员/人	420	440	4.76	33	34	−1
中介中心度	288.43	290.26	0.63	32	34	−2
创新积累	10394.37	10432.22	0.36	35	36	−1
国家高新区工业总产值/千元	141154031.00	141163799.00	0.01	35	36	−1
AQI 年平均值	75.25	74.92	0.44	37	37	0
科学技术支出占比/%	4.31	3.39	−21.20	21	38	−17
教育支出占比/%	16.91	17.69	4.62	55	44	11
科研、技术服务和地质勘查业从业人员/万人	1.20	1.38	15.00	49	46	3
商业信用环境	72.55	73.94	1.92	41	46	−5
国家高新区 R&D 经费内部支出/千元	2446440.00	1897827.00	−22.42	42	50	−8
国家高新区高新技术企业数/个	133	188	41.35	57	53	4
产业结构高级化指数	6.88	6.84	−0.55	46	56	−10
国家高新区 R&D 人员/人	4227	5365	26.92	60	57	3
普通高等学校专任教师数/人	5064	5321	5.08	59	61	−2

基于上述分析,江苏省应该坚持构建一流的创新生态体系。具体而言,江苏省应深入实施创新驱动发展战略,围绕科技自立自强,组织战略科技力量,加强基础研究和原始创新,推进产业链和创新链的融合,强化江苏省在国家创新体系中的作用,加大实施关键核心技术攻坚工程的力度,打造极具竞争力的创新创业生态,努力建设具有全球影响力的产业科技创新中心。

5.17 山东省

山东省共有 11 个城市纳入分析,分别是济南市、青岛市、淄博市、东营市、烟台市、潍坊市、济宁市、威海市、临沂市、德州市、菏泽市。根据 2019 年城市创新生态系统综合排名情况,本节选择山东省内指标排名前 5 位的城市——青岛市、济南市、烟台市、威海市、潍坊市,作为重点分析对象。

从山东省内来看,青岛市的排名明显高于省会城市济南市,且基本保持稳定。烟台市、威海市、潍坊市排名略低于青岛市和济南市,其中,烟台市排名明显高于威海市和潍坊市。

从山东省内各城市的表现来看,青岛市的城市创新生态系统综合指标各子维度排名均处于省内领先地位。在城市创新主体方面，与省会城市济南市相比，青岛市的优势在于具有较高的创新主体的动力水平。从基础数据来看，政府在科学技术方面的大力投入以及良好的商业信用环境，为本地创新发展提供了充足的动力。在城市内部创新生态建构方面，由于青岛市在2018年和2019年均无省部共建协同创新中心建立，因此拉低了创新平台的发展水平指标排名。在城市间创新生态嵌入方面，青岛市具有建设和发展港口运输的优越自然条件和良好的区位优势，同时陆运和空运交通基础设施建设水平不断提升，因此具有较高的外部可达性水平，这为青岛市开展创新合作奠定了良好的基础条件。

除了城市内部创新生态建构指标，济南市的城市创新主体指标和城市间创新生态嵌入指标排名均低于青岛市。在城市创新主体方面，相比于青岛市，济南市拥有较强的创新主体的能力和创新主体的活力，但是创新主体的动力不足。从基础数据来看，济南市的国家高新区发展速度较快，这极大地提升了济南市的创新能力。此外，中国500强企业增多以及新兴产业创新产出的增加均提升了济南市的活力。但是，受制于政府教育投入占比较少这一关键因素，济南市的创新主体的动力指标排名相对落后。在城市内部创新生态建构方面，创新要素的多样性指标排名明显落后，甚至成为制约济南市创新生态建构的关键因素。创新平台的发展水平指标排名领先。从基础数据来看，济南市的外商、港澳台商投资企业占比较低，以及国家高新区对外籍人员和留学归国人员的吸引力下降是导致创新要素的多样性指标排名落后的主要原因。此外，2018年和2019年，济南市分别增加1个和3个省部共建协同创新中心，远超其他样本城市，因此创新平台的发展水平指标排名领先。在城市间创新生态嵌入方面，济南市虽然在对外联系强度、先进产业嵌入深度以及创新合作网络中的地位等方面均有明显提升，但是仍需提高对外资的引进和利用能力，同时完善交通基础设施建设，助力创新合作。

就山东省而言，烟台市的城市创新生态系统综合指标排名仅低于青岛市和济南市，处于省内领先水平。在城市创新主体方面，值得关注的是，烟台市政府在科学技术和教育方面的大力投入，极大地提升了创新主体的动力水平，这一指标排名甚至超过省会城市济南市。在城市内部创新生态建构方面，该指标排名与青岛市和济南市存在较大差距，略低于威海市。从基础数据来看，2018年和2019年烟台市均无省部共建协同创新中心成立，且国家级高新区的发展降速共同导致创新平台的发展水平指标排名较为落后。此外，在空气质量以及医疗卫生资源等方面，烟台市还应该努力提升创新环境的适宜性水平。在城市间创新生态嵌入方面，该指标排名仅低于省内的青岛市和济南市，该指标下的各子维度发展较为均衡。值得关注的是，2019年烟台市的对外联系强度以及先进产业嵌入深度均有较大幅度下降，导致关系嵌入指标排名出现较大波动。

威海市的城市创新生态系统综合指标排名在山东省内排第4位。在城市创新主体方面，受益于教育支出的高占比，威海市具有极高的创新主体的动力水平，从山东省内来看，威海市创新主体的动力指标排名仅次于青岛市。在城市内部创新生态建构方面，威海市创新要素的多样性指标排名突出。国家高新区对外籍人才以及留学归国人才强大的吸引力，以及外商、港澳台商投资企业的较高占比为本地提供了多样化的创新要素。在城市间创新生态嵌入方面，值得注意的是，关系嵌入指标排名和结构嵌入指标排名处于省内落后水平且 2019 年较 2015 年有较大幅度下降。受制于自身创新水平的影响，威海市在对外联系强度和先进产业嵌入深度方面都亟须提升，此外还应该注重提高创新能力，同时加强与国内外城市的创新合作关系，以提升在创新网络中的话语权。

潍坊市的城市创新生态系统综合排名位于山东省第 5 位。从城市创新主体来看，潍坊市具有较高的创新主体的动力水平，从山东省内来看，创新主体的动力指标排名明显高于省会城市济南市，但是潍坊市却严重缺乏创新主体的活力。具体而言，潍坊市政府在教育方面的大力投入以及良好的商业信用环境为创新发展注入了强大的动力。但是新兴产业创新成果数量减少、数字普惠金融业发展缓慢以及科技型创业企业增速较低等表明潍坊市缺乏创新活力。在城市内部创新生态建构方面，受限于本地自然环境以及文娱产业的发展现状，创新环境的适宜性指标排名较为落后。在城市间创新生态嵌入方面，潍坊市对外资的吸引力有较大幅度下降，但是随着与国内其他城市创新合作强度的增加，潍坊市在创新合作网络的地位有所提升。

5.17.1 总体情况

2019 年，青岛市的城市创新生态系统综合排名第 14 位，较上一年上升 1 位，较 2015 年下降 1 位；济南市的城市创新生态系统综合排名第 22 位，较上一年上升 3 位，较 2015 年上升 1 位；烟台市的城市创新生态系统综合排名第 37 位，与上一年保持一致，与 2015 年保持一致；威海市的城市创新生态系统综合排名第 42 位，较上一年上升 2 位，较 2015 年上升 3 位；潍坊市的城市创新生态系统综合排名第 47 位，较上一年上升 2 位，较 2015 年上升 1 位（见图 5-149）。

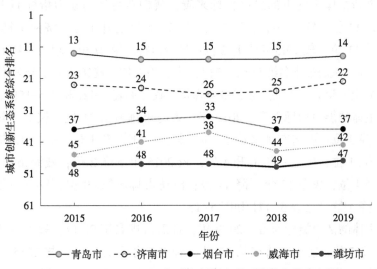

图 5-149 2015—2019 年城市创新生态系统综合排名变化

1. 城市创新主体维度

从城市创新主体维度来看，2019 年，青岛市排名第 17 位，较上一年上升 2 位，较 2015 年下降 3 位；济南市排名第 22 位，较上一年上升 1 位，较 2015 年下降 1 位；烟台市排名第 36 位，较上一年上升 3 位，较 2015 年上升 8 位；威海市排名第 35 位，较上一年上升 12 位，较 2015 年上升 15 位；潍坊市排名第 38 位，较上一年上升 5 位，较 2015 年上升 5 位（见图 5-150）。

总体来看，青岛市和济南市的排名明显高于烟台市、威海市和潍坊市，但是排名整体呈波动下降态势。烟台市、威海市和潍坊市的排名基本处于同一水平，且都有较大幅度提升。

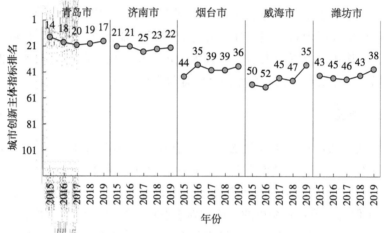

图 5-150　2015—2019 年城市创新主体指标排名变化

从城市创新主体维度下的二级指标来看，就创新主体的动力指标而言，2019 年，青岛市排名第 14 位，较上一年上升 2 位，较 2015 年上升 1 位；济南市排名第 31 位，较上一年上升 11 位，较 2015 年上升 2 位；烟台市排名第 27 位，较上一年下降 1 位，较 2015 年上升 9 位；威海市排名第 15 位，较上一年上升 9 位，较 2015 年上升 22 位；潍坊市排名第 25 位，较上一年上升 2 位，与 2015 年保持一致（见表 5-121 和图 5-151）。

就创新主体的能力指标而言，2019 年，青岛市排名第 21 位，较上一年下降 1 位，较 2015 年下降 3 位；济南市排名第 16 位，较上一年上升 1 位，较 2015 年上升 1 位；烟台市排名第 51 位，较上一年上升 4 位，较 2015 年下降 2 位；威海市排名第 69 位，较上一年下降 4 位，较 2015 年下降 11 位；潍坊市排名第 49 位，较上一年上升 1 位，较 2015 年下降 4 位（见表 5-121 和图 5-151）。

就创新主体的活力指标而言，2019 年，青岛市排名第 20 位，较上一年上升 4 位，较 2015 年下降 7 位；济南市排名第 18 位，较上一年上升 4 位，与 2015 年保持一致；烟台市排名第 46 位，较上一年上升 3 位，较 2015 年下降 3 位；威海市排名第 52 位，较上一年上升 3 位，较 2015 年上升 4 位；潍坊市排名第 60 位，较上一年下降 2 位，较 2015 年下降 2 位（见表 5-121 和图 5-151）。

综上所述，对于青岛市而言，城市创新主体指标排名降幅较小。其中，创新主体的动力指标排名整体呈波动上升态势，增幅较小；创新主体的能力指标排名整体呈波动下降态势，降幅较小；创新主体的活力指标排名降幅较大。

对于济南市而言，城市创新主体指标排名波动幅度较小，基本保持稳定。其中，创新主体的动力指标排名在 2019 年有较大幅度提升；创新主体的能力指标排名波动幅度较小，基本保持稳定；创新主体的活力指标排名有所波动。

对于烟台市而言，城市创新主体指标排名总体呈波动上升态势，增幅较大。其中，创新主体的动力指标排名整体呈波动上升态势，增幅较大；创新主体的能力指标排名整体呈波动下降态势且降幅较小；创新主体的活力指标排名有小幅下降。

对于威海市而言，城市创新主体指标排名总体呈波动上升态势且增幅较大。其中，创新主体的动力指标排名整体呈波动上升态势且增幅较大，创新主体的能力指标排名整体呈下降态势且降幅较大，创新主体的活力指标排名整体呈波动上升态势。

对于潍坊市而言，城市创新主体指标排名总体先降后升。其中，创新主体的动力指标排名基本保持稳定，创新主体的能力指标排名整体呈波动下降态势，创新主体的活力指标排名有小幅下降。

表 5-121　2015—2019 年城市创新主体指标得分及排名

城市	指标		2015 年		2016 年		2017 年		2018 年		2019 年	
			指标得分	排名	指标得分	排名	指标得分	排名	指标得分	排名	指标得分	排名
青岛市	1	城市创新主体	25.49	14	22.48	18	21.55	20	21.14	19	23.27	17
	1.1	创新主体的动力	32.49	15	27.00	17	29.34	14	28.53	16	34.96	14
	1.2	创新主体的能力	20.09	18	18.70	19	17.65	21	17.42	20	17.11	21
	1.3	创新主体的活力	23.90	13	21.75	18	17.66	24	17.47	24	17.75	20
济南市	1	城市创新主体	22.77	21	21.51	21	18.75	25	19.05	23	21.60	22
	1.1	创新主体的动力	26.62	33	21.57	35	19.74	41	20.02	42	26.48	31
	1.2	创新主体的能力	20.14	17	21.50	15	18.76	19	19.13	17	19.88	16
	1.3	创新主体的活力	21.53	18	21.46	19	17.76	23	18.00	22	18.43	18
烟台市	1	城市创新主体	16.27	44	15.67	35	14.53	39	14.50	39	15.93	36
	1.1	创新主体的动力	26.21	36	24.55	25	23.81	26	24.66	26	28.95	27
	1.2	创新主体的能力	9.80	49	9.47	48	8.56	54	7.83	55	7.76	51
	1.3	创新主体的活力	12.80	43	13.00	46	11.22	50	11.02	49	11.08	46

续表

城市	指标	2015 年		2016 年		2017 年		2018 年		2019 年	
		指标得分	排名	指标得分	排名	指标得分	排名	指标得分	排名	指标得分	排名
威海市	1　城市创新主体	15.02	50	13.70	52	13.89	45	13.57	47	16.15	35
	1.1　创新主体的动力	25.57	37	22.69	32	24.36	23	25.33	24	33.69	15
	1.2　创新主体的能力	8.73	58	8.39	59	7.74	59	6.29	65	5.23	69
	1.3　创新主体的活力	10.77	56	10.01	59	9.57	57	9.09	55	9.53	52
潍坊市	1　城市创新主体	16.42	43	14.55	45	13.87	46	13.97	43	15.30	38
	1.1　创新主体的动力	28.47	25	24.00	27	23.85	25	24.56	27	29.16	25
	1.2　创新主体的能力	10.65	45	9.58	47	9.15	49	8.59	50	8.29	49
	1.3　创新主体的活力	10.14	58	10.06	58	8.62	62	8.76	58	8.45	60

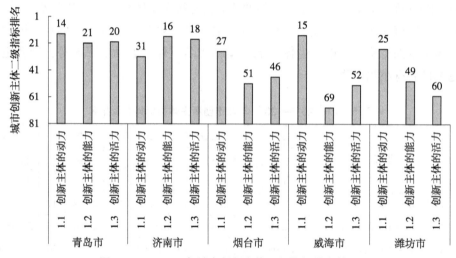

图 5-151　2019 年城市创新主体二级指标排名情况

2. 城市内部创新生态建构维度

从城市内部创新生态建构维度来看，2019 年，青岛市排名第 19 位，与上一年保持一致，较 2015 年下降 2 位；济南市排名第 18 位，较上一年上升 10 位，较 2015 年上升 13 位；烟台市排名第 43 位，较上一年下降 3 位，较 2015 年下降 5 位；威海市排名第 38 位，与上一年保持一致，较 2015 年上升 2 位；潍坊市排名第 51 位，较上一年下降 3 位，较 2015 年下降 5 位（见图 5-152）。

青岛市和济南市指标排名较为接近且明显高于其余 3 个城市。其中，济南市排名 2019 年较 2015 年有较大幅度提升。烟台市、威海市和潍坊市的指标排名属于同一水平，其中，除威海市外，其余 2 个城市的指标排名总体呈波动下降态势。

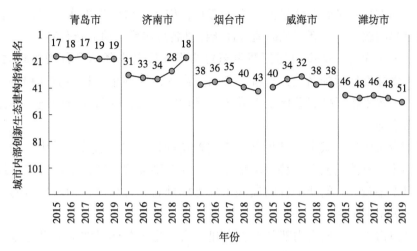

图 5-152　2015—2019 年城市内部创新生态建构指标排名变化

　　从城市内部创新生态建构维度下的二级指标来看，就创新要素的多样性指标而言，2019 年，青岛市排名第 18 位，较上一年下降 1 位，较 2015 年上升 1 位；济南市排名第 51 位，较上一年下降 1 位，较 2015 年下降 4 位；烟台市排名第 22 位，较上一年上升 2 位，较 2015 年上升 4 位；威海市排名第 14 位，较上一年上升 6 位，较 2015 年上升 4 位；潍坊市排名第 52 位，与上一年保持一致，较 2015 年下降 3 位（见表 5-122 和图 5-153）。

　　就创新要素的协同性指标而言，2019 年，青岛市排名第 14 位，较上一年上升 2 位，较 2015 年上升 4 位；济南市排名第 15 位，较上一年下降 1 位，较 2015 年下降 1 位；烟台市排名第 39 位，较上一年上升 15 位，较 2015 年上升 6 位；威海市排名第 51 位，较上一年下降 3 位，较 2015 年上升 4 位；潍坊市排名第 53 位，较上一年上升 6 位，较 2015 年上升 3 位（见表 5-122 和图 5-153）。

　　就创新平台的发展水平指标而言，2019 年，青岛市排名第 33 位，较上一年下降 4 位，较 2015 年下降 16 位；济南市排名第 9 位，较上一年上升 10 位，较 2015 年上升 14 位；烟台市排名第 60 位，较上一年下降 4 位，较 2015 年下降 3 位；威海市排名第 51 位，较上一年下降 3 位，较 2015 年上升 3 位；潍坊市排名第 40 位，与上一年保持一致，较 2015 年下降 5 位（见表 5-122 和图 5-153）。

　　就创新环境的适宜性指标而言，2019 年，青岛市排名第 18 位，较上一年下降 4 位，较 2015 年下降 2 位；济南市排名第 32 位，较上一年上升 7 位，较 2015 年上升 6 位；烟台市排名第 52 位，较上一年下降 15 位，较 2015 年下降 17 位；威海市排名第 61 位，较上一年下降 9 位，较 2015 年下降 1 位；潍坊市排名第 60 位，较上一年下降 1 位，较 2015 年上升 8 位（见表 5-122 和图 5-153）。

　　综上所述，对于青岛市而言，城市内部创新生态建构指标排名总体呈波动下降态势，降幅较小。其中，创新要素的多样性指标排名波动幅度较小，基本保持稳定；创新要素的协同性指标排名总体呈波动上升态势；创新平台的发展水平指标排名总体呈下降态势且降幅较大；创新环境的适宜性指标排名总体呈波动下降态势。

对于济南市而言，城市内部创新生态建构指标排名先降后升且增幅较大。其中，创新要素的多样性指标排名先升后降，创新要素的协同性指标排名波动幅度较小，创新平台的发展水平指标排名总体呈上升态势且增幅较大，创新环境的适宜性指标排名呈波动上升态势。

对于烟台市而言，城市内部创新生态建构指标排名先升后降。其中，创新要素的多样性指标排名总体呈上升态势，增幅较小；创新要素的协同性指标排名总体呈波动上升态势且增幅较大；创新平台的发展水平指标排名先升后降；创新环境的适宜性指标排名有较大幅度下降。

对于威海市而言，城市内部创新生态建构指标排名总体呈波动上升态势且增幅较小。其中，创新要素的多样性指标排名总体呈波动上升态势，创新要素的协同性指标排名波动较大，创新平台的发展水平指标排名有所上升，创新环境的适宜性指标排名在2019年有较大幅度下降。

对于潍坊市而言，城市内部创新生态建构指标排名总体呈波动下降态势。其中，创新要素的多样性指标排名有小幅下降，创新要素的协同性指标排名先降后升，创新平台的发展水平指标排名总体呈波动下降态势，创新环境的适宜性指标排名总体呈波动上升态势。

表 5-122　2015—2019 年城市内部创新生态建构指标得分及排名

城市	指标	2015 年		2016 年		2017 年		2018 年		2019 年	
		指标得分	排名	指标得分	排名	指标得分	排名	指标得分	排名	指标得分	排名
青岛市	2　城市内部创新生态建构	16.96	17	17.33	18	18.33	17	17.44	19	17.59	19
	2.1　创新要素的多样性	18.68	19	19.27	20	23.79	18	21.90	17	23.10	18
	2.2　创新要素的协同性	5.15	18	6.57	16	6.52	20	7.79	16	8.83	14
	2.3　创新平台的发展水平	20.04	17	19.06	19	18.24	20	14.44	29	14.79	33
	2.4　创新环境的适宜性	23.96	16	24.41	16	24.78	16	25.63	14	23.65	18
济南市	2　城市内部创新生态建构	11.58	31	11.42	33	11.53	34	13.69	28	18.08	18
	2.1　创新要素的多样性	7.29	47	6.94	45	7.29	46	6.32	50	7.14	51
	2.2　创新要素的协同性	7.86	14	6.24	18	6.70	19	9.38	14	7.85	15
	2.3　创新平台的发展水平	13.57	23	14.55	22	14.87	21	22.02	19	39.67	9
	2.4　创新环境的适宜性	17.62	38	17.96	36	17.26	39	17.05	39	17.66	32

续表

城市	指标	2015 年		2016 年		2017 年		2018 年		2019 年	
		指标得分	排名	指标得分	排名	指标得分	排名	指标得分	排名	指标得分	排名
烟台市	2　城市内部创新生态建构	10.20	38	10.82	36	11.40	35	10.67	40	10.67	43
	2.1　创新要素的多样性	16.11	26	16.60	26	18.73	25	18.70	24	20.81	22
	2.2　创新要素的协同性	1.23	45	1.27	47	2.08	44	1.27	54	2.27	39
	2.3　创新平台的发展水平	5.20	57	7.10	53	6.95	52	5.32	56	5.31	60
	2.4　创新环境的适宜性	18.26	35	18.31	34	17.84	37	17.37	37	14.29	52
威海市	2　城市内部创新生态建构	9.92	40	11.24	34	11.87	32	10.80	38	11.17	38
	2.1　创新要素的多样性	19.52	18	19.79	18	21.45	20	20.72	20	24.55	14
	2.2　创新要素的协同性	0.74	55	1.78	39	2.54	37	1.64	48	1.40	51
	2.3　创新平台的发展水平	5.64	54	8.98	42	8.60	43	6.34	48	6.69	51
	2.4　创新环境的适宜性	13.77	60	14.41	57	14.89	53	14.53	52	12.04	61
潍坊市	2　城市内部创新生态建构	7.85	46	7.45	48	8.17	46	7.26	48	7.68	51
	2.1　创新要素的多样性	7.13	49	6.43	49	6.45	49	6.09	52	6.97	52
	2.2　创新要素的协同性	0.73	56	0.73	63	0.94	62	1.10	59	1.30	53
	2.3　创新平台的发展水平	10.45	35	9.03	41	11.85	27	8.79	40	10.38	40
	2.4　创新环境的适宜性	13.11	68	13.61	59	13.45	63	13.08	59	12.05	60

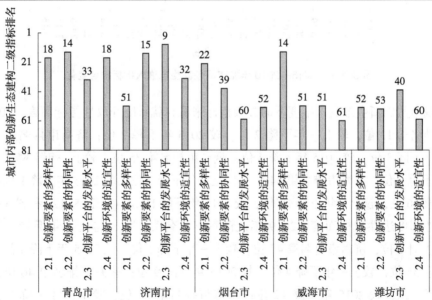

图 5-153　2019 年城市内部创新生态建构二级指标排名情况

3. 城市间创新生态嵌入维度

从城市间创新生态嵌入维度来看，2019 年，青岛市排名第 12 位，与上一年保持一致，较 2015 年下降 1 位；济南市排名第 25 位，较上一年下降 2 位，较 2015 年下降 7 位；烟台市排名第 37 位，较上一年下降 6 位，较 2015 年下降 6 位；威海市排名第 58 位，较上一年下降 9 位，较 2015 年下降 12 位；潍坊市排名第 39 位，较上一年上升 7 位，较 2015 年上升 9 位（见图 5-154）。

总体而言，青岛市指标排名明显高于其余 4 个城市，且排名基本稳定。济南市和烟台市排名基本处于同一水平，且排名均有所下降。威海市和潍坊市的指标排名属于同一水平，其中，威海市排名有较大幅度下降，潍坊市排名有所上升，两个城市间的指标排名差距有所增大。

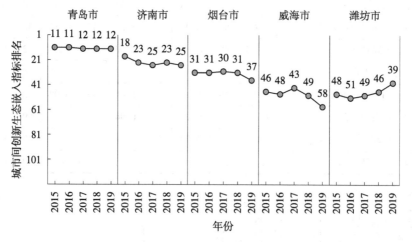

图 5-154　2015—2019 年城市间创新生态嵌入指标排名变化

从城市间创新生态嵌入维度下的二级指标来看，就系统开放性指标而言，2019 年，青岛市排名第 13 位，较上一年下降 2 位，较 2015 年下降 2 位；济南市排名第 38 位，较上一年下降 3 位，较 2015 年下降 4 位；烟台市排名第 35 位，较上一年下降 7 位，较 2015 年下降 6 位；威海市排名第 44 位，较上一年下降 2 位，较 2015 年下降 1 位；潍坊市排名第 66 位，较上一年下降 18 位，较 2015 年下降 16 位（见表 5-123 和图 5-155）。

就外部可达性指标而言，2019 年，青岛市排名第 6 位，与上一年保持一致，较 2015 年上升 2 位；济南市排名第 45 位，较上一年下降 1 位，较 2015 年下降 4 位；烟台市排名第 35 位，较上一年下降 4 位，较 2015 年下降 9 位；威海市排名第 46 位，较上一年下降 1 位，较 2015 年下降 12 位；潍坊市排名第 38 位，较上一年下降 5 位，较 2015 年上升 2 位（见表 5-123 和图 5-155）。

就关系嵌入指标而言，2019 年，青岛市排名第 19 位，较上一年上升 4 位，较 2015 年下降 6 位；济南市排名第 15 位，较上一年下降 2 位，较 2015 年下降 8 位；烟台市排名第 46 位，较上一年下降 16 位，较 2015 年下降 7 位；威海市排名第 73 位，较上一年下降 4 位，较 2015 年下降 24 位；潍坊市排名第 39 位，较上一年上升 6 位，较 2015 年下降 2 位（见表 5-123 和图 5-155）。

就结构嵌入指标而言，2019 年，青岛市排名第 14 位，较上一年上升 1 位，较 2015 年上升 4 位；济南市排名第 19 位，较上一年上升 1 位，较 2015 年下降 7 位；烟台市排名第 46 位，较上一年下降 8 位，较 2015 年下降 8 位；威海市排名第 73 位，较上一年下降 20 位，较 2015 年下降 5 位；潍坊市排名第 42 位，较上一年上升 15 位，较 2015 年上升 21 位（见表 5-123 和图 5-155）。

综上所述，对于青岛市而言，城市间创新生态嵌入指标排名基本保持稳定，波动幅度较小。其中，系统开放性指标排名总体呈波动下降态势且降幅较小；外部可达性指标排名领先于其余 3 个二级指标，增幅较小；关系嵌入指标排名总体呈波动下降态势且波动幅度较大；结构嵌入指标排名总体呈波动上升态势。

对于济南市而言，城市间创新生态嵌入指标排名总体呈波动下降态势且降幅较大。其中，系统开放性指标排名总体呈波动下降态势，外部可达性指标排名总体呈波动下降态势，关系嵌入指标排名总体呈下降态势，结构嵌入指标排名有较大幅度下降。

对于烟台市而言，城市间创新生态嵌入指标排名总体呈波动下降态势。其中，系统开放性指标排名总体呈波动下降态势，外部可达性指标排名有较大幅度下降，关系嵌入指标排名在 2019 年有较大幅度下降，结构嵌入指标排名总体呈波动下降态势。

对于威海市而言，城市间创新生态嵌入指标排名总体呈波动下降态势且降幅较大。其中，系统开放性指标排名有所波动，外部可达性指标排名降幅较大，关系嵌入指标排名总体呈下降态势且降幅较大，结构嵌入指标排名先升后降。

对于潍坊市而言，城市间创新生态嵌入指标排名增幅较大。其中，系统开放性指标排名总体呈波动下降态势且降幅较大，外部可达性指标排名有所波动，关系嵌入指标排名在 2019 年有所回升，结构嵌入指标排名总体呈波动上升态势且增幅较大。

表 5-123　2015—2019 年城市间创新生态嵌入指标得分及排名

城市	指标	2015 年		2016 年		2017 年		2018 年		2019 年	
		指标得分	排名	指标得分	排名	指标得分	排名	指标得分	排名	指标得分	排名
青岛市	3　城市间创新生态嵌入	23.25	11	24.52	11	23.83	12	24.40	12	27.12	12
	3.1　系统开放性	14.92	11	18.47	11	16.00	13	17.43	11	18.58	13
	3.2　外部可达性	43.35	8	45.18	10	44.20	11	47.05	6	47.20	6
	3.3　关系嵌入	8.94	13	3.19	26	3.40	29	5.97	23	8.13	19
	3.4　结构嵌入	25.78	18	31.26	14	31.70	12	27.16	15	34.57	14

续表

城市	指标	2015 年		2016 年		2017 年		2018 年		2019 年	
		指标得分	排名	指标得分	排名	指标得分	排名	指标得分	排名	指标得分	排名
济南市	3　城市间创新生态嵌入	18.82	18	18.41	23	17.70	25	17.61	23	18.27	25
	3.1　系统开放性	4.36	34	3.53	39	3.09	43	5.04	35	4.58	38
	3.2　外部可达性	29.46	41	29.73	46	29.81	47	29.85	44	29.91	45
	3.3　关系嵌入	12.93	7	9.21	10	9.30	12	12.49	13	10.65	15
	3.4　结构嵌入	28.55	12	31.17	15	28.60	16	23.05	20	27.93	19
烟台市	3　城市间创新生态嵌入	14.56	31	15.09	31	15.18	30	14.45	31	14.27	37
	3.1　系统开放性	5.34	29	5.98	26	5.14	30	6.39	28	5.27	35
	3.2　外部可达性	32.84	26	32.89	28	32.96	32	31.23	31	31.38	35
	3.3　关系嵌入	2.37	39	1.56	41	2.50	35	4.02	30	1.99	46
	3.4　结构嵌入	17.70	38	19.91	42	20.11	30	16.14	38	18.43	46
威海市	3　城市间创新生态嵌入	11.68	46	12.93	48	12.78	43	11.44	49	11.69	58
	3.1　系统开放性	3.03	43	3.54	38	3.03	44	3.38	42	3.51	44
	3.2　外部可达性	30.95	34	31.02	37	31.10	40	29.65	45	29.78	46
	3.3　关系嵌入	1.53	49	1.13	52	1.08	55	0.97	69	0.78	73
	3.4　结构嵌入	11.21	68	16.04	56	15.93	43	11.76	53	12.71	73
潍坊市	3　城市间创新生态嵌入	11.60	48	12.47	51	11.73	49	11.79	46	13.83	39
	3.1　系统开放性	2.23	50	2.47	52	2.27	50	2.84	48	1.59	66
	3.2　外部可达性	29.77	40	29.79	45	29.64	49	31.10	33	30.96	38
	3.3　关系嵌入	2.44	37	1.21	49	1.79	45	2.40	45	2.63	39
	3.4　结构嵌入	11.96	63	16.42	51	13.21	52	10.81	57	20.14	42

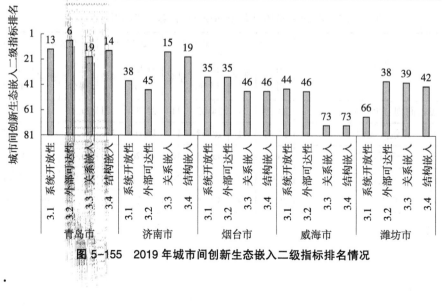

图 5-155　2019 年城市间创新生态嵌入二级指标排名情况

5.17.2　细分领域

1. 青岛市

青岛市城市创新生态系统情况见表 5-124 和图 5-156。

表 5-124　2015—2019 年青岛市城市创新生态系统综合指标

指标	2015 年		2016 年		2017 年		2018 年		2019 年	
	指标得分	排名	指标得分	排名	指标得分	排名	指标得分	排名	指标得分	排名
城市创新生态系统	21.90	13	21.44	15	21.24	15	20.99	15	22.66	14
1　城市创新主体	25.49	14	22.48	18	21.55	20	21.14	19	23.27	17
2　城市内部创新生态建构	16.96	17	17.33	18	18.33	17	17.44	19	17.59	19
3　城市间创新生态嵌入	23.25	11	24.52	11	23.83	12	24.40	12	27.12	12

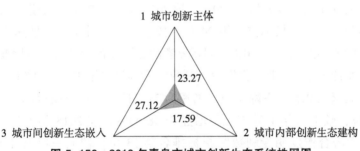

图 5-156　2019 年青岛市城市创新生态系统蛛网图

从基础数据看，对于青岛市而言，城市创新主体指标排名降幅较小。其中，创新主体的动力指标排名整体呈波动上升态势，增幅较小，具体表现为，2019 年，"教育支出占比"指标排名第 46 位，较上一年上升 10 位，增速为 3.51%，较 2015 年下降 6 位，增速为-8.82%；"商业信用环境"指标排名第 19 位，较上一年上升 3 位，增速为 2.62%，较 2015 年上升 7 位，增速为 3.09%；"科学技术支出占比"指标排名第 20 位，较上一年上升 23 位，增速为 46.52%，较 2015 年上升 27 位，增速为 81.46%。创新主体的能力指标排名整体呈波动下降态势，降幅较小，具体表现为，2019 年，"百万人均发明专利申请量"指标排名第 20 位，较上一年上升 3 位，增速为 0.17%，较 2015 年下降 14 位，增速为-34.62%；"规模以上工业企业新产品销售收入"指标排名第 34 位，较上一年下降 10 位，增速为-9.98%，较 2015 年下降 11 位，增速为-10.92%；"国家科学技术奖数"指标排名第 16 位，较上一年下降 6 位，增速为-21.43%，较 2015 年下降 9 位，增速为-35.29%；"国家高新区 R&D 经费内部支出"指标排名第 20 位，较上一年上升 3 位，增速为 19.20%，较 2015 年下降 7 位，增速为 19.01%；"国家高新区 R&D 人员"指标排名第 25 位,较上一年上升 4 位,增速为 17.63%,较 2015 年上升 2 位,增速为 38.93%;"科研、技术服务和地质勘查业从业人员"指标排名第 24 位,与上一年保持一致,增速为 10.32%,较 2015 年上升 4 位,增速为 44.74%;"高被引专利数"指标排名第 7 位,较上一年上升 2 位,增速为-24.66%,较 2015 年上升 5 位,增速为 48.67%。创新主体的活力指标排名降幅较大,具体表现为,2019年,"数字普惠金融指数"指标排名第 35 位,与上一年保持一致,增速为 5.51%,较 2015 年下降 10 位,增速为 36.31%;"新兴产业发明专利申请量"指标排名第 14 位,较上一年上升 4 位,增速为 5.96%,较 2015 年下降 9 位,增速为-33.61%;"中国 500 强企业数"指标排名第 28 位,较上一年上升 3 位,增速为 33.33%,较 2015 年下降 6 位,增速为-20.00%;"当年新增科技型中小企业数"指标排名第 27 位,较上一年上升 4 位,增速为 10.05%,较 2015 年下降 3 位,增速为-0.82%。

青岛市的城市内部创新生态建构指标排名总体呈波动下降态势,降幅较小。其中,创新要素的多样性指标排名波动幅度较小,基本保持稳定,具体表现为,2019年,"国家高新区外籍常驻人员"指标排名第 38 位,较上一年下降 2 位,增速为 0.00%,较 2015 年上升 2 位,增速为 17.14%;"外商、港澳台商投资企业占比"指标排名第 10 位,较上一年上升 3 位,增速为-8.20%,较 2015 年上升 2 位,增速为-12.05%;"国家高新区留学归国人员"指标排名第 24 位,较上一年上升 1 位,增速为 10.10%,较 2015 年上升 11 位,增速为 86.90%。创新要素的协同性指标排名总体呈波动上升态势,具体表现为,2019 年,"产业合作发明专利数"指标排名第 17 位,较上一年下降 2 位,增速为 11.37%,较 2015 年下降 4 位,增速为 71.33%;"产学研合作发明专利数"指标排名第 12 位,较上一年上升 5 位,增速为 48.11%,较 2015 年上升 2 位,增速为 131.73%;"学研合作发明专利数"指标排名第 13 位,较上一年上升 4 位,增速为 53.45%,较 2015 年上升 7 位,增速为 423.53%。创新平台的发展水平指标排名总体呈下降态势且降幅较大,具体表现为,2019 年,"国家级科技企业孵化器数"指标排名第 13 位,与上一年保持一致,增速为 10.53%,较 2015 年下降 3 位,增速为 50.00%;"国家高新区高新技术企业数"指标排名第 27 位,较上一年下降 1 位,增速为 22.18%,较 2015 年下降 2 位,增速为 175.45%;"国家高新区工业总产值"指标排名第 26 位,较上一年上升 1 位,增速为 13.11%,较 2015 年上升 3 位,增速为 40.41%。创新环境的适宜性指标排名总体呈波动下降态势,具体表现为,2019 年,"AQI 年平均值"指标排名第 46 位,较上一年下降 14 位,增速为-8.69%,较 2015 年下降 5 位,增速为 6.69%;"医院床位数"指标排名第 19 位,与上一年保持一致,增速为 5.50%,较 2015 年上升 2 位,增速为 37.41%;"文化、体育和娱乐业从业人员比重"指标排名第 37 位,较上一年下降 2 位,增速为-0.77%,较 2015 年上升 4 位,增速为 3.33%。

青岛市的城市间创新生态嵌入指标排名基本保持稳定,波动幅度较小。其中,系统开放性指标排名总体呈波动下降态势且降幅较小,具体表现为,2019 年,"当年实际使用外资金额"指标排名第 11 位,较上一年下降 1 位,增速为 0.66%,较 2015 年下降 3 位，增速为-12.68%；"外商直接投资合同项目数"指标排名第 10 位，较上一年上升 2 位，增速为-0.21%，较 2015 年下降 3 位，增速为 25.03%；"国际会议数"指标排名第 11 位，较上一年下降 4 位，增速为-23.08%，较 2015 年上升 2 位；"国际旅游外汇收入"指标排名第 15 位，较上一年上升 2 位，增速为 34.71%，较 2015 年上升 5 位，增速为 70.78%。外部可达性指标排名领先于其余 3 个二级指标，增幅较小，具体表现为，2019 年，"截至当年所拥有的高铁站点数"指标排名第 6 位，与上一年保持一致，增速为 0.00%，较 2015 年上升 5 位，增速为 100.00%；"民用航空客运量"指标排名第 12 位，较上一年下降 1 位，增速为 4.16%，较 2015 年下降 1 位，增速为 40.44%；"民用航空货邮运量"指标排名第 11 位，较上一年上升 1 位，增速为 14.16%，与 2015 年保持一致，增速为 23.16%。青岛市的陆运以及空运交通基础设施建设水平有一定程度的提高。关系嵌入指标排名总体呈波动下降态势且波动幅度较大，具体表现为，2019 年，"对外联系强度"指标排名第 19 位，较上一年上升 2 位，增速为 67.22%，较 2015 年下降 9 位，增速为 94.13%；"先进产业嵌入深度"指标排名第 19 位，较上一年上升 7 位，增速为 134.05%，较 2015 年上升 2 位，增速为 220.10%。结构嵌入指标排名总体呈波动上升态势，具体表现为，2019 年，"中介中心度"指标排名第 14 位，较上一年上升 4 位，增速为 20.96%，较 2015 年下降 1 位，增速为 20.17%；"接近中心度"指标排名第 14 位，较上一年上升 1 位，增速为 3.10%，较 2015 年上升 4 位，增速为 8.98%；"特征向量中心度"指标排名第 12 位，较上一年上升 4 位，增速为 16.90%，较 2015 年上升 4 位，增速为 41.41%。由此可见，青岛市在创新合作网络中占据重要位置。

青岛市部分变化较大的指标见表 5-125。

表 5-125　青岛市部分变化较大的指标

指标	2018 年	2019 年	增速/%	2018 年排名	2019 年排名	排名变化
国际会议数/个	13	10	-23.08	7	11	-4
产学研合作发明专利数/件	424	628	48.11	17	12	5
学研合作发明专利数/件	58	89	53.45	17	13	4
新兴产业发明专利申请量/件	14112	14953	5.96	18	14	4
产业合作发明专利数/件	1143	1273	11.37	15	17	-2
对外联系强度	224635294.47	375646283.89	67.22	21	19	2
先进产业嵌入深度	279.00	653.00	134.05	26	19	7
商业信用环境	74.55	76.50	2.62	22	19	3
百万人均发明专利申请量/（件/百万人）	2606.72	2611.07	0.17	23	20	3
国家高新区 R&D 经费内部支出/千元	7924096.00	9445797.00	19.20	23	20	3

续表

指标	2018 年	2019 年	增速/%	2018 年排名	2019 年排名	排名变化
科学技术支出占比/%	2.89	4.24	46.52	43	20	23
国家高新区留学归国人员/人	713	785	10.10	25	24	1
数字普惠金融指数	261.31	275.72	5.51	35	35	0
教育支出占比/%	16.86	17.45	3.51	56	46	10
AQI 年平均值	73.83	80.25	-8.69	32	46	-14

2. 济南市

济南市城市创新生态系统情况见表 5-126和图 5-157。

表 5-126 2015—2019 年济南市城市创新生态系统综合指标

指标	2015 年		2016 年		2017 年		2018 年		2019 年	
	指标得分	排名	指标得分	排名	指标得分	排名	指标得分	排名	指标得分	排名
城市创新生态系统	17.72	23	17.11	24	15.99	26	16.78	25	19.32	22
1 城市创新主体	22.77	21	21.51	21	18.75	25	19.05	23	21.60	22
2 城市内部创新生态建构	11.58	31	11.42	33	11.53	34	13.69	28	18.08	18
3 城市间创新生态嵌入	18.82	18	18.41	23	17.70	25	17.61	23	18.27	25

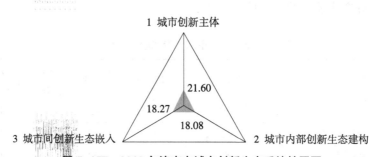

图 5-157 2019 年济南市城市创新生态系统蛛网图

从基础数据看，对于济南市而言，城市创新主体指标排名波动幅度较小，基本保持稳定。其中，创新主体的动力指标排名在 2019 年有较大幅度提升，具体表现为，2019 年，"教育支出占比"指标排名第 73 位，较上一年下降 1 位，增速为 3.24%，较 2015 年下降 22 位，增速为-12.21%；"市场潜力"指标排名第 13 位，较上一年上升 3 位，增速为 17.20%，较 2015 年上升 3 位，增速为 51.37%；"商业信用环境"指标排名第 13 位，较上一年上升 4 位，增速为 2.79%，较 2015 年上升 5 位，增速为 1.23%；"科学技术支出占比"指标排名第 36 位，较上一年上升 25 位，增速为 74.50%，较

2015 年上升 22 位，增速为 106.80%。创新主体的能力指标排名波动幅度较小，基本保持稳定，具体表现为，2019 年，"规模以上工业企业 R&D 人员"指标排名第 34 位，较上一年下降 8 位，增速为-29.15%，较 2015 年下降 13 位，增速为-22.46%；"百万人均发明专利申请量"指标排名第 26 位，较上一年上升 2 位，增速为-4.93%，较 2015 年下降 8 位，增速为-10.43%；"国家高新区 R&D 经费内部支出"指标排名第 14 位，与上一年保持一致，增速为 31.75%，较 2015 年上升 5 位，增速为 104.65%；"国家高新区 R&D 人员"指标排名第 11 位，较上一年上升 3 位，增速为 29.38%，较 2015 年上升 5 位，增速为 87.84%；"科研、技术服务和地质勘查业从业人员"指标排名第 13 位，较上一年上升 5 位，增速为 48.14%，较 2015 年上升 13 位，增速为 98.44%；"规模以上工业企业新产品销售收入"指标排名第 23 位，与上一年保持一致，增速为 9.24%，较 2015 年上升 15 位，增速为 94.13%。创新主体的活力指标排名有所波动，具体表现为，2019 年，"中国 500 强企业数"指标排名第 10 位，较上一年上升 2 位，增速为 12.50%；"A 股上市公司高新技术企业数（上市公司本身）"指标排名第 31 位，较上一年上升 1 位，较 2015 年上升 14 位，增速为 71.43%；"数字普惠金融指数"指标排名第 33 位，较上一年下降 1 位，增速为 5.23%，较 2015 年下降 9 位，增速为 37.00%；"新兴产业发明专利申请量"指标排名第 17 位，较上一年上升 5 位，增速为 20.61%，较 2015 年下降 4 位，增速为 13.70%；"当年新增科技型中小企业数"指标排名第 21 位，较上一年上升 6 位，增速为-8.54%，较 2015 年下降 2 位，增速为-4.46%。

济南市的城市内部创新生态建构指标排名先降后升且增幅较大。其中，创新要素的多样性指标排名先升后降，具体表现为，2019 年，"国家高新区外籍常驻人员"指标排名第 29 位，较上一年下降 1 位，增速为-19.14%，较 2015 年下降 2 位，增速为-17.81%；"外商、港澳台商投资企业占比"指标排名第 50 位，较上一年上升 1 位，增速为 4.01%，较 2015 年下降 2 位，增速为-17.37%；"国家高新区留学归国人员"指标排名第 22 位，较上一年上升 1 位，增速为 8.49%，较 2015 年上升 5 位，增速为 22.07%。创新要素的协同性指标排名波动幅度较小，具体表现为，2019 年，"产业合作发明专利数"指标排名第 18 位，较上一年上升 1 位，增速为 18.56%，较 2015 年下降 7 位，增速为 23.57%；"产学研合作发明专利数"指标排名第 14 位，较上一年下降 3 位，增速为 3.80%，较 2015 年下降 4 位，增速为 55.14%；"学研合作发明专利数"指标排名第 14 位，较上一年上升 1 位，增速为 4.11%，与 2015 年保持一致，增速为 145.16%。创新平台的发展水平指标排名总体呈上升态势且增幅较大，具体表现为，2019 年，"国家高新区高新技术企业数"指标排名第 17 位，较上一年上升 3 位，增速为 33.58%，较 2015 年上升 3 位，增速为 239.11%；"国家级科技企业孵化器数"指标排名第 21 位，较上一年上升 3 位，增速为 27.27%，较 2015 年上升 6 位，增速为 133.33%；"国家高新区工业总产值"指标排名第 17 位，较上一年上升 1 位，增速为 5.95%，较 2015 年上升 10 位，增速为 80.32%。除此之外，2018 年，济南市新建 1 个省部共建协同创新中心，2019 年新建 3 个省部共建协同创新中心，因此较大程度地提高了创新平台的发展水平指标的排名。创新环境的适宜性指标排名呈波动上升态势，具体表现为，2019 年，"AQI 年平均值"指标排名第 91 位，较上一年下降 4 位，增速为-1.02%，较 2015 年上升 5 位，增速为 16.22%；"城市园林绿地面积"指标排名第 16 位，较上一年上升 6 位，增速为 36.22%，较 2015 年上升 15 位，增速为 105.01%；"文化、体育和娱乐业从业人员比重"指标排名第 30 位，较上一年下降 6 位，增速为 -19.95%，较 2015 年下降 10 位，增速为-32.02%；"医生数"指标排名第 11 位，较上一年上升 4 位，增速为 19.10%，较 2015 年下降 2 位，增速为 17.38%。

　　济南市的城市间创新生态嵌入指标排名总体呈波动下降态势且降幅较大。其中，系统开放性指标排名总体呈波动下降态势，具体表现为，2019 年，"国际旅游外汇收入"指标排名第 40 位，较上一年上升 3 位，增速为 23.37%，较 2015 年上升 4 位，增速为 49.26%；"外商直接投资合同项目数"指标排名第 33 位，较上一年下降 3 位，增速为-4.60%，较 2015 年上升 7 位，增速为 119.23%；"当年实际使用外资金额"指标排名第 28 位，较上一年下降 4 位，增速为-16.70%，较 2015 年上升 10 位，增速为 42.06%。外部可达性指标排名总体呈波动下降态势，具体表现为，2019 年，"截至当年所拥有的高铁站点数"指标排名第 52 位，较上一年下降 7 位，较 2015 年下降 13 位，济南市以高铁为代表的陆运交通基础设施建设水平仍需进一步提高；"民用航空客运量"指标排名第 26 位，较上一年上升 1 位，增速为 4.70%，较 2015 年上升 2 位，增速为 75.61%；"民用航空货邮运量"指标排名第 29 位，较上一年上升 2 位，增速为 20.08%，较 2015 年上升 3 位，增速为 61.83%。关系嵌入指标排名总体呈下降态势，具体表现为，2019 年，"对外联系强度"指标排名第 15 位，较上一年下降 2 位，增速为 10.69%，较 2015 年下降 8 位，增速为 92.80%；"先进产业嵌入深度"指标排名第 16 位，较上一年下降 2 位，增速为 14.64%，较 2015 年下降 4 位，增速为 104.43%。济南市应该进一步加强同其他城市在高新技术以及创新方面的合作，助力自身创新能力的提升。结构嵌入指标排名有较大幅度下降，具体表现为，2019 年，"特征向量中心度"指标排名第 19 位，较上一年上升 1 位，增速为 10.28%，较 2015 年下降 8 位，增速为 3.59%；"中介中心度"指标排名第 33 位，较上一年下降 2 位，增速为-15.16%，较 2015 年下降 7 位，增速为-27.44%；"接近中心度"指标排名第 19 位，较上一年上升 1 位，增速为 1.68%，较 2015 年下降 7 位，增速为 1.86%。济南市在创新合作网络中的地位有所下降，因此济南市应该继续加强同其他城市的合作关系，助力自身创新能力的提升。

　　济南市部分变化较大的指标见表 5-127。

表 5-127　济南市部分变化较大的指标

指标	2018 年	2019 年	增速/%	2018 年排名	2019 年排名	排名变化
科研、技术服务和地质勘查业从业人员/万人	4.30	6.37	48.14	18	13	5
对外联系强度	441103777.26	488265714.00	10.69	13	15	-2
新兴产业发明专利申请量/件	10087	12166	20.61	22	17	5
国家高新区工业总产值/千元	354563451.00	375654670.00	5.95	18	17	1
产业合作发明专利数/件	986	1169	18.56	19	18	1
产业结构高级化指数	7.17	7.19	0.29	14	18	-4
特征向量中心度	0.49	0.54	10.28	20	19	1
接近中心度	0.55	0.56	1.68	20	19	1
当年新增科技型中小企业数/个	328	300	-8.54	27	21	6
百万人均发明专利申请量/（件/百万人）	2079.73	1977.29	-4.93	28	26	2
当年实际使用外资金额/万美元	269218.00	224249.00	-16.70	24	28	-4
数字普惠金融指数	263.36	277.14	5.23	32	33	-1
规模以上工业企业 R&D 人员/人	47923	33952	-29.15	26	34	-8
科学技术支出占比/%	2.07	3.61	74.50	61	36	25
教育支出占比/%	15.03	15.52	3.24	72	73	-1
AQI 年平均值	106.50	107.58	-1.02	87	91	-4

　　基于上述分析，山东省应该积极构建人才"引育用"创新生态圈。具体而言，山东省需要不断健全完善人才梯次培养机制，集聚领军人才，造就一批具有国际水平的科研团队。山东省还应该依托高水平大学和高水平学科、国家和省实验室体系、新型研发机构、创新型企业等，聚焦现代海洋、先进制造、生物医药等重点领域，更加精准地培育和壮大一流领军人才队伍，同时深入实施"筑峰计划"，培育更多顶尖人才和战略科学家。除此之外，山东省也可以通过加强沿黄城市人才引进以及沿黄城市校地校企合作，以开放交流方式招才引智。

第6章
结语与展望

本书对 2015—2019 年全国 100 个样本城市的创新生态系统发展水平进行了评价，基于上述评价结果，现阶段我国城市创新生态系统建设呈现以下特点。

第一，我国特一线城市的创新生态系统建设水平不断提升并保持持久的领先地位，2015—2019 年北京市的城市创新生态系统综合得分始终保持第 1 位，上海市、深圳市、广州市分列第 2 位、第 3 位和第 4 位且排名保持一致。

第二，领先地区的创新生态系统发展水平存在明显的追赶态势，以特一线城市为目标，努力提升创新生态建设水平。苏州市、杭州市、武汉市、成都市和西安市等城市的创新生态系统建设水平不断提升，领先优势持续扩大。

第三，多中心且各具特色的区域创新发展格局基本形成。总体上看，我国已经基本形成了多个创新生态建设先进区，例如以北京市为中心的京津冀地区、以上海市为中心的长三角地区、以广州市和深圳市为中心的珠三角地区，以及"成渝双城"等。其中，北京市拥有我国数量最多的高等院校和科研院所，是原始知识和知识创造的源泉，可以构建以科研院所和高等院校为主导的创新生态系统。上海市外资经济发达，具有较高的创新活力以及多样化的创新要素。广州市和深圳市拥有众多上市公司总部以及跨国公司研发机构，能够充分利用企业在创新生态系统建设中的积极作用。成渝地区双城经济圈国防科技工业、装备制造业发达，有密集的人口和活跃的用户群体，能够通过产业合作与先进地区建立广泛的创新嵌入关系。

第四，不同城市间的创新生态系统建设水平存在较大差距，区域协同发展面临挑战。从全国范围来看，上海市、深圳市、广州市、苏州市、杭州市、南京市等众多东部地区城市的创新生态系统建设水平处于国内领先地位。成都市、重庆市、西安市等西部地区城市追赶势头迅猛，但是绵阳市、遵义市、包头市、鄂尔多斯市、榆林市等城市的创新生态建设水平处于全国落后地位。对于中部地区而言，除了武汉市、合肥市以及长沙市，其余大部分城市的创新生态系统建设水平依旧十分落后。

第五，省会城市或首府以及副省级城市的创新生态系统建设水平遥遥领先于省内其他城市，省内发展不均衡问题突出。对于江苏省而言，南京市和苏州市的创新生态系统排名明显高于省内其他城市且排名不断提升。河南省的省会城市郑州市的创新生态系统综合排名位列全国前 30 位，但是信阳市、周口市等城市排名处于全国落后地位。对于湖北省而言，武汉市的创新生态系统综合排名位列全国前 10 位，遥遥领先于省内其他城市且差距不断加大。西安市和榆林市同属于陕西省，但是这两个城市的创新生态系统建设水平存在相当大的差距，2019 年西安市排名位列全国第 10 位，榆林市却位列第 99 位。

第六，各城市在创新生态培育方面存在明显的短板以及偏向性，尚未实现创新生态系统各维度均衡发展。例如，深圳市在城市内部创新生态建构指标方面的表现要明显弱于其在城市创新主体指标方面的表现。苏州市的短板因素是城市间创新生态嵌入指标，与之相反，南京市则在该方面表现突出。相较于城市创新主体和城市内部创新生态建构两个方面，重庆市和成都市在城市间创新生态嵌入指标方面表现得尤为突出，能够充分利用外部资源带动自身创新能力的提升。合肥市在城市创新主体方面表现突出，但是城市内部创新生态建构是影响合肥市创新生态系统综合排名的短板因素。

基于以上结论，本书提出以下政策建议。

第一，引导城市创新生态系统构建，实现城市创新生态系统均衡发展。首先，落后地区应该提高科技经费投入、教育支出以及人才引进的支持力度，为创新生态的培育奠定良好的物质基础以及环境条件。其次，利用创新生态系统的开放性以及创新活动的空间关联性，加强与优势地区的交流与创新合作，并充分利用优势地区的创新资源，满足自身发展需求。最后，落后地区可以借鉴北京市、上海市、广州市等城市的创新生态培育经验，探索适合本地创新生态发展的特色化道路。

第二，强化创新生态系统内驱力，培育创新发展新动能。首先，内驱力的培育更大程度依赖于高技术或者高成长性企业，政府应该通过加大知识产权保护力度、提供税收优惠以及研发补贴等方式，为企业创新活动的开展营造良好的环境条件。其次，政府应该积极发挥宏观调控作用，通过招商引资以及引进外商投资等方式，培育城市创新发展的新动能。最后，政府应发挥中介作用，从政策以及制度方面引导企业与高等院校以及科研院所之间建立协同创新关系，实现创新的可持续性。

第三，强化优势地区生态嵌入关系，推动生态系统高级演化。政府应该全面分析并了解本地创新生态系统的发展现状，在充分利用周边城市的溢出效应以及创新活动外部性过程中，谨防因城市"虹吸效应"导致的内部创新资源流失。通过制定良好的城市间合作政策推动自身创新生态系统的良性发展和高级演化。

第四，依托城市优势产业，促进创新生态均衡发展。政策的制定应该考虑到城市创新生态系统的可持续发展，避免因为偏向性而导致创新生态系统的畸形发展。同时，还要兼顾各地区的优势产业以及区域特色，加快建设各具特色的城市创新发展格局。

参考文献

[1] 陈向东，刘志春. 基于创新生态系统观点的我国科技园区发展观测 [J]. 中国软科学，2014 (11)：151-161.

[2] 高楠，于文超，梁平汉. 市场、法制环境与区域创新活动 [J]. 科研管理，2017，38 (2)：26-34.

[3] 高月姣，吴和成. 创新主体及其交互作用对区域创新能力的影响研究 [J]. 科研管理，2015，36 (10)：51-57.

[4] 葛安茹，唐方成. 合法性、匹配效应与创新生态系统构建 [J]. 科学学研究，2019，37 (11)：2064-2072，2081.

[5] 国家统计局. 2018 年中国创新指数为 212.0 科技创新能力再上新台阶 [EB/OL]. (2019-10-02) [2022-11-04]. http://www.stats.gov.cn/tjsj/zxfb/201910/t20191024_1704985.html.

[6] 何向武，周文泳. 区域高技术产业创新生态系统协同性分类评价 [J]. 科学学研究，2018，36 (3)：541-549.

[7] 孔伟，张贵，李涛. 中国区域创新生态系统的竞争力评价与实证研究 [J]. 科技管理研究，2019，39 (4)：64-71.

[8] 柯燕青. 区域创新生态系统运行效率研究：以广东省为例 [J]. 价格理论与实践，2021 (1)：166-170，175.

[9] 柳卸林，孙海鹰，马雪梅. 基于创新生态观的科技管理模式 [J]. 科学学与科学技术管理，2015，36 (1)：18-27.

[10] 柳卸林，杨培培，王倩. 创新生态系统：推动创新发展的第四种力量 [J]. 科学学研究，2022，40 (6)：1096-1104.

[11] 柳卸林，王倩. 创新管理研究的新范式：创新生态系统管理 [J]. 科学学与科学技术管理，2021，42 (10)：20-33.

[12] 李万，常静，王敏杰，等. 创新 3.0 与创新生态系统 [J]. 科学学研究，2014，32 (12)：1761-1770.

[13] 李晓娣, 张小燕. 区域创新生态系统共生对地区科技创新影响研究 [J]. 科学学研究, 2019, 37 (5): 909-918, 939.

[14] 刘洪久, 胡彦蓉, 马卫民. 区域创新生态系统适宜度与经济发展的关系研究 [J]. 中国管理科学, 2013, 21 (S2): 764-770.

[15] 刘兰剑, 项丽琳, 夏青. 基于创新政策的高新技术产业创新生态系统评估研究 [J]. 科研管理, 2020, 41 (5): 1-9.

[16] 刘瑞明, 赵仁杰. 国家高新区推动了地区经济发展吗？——基于双重差分方法的验证 [J]. 管理世界, 2015 (8): 30-38.

[17] 刘志春, 陈向东. 科技园区创新生态系统与创新效率关系研究 [J]. 科研管理, 2015, 36 (2): 26-31, 144.

[18] 陆立军, 郑小碧. 区域创新平台的企业参与机制研究 [J]. 科研管理, 2008 (2): 122-127.

[19] 牛盼强, 谢富纪, 李本乾. 产业知识基础对区域创新体系构建影响的理论研究 [J]. 研究与发展管理, 2011, 23 (5): 101-109.

[20] 欧忠辉, 朱祖平, 夏敏, 等. 创新生态系统共生演化模型及仿真研究 [J]. 科研管理, 2017, 38 (12): 49-57.

[21] 欧光军, 杨青, 雷霖. 国家高新区产业集群创新生态能力评价研究 [J]. 科研管理, 2018, 39 (8): 63-71.

[22] 苏屹, 李柏洲. 区域创新系统生命周期演化的动力要素研究 [J]. 科学学与科学技术管理, 2009, 30 (6): 104-109.

[23] 苏州市人民政府. 苏州持续优化创新生态, 释放创新活力 [EB/OL]. (2021-11-01) [2022-11-04]. https://www.suzhou.gov.cn/szsrmzf/szyw/202111/790a65bfd6674754bfe23cf4378e1712.shtml.

[24] 孙志燕, 侯永志. 对我国区域不平衡发展的多视角观察和政策应对 [J]. 管理世界, 2019, 35 (8): 1-8.

[25] 唐开翼, 欧阳娟, 甄杰, 等. 区域创新生态系统如何驱动创新绩效？——基于31个省的模糊集定性比较分析 [J]. 科学学与科学技术管理, 2021, 42 (7): 53-72.

[26] 涂振洲, 顾新. 基于知识流动的产学研协同创新过程研究 [J]. 科学学研究, 2013, 31 (9): 1381-1390.

[27] 王春杨, 兰宗敏, 张超, 等. 高铁建设、人力资本迁移与区域创新 [J]. 中国工业经济, 2020 (12): 102-120.

[28] 魏江, 赵雨菡. 数字创新生态系统的治理机制 [J]. 科学学研究, 2021, 39 (6): 965-969.

[29] 吴建南, 刘遥. 区域创新驱动发展战略如何实施？——关于"三力一效"模式的实证研究 [J]. 科学学研究, 2019, 37 (1): 130-139.

[30] 吴燎原, 岳峰, 胡可, 等. 基于区间数证据分组合成的高校创新能力评价 [J]. 科研管理, 2017, 38 (S1): 656-665.

[31] 徐彪, 李心丹, 张珣. 区域环境对企业创新绩效的影响机制研究 [J]. 科研管理, 2011, 32 (9): 147-156.

[32] 解学梅, 王宏伟. 开放式创新生态系统价值共创模式与机制研究 [J]. 科学学研究, 2020, 38 (5): 912-924.

[33] 解学梅, 刘晓杰. 区域创新生态系统生态位适宜度评价与预测: 基于2009—2018 中国30个省市数据实证研究 [J]. 科学学研究, 2021, 39 (9): 1706-1719.

[34] 徐晓丹, 柳卸林. 中国区域科技创新与发展40年 [J]. 科学学研究, 2018, 36 (12): 2136-2140.

[35] 姚艳虹, 高晗, 智傲. 创新生态系统健康度评价指标体系及应用研究 [J]. 科学学研究, 2019, 37 (10): 1892-1901.

[36] 易平涛, 李伟伟, 郭亚军. 基于指标特征分析的区域创新能力评价及实证 [J]. 科研管理, 2016, 37 (S1): 371-378.

[37] 曾国屏, 苟尤钊, 刘磊. 从"创新系统"到"创新生态系统" [J]. 科学学研究, 2013, 31 (1): 4-12.

[38] 赵彦飞, 陈凯华, 李雨晨. 创新环境评估研究综述: 概念、指标与方法 [J]. 科学学与科学技术管理, 2019, 40 (1): 89-99.

[39] 赵辉, 田志龙. 伙伴关系、结构嵌入与绩效: 对公益性CSR项目实施的多案例研究 [J]. 管理世界, 2014 (6): 142-156.

[40] 张司飞, 王琦. "同归殊途"区域创新发展路径的探索性研究: 基于创新系统共生体理论框架的组态分析 [J]. 科学学研究, 2021, 39 (2): 233-243, 374.

[41] 张卓, 曾刚. 我国区域创新生态系统可持续发展能力评价 [J]. 工业技术经济, 2021, 40 (11): 38-43.

[42] 周文泳, 熊晓萌. 中国10省市区域科技软实力的制约要素与提升对策 [J]. 科研管理, 2016, 37 (S1): 281-288.

[43] 周建中, 施云燕. 我国科研人员跨国流动的影响因素与问题研究 [J]. 科学学研究, 2017, 35 (2): 247-254.

[44] 周青, 陈畴镛. 中国区域技术创新生态系统适宜度的实证研究 [J]. 科学学研究, 2008, 26 (S1): 242-246, 223.

[45] ABBASI A, CHUNG K, HOSSAIN L. Egocentric analysis of co-authorship network structure, position and performance [J]. Information Processing & Management, 2012, 48 (4): 671-679.

[46] ADNER R. Match your innovation strategy to your innovation ecosystem [J]. Harvard Business Review, 2006, 84 (4): 98.

[47] AHUJA G. Collaboration networks, structural holes, and innovation: A longitudinal

study [J]. Administrative Science Quarterly, 2000, 43 (3): 425-455.

[48] DOLOREUX D. What we should know about regional systems of innovation [J]. Technology in Society, 2002, 24 (3): 243-263.

[49] GONZALEZ-BRAMBILA C N, VELOSO F M, KRACKHARDT D. The impact of network embeddedness on research output [J]. Research Policy, 2013, 42 (9): 1555-1567.

[50] GUAN J, ZHANG J, YAN Y. The impact of multilevel networks on innovation [J]. Research Policy, 2015, 44 (3): 545-559.

[51] MULLEN C, MARSDEN G. Transport, economic competitiveness and competition: A city perspective [J]. Journal of Transport Geography, 2015, 49: 1-8.

[52] OH D S, PHILLIPS F, PARK S, et al. Innovation ecosystems: A critical examination [J]. Technovation, 2016, 54: 1-6.

[53] ROBACZEWSKA J, VANHAVERBEKE W, LORENZ A. Applying open innovation strategies in the context of a regional innovation ecosystem: The case of Janssen Pharmaceuticals [J]. Global Transitions, 2019, 1: 120-131.

[54] SCHWARTZ D, BAR-EL R. The role of a local industry association as a catalyst for building an innovation ecosystem: An experiment in the State of Ceara in Brazil [J]. Innovation, 2015, 17 (3): 383-399.

[55] SEBESTYEN T, VARGA A. Research productivity and the quality of interregional knowledge networks [J]. Annals of Regional Science, 2013, 51 (1): 155-189.

[56] WANG C, ZHANG G. Examining the moderating effect of technology spillovers embedded in the intra- and inter-regional collaborative innovation networks of China [J]. Scientometrics, 2019, 119 (2): 561-593.